China Regional

Economics

中国区域经济学

王振 等——著

上海人民出版社

前　言

从 1949 年新中国成立时的百废待兴，到今天踏上社会主义现代化建设新征程，围绕着东中西三大板块之间以及各个区域城乡之间长期存在的差异性和发展差距，我国区域经济发展历经各个时代的重要抉择和结构演变，从区域均衡发展到区域非均衡发展，再到区域协调发展，逐渐形成了极其丰富的中国特色社会主义区域发展战略体系。而且，新中国成立七十多年的社会主义建设实践，尤其是 1978 年以来四十多年的改革开放实践，为我国区域经济学的理论发展提供了极其宝贵的中国实践和中国实证，逐渐形成了中国特色社会主义区域经济学的框架体系。

区域经济学是经济学理论与经济发展实践结合最为紧密的应用性学科之一。我国区域经济学理论发展具有三个特点。

第一个特点是，与改革开放实践的紧密结合。我国区域经济学理论紧随改革开放的不断深化和区域发展战略重心的空间调整和优化，其中既有对外开放中对国外经济学理论的广泛引进和吸收，并被用于阐释和总结经济转型发展、地方改革开放模式、区域梯度发展的实践轨迹、成效和经验，更有马克思主义基本原理与中国生产力布局、改革开放实践相结合中形成的理论梳理和新的理论认识。1993 年由陈栋生主编出版的《区域经济学》是早期最具代表性的学科著作，该书内容上几乎是我国具体问题的学术升华。①

第二个特点是，多学科理论在区域经济领域的广泛应用和发展。经济地理学、发展经济学、制度经济学、产业经济学、新经济地理学、空间经济学、城

① 陆大道等．中国区域开发的理论与实践［M］．北京：科学出版社，2003：26.

市规划学、公共管理学等学科的理论认知、分析工具和实证成果等，都被积极应用于我国区域经济发展的实证研究、战略规划研究与政策体系研究，形成了涉及面广、学科综合性强的区域经济学教材体系框架。孙久文将区域经济学的学科与教学体系分成三个部分：一是区域经济发展研究，包括要素禀赋问题、增长极问题、发展差距问题、区域贸易问题、梯度转移问题等；二是区域经济关系研究，包括区域内部的各组成部分之间的关系，以及区域之间的竞争关系与合作关系；三是区域经济应用工具研究，包括区域规划、区域政策等。①

第三个特点是，决策服务应用性强，为国家的区域战略决策、生产力布局、国土开发规划及各地的区域经济发展规划、政策等，提供理论支撑和资政方案。陆大道等在 2003 年出版的《中国区域发展的理论与实践》，就是基于作者长期领衔承担的我国国土开发与区域发展战略的重大决策课题研究。这部开创性的区域发展研究巨著，不仅展现了陆大道院士数十年的研究成果，而且汇集了国务院发展研究中心、国家计委宏观经济研究院、中国社会科学院、中国科学院地理研究所等国家智库中一批权威专家学者的决策咨询研究成果。

但我们也看到，中国区域经济学还是一门年轻的发展中的学科。一方面，西方国家的区域经济学也还没有形成成熟的学科体系和丰富的研究成果，而且他们的理论研究主要关注区位选择、经济集聚、城市问题、区域一体化、地方经济中的多样性与专业化、空间异质性等问题，而中国区域经济学的研究重点主要表现为区域经济格局演变与区域差距、产业转移、可持续发展、贫困地区开发、区域分工与合作、协调发展等问题，② 所以中国区域经济学更加年轻，基本是在中国改革开放实践大背景下才逐渐构建起符合我国实际的框架体系。另一方面，学术界对改革开放四十多年如此生动的区域发展实践和成就，缺乏系统的长周期的深刻观察和实证研究，特别是缺乏一个符合中国国情、统领全局的指导性框架体系，因而理论研究成果与中国建设社会主义现代化国家的理论需要及中国特色社会主义理论体系的构建需要，存在较大的滞后。正因如

---

① 孙久文．中国区域经济学的学科发展与创新［J］．区域经济评论．2021（4）．

② 刘秉镰，朱俊丰，周玉龙．中国区域经济理论演进与未来展望［J］．管理世界，2020（2）．

此，教育部在2020年启动中国经济学教材的编撰推进工作。①

中国特色区域经济理论是中国特色社会主义理论体系不可或缺的组成部分。党的十八大以来，中国特色社会主义进入新时代。习近平新时代中国特色社会主义思想是中国特色社会主义理论体系的重要组成部分。“习近平同志对关系新时代党和国家事业发展的一系列重大理论和实践问题进行了深邃思考和科学判断，就新时代坚持和发展什么样的中国特色社会主义、怎样坚持和发展中国特色社会主义，建设什么样的社会主义现代化强国、怎样建设社会主义现代化强国，建设什么样的长期执政的马克思主义政党、怎样建设长期执政的马克思主义政党等重大时代课题，提出一系列原创性的治国理政新理念新思想新战略。”② 习近平新时代中国特色社会主义思想为丰富和发展中国特色区域经济理论提供了科学的世界观和方法论，特别是五大发展理念，为全面构建中国特色社会主义理论体系的区域经济学篇章提供了崭新的框架体系和创新发展的理论指引。

2015年10月，习近平总书记在党的十八届五中全会上提出了创新、协调、绿色、开放、共享的发展理念，强调创新发展注重的是解决发展动力问题，协调发展注重的是解决发展不平衡问题，绿色发展注重的是解决人与自然和谐问题，开放发展注重的是解决发展内外联动问题，共享发展注重的是解决社会公平正义问题，强调坚持新发展理念是关系我国发展全局的一场深刻变革。习近平总书记强调：“这五大发展理念，是‘十三五’乃至更长时期我国发展思路、发展方向、发展着力点的集中体现，也是改革开放30多年来我国发展经验的集中体现，反映出我们党对我国发展规律的新认识。”③

五大发展理念，是我国区域经济发展的基本原则。贯彻落实五大发展理念的主体就是全国的各个地区。其中既有各个地区如何根据当地实际加快推进创新发展、协调发展、绿色发展、开放发展和共享发展的各类重要课题，还有地

① 《国家教材委员会办公室关于开展首批中国经济学教材申报工作的通知》（国教材办〔2020〕5号）。

② 《中共中央关于党的百年奋斗重大成就和历史经验的决议》（2021年11月11日中国共产党第十九届中央委员会第六次全体会议通过）。

③ 2015年10月29日，习近平总书记在党的十八届五中全会第二次全体会议上的讲话。

区内五大发展如何相互衔接、互为动力的各类重要课题，包括创新支撑绿色发展，开放促进创新发展，共享实现协调发展等，再有各个地区之间如何通过创新共建、协调共进、绿色共保、开放共赢、民生共享[①]，在更大范围、更宽领域推动同频共振、紧密合作的各类重要课题。这一系列课题，正是中国区域经济学需要研究、需要回答的重要问题。特别是，如何从区域协同走向区域一体化，如何从发展不平衡不充分走向协调均衡，从而凝聚起整个国家的高质量发展和实现共同富裕，是我国迈向社会主义现代化国家的必由之路，这理应成为中国区域经济学理论发展的重要命题。

创新、协调、绿色、开放、共享五大发展理念，为我们提供了构建中国特色区域经济学的五个重要枝节。要以新发展理念指导中国区域经济学理论的创新发展，更要以区域经济理论创新为贯彻落实新发展理念，为破解发展难题、增强发展活力、厚植发展优势、构建新发展格局，提供理论指导与引导。习近平总书记指出，“完整、准确、全面贯彻新发展理念，既要以新发展理念指导和引导，又要通过深化改革为完整、准确、全面贯彻新发展理念提供体制机制保障。”[②]这也为我们创新区域经济理论指明了方向，就是要聚焦体制机制问题，针对我国至今仍然处于主导性的多层级“行政区经济”“行政区权益”“行政区关系”，对照“五位一体”社会主义现代化建设和区域一体化发展的总体部署，围绕使市场在资源配置中起决定性作用和更好发挥政府作用，围绕提高资源配置效率和实现高质量发展，深入研究体制机制“立”与“破”的方向、路径和举措。

因此，我们在构建这本中国区域经济学教材体系时，不仅对区域经济学理论发展、中国区域经济发展战略演变及空间布局进行系统梳理，而且着重围绕创新、协调、绿色、开放、共享五大主干，分别梳理和研究其在区域经济发展，特别是区域联动、区域一体化中的表现特征、实现机制和政策体系。同时我们对重点区域，主要是国家区域重大战略的各个承载空间，梳理和研究它们贯彻落实新发展理念的创新实践和成效，并展望未来趋势，包括长江经济带建

---

① 这“五个共”是《长江三角洲区域一体化发展规划纲要》提出的长三角一体化高质量发展的五大基本原则。

② 习近平总书记在主持十九届中共中央政治局第二十七次集体学习时的讲话（2021年1月28日）。

设、京津冀协同发展、粤港澳大湾区建设、长三角一体化发展、黄河流域生态保护和高质量发展。

参与编撰这本教材的，都是上海社会科学院的科研人员，因此这本教材从框架体系、研究角度、分析手法，到行文文风，都带有明显的智库特质。2015年上海社会科学院成为全国首批25家国家高端智库之一，其核心任务，就是从地方发展的角度，特别是立足上海、长三角地区、长江经济带、沿海地区，去观察和分析这些地方的发展动态、发展创新、发展经验和发展诉求，为国家提供地方版的战略和政策。这些年来围绕国家高端智库建设开展的一系列研究为我们编撰这本教材打下了良好基础。

组织撰写本教材，主要基于上海社会科学院研究生教学的需要。2018年上海社会科学院的应用经济学科博士点正式获批成为一级学科，这一年我们设立二级学科的区域经济学专业，并开始招收博士研究生。虽然区域经济学博士生二级学科点的成立时间仅仅只有四年，但上海社会科学院相关研究所对区域经济的研究，特别是关于上海国际大都市建设、长三角地区一体化、长江经济带建设、沿海开发开放等，一直是我们的重镇和优势。教学相长，因为研究生教学的需要，让我们有机会、也有必要对长期跟踪的这些区域经济现实问题，从学理上进行梳理和总结，并通过提高学科水平来夯实智库发展的理论基础。

本书是集体研究、编撰的成果。由王振提出总体框架，王振、尚勇敏负责统稿。全书共分十三章，各章撰写分工如下：第一章，尚勇敏；第二章，王振；第三章，王振；第四章，杨凡；第五章，张璞玉、王振；第六章，海骏娇；第七章，马双；第八章，林俊瑛；第九章，刘玉博；第十章，王振、尚勇敏；第十一章，海骏娇；第十二章，倪外；第十三章，王振；第十四章，尚勇敏。

王　振　上海社会科学院副院长

2022年4月8日于上海

目　录

第一章　区域经济学理论发展

区域经济学理论诞生于 19 世纪初期，经过早期的区位论、中期的均衡与非均衡理论，再到新经济地理学等发展阶段，至今仍百家争鸣、方兴未艾。20 世纪 80 年代以来，区域经济学开始探索与主流经济学的融合发展模式，并成为经济学和区域科学的重要分支学科。中国幅员辽阔、人口众多，多层次、多类型的区域发展为区域经济学的研究和应用提供了独具优势的舞台。当前，中国区域经济发展正迈入高质量发展新阶段，作为一门理论与实践相结合的应用性学科，区域经济学针对现实区域经济运行中可能产生的重大问题给予理论上的解释和剖析，为现实区域经济运行中问题的解决提供思路、方法和政策建议。

第一节　什么是区域经济学

区域经济学是经济学与地理学交叉而形成的应用经济学，以及从经济学角度研究区域经济活动空间分布与协调的一门学科。开展区域经济学的学习与研究，需要了解其学科内涵、研究对象与内容、研究体系与研究范式。

一、区域与区域经济的内涵

作为区域经济学学科的核心对象，了解区域及区域经济的内涵对于明晰区域经济学研究范式及学科体系至关重要。

（一）区域的内涵与类型

作为经济学的分支，区域经济学重点关注空间维度。现实地理空间被划分为一个个“区域”，有的是行政管理性地域单元，有的是特定功能性地域单元。与区域相近的概念众多，它们既存在区别又相互联系（图 1-1），从空间与时间等不同维度看，区域的外延概念还包括地区、地方、地带、地点、地域等。地区是地球表面的一部分，边界可根据研究目的随意划定。地方是与中央相对应的行政区统称。作为技术性术语，地带最初源于纬度带这一概念，现用来界定与其周围存在不同特点的地区。地点 / 区域是不计面积的空间概念。而区域是空间的特化，是一个客观存在的空间概念，往往没有严格的范围、边界以及方位，是一个多侧面、多层次、相对性极强的概念。

区域经济学中的区域是指居民高度认同、地域完整、功能明确、内聚力强大的经济地域单元，它不但充分考虑了地理单元和行政单元，而且考虑了地域空间的人口、经济、资源、环境、公共设施和行政管理等特点（孙久文，2014）。根据划分标准之间存在的差异，区域可分为自然区、社会经济区、均质区等多种类型（表 1-1）。

表 1-1　区域类型的划分及分类体系

划分标准		定　义	示　例
物质内容	自然区域	根据自然环境的地域分异规律，依照一定的目的去揭示环境结构的特定性质而划分出来的自然地理综合体	平原区、高原区、农田生态区域、森林系统等
	社会经济区域	依据人类活动的特征，对自然环境进行利用、改造和建设过程中形成的特定性质的地域综合体	经济区域（长三角、珠三角等）、社会文化区域（华人文化圈、穆斯林文化圈）
内在结构	均质区	单一面貌	气候区、农业区、东部开放开发地带、中部崛起地区等
	结节区	包括一个或多个中心及其外围区域	流域经济区、城市经济区、城市群等
开发目的	重点开发区域	政策重点倾斜区域	能源与材料基地、粮食基地、特色产业开发区、自由贸易区等
	问题整治区	经济、社会、自然问题集中进行整改的区域	老工业基地振兴区、资源枯竭型城市、流域治理区等
	协同发展区	为了改善区域间的关系，促进毗邻地区加快发展而划定的区域	自由贸易区、一带一路经济带、长江经济带

资料来源：吴殿廷（2009）。

区域作为一个内涵复杂的概念，其具有以下特征（魏后凯，2006）：（1）二重性。区域既是一个实体概念，又是一个抽象的空间概念，理论研究中的区域常被看成一个抽象的、观念上的空间概念，没有严格的范围、边界以及确切的方位。（2）客观性。区域是客观存在的，可以根据一定的目的对其加以描述、划分。（3）动态性。区域又处于不断演进变化之中，随着社会经济的发展，区域内聚力发生变化，继而导致区域结构、功能、规模和边界发生变化。（4）整体性和结构性。区域表现出统一的系统功能，内部各要素都是按照一定的秩序、方式和比例组合而成的有机整体，而非简单相加。（5）等级性，不同等级区域的规模、结构、要素等相差很大。

（二）区域经济的内涵与特点

因为空间范围的存在，不论是世界范围还是一国之内，区域块状特征极其明显，这种块状经济的形成与差异便是区域经济内涵的缘起。区域经济可以是超越国家界限的国际经济区，如欧盟、东盟、北美自由贸易区；也可以是以国家为单元的经济系统；还可以是一个国家内部跨越行政边界的经济区概念，如长江经济带、长江三角洲和粤港澳大湾区（安虎森，2017）。这使得区域经济具有多重特征：（1）空间属性，区域经济是探讨经济活动在空间上的合理配置问题，是空间维度上的经济展现；（2）中观性，区域经济是一种承上启下，并有着自己的区域特点的中间性、非均衡经济，介于宏观经济和微观经济之间；（3）相对开放性，区域经济通常在内部具有相对一致的制度、体制和运行规则，而对外具有一定的开放性；（4）动态性，随着时间的推移、经济的发展，其经济范围可能发生变化（高进田，2007）。

二、区域经济学的研究对象

一门学科相对独立的存在需要有自己的研究对象，否则便会失去存在的根据，国内外学者都曾试图对区域经济学的研究对象进行界定，但由于着眼点不同，其定义也具有较大差异。

第一种观点是从人类活动地理分布与空间组织来认识研究对象。诺斯（1968）提出区域经济学是研究区域经济秩序及资源分布的科学。理查森（1969）认为，区域经济学是研究经济的空间组织规律性的学科。胡佛（1990）

认为，区域经济学可以用“什么经济活动会发生在哪里？为什么发生在那个地方？那个地方应该有什么？”等问题来概括。

第二种观点是从研究主要问题来认识研究对象。艾萨德认为区域经济学是确定可以在某一区域有效从事生产并获取利润的产业，改善区域内居民福利与区域内产业的分散，获得区域内资源最有效利用等问题的科学。周起业（1989）认为，区域经济学是研究如何建立国家经济区域系统，并按照地域分工合作原则来组织系统内各区域产业发展与布局，形成顺应经济发展潮流、发挥地区优势的产业结构，并形成各类企业相结合、聚集与分散相结合，以多层次城市为节点，由各类网络系统将全区连成一片的经济有机体的科学。张可云（2021）认为区域经济学是聚焦区域经济发展差距与问题的科学。

第三种观点是把区域经济研究分为区内与区际两个层次。杜贝（1964）认为，区域经济学是研究在资源不均匀分布且不完全自由流动的空间中，各地区的差异及地区间关系的科学。

第四种观点是从宏观角度研究国内不同区域经济发展及其相互关系的决策性科学。这类观点强调学科的宏观性，将区域经济作为一个整体并放在国民经济宏观背景中考察，并强调区域经济发展、区际分工与联系、区域经济政策。陈栋生（1993）认为区域经济学是从宏观角度研究国内不同区域经济发展及其相互关系的决策性科学。魏后凯（2006）认为区域经济学是研究国内不同区域经济发展变化、空间组织及其相互关系的应用科学。

三、区域经济学的研究内容

区域经济学研究内容极为广泛，但主要内容可以归纳为三个部分：一是区域经济发展。即区域经济增长如何发生以及由什么决定的？区域经济增长过程及趋势是什么？不同类型区域应具有什么样的产业结构，演化过程与优化路径如何？为什么经济活动在空间上会形成城市集聚区及网络体系？如何制定区域经济发展战略？等等。

二是区域经济关系。即为什么不同区域的支柱产业与产品结构会不同？区域间分工的基础是什么？生产要素与商品在区域间流动与交易的规则是什么？要素流动特征以及对流入及流出区域的影响是什么？如何开展区域间经济合作及协同发展？等等。

三是区域发展与区域经济决策。区域经济学是实践性很强的学科，强调把区域经济发展规律运用于实践，区域经济学关注区域发展战略、区域规划、区域建设项目可行性等区域发展决策，以及政策目标、政策手段（工具）和政策效应等内容。

四、区域经济学的研究体系与主要学派

区域经济学主要探讨经济圈层内部各种不同区域之间的关系或者不同经济活动空间之间的关系，根据研究对象、理论基石、研究方法的不同，区域经济学形成了不同的研究体系和派别。

（一）研究体系

根据研究对象的差异，区域经济学可以分为描述性和分析性两种学科体系（表 1-2），前者按空间组织形态等级类型进行学科划分，包括区域微观经济学、区域宏观经济学、区域计量经济学以及区域经济政策学；后者是按空间组织不

表 1-2　区域经济学研究体系的划分及示例

分类		研究对象	示例
描述性分类体系	区域微观经济学	集中探讨个体如何做出区位决策以及影响这些决策的因素	企业、家庭和个人等个体行为
	区域宏观经济学	研究经济的空间相互作用和作为总体的空间经济行为	区域收入核算、就业、价格水平，区域经济增长、投资、消费以及诸如区际贸易和要素流动等
	区域政策经济学	有意识地运用各种手段的公共区域经济行为	区域政策社会偏好、区域政策制度分析与选择、区域规划、区域微观政策、区域宏观政策
	空间计量经济学	一整套用于理论检验和预测应用的区域经济定量方法	支撑城市区域政策分析
描述性分支学科体系	城市经济学	以城市为研究单元，特定城市的经济发展过程或条件以及各个城市之间经济联系及其变动趋势	区位选择及城市问题
	国家区域经济学	研究一国范围内具有全国意义的特定区域经济发展问题	一国领土范围内空间经济
	全球区域经济学	研究国际区域组织或全球范围内的发展问题	全球范围内的经济发展问题

资料来源：杨开忠（2008）。

同尺度行为进行学科划分，包括以城镇 / 城市为对象区域的城市经济学、以国家为对象的国家区域经济学、以国际区域组织及全球为对象的全球区域经济学（杨开忠，2008）。

（二）研究学派

20 世纪 80 年代以来，世界经济呈现出区域化、集团化、一体化的趋势，与此同时，区域经济学研究也出现了一些新的特征。依据研究方法、分析工具和理论体系上的差别，区域经济学逐步分化形成了不同的理论流派（孙久文，2003；杨开忠，2008；穆艳，2019）。

1. 地理经济学学派

地理经济学派是将空间距离、差异等不同要素纳入新古典经济学模型中，分析产品与企业等分散决策和地理空间的关联。20 世纪 90 年代，以克鲁格曼等学者为代表的新经济地理学派形成，随后诞生了新新经济地理学、区域一体化理论等理论学派。其中新经济地理学以垄断竞争模型为基础，纳入空间因素；新新经济地理学将异质性企业纳入新经济地理学理论；区域一体化理论扩大了空间研究范围，分析了区域经济一体化所带来的经济效应（表 1-3）。为此，地理经济学派分析区域问题的模型框架基本以经济学为基础，其理论基石包括收益递增、不完全竞争模型和运输成本等，地理经济学派几大理论的形成

表 1-3　地理经济学学派的代表人物及主要观点

理论发展	新经济地理学	新新经济地理学	区域一体化理论
代表人物	克鲁格曼（P. Krugman）、藤田（Fujita）等	莫里茨（Melitz）等	克鲁格曼（P.Krugman）、麦克劳德（Macleod）等
主要特点	以垄断竞争模型为基础，纳入空间因素	将异质性企业纳入新经济地理学理论	扩大了空间研究范围，分析了区域经济一体化所带来的经济效应
主要贡献	把区域经济理论研究纳入主流经济学	拓展了新经济地理学的研究假设，使其研究更具有一般性	从空间的视角分析了区域间的协调关系
发展方向	对区位选择再研究，以新方法为基础，用空间观点分析区际贸易	解释异质性企业的区位选择机制与集聚经济	区域协调发展与区域一体化

资料来源：刘秉镰等（2020）。

与发展将区域经济学带入主流经济学。

2. 新制度学派

新制度学派研究的中心是将制度要素引入到区域分析当中，研究政府及其体制对区域发展的影响，并通过制定相应的区域政策协调区域发展，即研究区域政策问题。研究区域政策是为了解决区域问题和协调区域利益，主要包括：通过政府干预导致生产的空间转移、产业与部门规划、缩小区域差距等。

3. 区域管理学派

区域管理起源于人们对20世纪50—60年代区域发展和区域问题的认识。由于落后地区和发达地区的对立，人口大量从落后地区流向发达地区，而发达地区的产业部门却很难向落后地区转移，产业结构升级受到阻碍。要解决这一问题，人们认识到，仅有政策和规划是不够的，还必须借助管理学的方式，把区域作为对象进行管理。如日本的国土开发、美国的区域再开发等，都是著名的范例（孙久文，2014）。区域管理由区域经济发展管理、区域人口管理、区域环境管理三部分内容组成。

五、区域经济学的研究范式

区域经济学是一门应用经济学学科，现实问题研究导向与区域发展理论特色使这一学科具有区别于其他经济学学科的特征和研究范式。

（一）研究范式

区域经济学基本科学问题可以概括为：第一，“什么活动在哪里？为什么？该怎么办？”第二，谁做出什么活动在什么地方的决策？依据什么程序和规则？该怎样改进制度和规制？（杨开忠，1999）。研究过程分为两步（图1-1）：首先，按照不同的标准对空间范围进行划分；其次，以经济效果最

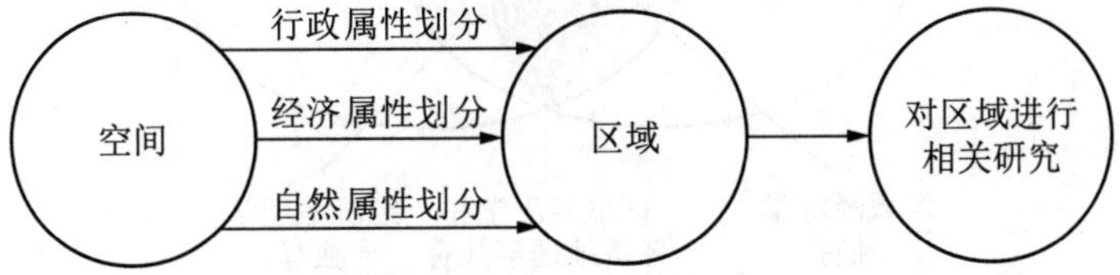

图1-1　区域经济学的研究范式

资料来源：蔡之兵和张可云（2014）。

佳为目标，对区域进行研究。

区域经济学研究的问题直接来源于现实，并根据研究成果所形成的理论体系回归现实、指导实践。由于自身的特点，区域经济学采取研究问题的“实用主义”方法论，并遵循“三对照”的研究逻辑：一是与一般性对照的特殊性的逻辑，需要解决现实中特定的区域问题并协调区域之间的关系，把握现实区域的特殊性尤为重要；二是与时间性对照的空间性的逻辑，主流经济学在一定时期内忽视空间，而随后引入的空间是抽象区域，区域经济学自产生之初就给现实空间赋予了核心地位；三是与指导性对照的针对性的逻辑，区域经济学是为了解决现实的区域问题，并提出针对特定区域问题的解决方案（张可云、孙鹏，2021）。

（二）相近学科辨析

与区域经济学有关的学科较多，它们在实践和理论渊源、研究内容上具有一定的相似性，但也存在着些许区别。

1. 区域经济学与经济地理学

区域经济学和经济地理学都强调空间概念，工业区位论、农业区位论、中心地理论等理论是二者共有内容（图 1-2）。区域经济学的独有部分是把经济学理论应用于区域经济发展的机理和政策之中，如贸易与区域专业化、产业集聚、区域差异等，主要理论是要素配置的最优化、分工与专业化以及规模收益递增。而经济地理学则是把地理学理论落实在经济活动研究中，把经济活动作为人的社会活动的一种，考察自然地理对经济地理圈层的影响（圈层间的关系），如经济活动的地理基础、区域可持续发展等，主要理论是社会经济活动与地理环境相互协调。

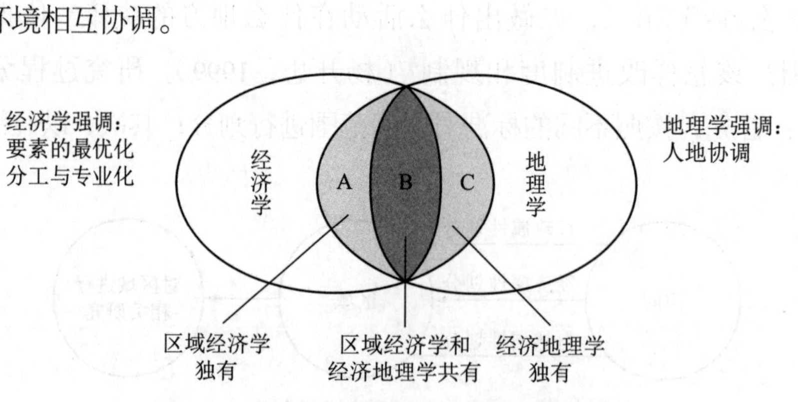

图 1-2 区域经济学和经济地理学的组分分析

资料来源：李小建等（2012）。

2. 区域经济学与城市经济学

区域经济学与城市经济学存在一定联系与区别。从联系上看，二者研究对象在某种范畴上是一致的，但是区域经济学研究的范围更大，不仅包括城市经济，也涵盖农村及郊区经济；同时，区域经济学的很多理论在城市经济学中被广泛运用，如增长极理论、梯度转移理论。从区别上看，二者最大区别在于区域经济学无须解释区域的存在，并不过于强调理论结构；而城市经济学则必须解释城市为什么存在，微观理论的构建被置于关键的位置。因此，区域经济建模中变量是否连续或离散对分析并无明显影响，然而城市经济学中的很多变量表现不可分性、不连续性以及报酬递增特征，比如，城市的人口聚居区在空间上是不连续的，大城市的人口在集聚到一定规模后可能会停止增长。由于外部性的影响，一定量的城市基础设施投资可供多倍的人使用等等，这种不可分性和不连续性的要素和变量对城市经济学模型构建的影响较大（蔡之兵、周俭初，2011）。

3. 区域经济学与产业经济学

产业经济学以产业部门作为研究对象，关注企业组织、产业组织及其行为之间的相互关系。产业问题也是区域经济研究的核心内容，区域经济中的产业发展和结构演变理论来自产业经济学。二者的区别在于：区域经济学中的产业研究有特定的区域范围，且要形成为区域经济发展服务的产业布局方案；而产业经济学研究的产业问题是一个纯粹的经济学问题。

4. 区域经济学与空间经济学

空间经济学和区域经济学同根同源，两者均以“揭示区域内经济的运行规律和总体趋势”为主要研究目标，但在研究方法和重点上具有明显的区别。首先，对空间问题的处理是两个学科最大的区别，区域经济学比较擅长均质空间的分析，以规模收益递减（不变）和完全竞争作为基础；空间经济学则聚焦于初始空间的自然要素禀赋和地理特征以及经济活动的历史脉络和变迁，以规模收益递增和垄断竞争作为理论基础。其次，对城市/区域的定位存在本质性差异。区域经济学将城市/区域看成是既定的，重点关注在此环境下经济系统运行状态和结构；空间经济学则聚焦于厂商、产业和经济三位一体的活动和相互作用，其交互结果是形成城市/区域的原因，城市/区域不再作为既定假设而成为内生变量。再次，对集聚的解释不同，区域经济学将经济集聚现象看作在一个地理位置上不同时间序列作用下的循序渐进的结果，是一种连续的“平滑经济”；而空间经济则认为是一种非线性和不连续的“块状经济”。

第二节　区域经济学的理论演进

区域经济学理论的产生有深刻复杂的社会背景与历史渊源，最早可追溯到19世纪的区位理论。20世纪50年代，艾萨德创办了世界上第一个区域科学协会、区域科学系、区域科学研究所和区域科学杂志，标志着区域经济学的正式形成。经历了近200年的发展，区域经济学与主流经济学不断进行融合，且愈发重要。中国区域经济理论立足于中国经济发展特征现实，经历“引进—吸收—消化—创新”的过程，先后提出和完善了生产力均衡布局理论、区域非均衡发展理论、区域协调发展理论，中国特色区域经济理论框架逐渐显现。

一、区域经济学的理论发展

从学科发展来看，区域经济学基本是借鉴相关学科，在早期区位论的基础上，演化出区域经济增长阶段理论、区域发展均衡理论、区域发展结构理论以及新经济地理学理论等。

（一）早期区位论

区域经济学的相关理论最早可追溯到19世纪的区位理论，由德国经济学家杜能奠定，开启了空间因素在经济学理论中得以系统化分析的新范式。他的著作《孤立国同农业和国民经济的关系》阐述了农业区位论，对运输成本决定农业空间区位问题进行了系统研究，并将成本作为考察空间区位的唯一因素。1909年，德国经济学家韦伯延续了用成本考察空间区位的范式，并由单一的运输成本扩展为运输成本—劳动力成本—集聚利益三者之间的比较成本，认为最低点是工业企业的最佳区位，这一经典“三角形”法则在经济学界影响深远。1933年，德国经济学家克里斯塔勒从“面”的角度提出区位选择的中心地理论，通过考察市场空间的层级性而将市场划分为高级中心地和低级中心地，构建了沿线状布局的中心地体系，并在平面上扩展成六边形市场区，指出企业的最优区位应是单个中心地体系中没有市场重叠的六边形市场区中心。廖什（1938）进一步发展区位理论，定义了依赖于市场区以及规模经济和交通成本之间关系的节点区，不仅使区位分析由单纯的生产扩展到市场，而且开始从以单个厂商为主扩展到整个产业（安虎森、肖欢，2015）。

（二）区域经济增长阶段理论

1949 年，胡佛-费希尔提出了区域发展的五个阶段，分别包括：自给自足经济、乡村经济崛起经济、农业生产结构的变迁、工业化和服务业输出。罗斯托经济成长阶段论又称罗斯托起飞模型（1960），该模型假设经济增长有五个基本阶段，包括：传统社会、为起飞创造条件、起飞、趋向成熟、高额大众消费时代（图 1-3）。对区域经济增长的研究，集中关注地区经济增长以及收入的区域分布空间特征。

（三）区域发展均衡理论

区域经济理论研究开始关注区域间关系所带来的经济增长、收入分配、投资、贸易等多方面影响，包括两部分：新古典主义区域均衡增长理论和发展经济学均衡增长理论，前者的主要成果是索罗—斯旺增长模型；后者的重要代表有罗丹的大推进论（1943）、纳克斯的贫困恶性循环（1953）等。20 世纪 60 年

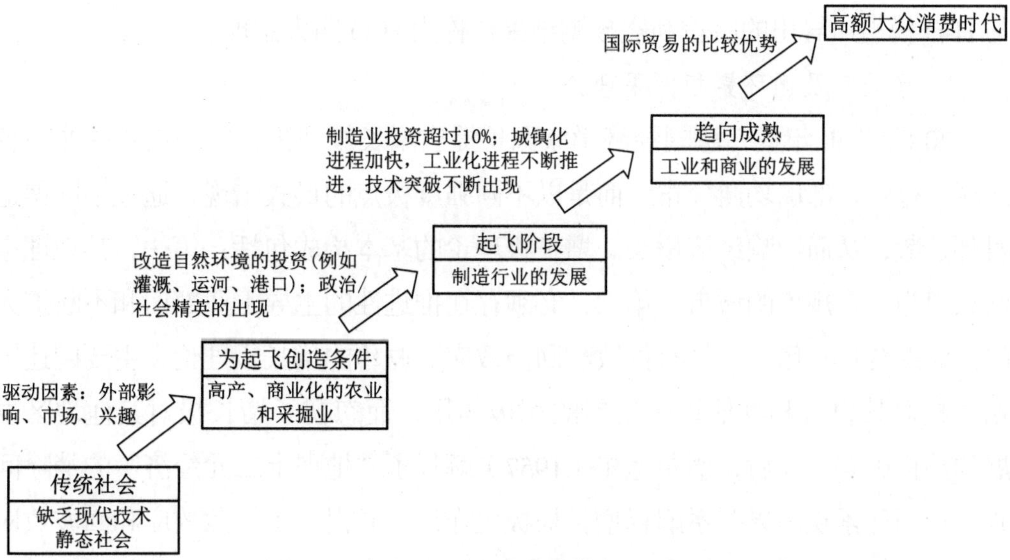

图 1-3　罗斯托起飞模型各阶段及特征划分

资料来源：Rostow（2015）。

代，威廉姆森对24个国家有关区域差异的实证研究结果提出了区域发展的"倒U形"假说，"在发展初期，区域间以收入差距扩大和'南北'二元性增强为特征；在国家成长和发展较为成熟阶段，则以区际趋同和'南北'问题消失为特征"，这一结论被看成是发展中国家将会出现的或应该通过政策干预使之出现的模式。此外，纳尔逊的低水平均衡陷阱论（1956）、赖宾斯坦的临界最小努力命题论（1957）、诺斯的出口基地理论等都是区域均衡发展理论的典型代表。

（四）区域发展结构理论

得益于空间作用及规划模式、系统论、数理分析、运筹学等思想引入，出现了许多重要的区域发展结构理论。

1. 资源禀赋理论

资源禀赋理论又称赫克歇尔—俄林模型（H-O理论、H-O模型），于1919年被提出，该理论建立在李嘉图的比较优势理论之上，通过分析各国资源禀赋以及产品特性的基本差异。H-O理论认为：每个国家所拥有的生产要素丰富程度并不相同，不同的产品生产时所需要的生产要素也不相同，在这种情形下，一国若是生产某种产品，其密集使用了国内较为丰富的生产要素，便可以在生产此种产品时拥有比较优势。后续学者基于此发展出了许多重要的定理，包括：施托尔珀—萨缪尔森定理、要素价格均等化定理、罗伯津斯基定理，它们与H-O模型所导出的比较利益预测结果合称为H-O四大定理。

2. 增长极及循环累积因果理论

20世纪50年代，法国经济学家佩鲁提出增长极理论：经济增长并非在各区域、行业、部门均衡分布，而是以不同强度极点的形式出现，通过不同渠道对外扩散，从而影响经济增长。增长极理论的基本构成包括：第一，其地理空间表现为一定规模的城市；第二，必须存在推进性的主导工业部门和不断扩大的工业综合体；第三，具有扩散和回流效应。佩鲁的增长极理论，主要阐述了增长极对其自身和其他地区发展的积极作用，而忽视了增长极对其他地区发展的消极影响。而后，缪尔达尔（1957）解释了"地理上二元经济"的消除问题，用循环累积因果关系解释增长极极化作用，并提出了扩散效应和回波效应概念。缪尔达尔认为，无论什么原因导致一个中心开始增长，该中心就通过一个积累过程持续扩大其中心性，这种积累过程源于中心对其周边地区间生产要素（人力、资金、产业）的掠夺。赫希曼于1958年提出了与缪尔达尔类似的观点，并将其命名为涓滴效应与极化效应，分别对应发达区域对欠发达区域的积极和消极作用。

3. 核心边缘理论

1966年，弗里德曼提出了核心边缘理论，他认为：任何国家都是由核心（发达地区）和边缘（落后地区）两个子系统组成，边缘地区处于依附地位而缺乏经济自主，从而出现了空间二元结构，并随时间推移而不断强化。不过，政府的作用和区际人口的迁移将影响要素的流向，并且随着市场的扩大、交通条件的改善和城市化的加快，核心与边缘之间的界限会逐步消失，即：区域经济的持续增长最终将推动区域向一体化方向发展。

4. 产业转移理论

产业转移的研究起始于20世纪30年代，指一个国家或地区的某些产业向其他国家或地区转移的现象或过程。经济学家赤松要通过对日本产业进口—本土生产—开拓出口—出口增长四个阶段及周期循环的总结，提出了雁行产业发展形态：先是在低附加值的消费品产业中出现，然后才在生产资料产业中出现，继而在整个制造业的结构调整中都会出现雁形变化格局（图1-4）。而后，日本学者小岛清在此基础上，通过对日本和其他后发工业国的产业发展路径的研究发现：东亚发展模式中存在一种所谓的以日本为第一雁阵、亚洲“四小龙”为第二雁阵、东盟为第三雁阵的雁行发展形态。

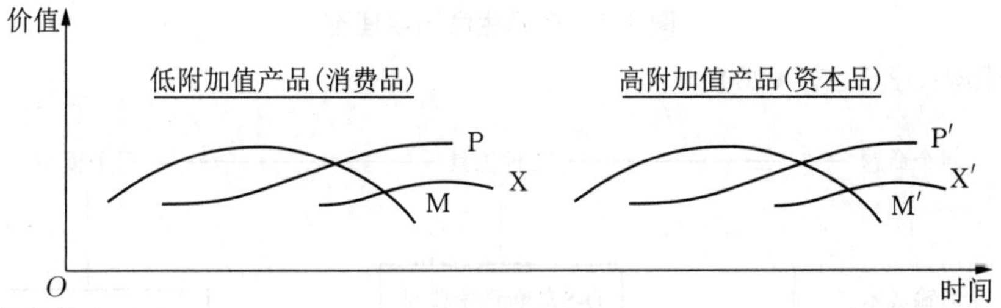

图1-4　雁形模式图

资料来源：李轶敏（2009）。

通过对美国20世纪60年代产业发展历程，特别是跨国公司对外投资活动的研究，美国经济学家弗农（1966）提出了产品生命周期理论：工业各部门及各种工业产品都经历创新、发展、成熟、衰退等生命周期发展阶段，区域表现则是发达—次发达—落后地区逐级梯度推进（图 1-5）。

（五）新经济地理学理论

由于世界经济全球化与区域一体化的发展，主流经济学理论在解释现有经济现象时遇到越来越多的问题。因此，以克鲁格曼为代表的经济学家以边际收益递增、不完全竞争与路径依赖为基础（图 1-6），拓展分析经济活动的

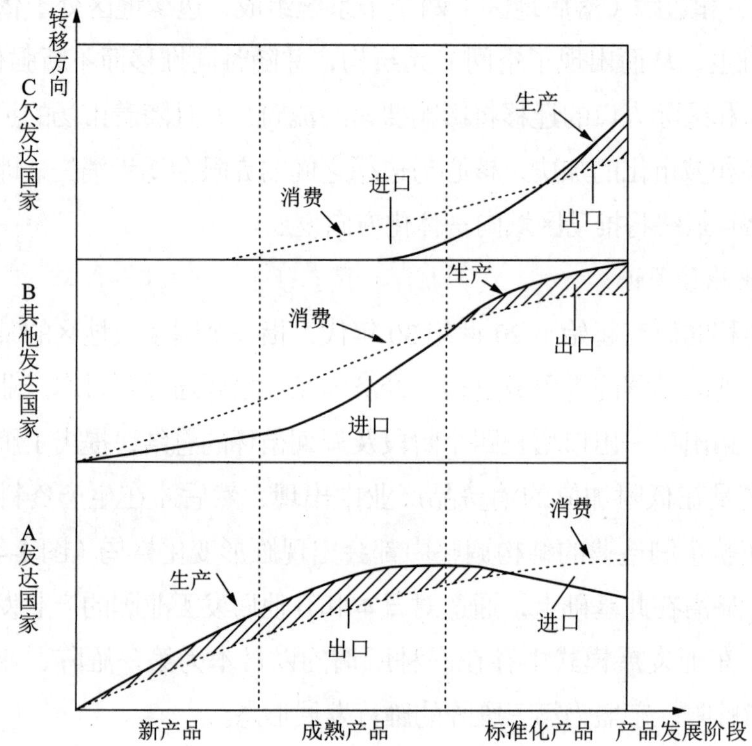

图 1-5　产品生命周期理论

资料来源：李松志等（2007）。

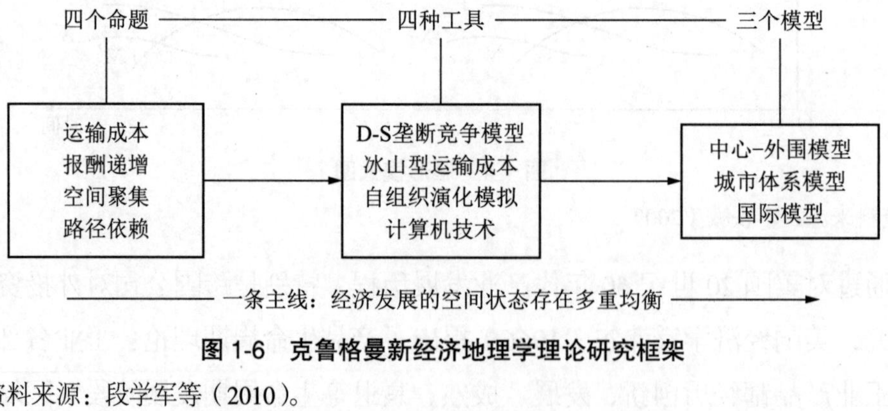

图 1-6　克鲁格曼新经济地理学理论研究框架

资料来源：段学军等（2010）。

空间集聚与全球化等经济现象，借此考察产业集聚、城市体系以及国际贸易的形成机理（李君华、彭玉兰，2011）。其拓展模型包括：自由资本模型（FC 模型）、自由企业家模型（FE 模型）、资本创造模型（CC 模型）、垂直核心—边缘模型（CPVL 模型）、垂直自由资本模型（FCVL 模型）、垂直自由企业家模型（FEVL 模型）、全域溢出模型（GS 模型）、局域溢出模型（LS 模型）、线性自由资本模型（LFC 模型）、线性自由企业家模型（LFE 模型）等（杨开忠等，2016）。

二、中国区域经济理论的发展

20 世纪 80 年代中期引进“区位论”后，中国区域经济专业开始形成；20 世纪 90 年代后期，区域经济成为应用经济学的一个二级学科；20 世纪 90 年代至 21 世纪 00 年代，中国区域经济体系开始完善（刘秉镰、朱俊丰，2019；孙久文，2021）。中国区域经济理论总体沿着区域计划均衡理论、区域非均衡发展理论、区域协调发展理论的脉络发展。

（一）区域计划均衡理论

新中国成立后，在受到西方列强封锁和经济极度落后的条件下，中央政府不得不采取国家动员的方式集中资源建立新中国工业体系。以毛泽东为核心的第一代领导集体，采用了苏联以计划均衡发展理论为指导的生产力布局方法，形成了以统筹兼顾、综合平衡为原则的生产力均衡布局理论体系（安虎森、肖欢，2015）。生产力均衡布局理论强调以内地为中心区域进行重点工业建设项目布局，并且通过一系列政策与援助措施保障少数民族地区的经济发展，既有利于工业布局与资源分布和国防需求相匹配，提高内地劳动生产率水平，加快新中国工业扩大再生产的进程，又能够促进落后地区的经济发展（刘再兴，2017）。与此同时，以投入产出理论为代表的国民经济核算相关理论与方法从苏联引入中国，并有了进一步的发展与应用（许宪春，2002）。

（二）区域非均衡发展理论

改革开放以后，中国逐渐由计划经济向市场经济转变。为解决生产力落后现状，中国学者对以增长极理论为代表的区域非均衡发展理论进行拓展创新，衍生出了一系列符合中国发展特征事实的区域经济发展理论。

1. 点轴开发理论

陆大道于20世纪80年代初提出了点轴开发理论："点"是中心地，是各级区域的集聚点；"轴"是在一定方向上连接若干不同级别的中心地而形成的相对密集的人口或产业带。由于轴线及其附近地区已经具有较强的经济实力，并且还有较大的潜力，又可以称作"开发轴线"或"发展轴线"（图1-7）。

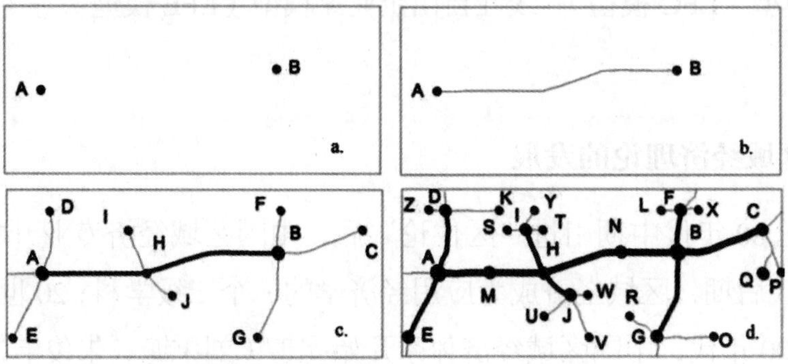

图1-7 点轴空间系统的形成模式

资料来源：张莉和陆玉麒（2010）。

2. 梯度开发理论

1982年，夏禹龙和冯之浚首次使用了"梯度理论"一词，并认为：在经济发展过程中应首先发展那些有潜力、经济水平较高的区域。何钟秀将其概括为"国内技术转移的梯度规则"。而后，出现了以东中西三大地带为框架的"投资梯度推移"的思想，其中较有影响者有刘再兴（1985）的"立足沿海，循序西移，中间突破"和陈栋生（1985）的"东靠西移，逐步展开"的思想。在此后的学术思辨和现实发展过程中，又引申出了反梯度推移论、并存论、主导论等空间推移新理论。

反梯度推移论认为，现有生产力水平的梯度顺序，不一定等于引进先进技术和经济发展的顺序，这种顺序只能由经济发展的需要和可能来决定。只要经济发展需要，而又具有条件，就可以引进技术，进行大规模发展，而不管该区域处于哪个梯度；落后的低梯度区，可以直接引进世界最新技术，发展自己的高技术，实行超越发展，然后向二级、一级梯度区进行反推移。

并存论认为，技术的空间推移可分为三种形式：一是纯梯度式；二是纯跳跃式；三是混合式。这三种推移方式在不同时代、不同国家的作用不同。在生产力水平低下的时代，由于空间推移的规模很小，速度很慢，这时梯度推移的作用很明显；随着生产力的发展，特别是运输、通信手段的现代化，技术空间推移的规模显著扩大，推移的速度大大加快，这时跳跃式推移就会起作用。在同一个历史时期内，在发达国家，跳跃式推移占优势，在欠发达国家，梯度式推移占优势。

主导论承认并存论，但与并存论不同的是，其认为无论是过去还是现在，无论是国外还是国内，起主导作用的还是梯度推移方式。

（三）区域协调发展理论

20 世纪末以来，中国区域经济理论开始强调区域协调发展，西部大开发战略标志着区域发展的重点开始转向加快东西部协调发展，此后陆续出台的振兴东北地区等老工业基地、中部地区崛起、东部地区率先发展等重大区域发展战略均延续了这一逻辑。国家“十一五”规划纲要明确提出：根据资源环境承载能力、现有开发密度和发展潜力，统筹考虑未来中国人口分布、经济布局、国土利用和城镇化格局，将国土空间划分为优化开发、重点开发、限制开发和禁止开发四类主体功能区，按照主体功能定位调整完善区域政策和绩效评价，规范空间开发秩序，形成合理的空间开发结构（图 1-8），中国形成了主体功能区理论，按照主体功能定位推进区域合理分工与协调发展。尤其是党的十九大报告明确提出“实施区域协调发展战略”，标志着兼顾公平与效率的区域协调发展战略期的全面开启。

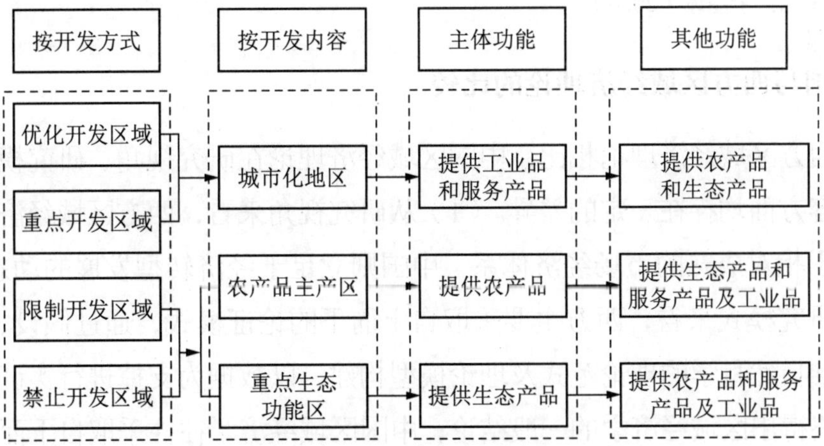

图 1-8　主体功能区分类及功能

资料来源：《国务院关于印发全国主体功能区规划的通知》（国发〔2010〕46 号）。

中国区域协调发展理论基本以系统科学原理为指导，探讨区域系统的形态和类型、区域系统的组成要素、区域经济系统形成和发展以及区域系统的结构和功能、演化和控制规律等方面（吴殿廷，2021）。其中，核心层面聚焦于区域一体化、经济增长、地区落差之间的复杂作用关系；机制层面涵盖政府与市场双重视角，政府机制应聚焦于促进政府间合作与优化制度供给，市场机制应聚焦于加速要素自由流动与市场资源优化配置；要素是连接机制层面与维度层面的有效载体，资源禀赋的异质性、企业参与区域间关系重塑的不同模式、公共资本在调节区域间发展水平差异中的作用等应成为政策制定的关注焦点；维度主要包括治理协调、市场协调、产业协调和空间协调，其中治理协调是关键，市场协调是前提，产业协调是难点，空间协调是载体。

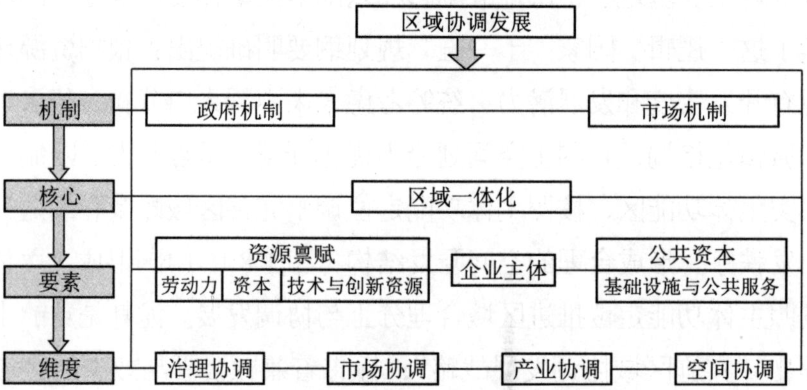

图 1-9　中国区域协调发展的逻辑框架

资料来源：李兰冰（2020）。

三、中国与西方区域经济理论的比较

与西方区域经济理论相比，中国区域经济理论在研究视角、研究模式以及研究内容方面均存在一定的差异。（1）从研究视角来看，西方区域经济学理论主要基于相对成熟的市场经济体系，中国则立足于经济转型发展的动态背景。（2）从研究模式来看，西方主要采取自上而下的论证模式，通过假设、定理、函数等准自然科学的理论范式及理论模型构建，以数据为支撑进行实证结果检验，最终得出区域经济学的一般结论；中国区域经济学往往采取自下而上的经验归纳模式，以解决问题为导向，结合定性分析、政策模拟分析等方法，提出相应的结论和政策建议。（3）从研究内容来看，西方的区域经济理论研究主要关注区位选择、经济集聚、城市问题、区域一体化、地方经济中的多样性与专业化、空间异质性等问题；中国区域经济理论更加强调政府的调控作用，研究重点主要表现为区域经济格局演变与区域差距、产业转移、可持续发展、贫困地区开发、区域分工与合作、协调发展等问题（刘秉镰等，2020）。

第三节　区域经济学的研究方法新进展

区域经济学是一门综合性和运用性较强的学科，在价值判断上，区域经济学遵循经济学的思维，以经济价值来判断区域经济活动的方向，它运用供求均衡分析、边际替代分析和成本收益分析等方法，追求把稀缺的资源配置到能产生最大利润的地方去，以提高经济效率；在问题解决的思维上，区域经济学往往是在一定的假设前提下，如理性人、完全市场结构的假设等，把众多影响区域经济发展的因素抽象为可测量要素。就方法论而言，区域经济学的综合性导致了区域经济分析中的分析方法复杂而繁多，其运用性则导致区域经济学的研究方法体系呈现以下几个特点：向多种方法结合方向发展，静态分析向动态方向发展，从资源优化配置向政策分析领域扩展。随着区域经济学科的发展，研究区域经济理论与现实问题的方法体系也在不断完善；近年来，包括复杂网络分析方法、大数据分析方法、演化经济地理学分析方法、空间交互和可视化分析方法等开始兴起并得到广泛应用，大大丰富了区域经济学研究的方法体系。

一、复杂网络分析方法的应用

社会网络分析是对社会网络的关系结构及其属性加以分析的一套规范和方法，旨在探究隐藏在复杂的社会系统表面下的网络模式和深层结构。世界上现有知名的专业分析软件共计 60 种左右，较为常用包括 UCINET、Pajek、NetMiner、MultiNet、Gephi 等。区域经济复杂网络的分析主要集中在要素流动、贸易联系、合作关系、产业集群、跨区域组织网络、城市网络、基础设施网络等方面，通过对其局部和整体网络拓扑结构的描述，实现对区域经济网络复杂数据集的深入分析，其测度指标包括度数中心性、中介中心性、接近度、中心势、密度、小世界效应、无标度特性、派系等（表 1-4）。

表 1-4 网络结构测度指标示例

	指 标	表 征 意 义
局部	度数中心性	度数中心性越高的节点，对于网络的影响力越大
	中介中心性	与中心性高的节点建立联系是其他节点提高网络地位的重要途径
	接近度	接近中心性高的节点，其在网络中信息资源、权力、威望和影响也越高
	中心势	数值越大表明网络的中心势越高；当数值为 0 时，节点处于对等态势
整体	密度	取值 0—1 之间，数值越接近 1，表明网络越稠密，反之则越稀疏
	小世界效应	小世界网络具有信息通畅、快捷交流等特征
	无标度特性	各节点之间异质性和不均匀分布的程度
	派系	分析网络中存在的子结构

二、大数据分析与应用

基于云计算的大数据在快速推动互联网与工业产业融合创新、促进传统产业转型升级的同时，在验证经济理论、预测宏观经济走势、制定政策、企业或个人进行经济决策等方面，均具有不可或缺的作用，成为区域经济学研究的新兴方法，其目标包括监测与预测两个方面（表 1-5），前者是针对海量数据背后所隐藏的各种关联模式开展挖掘，包括基于大数据改进传统调查、构建新型经济监测指标、现时预测和经济运行态势分析等 4 条路径；后者则是根据数据中潜在的模式来进行预测，包括构建先行性经济预测指标、改进传统预测模型、建立全新预测模型等 3 条路径。

表 1-5 大数据在区域经济学中的应用及进展

维 度		内 涵	示例 / 方法
监测	传统经济指标的优化	对于传统经济普查和政府统计的改进	新型国民经济核算体系、网络抓取技术
	新型监测指标	构建观测经济运行某一个剖面的相对全样本新型监测指标	克强指数、县域电商发展指数、新经济指数、分享经济发展指数、Google 趋势变量的季节性 AR 模型
	现时监测	利用大数据高频、即时的特点，通过构建与传统经济监测指标具有高度关联性的同步指标	电力大数据、夜间卫星灯光亮度数据、用户移动通话行为模式、银行支付结算数据、搜索指数数据、新闻数据

（续表）

维　度		内　涵	示例 / 方法
监测	经济运行态势研判	对微观企业、中观区域产业发展情况、宏观经济调控等多层面的运行情况进行数据分析监测	产业集聚路径、区域经济禀赋、经济均衡度、产业配套设施分布、产业空间分布、消费空间、经济活动多样性、城市群网络结构、贸易网络等
预测	先行性指标的大数据预测	反映经济运行走势的先行性指标	PLSA 算法（Probability Latent Semantic Analysis）、词袋模型（Bag-of-Words）、KPLSR 方法、LASSO 机器学习方法
	改进传统预测模型	利用大数据优化改进传统统计预测模型	两步法：首先，使用统计信息选择初步最优预测模型；其次，将互联网搜索行为加入选择的模型中，最终确定最优模型
	构建新的大数据预测模型	通过相关性分析挖掘建立经济变量间的联系	复杂性方法或非线性方法的复杂网络、非线性迭代、混沌分析

资料来源：王建冬（2020）。

三、演化经济地理学分析方法的应用

演化经济地理学主要用演化的方法来识别区域结构及其历史和地理背景，关注企业 / 区域的学习（知识生产）和知识转移扩散的动态过程，以及制度、地理集聚在其中的作用（刘志高、尹贻梅，2006；贺灿飞、李伟，2020）。由于演化经济地理学在许多方面遵循的是“新熊彼特学派”的传统，因而其产出的成果大多数集中于描述性的理论和经验研究，少量成果集中于形式化建模的技术演变研究，最为常用的模型是随机面向对象模型（Stochastic Actor-Oriented Models，SAOM）。SAOM 模型是以行为主体为导向的网络演化模型，是随机效用模型、马尔可夫过程和仿真模拟的结合体。一方面，SAOM 模型运用 Logistic 回归模型来模拟选择的概率，表达式为：

$$\rho_i(x_o, x, v, w) = \frac{\exp[f_i(x_o, x, v, w)]}{\sum_{x' \in C(x_o)} \exp[f_i(x_o, x', v, w)]}$$

式中，x_o 代表网络初始状态，x 代表网络潜在新状态，v 代表个体属性，w 代表邻近性。另一方面，SAOM 模型定义了效用函数作为行为主体的目标函数，其表达式为：

$$f_i(x_o, x, v, w)=\sum_k \beta_k s_{ki}(x_o, x, v, w)$$

式中，β_k 为估计参数，s_{ki} 为网络演化的影响因素。

四、空间交互及可视化分析方法的应用

空间独特性与关联性是理解区域联系的重要基础，可视化以地图为空间交互提供了重要的分析视角。目前可视化方法主要有以下五种（图 1-10）：其一是基于流的地图，流用一条有向线段表示空间交互，线段的属性如颜色、粗细表示交互强度。其二是基于图的方法，包括 Mobility Graphs 和弦图，分别为空间化和非空间化的方法，能够表现空间交互的网络结构特征。其三是基于矩阵的方法，将空间单元进行编码，用矩阵的第 i 行第 j 列的元素表示从区域 i 到区域 j 的交互强度，并可借助矩阵重排等技术突出交互模式。其四是基于热力图的方法，根据选定区域与其他区域的交互量对面状区域着色，以展现区域在不同方向上的空间交互分布特征，进而发现区域空间交互模式的差异（刘瑜等，2020）。

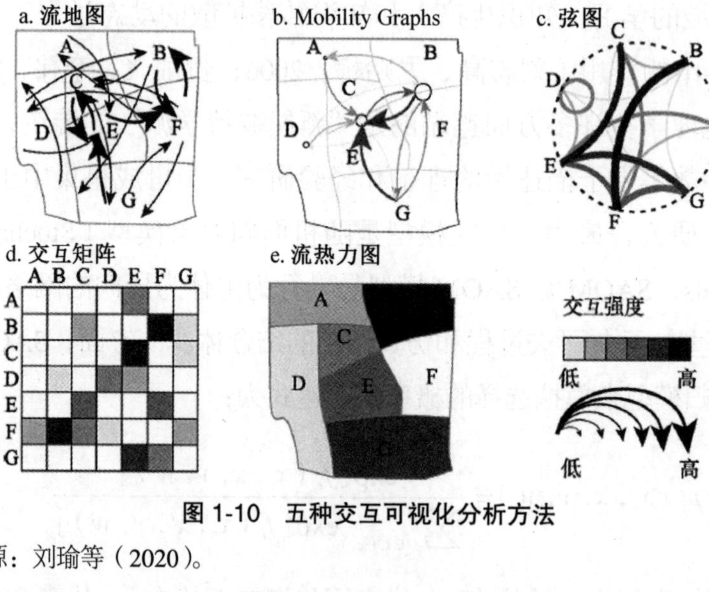

图 1-10　五种交互可视化分析方法

资料来源：刘瑜等（2020）。

空间交互分析建模主要逻辑是：基于特定空间单元之间某种联系的形式化表达，建立交互强度 T_{ij} 与起点 O_i、终点 D_j、交互成本 c_{ij} 三个基本要素之间的函数关系：$T_{ij}=f(O_i, D_j, c_{ij})$，在研究和实践中被广泛应用的模型包括（表

1-6）：重力模型（Gravity Model）、最大熵模型（Maximum Entropy Model）和介入机会模型（Intervening Opportunities Model）。

表 1-6　空间交互分析的主要模型

指　标	数学公式	指　　标
重力模型	$T_{ij}=k\times P_i^{\gamma}\times P_j^{\delta}\times f(c_{ij})$	P_i 和 P_j 为起点和终点的规模，通常可以用人口、经济规模表达；γ 和 δ 为规模参数；c_{ij} 表示在 i 和 j 之间移动产生的成本，通常可以用距离代替；$f(c_{ij})$ 为衰减函数
最大熵模型	$T_{ij}=A_i\times O_i\times B_j\times D_j\times \exp(-\mu c_{ij})$	O_i 和 D_j 为 i 和 j 的输出和输入量；A_i 和 B_j 为归一化因子；μ 为衰减系数
介入机会模型	$T_{ij}=A_i\times O_i\times f(D_i, V_{ij})$	V_{ij} 为起止点（不包括 O_i 和 D）j 之间的介入机会数

参考文献：

[1] 埃德加·胡佛 . 区域经济学 [M]. 王翼龙译 . 北京：商务印书馆，1990.

[2] 安虎森 . 区域经济学 [M]. 北京：经济科学出版社，2004.

[3] 安虎森，肖欢 . 我国区域经济理论形成与演进 [J]. 南京社会科学，2015（9）：23—30.

[4] 安虎森，邹璇 . 区域经济学的发展及其趋势 [J]. 生产力研究，2004（1）：180—186.

[5] 柏银玲 . 区域经济学与空间经济学关系研究 [J]. 西安石油大学学报（社会科学版），2011（4）：43—48.

[6] 蔡之兵，张可云 . 区域的概念、区域经济学研究范式与学科体系 [J]. 区域经济评论，2014（6）：5—12.

[7] 蔡之兵，周俭初 . 城市经济学发展历程研究综述 [J]. 城市观察，2011（6）：149—157.

[8] 陈栋生 . 区域经济学 [M]. 郑州：河南大学出版社，1993.

[9] 邓宏兵 . 区域经济学 [M]. 北京：科学出版社，2008.

[10] 付晓东 . 中国区域经济理论研究的回顾与展望 [J]. 区域经济评论，2013（2）：141—153.

[11] 高洪深 . 区域经济学 [M]. 北京：中国人民大学出版社，2010.

[12] 高进田．区域、经济区域与区域经济学的发展轨迹［J］．改革，2007（7）：67—70．
[13] 郝寿义，安虎森．区域经济学［M］．北京：经济科学出版社，2001．
[14] 贺灿飞，李伟．演化经济地理学与区域发展［J］．区域经济评论，2020（1）：39—54．
[15] 李君华，彭玉兰．中心—外围模型的错误和再求解——对克鲁格曼解法的质疑［J］．经济学（季刊），2011，10（3）：1105—1129．
[16] 李小建，罗庆，祝英丽．经济地理学与区域经济学的区分［J］．经济地理，2012（7）：1—5．
[17] 刘秉镰，朱俊丰，周玉龙．中国区域经济理论演进与未来展望［J］．管理世界，2020（2）：182—194．
[18] 刘瑜，姚欣，龚咏喜，康朝贵，施迅，王法辉，王姣娥，张毅，赵鹏飞，朱递，朱欣焰．大数据时代的空间交互分析方法和应用再论［J］．地理学报，2020，75（7）：1523—1538．
[19] 刘志高，尹贻梅．演化经济地理学：当代西方经济地理学发展的新方向［J］．国外社会科学，2006（1）：34—39．
[20] 陆大道．关于"点—轴"空间结构系统的形成机理分析［J］．地理科学，2002，22（1）：1—6．
[21] 罗伯塔·卡佩罗．区域经济学［M］．赵文、陈飞等译．北京：经济管理出版社，2014．
[22] 苗洁，吴海峰．我国区域经济研究的流派、进展及趋势［J］．区域经济评论，2013（1）：144—152．
[23] 穆艳．区域经济学的概念、分支及学派探究［J］．农村经济与科技，2019，30（21）：224—229．
[24] 孙久文．区域经济学［M］．北京：首都经济贸易大学出版社，2014．
[25] 孙久文．现代区域经济学主要流派和区域经济学在中国的发展［J］．经济问题，2003（3）：2—4．
[26] 魏后凯．现代区域经济学［M］．北京：经济管理出版社，2006．
[27] 吴殿廷．区域经济学．第2版［M］．北京：科学出版社，2003．

[28] 吴殿廷 . 区域经济学（第四版）[M]. 北京：科学出版社，2019.
[29] 徐云松 . 区域经济理论：历史回顾与研究评述 [J]. 石家庄铁道大学学报（社会科学版），2014，8（3）：8—12.
[30] 杨开忠，董亚宁，薛领等 . "新" 新经济地理学的回顾与展望 [J]. 广西社会科学，2016（5）：63—74.
[31] 杨开忠 . 区域经济学概念、分支与学派 [J]. 经济学动态，2008（1）：55—60.
[32] 杨开忠 . 区域科学学科地位、体系和前沿 [J]. 地理科学，1999（4）：357—362.
[33] 张可云 . 区域经济政策：理论基础与欧盟国家实践 [M]. 北京：中国轻工业出版社，2001.
[34] 张可云 . 区域科学的兴衰、新经济地理学争论与区域经济学的未来方向 [J]. 经济学动态，2013（3）：9—22.
[35] 张可云，孙鹏 . 区域经济学的研究逻辑：兼论中国气派的区域经济学构建 [J]. 北京大学学报（哲学社会科学版），2021，58（3）：110—119.
[36] 周起业，刘再兴，祝诚等 . 区域经济学 [M]. 北京：中国人民大学出版社，1989.

第二章　中国区域经济发展战略的演变

我国是一个幅员辽阔、人口众多，且各地区自然资源禀赋差别很大，经济社会发展水平差距也比较大的国家。基于这样的基本国情，以及对中国特色社会主义建设道路的探索实践，从 1949 年新中国成立时的百废待兴，到今天踏上社会主义现代化建设新征程，中国区域经济理论的发展历经了各个时代的重要抉择和结构演变，逐步形成了充分体现时代特征、中国特色、与时俱进、功能空间的区域发展战略体系。新中国成立以来我国区域发展战略的演变，可划分为三个阶段，即计划经济时代的区域均衡发展战略阶段（1949—1978）、改革开放初中期的区域非均衡发展战略阶段（1979—1999）、新世纪以来的区域协调发展战略阶段（2000—2020）①。此外，我们也可以把进入新时代以来的最新演变作为新的战略演变阶段，即新发展阶段的区域高质量协调发展战略阶段。

第一节　计划经济时代的区域均衡发展战略

新中国成立后，对于如何建设社会主义国家，基本借鉴了以中央集权与计划经济为特征的苏联模式，在“一五”计划期间（1953—1957 年），就逐步建立起高度集中的计划经济体制。一方面，苏联已经积累了社会主义建设的经验，而且第二次世界大战的胜利也验证了苏联模式在那个时代的优越性。另

① 关于阶段的划分，参见范恒山、孙久文、陈宣庆等（2012）；石碧华（2019）。

一方面，新中国成立初期国家一穷二白，经济结构简单，物质基础薄弱，工业化水平很低，地区发展严重不平衡，尤其是面对非常严峻的外部封锁和国防安全问题，必须发挥中央集权作用，通过政府主导和直接动员，强有力地调集有限的物力、财力、人力，聚力推进重工业优先发展，加快建设独立自主的工业体系。

计划经济时代的区域经济发展，基本采取的是区域均衡发展战略。这一战略的实施，有其当时的历史必然性。因为旧中国遗留下来的工业基础和城市格局基本集中在东部沿海地区，形成了极其不平衡的区域格局，而且当时的东部沿海地区又是最重要的海防前线，工业和城市的高度集中将对国家安全带来极大压力。新中国成立之初，全国工业总产值的 77% 以上集中在占国土面积不到 12% 的东部沿海狭长地带，其中 68% 集中在以上海为中心的长江三角洲（占 23%）、以沈阳为中心的东北南部（占 20%）、以天津为中心的京津唐地区（占 10%）、以青岛为中心的胶济沿线（5%）和广州（占 3%）等少数几个地区；占国土面积 45% 的西北和内蒙古广大地区，工业总产值仅占全国的 3%；占国土面积 23% 的四川、重庆、云南、贵州和西藏，工业总产值仅占全国的 6%（陈栋生，1993）。这一战略的实施，也基于新中国成立初期对社会主义建设的理论认识。我国产业布局思想来自苏联的“社会主义生产布局理论”，该理论的核心除了“生产关系决定论”之外，就是“均衡布局论”。均衡布局与我国传统的平均思想一脉相承，极易为我国多数人所接受（肖金成，2021）。

在 1949 年至 1978 年的三十年中，实施了两次大规模的战略西移，对区域经济格局产生了重大影响，推动了工业和交通布局向内地拓展，依托矿产资源、能源和原料产地建立了一批重工业基地和工业城市，奠定了我国工业化发展的区域均衡基础（石碧华，2019）。各个时期的基本建设投资地区分布如表 2-1 所示。

一、156 项重点工程建设（1953—1963）

经过三年经济恢复时期，1953 年开始实施第一个五年计划，正式启动区域均衡战略。正如第一个五年计划报告提出的，“我国工业原来畸形地偏集于一

表 2-1 1952—1975 年全国基本建设投资的地区分布

单位：%

时 期	沿 海	内 地	其中“三线”地区
“一五”时期（1953—1957）	41.8	47.8	30.6
“二五”时期（1958—1962）	42.3	53.9	36.9
调整时期（1963—1965）	39.4	58.0	38.2
“三五”时期（1966—1970）	30.9	66.8	52.7
“四五”时期（1971—1975）	39.4	53.5	41.1
1952—1975 年	40.0	55.0	40.0

注：由于有一部分不分地区的投资，沿海和内地投资之和不等于 100。

资料来源：刘再兴（1995）。

方和沿海的状况，在经济和国防上都是不合理的”“在全国各地是适当地分布工业的生产力，使工业接近原料、燃料的产地和消费地区，并适合于巩固国防的条件，来逐步地改变这种不合理的状态，提高落后地区的经济水平”。

苏联援建的 156 项重点工程项目（实际施工 150 项），有力推动了区域均衡战略的实施，并初步奠定了我国重工业发展的基础。从项目布局看，有 44 个国防项目，其中配置在中西部地区的有 35 个，配置在东北和沿海的有 9 个；有 109 个民用工业项目，其中配置在东北的有 50 个，中部地区 32 个，西部地区 24 个（董志凯、武力，2011）。156 项重大工程计划投资 202.22 亿元，实际完成投资 196.13 亿元，“一五”时期完成投资 107.36 亿元。156 项重大工程主要成组分布在新兴工业区、核心城市和重要的配套城市。同期为配合 156 项重点工程，还实施了 694 个限额以上工业项目（投资 1 000 万元以上），分布在内地的有 472 项目，占总额的 68%，形成了以兰州、西安、成都等城市为依托的新工业基地（建国以来重要文献选编（第 6 册），1993）。“一五”时期，国家在交通运输建设上，也加大了内陆地区铁路、公路的建设，建成了成渝、宝成、兰新、天兰铁路和武汉长江大桥、青藏、康藏线等公路，这些都加快了内陆和少数民族地区的发展。

进入“二五”时期，由于 1958 年开始的“大跃进”运动，出现了各地脱离实际大办粗放型、中小型工业的追赶潮流，由苏联援建项目牵引的产业布局大规模西移基本停滞。“二五”时期，全国基本建设投资中，内地占 53.9%，沿海占

42.3%，而“一五”时期内地占 47.8%，沿海占 41.8%（董志凯、吴江，2004）。

二、三线建设（1964—1978 年）

20 世纪 60 年代中期，中苏关系的日趋恶化以及沿海地区面对美国为首的西方国家的包围，党中央作出了加快三线建设、建立战略后方的战略决策。所谓“三线”，即根据各地区战略定位的不同，把全国划分为一、二、三线地区。一线地区为位于沿边沿海的前线地区；三线地区为全国的战略后方，主要包括四川（含重庆）、贵州、云南、陕西、甘肃、宁夏、青海等省区以及山西、河北、河南、湖南、湖北、广西、广东等省区的部分地区，又称为“大三线”；介于一、三线地区之间的为二线地区。在一、二线地区的腹地又划出作为区域内的三线地区，称之为“小三线”。“三五”计划提出，必须着眼于备战，将国防建设摆在第一位，集中精力进行三线建设，逐步改变我国工业布局不合理的状况；并强调一线地区能搬迁的工业要尽可能搬迁转移到三线地区。

三线建设战略的实施过程主要分为两个阶段。第一阶段从 1964 年到 1970 年，主要以国防建设为中心，重点建设西南和西北三线工程项目，尤其是西南三线。据统计，“三五”期间，国家对内陆地区的建设投资达到 611.15 亿元，占全国投资总额的 66.8%，其中三线地区的投资为 482.43 亿元，占全国的 52.7%；1964—1971 年，全国共有 380 个项目从沿海迁到内地（赵德馨，1989）。第二阶段从 1971 年到 1978 年，国家在加强西南和西北三线建设的同时，也加大了对“三西”（豫西、鄂西、湘西）的投资力度。这期间，国家对内陆地区的投资额为 898.67 亿元，占全国投资总额的 53.5%，尽管较前一阶段比重有所下降，但可以看出，内地依然是国家建设的重点，其中三线地区投资额为 690.98 亿元，占全国的 41.1%（马泉山，1998）。

三线建设推动了我国生产力布局进一步向内地延伸，打下了中西部地区的工业基础，这些基础在三十年后实施的西部大开发中也发挥了一定作用。在三线建设第二阶段，确立了分散、靠山、隐蔽、进洞的主导原则，在西南、西北的山区地带建成了一批骨干企业，如攀枝花钢铁厂、酒泉钢铁厂、六盘水煤矿等，一大批工厂、学校、科研机构及各类专业人才纷纷搬迁转移到三线地区，带动了一大批新兴工业城市的崛起，促进了区域经济的均衡布局。

但三线建设带有较大的时代局限性和片面性。在备战思想的主导下，一些工业项目布局不考虑资源、交通禀赋条件，远离城市、远离交通干线，不考虑投入产出效果，造成了较大的低效投资甚至无效投资，在进入改革开放阶段后，不少设在内陆山区的大中型国企，或者搬迁至大中城市，或者直接关停。当时的国力比较弱，极其有限的资源向内陆地区大举倾斜，导致沿海地区的发展基本处于停滞甚至倒退状态，特别是一批工厂和人才的内迁，让沿海一些大城市牺牲很大。这一时期所谓的区域均衡发展实际是脱离生产力水平、脱离区域经济国情、牺牲效率的均衡发展。

"四五"计划后期，三线建设开始进入调整阶段，特别是中美于1972年签订《上海公报》后，我国的国际发展环境发生重大变化，沿海地区的国防压力大大减弱，因此从1973年开始，中央将进口设备大部分放在沿海地区，同时提出在加快"经济建设的基础上加强国防工业"(高伯文，2004)。这一思想一直延续到"五五"计划(1976—1980)时期。统计显示，1977年、1978年我国分两次引进国外原材料和电站设备，共47套成套项目，沿海地区为24套，占51%，其余布局在内地(曾培炎，1999)。

第二节　改革开放初中期的区域非均衡发展战略

1978年12月党的十一届三中全会的召开标志着我国进入改革开放的转折阶段。在经济体制开始从高度集权的计划经济逐步向社会主义市场经济转轨的同时，区域发展的重心也转向了商品经济发展有基础、与国际经济更容易对接的东部沿海地区。特别是围绕着搞活市场、效率优先、对外开放、接轨国际，我国开始推行以东部沿海地区优先发展为标志的区域非均衡发展战略。

在党的十一届三中全会上，邓小平根据我国国情提出了影响深远的"先富论"，以及"一部分人生活先好起来，就必然产生极大的示范力量，影响左邻右舍，带动其他地区、其他单位的人们向他们学习。这样，就会使整个国民经济不断地波浪式地向前发展，使全国各族人民都能比较快地富裕起来"。"先富后富、共同富裕"思想对我国区域发展战略的调整产生了重大影响。为落实

1979 年中央工作会议提出的“调整、改革、整顿、提高”方针，邓小平进一步指出，“要发挥比较优势，扬长避短，要承认不平衡”。改革开放启动了区域非均衡发展的新战略，其基本特征就是效率导向的东部沿海地区优先发展。1988 年邓小平关于“两个大局”的论述是这一时期区域非均衡发展战略的最好体现。邓小平指出，“沿海地区要加快对外开放，使这个拥有两亿人口的广大地带较快优先发展起来，从而带动内地更好地发展，这是一个事关大局的问题，内地要顾全这个大局，反过来，发展到一定的时候，又要求沿海拿出更多力量来帮助内地发展，这也是个大局，那时候沿海也要服从这个大局”。①

对于 1979 年至 1998 年期间实施的区域非均衡战略，可分为两个阶段，即改革开放初期引入市场机制、启动沿海开放阶段，及改革开放中期深化市场改革、全面推动沿海开放阶段。

一、改革开放初期的区域非均衡战略（1979—1991 年）

改革开放率先在沿海地区启动，并迅速取得非常显著的发展成效，特别在珠三角、长三角与渤海湾地区。在改革方面，20 世纪 80 年代初中期以农业生产承包责任制为标志的农村改革，不仅解放了农业生产力，而且促进劳动力从农业向非农产业流动、生产资料从城市向乡村流动的双轨制改革，带动了乡镇企业的异军突起和小城镇建设热潮。农村改革释放了强劲的发展动能，其成效在沿海地区的江苏、浙江、山东、广东等地尤为突出，以农村集体企业发展为代表的苏南模式、以私营企业发展为代表的温州模式正是这一时期具有突破性、引领性的成功模式。在开放方面，1980 年 7 月，中央批准设立深圳、珠海、汕头、厦门四大经济特区，拉开了我国沿海对外开放的序幕。1984 年 7 月，国务院批准大连、秦皇岛、天津、烟台、青岛、连云港、南通、上海、宁波、温州、福州、广州、湛江、北海等十四个拥有港口条件的城市列为沿海开放城市，赋予这些城市一定的对外开放自主权，实施经济特区的某些开放政策，形成对外商有吸引力的投资环境；同年在十四个沿海开放城市设立了我国最早的一批经济技术开发区，为吸引外资、集聚产业提供特定空间。1985 年

① 邓小平. 邓小平文选（第 2 卷）[M]. 北京：人民出版社，1994.

国务院把长江三角洲、珠江三角洲、闽南厦漳泉三角地区开辟为沿海经济开放区。①1988年进一步把辽东半岛、胶东半岛、广西北部湾等划入沿海经济开放区，并在海南设立经济特区。这一时期发端于珠三角的“三来一补”模式对促进沿海地区承接亚洲“四小龙”产业转移、培育出口导向型工业，发挥了积极有效作用，形成了沿海地区经济增长的新源泉，贸易增长这驾马车开始发力。

“七五”计划（1986—1990年）提出了以“梯度发展理论”为核心的相对完整的区域经济发展战略（陈淮，1996）。“七五”计划对于地区布局与地区经济发展政策，把全国区域划分为东部沿海、中部和西部三大地带，②提出“要加速东部沿海地带的发展，同时把能源、原材料建设的重点放到中部，并积极做好进一步开发西部地带的准备”。梯度发展理论一般在我国表述为，无论是在世界范围，还是在一国范围，经济技术的发展是不平衡的，客观上形成一种经济技术梯度。有梯度就有空间推移，首先让有条件的高技术梯度地区引进掌握先进技术，然后逐步向处于二级梯度、三级梯度的地区推移（权衡，1997）。

1988年3月国务院召开沿海地区对外开放工作会议，正式决定实施“两头在外，大进大出”的沿海地区经济发展战略。要求沿海地区大力发展出口加工型经济，进入“国际经济大循环”。要积极参加国际交换和竞争，积极扩大劳动密集型产品和劳动—技术密集型产品的出口，大力发展“三资”企业，实行原材料和销售市场“两头在外”；要加强沿海与内地的横向经济联系，带动整个国民经济的发展。

这一时期国家的经济发展与改革政策明显向东部沿海倾斜，使东部沿海经济呈现为加速发展态势，并为全国经济快速增长做出了较大贡献。“六五”期间，国家投向各个地区的基本建设基金中，东部占了42.71%，中、西部分别占36.74%和20.55%。整个“七五”计划的固定资产投资中，东部占56.5%，中部占28.8%，西部占14.7%。随着投资体制改革的深入，投资主体逐渐多元化，国家在外资外贸政策上，增加了沿海地区的外汇使用额度和外汇贷款。

---

① 这里的长三角地区仅包括15个城市。

② 根据国家“七五”计划提出的划分标准，将全国分为东部地区：辽宁、河北、天津、北京、山东、江苏、上海、浙江、福建、广东、海南、广西十二个省市；中部地区：黑龙江、吉林、内蒙古、山西、安徽、江西、湖南、湖北、河南等九个省；以及包括剩余十个省市的西部地区。

1984—1990年东、中、西三大地带吸收外资总额的比重分别为88.2%，6.0%，和5.8%（石碧华，2019）。东部沿海形成了多层次的外向型经济带，奠定了90年代中、后期中国国际贸易快速增长的重要产业与地域基础，同时造就了珠江三角洲、闽东南三角地区、长江三角洲、山东半岛、辽东半岛等一批资源要素集聚核心区和经济增长极。对外开放不断扩大，两亿人口的沿海地带迅速发展，有力推动了全国的改革开放和经济建设。

二、改革开放中期的区域非均衡战略（1992—1998年）

1992年的邓小平南方谈话与1992年10月召开的党的十四大，推动改革开放进入新阶段。十四大确立了我国经济体制改革的目标就是要“建立社会主义市场经济体制”，并对90年代的改革和建设作出了重要部署，首次提出形成多层次、多渠道、全方位的开放格局，首次提出充分发挥中心城市发展格局特色的区域经济，提出“东部沿海地区要大力发展外向型经济，重点发展附加值高、创汇高、技术含量高、能源和原材料消耗低的产业和产品，多利用一些国外资金、资源，求得经济发展的更高速度和更好效益。中部和西部地区资源丰富，沿边地区还有对外开放的地缘优势，发展潜力很大，国家要在统筹规划下给予支持”。

邓小平提出“思想更解放一点，改革开放的胆子更大一点，建设的步子更快一点，千万不可丧失时机”之后，靠改革和率先利用市场机制发展起来的沿海经济带再次出现了增长高潮。在改革方面，1993年11月党的十四届三中全会全面启动了建设社会主义市场经济体制的改革征程，改革重心从农村转向城市，从双轨制转到“使市场在资源配置中起决定性作用”，大力发展商品市场特别是生产资料市场，积极培育包括债券、股票等有价证券在内的金融市场，发展技术劳务、信息和房地产市场，尽快形成全国统一的开放市场体系；在毫不动摇巩固和发展公有制经济的同时，毫不动摇鼓励、支持、引导非公有制经济，推动集体所有制企业改制，完善产权保护制度等。这一系列重大改革举措多数在东部沿海重要城市和经济特区先行先试，极大激发了市场主体活力。在开放方面，拓宽利用外资的领域，采取更加灵活的方式，为外商投资经营提供更方便的条件和更充分的法律保障；扩大出口贸易，同时适当增加进口，更多地利用国外资源和引进先进技术；在沿海地区先后设立上海外高桥、天津港、深圳福田等15个保税区；赋予有条件的企业、科技单位外贸自营权。特别是1990年中央批准上海浦东开发开放，尽快把上海建成国际经济、金融、贸易中心之一，标志着我国对外开放的区域重心开始覆盖到经济最发达的中心城市，并通过上海的龙头带动作用，进一步带动长江三角洲和整个长江流域地区的对外开放和经济新飞跃。这些对外开放重大举措为沿海地区抢抓国际产业转移机遇及此后建成世界工厂提供了强劲动能。

实施沿海优先的非均衡区域发展战略以来，由于沿海地区的超常规发展，中西部地区与沿海地区的差距呈现扩大趋势，因此按照“两个大局”构想，在90年代中期对非均衡区域发展战略进行适度调整，在继续强调效率原则的同时，开始注意公平的目标取向。比如逐步加快中西部地区对外开放的步伐，对外开放了一批沿边沿江口岸城市和内陆省会城市，设立了三峡经济开放区，在中西部地区增设了一批国家级经济技术开发区，扩大内地省、自治区和计划单列市吸收外商直接投资项目的审批权限，鼓励东部地区的外商投资企业到中西部地区再投资。对中西部贫困地区实施扶贫政策，1994年国务院制定并实施了《国家八七扶贫攻坚计划》，计划用7年左右的时间，基本解决全国农村8 000万贫困人口的温饱问题；1996年中共中央、国务院发布《关于尽快解决农村贫困人口温饱问题的决定》，号召实行全党动员，全社会扶贫济困，突出重点，集中力量解决农村贫困人口的温饱问题。为推进扶贫工作，国家进一步加大了扶贫资金投入，鼓励发展乡镇企业，积极推进东西部扶贫协作和对口支援。

第三节　新世纪以来的区域协调发展战略

在改革开放的初中期，依靠以沿海优先为导向的区域非均衡发展战略，中国创造了世界经济发展史上的奇迹。作为一个拥有十多亿人口的大国，中国几乎持续保持了每年9%以上的高增长率，至2002年时中国经济总量居世界第六位，吸引外资居世界第一位。东部沿海的长三角、珠三角、渤海湾三大经济区实现了经济腾飞，农村剩余劳动力以每年2 000万—3 000万的规模向非农产业转移，在20世纪90年代中后期更多向大城市和三大经济区转移，且呈现出加速的趋势。在这些动能推动下，城市化这样一个区域经济发展的必然过程以人们意想不到的速度提到了发展战略和政策、规划面前（陈淮，1996）。

但东部沿海优先发展战略的实施也导致东部沿海地区与中、西部地区之间出现了经济发展不平衡，及社会发展不平衡的情况。1979—1999年，东部地区与中、西部地区人均GDP差距由228元扩大到5 431元；1999年东部地区人均GDP比西部地区高1.34倍（肖金成，2019）。尽管这一时期中央也采取了一系列积极举措以期扭转地区发展不平衡问题，但成效并不显著。这是因为在对沿海地区率先放权让利、特殊政策的改革架构下，东部沿海地区的地方经济更加活跃，但地方利益也更加强化，引发了地方保护、地方竞争等新问题，各个地方通过特殊优惠政策、地方标准、地方规则，形成了阻碍要素自由流动和市场发挥决定性作用的行政区壁垒，资源要素反而进一步从中西部地区向东部沿海地区流出。

为了从根本上促进区域协调发展、缩小区域发展差距，深入落实"两个大局"战略构想，世纪之交，中央对区域非均衡发展战略展开新的战略性调整，从效率优先转向协调发展，从东部优先转向全面协调，并以西部大开发战略为序幕和主场，全面实施区域协调发展战略。在进入21世纪以来的二十年间，区域协调战略不断深入，为2020年全面建成小康社会奠定了坚实的战略底座和经济社会基础。我们把这一时期分为两个阶段，即区域协调战略全面实施阶段（1999—2011年）和区域协调战略深化阶段（2012—2020年）。

一、区域协调战略全面实施阶段

国家"十一五"规划（2006—2010年）是我国区域发展战略的重要节点，确立了长期影响我国国土空间格局的两大战略——区域发展总体战略和主体功能区战略。区域发展总体战略包括推进西部大开发、振兴东北地区等老工业基地、促进中部地区崛起和鼓励东部地区率先发展，区域发展格局逐渐趋于均衡。主体功能区战略将国土空间划分为优化开发、重点开发、限制开发和禁止开发四类主体功能区，按照各功能定位调整和完善区域政策和绩效评价，形成合理的空间开发结构（刘云中，2018）。党的十七大报告（2007年10月）再次强调，继续实施区域发展总体战略，推动、促进区域协调发展，并明确提出了“缩小区域发展差距，必须注重实现基本公共服务均等化，引导生产要素跨区域合理流动”的新思路。

（一）西部大开发战略

西部地区地域辽阔，包括了12个省市及自治区，即西南五省区市（重庆、四川、云南、贵州、西藏）、西北五省区（陕西、甘肃、青海、新疆、宁夏）和内蒙古、广西。区域面积685万平方公里，约占全国的71.4%。根据2000年统计，西部地区人口总量3.56亿人，占全国的28.28%；经济总量1.73万亿元，占全国的17.51%。西部地区自然资源丰富、市场潜力大，是我国重要的生态屏障和战略发展空间，但由于自然、历史、社会等原因，西部地区经济发展相对落后。1999年9月，党的十五届四中全会提出实施西部大开发战略，明确提出，“实施西部大开发战略，是深入贯彻‘三个代表’重要思想的伟大建设与实践，是全面建设小康社会、确保现代化建设第三步战略目标胜利实现的重大部署，是促进各民族共同发展和富裕的重要举措，是保障边疆巩固和国家安全的必要措施，关系全国经济社会发展的大局”。2000年10月，党的十五届五中全会通过的《中共中央关于制定国民经济和社会发展第十个五年计划的建议》强调：“实施西部大开发战略、加快中西部地区发展，关系经济发展、民族团结、社会稳定，关系地区协调发展和最终实现共同富裕，是实现第三步战略目标的重大举措。”2000年12月，《国务院关于实施西部大开发若干政策措施》出台，标志着西部大开发战略的正式实施。

实施西部大开发是一项规模宏大的系统工程，也是一项艰巨的历史任务。根据西部大开发第一个五年规划，即西部大开发“十一五”总体规划，按50年划分为三个阶段：一是奠定基础阶段。从2001年到2010年，重点是调整结构，搞好基础设施、生态环境、科技教育等基础建设，建立和完善市场体制，培育特色产业增长点，使西部地区投资环境初步改善，生态和环境恶化得到初步遏制，经济运行步入良性循环，增长速度达到全国平均增长水平。二是加速发展阶段。从2010年到2030年，在前段基础设施改善、结构战略性调整和制度建设成就的基础上，进入西部开发的冲刺阶段，巩固提高基础，培育特色产业，实施经济产业化、市场化、生态化和专业区域布局的全面升级，实现经济增长的跃进。三是全面推进现代化阶段。从 2031 年到 2050 年，在一部分率先发展地区增强实力、融入国内国际现代化经济体系自我发展的基础上，着力加快边远山区、落后农牧区开发，普遍提高西部人民的生产、生活水平，全面缩小差距。①

（二）东北振兴战略

东北地区包括了辽宁、吉林、黑龙江三省，是我国重要的石油生产基地、钢铁生产基地和装备制造业基地。东北三省地域总面积 80.61 万平方公里，占全国的 8.4%。按照国家东北地区振兴规划覆盖范围，还包括内蒙古的蒙东地区，规划总面积为 145 万平方公里，总人口 1.2 亿人。根据 2000 年统计，东北三省人口总量为 1.07 亿人，占全国 8.47%；经济总量 9 772 亿元，占全国的 9.9%。1990 年以来，随着改革开放的深化，东北地区资源型城市和老工业基地的体制性、结构性矛盾日益显现，特别是国有企业所占比例偏高、市场化程度相对不足、内部资源供给能力下降，资源型城市尤其是资源枯竭型城市可持续发展能力弱，导致东北地区与沿海地区的差距不断扩大。党的十六大报告（2002 年 11 月）提出了全面建设小康社会的宏伟目标，作出了新世纪新阶段我国经济社会发展的一系列重大部署，其中明确提出，要推动东北地区等老工业基地加快调整和改造，支持以资源开采为主的城市和地区发展接续产业。2003 年 10 月，中共中央、国务院发布《关于实施东北地区等老工业基地振兴战略的若干意见》，对振兴东北老工业基地作出战略部署。

2007 年 9 月，国务院正式批复《东北地区振兴规划》，提出经过 10 到 15 年的努力，将东北地区建设成为综合经济发展水平较高的重要经济增长区域、具有国际竞争力的装备制造业基地、国家新型原材料和能源保障基地、国家重要商品粮和农牧业生产基地、国家重要的技术研发与创新基地，及国家生态安全的重要保障区，实现东北地区的全面振兴。②特别是，要以改革开放为动力，

① 《国务院关于西部大开发“十一五”规划的批复》（国函〔2007〕6 号），2007 年 1 月。此后，国家发改委编制印发了西部大开发“十二五”规划、“十三五”规划。2020 年 5 月，中共中央、国务院印发《关于新时代推进西部大开发形成新格局的指导意见》。

② 《国务院关于东北地区振兴规划的批复》（国函〔2007〕76 号），2007 年 9 月。此后，国家发改委编制下发了东北地区振兴的“十二五”规划、“十三五”规划、“十四五”规划。2015 年启动新一轮东北振兴战略。

转变发展观念，增强发展活力；以老工业基地振兴为主线，提高自主创新能力，促进结构调整和优化；以资源枯竭型城市经济转型为突破口，加快解决经济社会发展的难点问题。

（三）中部崛起战略

中部地区位于我国内陆腹地，具有承东启西、连南通北的区位优势。包括湖北、湖南、安徽、江西、河南、山西六省，国土总面积102.8万平方公里，占全国的10.7%。根据2000年统计，中部地区经济总量1.89万亿，占全国的19.15%；人口3.52亿人，占全国的27.93%。中部崛起的战略内涵，就是要加快与东部沿海地区对外开放政策的对接、与振兴东北老工业基地政策的对接，加快缩小中部地区与东部沿海地区的差距，发挥中部地区承上启下作用，同时造就国家发展的新增长极。2004年温家宝总理在政府工作报告中明确提出促进中部崛起战略，并纳入“十一五”规划。2006年党中央和国务院发布了《关于促进中部地区崛起的若干意见》，提出将中部地区建设成为全国重要的粮食生产基地、能源原材料基地、现代装备制造及高技术产业基地和综合交通运输枢纽（即“三基地一枢纽”）。

2009年9月，国务院通过《促进中部地区崛起规划》，提出到2020年，中部地区基本建立现代产业体系，对全国经济发展的支撑作用明显增强，在发挥承东启西和产业发展优势中崛起，实现中部地区经济社会全面协调可持续发展，全面实现建设小康社会目标。要加强“三基地一枢纽”建设，尤其要着力改革开放，创新体制机制，转变发展方式，提升经济整体实力和竞争力；着力自主创新，调整优化结构，积极承接产业转移，大力推进新型工业化进程；着力优化空间布局，培育城市群增长极；着力发展循环经济，节约资源能源，保护生态环境，促进区域可持续发展。①

（四）东部率先战略

东部沿海优先的非均衡区域发展战略创造了东部地区迅速崛起的巨大成效，也为进一步释放改革开放动能、增强经济竞争力，以及带动其他地区发

① 《国务院关于促进中部地区崛起规划的批复》（国函〔2009〕130号），2009年9月。2016年12月国家发改委编制印发《促进中部地区崛起规划（2016年至2025年）》。2021年7月，中共中央、国务院印发《关于新时代推动中部地区高质量发展的意见》。

展，奠定了坚实基础。东部率先，就是要在深化改革、对外开放、转型升级、城乡统筹、区域协调等方面继续发挥先行实践、引领发展的作用。2005年6月，国务院批准浦东新区在全国率先进行综合配套改革试点，提出着力转变政府职能、着力转变经济发展方式、着力改变城乡二元结构等“三个着力”的总体要求。2006年5月，国务院发布《推进天津滨海新区开发开放有关问题的意见》，批准天津滨海新区为全国综合配套改革试验区。2003年以来，国务院先后批准上海外高桥、上海洋山港、青岛、大连、宁波、张家港、厦门象屿、深圳盐田港、天津东疆等保税区实行区港联动试点。

特别在应对2008年全球金融危机时，更加突出了东部率先的战略布局。如2008年9月，国务院发布《关于进一步推进长江三角洲地区改革开放和经济社会发展的指导意见》，提出进一步推进长江三角洲地区改革开放和经济社会发展，有利于推进区域经济一体化，提高自主创新能力和整体经济素质；有利于增强对中西部地区的辐射带动作用，推动全国区域协调发展；有利于提高开放型经济水平，增强我国国际竞争力和抗风险能力；有利于推进体制创新，促进建立健全充满活力、富有效率、更加开放的体制机制。2008年12月，国务院发布《珠江三角洲地区改革发展规划纲要》，明确赋予珠三角地区发展更大的自主权。2009年3月，国务院批复同意支持中关村科技园区建设国家自主创新示范区；同年4月，国务院发布《关于推进上海加快发展现代服务业和先进制造业、建设国际金融中心和国际航运中心的意见》；同年5月，国务院发布《关于支持福建省加快建设海峡西岸经济区的若干意见》；同年6月，国务院发布《江苏沿海地区发展规划》和《横琴总体发展规划》。上述一系列积极举措不仅进一步推动了沿海地区的对外开放，而且对抵御全球金融危机，把危机转为发展契机，产生了积极作用。

二、区域协调发展战略深化阶段

党的十八大以来，以习近平同志为核心的党中央作出经济发展进入新常态的重大判断，形成了以2020年全面建成小康社会为目标、以新发展理念为指导、以供给侧结构性改革为主线的战略框架。围绕继续深入实施区域发展总体战略，谋划布局并推动实施了“一带一路”建设、京津冀协同发展、长江经济带发展三大战略，统筹东中西及东北四大板块战略，进一步优化经济发展空间格局。十九大之后，进一步布局实施粤港澳大湾区建设、长三角一体化发展、成渝双城经济圈、黄河流域生态保护和高质量发展国家战略，形成了四大增长极引领、推动沿线沿江沿河经济带发展的“4 + 3”区域战略空间新格局，进一步推动区域协调发展。

“一带一路”建设与长江经济带发展，通过两大典型的流域性战略布局，把广大的中西部地区与发达的东部沿海地区更加紧密地连接起来。从西部大开放、中部崛起、东北振兴三大板块战略多年的实施效果看，成效是显著的，但与东部地区之间的相对差距并没有明显缩小，而且因地理区位与交通相对不便的短板，在对外开放度及创新资源集聚方面与东部地区的差距更加明显，面临后劲不足问题。其中一个重要原因是，三大板块内部缺乏强劲有力的增长极带动，而我国最重要的京津冀、长三角、粤港澳三大增长极与三大板块之间并没有形成紧密合作、利益共享的协同机制。“一带一路”建设与长江经济带发展两大战略的提出和积极实施，突出了流域带动的作用，通过构建区域协同发展的政策与机制，把东部沿海的经济增长极优势和对外开放优势更多引入中西部地区，有力造就中西部地区发展的新优势，促进东中西三大区域的协调发展。

（一）“一带一路”建设

自习近平总书记2013年分别在哈萨克斯坦和印度尼西亚提出建设“丝绸之路经济带”和“21世纪海上丝绸之路”以来，“一带一路”倡议得到了沿带沿路国家的积极呼应，以政策沟通、设施联通、贸易畅通、资金融通、民心相通为合作框架的“五通”成为连接中国与世界的新桥梁、新通道。“一带一路”倡议的提出和积极推进，顺应了世界多极化、经济全球化、文化多样化、社会信息化的潮流，致力于维护全球自由贸易体系和开放型世界经济，推动沿线各国实现经济政策协调，开展更大范围、更高水平、更深层次的区域合作，共同打造开放、包容、均衡、普惠的区域经济合作架构，共同构建人类命运共同体。“一带一路”贯穿亚欧非大陆，一头是活跃的东亚经济圈，一头是发达的欧洲经济圈，其中重点建设六条经济走廊，即中蒙俄、新亚欧大陆桥、中国—中亚—西亚、中国—中南半岛、中巴、孟中印缅。2015年3月，国家发展改革委、外交部、商务部联合发布了《推动共建丝绸之路经济带和21世纪海上丝绸之路的愿景与行动》(下称《愿景与行动》)，对推动“一带一路”建设进行了全面部署。

“一带一路”建设在推动我国深度融入全球化、带动更多发展中国家发展的同时，也为我国区域发展带来了新机遇、新动能，特别是充分发挥国内各地区比较优势，实行更加积极主动的开放战略，加强东中西互动合作，全面扩大开放型经济覆盖区域。比如中欧班列在更多城市开通运行，为中西部地区走向双向开放、构建开放型经济体系、实现经济快速发展，创造了积极的交通物流条件。根据《愿景与行动》提出的区域定位，新疆要形成丝绸之路经济带上重要的交通枢纽、商贸物流和文化科教中心，打造丝绸之路经济带核心区；陕西、甘肃、宁夏、青海四地要形成面向中亚、南亚、西亚国家的通道、商贸物流枢纽、重要产业和人文交流基地；沿海诸地区要加强沿海城市港口建设，强化国际枢纽机场功能；广西要打造21世纪海上丝绸之路与丝绸之路经济带有机衔接的重要门户；云南要建设面向南亚、东南亚的辐射中心；内蒙古、黑龙江、吉林、辽宁、北京等，要建设向东北亚开放的重要窗口；重庆要成为西部开发开放重要支撑，郑州、武汉、长沙、成都、南昌、合肥等要打造内陆开放型经济高地。

（二）长江经济带发展

长江经济带横跨中国东中西三大区域，覆盖上海、江苏、浙江、安徽、江西、湖北、湖南、重庆、四川、云南、贵州等11个省市，面积约205万平方公里，占全国的21.4%，人口和生产总值均超过全国的40%。长江经济带贯通我国东部、中部、西部三大板块，将沿江城市穿起来，将有效发挥长江黄金水道作用，促进东中西协同发展，支撑中国经济这艘大船行稳致远。长江经济带是我国重要的生态安全屏障，推动长江经济带生态文明建设，统筹江河湖泊丰富多样的生态要素，确保一江清水绵延后世，走出一条绿色生态发展新路，事关中华民族永续发展。长江经济带向西连接丝绸之路经济带，向东与21世纪海上丝绸之路对接，贯通东西、融合交汇，是“一带一路”战略的重要支撑和助推器。

2013年7月，习近平总书记在武汉考察时指出，“长江流域要加强合作，发挥内河航运作用，把全流域打造成黄金水道”。2014 年 9 月，国务院印发《关于依托黄金水道推动长江经济带发展的指导意见》及《长江经济带综合立体交通走廊规划（2014—2020 年）》，同年 11 月，中央经济工作会议把长江经济带与“一带一路”、京津冀协同发展并列为当前重点推进的三大区域战略。

2016 年 1 月，习近平总书记在重庆召开的第一次推动长江经济带发展座谈会上提出，①“推动长江经济带发展必须从中华民族长远利益考虑，走生态优先、绿色发展之路，使绿水青山产生巨大生态效益、经济效益、社会效益，使母亲河永葆生机活力”，“要把修复长江生态环境摆在压倒性位置，共抓大保护，不搞大开发”。同年 9 月国家发布《长江经济带规划纲要》，明确了长江经济带建设的四大战略定位，即生态文明建设的先行示范带、引领全国转型发展的创新驱动带、具有全球影响力的内河经济带、东中西互动合作的协调发展带。

长江经济带建设突出五大任务：一是生态为先、绿色发展，共抓大保护、不搞大开发，努力建成上中下游相协调、人与自然相和谐的绿色生态廊道；二是推进长江水脉畅通，统筹铁路、公路、航空、管道建设，率先建成网络化、标准化、智能化的综合立体交通走廊，增强对长江经济带发展的战略支撑力；三是强化创新驱动产业转型升级，打造世界级产业集群，形成集聚度高、国际竞争力强的现代产业走廊；四是推进以人为核心的新型城镇化，形成区域联动、结构合理、集约高效、绿色低碳的新型城镇化格局；五是发挥长江三角洲地区对外开放引领作用，建设向西开放的国际大通道，构建东西双向、海陆统筹的对外开放新格局。

在空间布局上打造“一轴、两翼、三极、多点”格局。“一轴”是指以长江黄金水道为依托，发挥上海、武汉、重庆的核心作用，以沿江主要城镇为节点，构建沿江绿色发展轴。“两翼”是指南翼以沪瑞运输通道为依托，北翼以沪蓉运输通道为依托，促进交通互联互通，增强省会城市、重要节点城市人口和产业集聚能力，夯实长江经济带的发展基础。“三极”是指以长江三角洲城

① 2018 年 4 月和 2020 年 11 月，习近平总书记分别在武汉和南京主持召开了第二次和第三次推进长江经济带发展座谈会。

市群、长江中游城市群、成渝城市群为主体，发挥辐射带动作用，打造长江经济带三大增长极。“多点”是指发挥三大城市群以外地级城市的支撑作用，建设特色城市。

（三）京津冀协同发展

推动京津冀协同发展是党的十八大以来中国的一个重大国家战略，对于打造新型首都经济圈、推动京津冀一体化发展、促进全国区域协调发展、提升国家形象和国际竞争力具有重大意义。京津冀三地总面积 21.6 万平方公里，总人口 1.1 亿人，GDP 约占全国十分之一。2013 年 8 月，习近平总书记在北戴河主持研究河北发展问题时，明确提出要推动京津冀协同发展，“建设和管理好首都，是国家治理体系和治理能力现代化的重要内容”“京津冀协同发展意义重大，对这个问题的认识要上升到国家战略层面”。2014 年 2 月，习近平总书记主持召开京津冀协同发展工作座谈会，强调实现京津冀协同发展是一个重大国家战略，首次将京津冀协同发展问题上升到国家战略层面。2015 年 4 月，中共中央政治局会议审议通过《京津冀协同发展规划纲要》，提出京津冀协同发展战略的核心是有序疏解首都非核心功能，要在京津冀交通一体化、生态环境保护、产业升级转移等重点领域率先取得突破，促进区域协调发展，形成新增长极。为推动首都非核心功能疏解，北京市首先要优化城市空间结构和经济结构，而京津冀其他城市则要创造条件来承接转移产业和转移的城市功能，这也必然要推动这些城市空间结构和经济结构优化。京津冀三地的主要功能：北京是全国的政治中心、文化中心、国际交往中心、科技创新中心；天津是全国先进制造研发基地、北方国际航运核心区、金融创新运营示范区、改革开放先行区；河北省是全国现代商贸物流重要基地、产业转型升级试验区、新型城镇化与城乡统筹示范区、京津冀生态环境支撑区。

2017 年 4 月，党中央、国务院决定设立雄安新区，这是继深圳经济特区和上海浦东新区之后又一具有全国意义的新区。设立雄安新区，是为深入推进京津冀协同发展作出的一项重大决策部署，对于集中疏解北京非首都功能，探索人口经济密集地区优化开发新模式，调整优化京津冀城市布局和空间结构，培育创新驱动发展新引擎，具有重大现实意义和深远历史意义。党的十九大报告提出，以疏解北京非首都功能为“牛鼻子”推动京津冀协同发展，高起点规划、高标准建设雄安新区。2018 年 4 月中共中央、国务院正式批复《河北雄安新区规划纲要》。

（四）粤港澳大湾区建设

粤港澳大湾区是我国开放程度最高、经济活力最强的区域之一，包括了香港特别行政区、澳门特别行政区和广东省广州市、深圳市、珠海市、佛山市、惠州市、东莞市、中山市、江门市、肇庆市等珠三角九市，总面积 5.6 万平方公里，常住总人口超过 7 000 万人，在国家发展大局中具有重要战略地位。粤港澳大湾区与美国纽约湾区、旧金山湾区、日本东京湾区并称为世界四大湾区。

在国家“十三五”规划纲要中，首次提出“支持港澳在泛珠三角区域合作中发挥重要作用，推动粤港澳大湾区和跨省区重大合作平台建设”；2016 年 3 月，国务院印发《关于深化泛珠三角区域合作的指导意见》，明确要求广州、深圳携手港澳，共同打造粤港澳大湾区，建设世界级城市群。2017 年 7 月 1 日，习近平总书记在香港亲自见证国家发展改革委与粤港澳三地政府共同签署《深化粤港澳合作 推进大湾区建设框架协议》，拉开了国家层面推动大湾区建设的帷幕。党的十九大报告明确提出，要支持香港、澳门融入国家发展大局，以粤港澳大湾区建设、粤港澳合作、泛珠三角区域合作等为重点，全面推进内地同香港、澳门互利合作，制定完善便利香港、澳门居民在内地发展的政策措施。

2019 年 2 月，中共中央、国务院印发《粤港澳大湾区发展规划纲要》。规划纲要明确了粤港澳大湾区建设的战略定位，即充满活力的世界级城市群、具有全球影响力的国际科技创新中心、“一带一路”建设的重要支撑、内地与港澳深度合作示范区、宜居宜业宜游的优质生活圈。规划提出，发挥香港—深圳、广州—佛山、澳门—珠海强强联合的引领带动作用，深化港深、澳珠合作，加快广佛同城化建设，提升整体实力和全球影响力，引领粤港澳大湾区深度参与国际合作；以香港、澳门、广州、深圳四大中心城市作为区域发展的核心引擎，继续发挥比较优势做优做强，增强对周边区域发展的辐射带动作用。香港，巩固和提升国际金融、航运、贸易中心和国际航空枢纽地位，打造更具竞争力的国际大都会；澳门，建设世界旅游休闲中心、中国与葡语国家商贸合作服务平台；广州，充分发挥国家中心城市和综合性门户城市引领作用，全面增强国际商贸中心、综合交通枢纽功能，培育提升科技教育文化中心功能，着力建设国际大都市；深圳，发挥作为经济特区、全国性经济中心城市和国家创新型城市的引领作用，加快建成现代化国际化城市，努力成为具有世界影响力的创新创意之都。

（五）长三角一体化发展

2018年11月5日，习近平总书记在首届中国国际进口博览会上宣布，支持长江三角洲区域一体化发展并上升为国家战略，着力落实新发展理念，构建现代化经济体系，推进更高起点的深化改革和更高层次的对外开放，同“一带一路”建设、京津冀协同发展、长江经济带发展、粤港澳大湾区建设相互配合，完善中国改革开放空间布局。

长江三角洲（以下简称长三角）地区是我国经济发展最活跃、开放程度最高、创新能力最强的区域之一，在国家现代化建设大局和全方位开放格局中具有举足轻重的战略地位。长三角地区包括上海市、江苏省、浙江省、安徽省全域，面积35.8万平方公里，常住人口超过2.25亿人。

《长江三角洲区域一体化发展规划纲要》在2019年5月经中央政治局会议审议通过后，于同年12月正式印发实施。规划纲要明确提出，要坚持创新共建、协调共进、绿色共保、开放共赢、民生共享五大原则，推动形成区域协调发展新格局，加强协同创新产业体系建设，提升基础设施互联互通水平，强化生态环境共保联治，加快公共服务便利共享，推进更高水平协同开放，创新一体化发展体制机制，打造全国发展强劲活跃增长极、全国高质量发展样板区、率先基本实现现代化引领区、区域一体化发展示范区、新时代改革开放新高地。

深化三省一市的联动发展，强化分工合作，发挥各地比较优势，提升区域发展整体水平和效率。上海，发挥“五个中心”和国际大都市优势，面向全球、面向未来，提升城市能级和核心竞争力，引领长三角一体化发展。江苏，发挥制造业发达、科教资源丰富、开放程度高等优势，推进沿沪宁产业创新带发展，加快苏南自主创新示范区、南京江北新区建设，打造具有全球影响力的科技产业创新中心和具有国际竞争力的先进制造业基地。浙江，发挥数字经济领先、生态环境优美、民营经济发达等特色优势，大力推进大湾区大花园大通

表 2-2　1990—2020 年我国四大战略板块 GDP 总量及占全国比重

板块 / 指标		1990 年	2000 年	2010 年	2019 年	2020 年
东部沿海地区	GDP 总量（亿元）	8 506	52 743	232 031	511 161	525 752
	GDP 比重（%）	47.76	53.44	53.09	51.88	51.93
西部大开发地区	GDP 总量（亿元）	3 783	17 276	81 408	205 185	213 292
	GDP 比重（%）	21.24	17.51	18.63	20.82	21.07
中部崛起地区	GDP 总量（亿元）	3 377	18 901	86 109	218 738	222 246
	GDP 比重（%）	18.97	19.15	19.70	22.20	21.95
东北振兴地区	GDP 总量（亿元）	2 142	9 772	37 493	50 249	51 125
	GDP 比重（%）	12.03	9.90	8.58	5.10	5.05

资料来源：根据国家相关年份统计年鉴整理。

表 2-3　1990—2020 年我国四大战略板块人口数量及占全国比重

板块 / 指标		1990 年	2000 年	2010 年	2019 年	2020 年
东部沿海地区	人口总量（万人）	38 636	44 502	50 665	54 165	56 372
	人口比重（%）	34.18	35.32	37.98	38.58	39.99
西部大开发地区	人口总量（万人）	32 200	35 635	36 069	38 180	38 288
	人口比重（%）	28.48	28.28	27.04	27.20	27.16
中部崛起地区	人口总量（万人）	32 279	35 185	35 696	37 246	36 470
	人口比重（%）	28.55	27.93	26.76	26.53	25.87
东北振兴地区	人口总量（万人）	9 933	10 673	10 955	10 794	9 851
	人口比重（%）	8.79	8.47	8.21	7.69	6.99

资料来源：同上表。

表 2-4　1990—2020 年我国四大战略板块人均 GDP 情况（万元）

板块 / 指标	1990 年	2000 年	2010 年	2019 年	2020 年
东部沿海地区	0.22	1.19	4.58	9.44	9.33
西部大开发地区	0.12	0.49	2.26	5.37	5.57
中部崛起地区	0.11	0.54	2.41	5.87	6.09
东北振兴地区	0.21	0.92	3.42	4.66	5.19
全国平均	0.17	0.79	3.08	7.09	7.24

资料来源：同上表。

道大都市区建设，整合提升一批集聚发展平台，打造全国数字经济创新高地、对外开放重要枢纽和绿色发展新标杆。安徽，发挥创新活跃强劲、制造特色鲜明、生态资源良好、内陆腹地广阔等优势，推进皖江城市带联动发展，加快合芜蚌自主创新示范区建设，打造具有重要影响力的科技创新策源地、新兴产业聚集地和绿色发展样板区。

第四节　新发展阶段与构建区域协调发展新格局

从1999年到2020年，经过两个阶段实施区域协调战略，中国的区域协调战略体系不断创新完善。紧紧围绕“两个大局的战略构想”和2020年全面建成小康社会的宏伟目标，积极构建和实施区域协调总体战略和主体功能区战略，特别是自党的十八大以来，贯彻落实新发展理念，进一步深化区域协调发展战略，形成了两大流域战略、四大板块战略和三大增长极战略构成的相互融合的区域战略体系，为全面建成小康社会、保持经济平稳健康增长和创新活力、提高我国经济国际竞争力和影响力，谋好了篇、布好了局。

全面扎实推进区域协调发展取得显著成效。区域发展协调性增强，全国经济持续保持中高速增长，在世界主要国家中名列前茅，2010年我国成为全球第二大经济体，此后稳居世界第二，对世界经济增长贡献率超过百分之三十；开放型经济新体制逐步健全，对外贸易、对外投资、外汇储备稳居世界前列。从各个区域看，经济发展的相对差距有所缩小。2020年，东部、中部、西部、东北地区人均地区生产总值分别为9.33万元、6.09万元、5.57万元、5.19万元，东部和西部之间的相对差值，由2000年的2.43倍缩小到1.68倍。2012—2017年，按不变价格计算，东部、中部、西部、东北地区人均地区生产总值年均增速分别为7.2%、8.0%、8.2%和5.4%，中西部地区的发展速度领先于东部地区，改变了长期以来区域经济发展中东部地区“唱主角”的传统格局。①

2017年10月召开的党的十九大，标志着中国特色社会主义进入新时代。

① 国家统计局．东中西部发展差距小了［N］．人民日报海外版，2018-09-19.

党的十九大提出，决胜全面建成小康社会，开启全面建设社会主义现代化国家新征程，在2020年实现第一个百年目标后，向第二个百年奋斗目标进军，到2035年基本实现社会主义现代化，到本世纪中叶，把我国建成富强民主文明和谐美丽的社会主义现代化强国。围绕贯彻新发展理念、建设现代化经济体系的战略部署，十九大报告把实施区域协调发展战略作为六大国家重大战略之一，突出针对区域发展不平衡不充分问题，构建促进区域协调发展的新格局。①

在2020年全面建成小康社会后，我国进入全面建设社会主义现代化国家、向第二个百年奋斗目标进军的新发展阶段。党的十九届五中全会通过的《中共中央关于制定国民经济和社会发展第十四个五年规划和二〇三五年远景目标的建议》提出，要加快构建以国内大循环为主体、国内国际双循环相互促进的新发展格局（2020年10月29日）。

在新发展阶段，我国发展仍然处于重要战略机遇期，但面临的国内外环境正在发生深刻复杂的变化。从国际看，世界百年未有之大变局进入加速演变期，经济全球化趋势不变，全球治理体系正在呈现大的变革，我国持续快速发展加速“东升西降”趋势，但“西强东弱”在相当长时期内仍是基本格局，中美战略博弈仍将持续甚至很有可能升级。从国内看，我国继续发展具有多方面优势与条件，也面临不少困难和挑战。四大区域之间、城乡之间的发展不平衡、不充分问题仍然明显存在；人民对美好生活的向往从“有没有”转向“好不好”，如何促进全体人民共同富裕取得更为明显的实质性进展面临认识和解决手段上的挑战；经济长期向好，但面临周期性因素和结构性因素叠加、短期和长期问题交织、外部冲击和新冠肺炎疫情冲击碰头等多重影响。

从区域发展看，我国经济发展的空间结构正在发生深刻变化，面临一些新的挑战。产业、人口、资源加快向特大城市及城市群集聚，特别是京津冀、长三角、珠三角三大城市群，发展优势不断增强，而东北地区、西北地区和一些传统资源型城市，要素流失态势难以扭转，与沿江沿海地区的差距进一步扩大。如东北地区与东部沿海地区人均GDP的差值仍在逐步扩大，由2000年的

① 这六大国家重大战略包括，深化供给侧结构性改革、加快建设创新型国家、实施乡村振兴战略、实施区域协调发展战略、加快完善社会主义市场经济体制、推动形成全面开放新格局。

1.29 倍扩大到 2010 年的 1.34 倍、2020 年的 1.80 倍（根据表 2-4）。中西部广大乡村地区特别是一些老少边穷地区，虽然经过三年脱贫攻坚努力已全面消除贫困人口，但与发达地区的差距仍然很大，有些地区乡村人口大量外流，出现了不少老化村、空心村，农业发展后劲不足。

我国经济由高速增长阶段转向高质量发展阶段，对区域协调发展提出了新的要求。2019 年 8 月 26 日召开的中央财经委员会第五次会议，专题研究推动形成优势互补高质量发展的区域经济布局问题，习近平总书记在会上作了重要讲话，提出了新形势下促进区域协调发展的总思路："按照客观经济规律调整完善区域政策体系，发挥各地区比较优势，促进各类要素合理流动和高效集聚，增强创新发展动力，加快构建高质量发展的动力系统，增强中心城市和城市群等经济发展优势区域的经济和人口承载能力，增强其他地区在保障粮食安全、生态安全、边疆安全等方面的功能，形成优势互补、高质量发展的区域经济布局。"①

新发展阶段的区域协调发展，就是要充分把握我国社会主要矛盾已经转化为人民日益增长的美好生活需要和不平衡不充分的发展之间的矛盾，坚持以习近平新时代中国特色社会主义思想为指导，切实增强区域内生发展动力，塑造要素有序自由流动、主体功能约束有效、基本公共服务均等、资源环境可承载的区域协调发展新格局。

国家"十四五"规划纲要提出，坚持实施区域重大战略、区域协调发展战略、主体功能区战略，健全区域协调发展体制机制，完善新型城镇化战略，构建高质量发展的国土空间布局和支撑体系。②可以认为，新发展阶段构建区域协调发展新格局，将基于非均衡的区域协调发展理念和战略构架，健全完善战略实施体系。这一战略构架，有五个最基本的战略子模块：

构建国土空间开发保护新格局。立足资源环境承载能力，发挥各地比较优势，逐步形成城市化地区、农产品主产区、生态功能区三大空间格局，形成主体功能明显、优势互补、高质量发展的国土空间开发保护新格局。

---

① 习近平 . 推动形成优势互补高质量发展的区域经济布局［J］. 求是，2020（24）.

②《中共中央关于制定国民经济和社会发展第十四个五年规划和二〇三五年远景目标的建议》。

完善多层次区域协调发展战略体系。实施黄河流域生态保护和高质量发展战略和成渝地区双城经济圈战略，形成“3 + 4 + 4”的国家区域协调重大战略体系①。加大力度支持革命老区、民族地区、边疆地区、贫困地区加快发展，以城市群为主体构建大中小城市和小城镇协调发展的城镇格局，支持资源型地区经济转型发展，坚持陆海统筹发展海洋经济等，形成多层次的区域协调发展战略体系。

构建高质量发展动力系统。发挥各地区比较优势，走合理分工、优化发展的路子，促进各类要素合理流动和高效集聚，增强创新发展动力，加快构建高质量发展的动力系统，增强中心城市和城市群等经济发展优势区域的经济和人口承载能力，形成几个能够带动全国高质量发展的新动力源，特别是京津冀、长三角、珠三角三大地区，以及一些重要城市群。

推进以人为核心的新型城镇化。合理确定城市规模、人口密度、空间结构，促进大中小城市和小城镇协调发展。优化行政区划设置，发挥中心城市和城市群带动作用，建设现代化都市圈。深化户籍制度改革，完善财政转移支付和城镇新增建设用地规模与农业转移人口市民化挂钩政策，强化基本公共服务保障，加快农业转移人口市民化。

构建区域协调发展新机制。健全区域战略统筹、市场一体化发展、区域合作互助、区际利益补偿等机制，更好促进发达地区和欠发达地区、东中西部和东北地区共同发展。实行分类管理的差别化区域政策。完善转移支付制度，加大对欠发达地区财力支持，逐步实现基本公共服务均等化。

参考文献：

[1] 蔡之兵，张可云.中国区域发展战略的60年历程回顾（1953—2013）[J].

① “3+4+4”区域协调重大战略体系，“3”即为“一带一路”建设、长江经济带发展、黄河流域生态保护和高质量发展三大战略；“4”即为推动西部大开发形成新格局，推动东北振兴取得新突破，促进中部地区加快崛起，鼓励东部地区加快推进现代化；另一个“4”即为京津冀协同发展、粤港澳大湾区建设、长三角一体化发展、成渝地区双城经济圈。2020年10月中共中央、国务院印发《成渝地区双城经济圈建设规划纲要》。2021年10月，中共中央、国务院印发《黄河流域生态保护和高质量发展规划纲要》。

甘肃社会科学，2015（2）：153—157.
［2］陈栋生．区域经济学［M］．郑州：河南人民出版社，1993.
［3］陈淮．中国80年代以来区域经济发展战略的回顾与前瞻［J］．经济问题，1996（5）：8—12，62.
［4］董志凯，吴江．新中国工业的奠基石——156项建设研究［M］．广州：广东经济出版社，2004.
［5］范恒山，孙久文，陈宣庆等．中国区域协调发展研究［M］．北京：商务印书馆，2012.
［6］高伯文．中国共产党区域经济思想史研究［M］．北京：中共党史出版社，2004.
［7］国家计委经济研究所课题组，王建．中国区域经济发展战略研究［J］．管理世界，1996（4）：175—189.
［8］建国以来重要文献选编，第6册［M］．北京：中央文献出版社，1993.
［9］李京文，樊明太．改革开放前后中国经济发展区域结构的比较［J］．中国工业经济，1993（5）：23—30.
［10］刘云中．改革开放以来我国区域发展战略的逻辑演进［J］．经济纵横，2018（10）：36—42.
［11］陆大道等．中国区域开发的理论与实践［M］．北京：科学出版社，2003.
［12］陆大道．关于我国区域发展战略与方针的若干问题［J］．经济地理，2009，29（1）：2—7.
［13］马泉山．新中国工业经济史（1966—1978）［M］．北京：经济管理出版社，1998.
［14］权衡．中国区域经济发展战略理论研究述评［J］．中国社会科学，1997（6）：44—51.
［15］石碧华．中国区域经济发展70年的回顾和展望［N］．经济日报，2019-10-17.
［16］魏后凯．走中国特色区域协调发展道路［N］．经济日报，2018-10-11.
［17］肖金成．区域发展战略的演变与区域协调发展战略的确立——新中国区域发展70年回顾［J］．企业经济，2019，38（2）：43—50.

[18] 肖金成．中国区域发展——理论、战略与布局［M］. 北京：光明日报出版社，2021.
[19] 徐炳文．中国区域经济发展战略体系研究［J］. 管理世界，1993（4）：192—201.
[20] 于文浩．改革开放以来中国区域发展战略的历史考察［J］. 中国经济史研究，2015（6）：126—131.
[21] 曾培炎．新中国经济 50 年［M］. 北京：中国计划出版社，1999.
[22] 张贡生．中国区域发展战略之 70 年回顾与未来展望［J］. 经济问题，2019（10）：10—18.
[23] 赵德馨．中华人民共和国经济史（1967—1984）［M］. 郑州：河南人民出版社，1989.

第三章　高质量发展的区域经济布局及其空间治理

随着改革开放的不断深化和区域协调发展战略体系的不断完善，我国经济发展的空间结构正在发生深刻变化，经济、科技与人口向沿海沿江地区，特别是大城市与城市群集聚的趋势更加明显，一些地区如东北、西北等出现了人口外流、经济相对滞后的趋势。这种趋势性现象，实际也是很多发达国家如美国、日本等都曾经历过的，是一种规律性趋势。进入新发展阶段，优化空间布局、完善空间治理，推动形成高质量发展的区域经济布局，已成为构建新发展格局的重要战略任务，更是实现中国经济高质量发展的坚实底座。本章将围绕构建高质量发展的区域经济布局，分析非均衡发展格局下区域协调发展的空间治理模式及其政策框架。

第一节　高质量发展的区域经济布局基准与功能空间

习近平总书记在2019年的中央财经委员会第五次会议上，提出了“推动形成优势互补、高质量发展的区域经济布局”这一重要战略课题，并深刻阐述了新形势下促进区域协调发展的总思路，对推动形成高质量发展的区域经济布局具有极其重要的指导意义。①

---

① 会议于2019年8月26日召开。讲话发表在《求是》2019年第24期,《推动形成优势互补高质量发展的区域经济布局》。

一、高质量发展的区域经济布局基准

围绕推动高质量发展，我国区域协调发展的基本目标是，“实现基本公共服务均等化，基础设施通达程度比较均衡，人民生活水平大体相当”①。要实现这样三大目标，高质量发展的区域经济布局，是前提更是基础。这个区域不仅仅指各大主体功能区的空间布局，还包括了各大主体功能区内的次一级功能区空间布局。比如在城市化地区，在国土空间治理中形成了三条规划管控红线的边界管理方式，即城镇开发边界红线、基本农田保护红线和生态保护红线，形成了三个次一级的功能空间②。即使在上海这个只有 6 340 平方公里的国际大都市，也同样存在这样的三条规划管控红线以及三个功能空间。这就是说，在各个省域、市域层面，也同样都有高质量发展的区域经济布局课题。

什么是高质量发展的区域经济布局？习近平总书记在关于“推动形成优势互补、高质量发展的区域经济布局”重要讲话中强调，“按照客观经济规律调整完善区域政策体系，发挥各地区比较优势，促进各类要素合理流动和高效集聚，增强创新发展动力，加快构建高质量发展的动力系统，增强中心城市和城市群等经济发展优势区域的经济和人口承载能力，增强其他地区在保障粮食安全、生态安全、边疆安全等方面的功能”。就是对高质量发展的区域经济布局提出了三个战略要求，即按照客观经济规律、发挥各地比较优势、构建高质量发展动力系统。

刘志彪（2019）认为，这种区域发展体系至少应该具有五个基本特征：一是国土资源效率得到充分的利用，因地制宜彰显特色；二是要素密集程度较大，投资强度大、土地产出率高；三是严格按照主体功能区的划分进行国土资源开发，因而生态容量适度；四是以大城市和特大城市为核心，形成连绵的城市群落；五是区域发展相对均衡，区际发展差距较小。

我们这里提出高质量发展的区域经济布局基准这一命题，就是要进一步深

---

① 2017 年中央经济工作会议（2017 年 12 月 18—20 日），提出了 8 项重点工作，第 4 项为实施区域协调发展战略，提出了围绕推动高质量发展，区域协调发展要实现的三个基本目标。这是党的十九大召开之后的第一次中央经济工作会议。

② 2019 年 11 月，中共中央办公厅、国务院办公厅印发《关于在国土空间规划中统筹划定落实三条控制线的指导意见》。

刻领会习近平总书记提出的新形势下促进区域协调发展的新思路，以面向第二个百年目标为导向，以遵循客观经济规律、推动高质量发展为要求，研究梳理可作为战略与政策效果评价的基准性目标。这里提出三个基准：

一是要为构建新发展格局和建设社会主义现代化国家提供强劲动能。这个动能更多来自创新资源集聚优势凸显、具有人口和产业承载能力的超大特大城市和城市群，发挥其开放优势和人才优势，增强创新驱动发展动能，率先构筑高质量发展的强劲动力系统，更多承担增长极功能和压舱石功能，进而为其他地区高质量发展提供动能和支撑。

二是要为实现全体人民共同富裕提供有效路径。就是要进一步提升农村人口城市化水平，从根本上解决数量仍然庞大的进城农民工问题和中西部地区农村人口相对贫困问题，让最广大的农村人口共享发展成果。农村人口城市化、农民工市民化，是我国实现全体人民共同富裕的必由之路。所以要遵循客观规律，进一步提高沿海沿江地区特别是城市群的人口和经济承载力，通过减少其他地区的人口承载量来实现高质量的区域协调发展。

三是要为深化主体功能区建设提供有力保障。主要是针对生态功能区的生态安全功能、农产品主产区的粮食安全功能和边境地区的边境安全功能，减轻这些地区的经济发展压力和人口承载量，发挥青山绿水优势，实现以生态价值、共同富裕为标尺的高质量发展。

二、高质量发展区域经济布局的五大功能空间

国家“十四五”规划提出，分类提高城市化地区发展水平，推动农业生产向粮食生产功能区、重要农产品生产保护区和特色农产品优势区集聚，优化生态安全屏障体系，逐步形成城市化地区、农产品主产区、生态功能区三大空间格局。面向第二个百年目标，在未来的中长期发展中，要按照上述三个基准，对应不同区域空间的功能定位，推进人口和各类要素的合理流动与高效配置，在五个特定区域空间中分类推进高质量发展。

（一）更多承载人口与产业的沿海沿江城市群地区

城市群是工业化、城市化的产物，是承载农业剩余劳动力转移、提升人口城市化水平的最重要空间。我国改革开放一个很重要的成就，就是在大城

市的带动引领下，崛起了一批具有更强集聚力甚至具有全球影响力的城市群，如京津冀城市群、长三角城市群、粤港澳城市群。国家“十四五”规划提出，优化提升京津冀、长三角、珠三角、成渝、长江中游等城市群，发展壮大山东半岛、粤闽浙沿海、中原、关中平原、北部湾等城市群，培育发展哈长、辽中南、山西中部、黔中、滇中、呼包鄂榆、兰州—西宁、宁夏沿黄、天山北坡等城市群。①这19个城市群，区域覆盖面积284.84万平方公里，占全国比重29.55%；承载人口11.46亿人，占全国比重80.59%；整体城镇化率66.28%，高于全国平均水平2.39个百分点；创造GDP86.34万亿元，占全国比重87.52%②。在这些城市群中，沿海沿江的城市群特别是京津冀、长三角、粤港澳三大城市群，人口、人才和产业的集聚优势更加明显，③这其中有国家区域重大战略的倾斜作用，但根本上还是人口流动、产业集聚和城市化等客观规律的作用结果，使这些地区具有开放、腾飞的条件，具有集聚国内外资源要素的优势。要充分发挥这些城市群地区在集聚更多人口和产业上的优势作用。

（二）承担增长极功能的中心城市

中心城市不仅具有高密度人口的承载功能，更具有产业和创新的集聚功能；不仅在国家或区域的发展中具有引擎和支撑作用，而且在全球化和国际竞争中具有引航和桥头堡作用。我国中心城市可分为两类：一类为国家中心城市，一类为区域中心城市。国家中心城市是最早于2005年由原建设部在组织编制全国城镇体系规划（2006—2020年）时提出的，为全国城镇体系的核心城市，是指居于国家战略要津、肩负国家使命、引领区域发展、参与国际竞争、代表国家形象的现代化大都市。④截至2020年底，全国明确的国家中心城市有

① 《中华人民共和国国民经济和社会发展第十四个五年规划和2035年远景目标纲要》共提到了19个城市群。

② 根据2021年公布的七普数据、《中国统计年鉴（2020）》和《中国城市统计年鉴（2020）》相关数据。

③ 京津冀、长三角、粤港澳三个城市群，土地占19个城市群的17.22%，常住人口占19个城市群的30.11%，GDP占19个城市群的43.84%。

④ 国家发改委在关于支持武汉建设国家中心的指导意见（2018）中，对国家中心城市提出了比较明确的概念界定。

北京、天津、上海、广州、重庆、成都、武汉、郑州、西安九个大城市。①在上述九大国家中心城市中，又进一步明确北京、上海、广深建设全球性国家中心城市，充分发挥其在城市群建设和国家竞争力建设中的极核作用。区域中心城市分布较广，主要包括各个省会城市及大连、青岛、宁波、厦门、深圳五个计划单列市。②另外经济总量超过万亿的大城市，也可以认定为区域中心城市，如苏州、无锡、佛山、泉州、南通、东莞等大城市。③

（三）承担粮食安全与食品供给保障功能的农产品主产区

我国现代农业建设，一般划分为六类区域，即粮食主产区、特色农产品优势区、大城市郊区农业区、东部沿海农业区、农垦经济区和草原生态经济区。2010年底国务院正式批准实施全国主体功能区规划，并在国家“十二五”规划纲要中提出，加快构建“七区二十三带”农产品主产区空间布局。其中，东北平原农产品主产区建设优质水稻、专用玉米、大豆和畜产品产业带，黄淮海平原农产品主产区建设优质专用小麦、优质棉花、专用玉米、大豆和畜产品产业带，长江流域农产品主产区建设优质水稻、优质专用小麦、优质棉花、油菜、畜产品和水产品产业带，汾渭平原农产品主产区建设优质专用小麦和专用玉米产业带，河套灌区农产品主产区建设优质专用小麦产业带，华南农产品主产区建设优质水稻、甘蔗和水产品产业带，甘肃新疆农产品主产区建设优质专用小麦和优质棉花产业带（谢高地等，2017）。为强化粮食安全和食品供给保障，在七大农产品主产区，实施最严格的耕地保护制度，按照专业化布局、现代化生产的原则，推动农业生产向粮食生产功能区、重要农产品生产保护区和特色农产品优势区集聚，建设高标准农田和专业化农业公司、规模化家庭农场，促进生产、生态、生活“三生融合”，大规模推广智慧农业。

---

① 住房和城乡建设部的《全国城镇体系规划（2010—2020）》明确北京、天津、上海、广州、重庆为国家中心城市，此后国家发展和改革委员会及住房和城乡建设部，先后批准支持成都、武汉、郑州、西安建设国家中心城市。

② 计划单列市是对省辖市在国家计划中实行单列，并赋予其相当于省一级的经济管理权限。最早在1983年时批准重庆为计划单列市，1993年批准设立了沈阳、大连、长春、哈尔滨、南京、宁波、厦门、青岛、武汉、广州、深圳、成都、西安等14个计划单列市，1994年时各省会城市取消计划单列市，1997年重庆设立直辖市，此后计划单列市缩减为5个城市。

③ 2020年全国共有24个城市GDP超万亿元，包括了4大直辖市，深圳、宁波、青岛3个计划单列市，广州、武汉、成都、杭州、南京、长沙、郑州、济南、合肥、福州、西安11个省会城市。

（四）承担生态环境安全功能的生态功能区

生态环境安全功能是指江河源头、水源涵养、土壤保持、防风固沙、生物多样性保护、洪水调蓄等维持生态平衡、保障全国或区域生态安全等方面的功能（赵雪雁，2020）。全国主体功能区规划（2010—2020）明确，由国家层面组织实施重点生态功能区建设。对关系全国或较大范围区域的生态安全，在国土空间开发中限制进行大规模高强度工业化城镇化开发，把保持并提高生态产品供给能力的区域列为国家重点生态功能区。截至2021年底，共发布过两批国家重点生态功能区。全国主体功能区规划（2010—2020）提出了首批重点生态功能区，共有436个县（市、区、旗）纳入国家重点生态功能区；2016年公布了第二批重点生态功能区，新增240个县（市、区、旗）及87个重点国有林区林业局为国家重点生态功能区；两批共有676个县市区，占国土面积的比例53%（蒋尉，2018）。按照《全国主体功能区规划》要求，对国家重点生态功能区范围全面划定生态红线，严格管制各类开发活动，控制并逐步缩小人类活动占用空间，以腾出更多的空间用于维系生态系统的良性循环。要根据不同类型重点生态功能区的要求，按照生态功能恢复和保育原则，实施更加严格的产业准入和环境要求，对不适合主体功能定位的现有产业，实施产业转移或淘汰。

（五）承担边境安全和边贸功能的边疆地区

国家"十三五"规划纲要把边疆地区连同革命老区、民族地区、困难地区一起称为"特殊类型地区"。而且边疆地区多数又属于民族地区、困难地区，需要给予特殊的关注和支持。边疆地区不仅承担着我国边境安全的保障功能，而且是丝绸之路经济带的重要桥头堡、沿边对外开放的前沿阵地，天然连接着国内与国际两个大市场。比如新疆是我国向西开放重要窗口，是丝绸之路经济带核心区；黑龙江、吉林、辽宁与俄远东地区陆海联通，是我国向北开放的重要窗口，是北京—莫斯科欧亚的运输走廊；广西与东盟国家陆海相邻，是面向东盟区域的国际通道，是海上丝绸之路与丝绸之路经济带有机衔接的重要门户；云南是我国向南开放重要窗口，是面向南亚、东南亚的辐射中心。① 国家

① 国家发展和改革委员会，外交部，商务部．推动共建丝绸之路经济带和21世纪海上丝绸之路的愿景与行动［Z］. 2015-03-28.

“十四五”规划纲要提出“兴边富民、稳边固边”的方针，就是要把边境地区的国家安全、边疆稳定与城镇化、边贸口岸、“一带一路”通道建设、民族团结等更加有效地结合起来，大力改善边境地区生产生活条件，完善沿边城镇体系，支持边境口岸建设，加快抵边村镇和抵边通道建设，建设边境枢纽型中小城市和节点型城镇，促进人口和特色产业的适当集聚，繁荣民族文化，扩大边境贸易，推动边境双方的人员交流和经济开放。

第二节　高质量发展的区域经济空间治理模式

从国家层面看，区域空间治理就是针对各类功能区之间非均衡发展的现实，构建功能区之间的共生共荣关系和协调机制，促进区域协调发展。以高质量发展为导向的区域空间治理，不仅涵盖了生态环境治理、公共安全治理，还包括区域之间的产业分工合作、区域之间的共同富裕等领域，所以这里讲的区域空间治理，更突出区域协调发展的本质和逻辑。从功能区的交互关系看，有两种类型的区域空间治理：一是同类功能区之间主要是城市之间的空间治理，通过城市之间区域合作、共享资源，实现优势互补、共同发展。二是不同功能区之间的空间治理，通过明确功能分工，又互为功能支撑，形成功能空间融合，也就是通常所说的区域一盘棋、国家一盘棋，城市地区吸纳农业地区和生态保护区的剩余劳动力转移和人口转移，并提供消费市场、生态需求，促进这两个功能区的可持续发展和共同富裕；农业地区和生态保护区则为城市地区提供粮食和食品保障，提供生态保护屏障和生态产品，及提供劳动力资源。

从区域合作的紧密程度或从区域治理的阶段性层级看，有两种空间治理模式，即区域协同发展模式和区域一体化发展模式。这里之所以用“发展”这个词，是因为区域的空间治理，分工与合作是路径，协调与共享是目的，这些都是区域发展的基本含义。

一、区域协同发展模式

区域协同发展的理论渊源主要来自协同学研究。德国学者哈肯（Haken）

于 1969 年首次提出协同学概念，并于 1971 年构建了相应的学科体系。广义上，区域协同的研究范畴是指不同国家之间经济、政治、文化等领域的跨区域合作；狭义上，区域协同是指一个国家内部不同地区间在产业、市场、交通、生态、创新、政府治理等领域的互相协作（王维国，2000）。

对区域协同发展问题的探讨最早出现在美国 20 世纪 70 年代针对多数行政区功能单一、仅为满足公民某类特殊需要而建立，由此带来比较突出的区域碎片化现象。为解决这一问题，出现了区域主义这种新的区域管理模式，主要通过谈判和协商就某些领域内的公共事务达成一致行动、协同治理，并受到联邦或州法律的保护。以埃莉诺·奥斯特罗姆（Elinor Ostrom）、迈克尔·麦金尼斯（Michael Mcginnis）等为代表的公共选择学派学者突破了政府为主体的区域协同发展框架，提出了通过科层组织、市场机制、社会自主治理解决区域公共问题的三种新路径（迈克尔·麦金尼斯，2000）。

在我国，2013 年习近平总书记在河北调研时提出推动京津冀协同发展的战略设想，此后政府层面和学术界层面都开始积极研究和实践区域协同发展模式。以实施京津冀协同发展战略为标志和引领，我国区域发展进入了协同发展时代。我国的区域协同发展模式，就是在国家的战略引导和政策支持下，基于平等的行政区主体及共生共荣的区域整体发展导向，以尊重双方利益、实现合作共赢为原则，通过地区间相互协商协助来完成同一目标，努力达到共享资源、共享发展的双赢效果。其中既有城市群、都市圈的协同发展，也有大流域、大经济带的协同发展。协商协助和共建共享，是区域协同治理的两个关键词。协商协助是特征，是构建区域合作机制框架的基本原则。共建共享是导向，是深化区域合作、实现共生共荣的行动路径。

刘秉镰、孙哲（2017）提出，区域协同发展包含了空间协同、产业协同、市场协同、治理协同四个维度，其中，空间协同是地理形态，产业协同是经济形态，市场协同是制度基础，治理协同是政策工具。王振等（2018）在研究长三角地区区域协同发展时提出，区域协同发展就是通过协商协助和共建共享，促进城市功能的合理分工，促进产业链的合理分布，促进交通及各类基础设施的网络化和枢纽化，促进民生和公共服务的均衡化和优质化，加快缩小地区差距，最大限度实现区域共生共荣。杨柳文（2017）认为，区域协同发展具有阶段性、层次性、多领域性的特点，在起步阶段，需要通过政府间的合作打破地区贸易壁垒、推动区域间交通基础设施建设、平衡产业布局、消除地方政策冲突等；在区域协同发展的深化阶段，面临的问题集中于公共服务一体化、环境保护、区域公平等社会发展领域，需要市场、社会组织的积极参与。

二、区域一体化发展模式

区域一体化包含国际经济的区域一体化概念和国内地区的区域一体化概念。国际经济的区域一体化，从 20 世纪 80 年代以来伴随着经济全球化的展开和深入，一直是国际经济研究的热点，新经济地理学较大程度因拓展了国际经济一体化的理论和实证研究而得以发展和丰富起来。1954 年，诺贝尔经济学奖获得者荷兰经济学家丁伯根（Tinbergen）在其著作《国际经济一体化》中第一个提出区域一体化的定义，他认为区域一体化是通过国家或区域之间相互协作与统一，将阻碍经济活动有效运作的因素加以弱化、消除，以创造出最优的国际经济结构。目前被理论界广泛认可和引用的区域一体化内涵是由美国经济学家巴拉萨（Balassa，1961）提出的，他认为区域经济一体化是"过程"与"状态"并存的概念，区域一体化既是采取旨在消除区域内各国之间差别待遇措施的过程，又是上述差别待遇消失的一种状态。他提出，区域一体化存在 4 种形式，根据一体化程度由低到高分别是：自由贸易区（FTA）、关税同盟（CU）、共同市场（CM）、经济联盟（EU）。关税同盟是区域一体化最具代表性的形式，其理论也是区域一体化相关研究的核心。

我国区域经济学学界主要关注国内地区的区域一体化。1983 年经国务院批准成立至 1988 年撤销的上海经济区规划办公室，当初就试图以行政手段为主来推动长三角区域经济合作和区域一体化发展的模式，未能取得根本性成功（唐亚林、于迎，2018）。随着浦东开发开放的展开，基于全球化进程中的区域经济一体化趋势，开始讨论长三角区域一体化发展问题。朱金海（1995）定义了长三角区域经济一体化的基本涵义：冲破行政管理体制的界限，以市场为纽带，以企业为主体，并由宏观调控组织引导，建立功能合理分工、资源合理配置、产业相互协调、资金互为融通、技术相互渗透、人才互为流动的现代经济一体化区域（唐亚林、于迎，2018）。2013年实施京津冀协同发展战略后，对长三角一体化发展问题的探讨，更多聚焦到区域协同发展模式。比如王振等（2018）就提出，2013年以来长三角地区的区域合作进入协同发展时代。在2018年11月首届国际进口博览会习近平总书记宣布长三角一体化发展上升为国家战略之后，对区域一体化发展模式的讨论进入新的阶段。

我们从长三角地区的多年实践来界定区域一体化发展模式，应该有两层含义：一是指发达的大城市，为加快提升周边城市和乡村的发展水平，通过构建以大带小、以城带乡的一体化体制机制和特殊政策，把大城市高度集聚的功能优势、资源优势、产业优势、人才优势，辐射扩散到周边城市和乡村，带动其工业化、城市化、现代化进程，加快缩小地区差距和城乡差距。这种类型的一体化发展我们称之为传统区域一体化发展模式，其核心特征是更多强调接轨、融入大城市，其中包括了城乡一体化发展。长三角地区从20世纪90年代以来提出并实践的区域一体化基本属于这一概念范畴。二是指城市群中的各个城市，特别是都市圈中的各个城市，为提升城市群的同城化水平和国际竞争力，实现“1 + 1 > 2”效应，在一些领域开展紧密合作，通过建立一体化建设和运营的体制机制和平台载体，消除行政分割，激发规模效应，实现更高层次的共生共建共享。这种类型的一体化发展我们将其称为现代区域一体化发展模式，更多强调跨行政区的紧密合作。在当下高铁、互联网、同城化和成熟市场经济的牵引下，特别在长三角地区实施一体化发展国家战略以来，这一概念范畴的区域一体化正成为都市圈发展的主流。

与传统区域一体化发展模式比较，现代区域一体化发展模式就是要推动区域合作从项目协同向更加紧密的共同体升级，更加强调整体推进、共同行动，更加强调共建共享，紧密合作，更加强调载体一体、平台统一，更加强调制度保障，强化机制，而且着重在更多的公共领域推进一体化建设，包括基础设施、科技创新、生态治理、市场体系、公共服务、社会治理等。①

与区域协同发展模式比较，现代区域一体化发展模式是更高进阶的区域空间治理模式。长三角地区一体化发展战略的重要使命，就是先行实践现代区

---

① 关于现代区域一体化发展模式的详细论述，可参见本书第十一章，长三角一体化发展。

域一体化发展模式。这是在我国发展进入新时代，开启全面建设社会主义现代化国家新征程的背景下提出并着力推进的。这是社会主义现代化建设的必由之路、应有之题，在“五位一体”建设框架中，其中的现代化经济体系建设和生态保护体系建设，都已提出加快区域一体化发展的重要性和紧迫性，特别是，让要素畅通流动，让市场决定资源配置，建设高标准要素市场，更是重中之重。同时，现代区域一体化发展模式，对于区域空间则有特定的经济社会发展基础性条件要求，行政区之间工业化、城市化水平比较接近，且产业链、创新链都已相互渗透、分工合作，资金链、人才链、信息链、物流链等都已交互融合，呈现出更多共建共享的大趋势。以此对标，长三角地区特别是上海大都市圈，是我国各区域空间中最具条件去率先实践现代区域一体化发展模式的。①

在非均衡区域协调发展大格局中，要形成两个层面的区域一体化发展格局。第一层面是优势地区尤其是城市群、都市圈地区的区域一体化发展。重点在四个领域：一是区域市场一体化，就是要推动地区之间实现规则一致、标准统一、平台一网，让资源要素流动畅通、配置有效，地区比较优势得到充分发挥，区域经济更具强劲活力和承载力；二是区域基础设施一体化，地区之间实现互联互通、管理智能，共享交通、能源、通讯、数据“一张网”；三是区域生态治理一体化，地区之间实现生态廊道共建共保，流域治理共担共治，环境监管垂直统一；四是区域公共服务一体化，地区之间实现优质资源共享、资源配置均等化。第二层面是优势地区与其他地区间或者各主体功能区之间的区域一体化发展。从区域非均衡发展到区域平衡发展，区域一体化是必由之路，其中最重要的，是劳动力市场的一体化。人口可以自由进城，劳动力可以自由流动，这也是现代化国家的重要标识之一。而其背后，则包含着社会保障的一体化，人人可以公平享受国家统一的社会保险，地区之间社会保障水平的差距不再明显，城市户籍彻底放开，城市成为人人可以向往的地方，广大偏远的农村地区在人口减负后可以实现高质量的生态保护和减贫致富。

---

① 上海大都市圈包括了上海及江苏省的苏州、无锡、常州、南通，浙江省的宁波、嘉兴、湖州、舟山，简称“1＋8”。

第三节　高质量发展区域经济布局的瓶颈问题

推动形成高质量发展的区域经济空间布局，面对一系列挑战与瓶颈，而且历经四十多年的改革开放和空间布局调整，接下来面对的挑战和瓶颈仍然比较突出。主要表现在三大方面：

一、区域经济发展的分化和极化

近年来，现实发展的非均衡化与传统模式的均衡性矛盾日趋明显。这个矛盾主要表现为，区域经济发展中出现了越来越明显的分化和极化趋势，而传统的哪里滞后振兴哪里、滞后地区复制发达地区做法的均衡性模式，其效果和效率逐渐降低，已到了必须解决这一矛盾的阶段。一个是区域分化明显。东部沿海和长江经济带沿岸地区发展顺畅，长江经济带沿岸大城市依托长三角地区，呈现出良好发展势头；而东北、西北地区发展明显滞后，多年来的东北振兴、西部开发并没有呈现出全面扭转趋势，留不住人才，活力不足、后劲缺乏。比如2000年至2020年东北地区经济总量占全国比重从9.4%下降到5.0%，常住人口占全国比重从8.9%减少到7.9%，被称为“东北现象”“铁锈化现象”。再一个是区域极化明显。长三角、珠三角、京津冀三大城市群，创新资源加快集聚、产业结构加快升级，发展后劲更加厚实，而且对全国的人口和人才形成了更大的吸引力。

东北和西北地区为什么经济难以扭转，有其客观原因。如东北地区每年较长周期的寒冷气候，西北地区缺水严重、生态脆弱，这对于开放型经济发展都属于先天不足因素。在新经济层出不穷、全球化不断深化的时代，传统的矿产、能源资源优势已不再是区域竞争优势的重要元素，而发达的海运水运、深度参与全球分工、人才科技大规模集聚，才是区域竞争优势的根本所在，显然东北和西北地区在这些方面也是短板明显，区域竞争力先天不足。

但我们为什么还一时难以舍弃振兴东北、西北地区的传统模式。因为这一传统模式有其惯性，因为当地还有庞大的人口基数，还要解决大量贫困人口的脱贫致富问题。最为关键的，是时至今日我国人口的区域性流动仍然是割裂的，农民工市民化的进程还比较缓慢，广大农业功能区、生态功能区仍然背负着沉重的人口就业与保障负担，及人均 GDP 始终赶不上去的压力。

党的十八大以来，我国区域空间布局及其治理模式开始进入调整优化阶段，其目的就是要应对和解决这一日趋明显的区域发展矛盾。从长江经济带建设强调“共抓大保护、不搞大开发”，“一带一路”建设突出长三角、珠三角作用，到继京津冀协同发展、粤港澳大湾区建设之后，又把长三角一体化发展、成渝双城经济圈上升为国家战略，已显示出国家区域战略中的非均衡布局态势。这样的调整很重要很关键，顺应了我国区域经济发展中“南强北弱”、四大城市群强盛，以及广大内陆区域生态保护的现实格局和趋势。特别在社会主义市场经济不断走向成熟、中国深度融入全球化、深度影响全球治理的大格局下，发挥市场对配置资源的决定性作用，促进人口跨区流动、促进农民市民化，是解决东北、西北问题的关键所在。

二、行政区经济模式仍在持续

我国改革开放的一个有效法宝就是向地方放权，调动地方发展经济积极性，形成各地你追我赶的经济活跃格局。但与此同时也逐渐形成了我国特有的行政区经济模式。每个地方有自己鲜明的地方利益，有自身特色的政策体系，还有自我运行的社会保障与公共服务体系。行政区之间普遍存在诸如规划不衔接、标准不统一、规则不一致、平台不连接的情况，可以说这些都是与现代化经济体系建设及成熟市场经济背道而驰的。把长三角一体化发展上升为国家战略，就是要破解行政区经济模式这一治理难题。

行政区经济模式导致比较严重的行政分割和地区间过度竞争。市场被分割，人口和就业被分割，公共服务被分割，还有各地招商引资相互竞争的补贴、优惠政策盛行，扭曲了资源配置和区域城乡间均等化发展。在区域规划、交通体系、生态环保、土地管理、要素市场、公共服务、财税政策等诸多领域，各种各样的“断头路”既阻碍了要素自由流动和有效配置，还导致流域性生态治理问题、跨省界地区合作开发问题、公共设施和服务平台衔接问题等。

传统的行政区经济模式已经严重阻碍区域经济合理布局。构建我国高质量发展空间布局，必须破除行政区经济模式，这也可以认为是一场更高起点的全面改革。因为要面对两个层面的制度性障碍：一个是地方层面的，经济增长导向的地方政府运行机制仍在强力主导地方发展。所有地方都很重视GDP增长、财税增长，地方考核绩效、地方官员晋升、地方公共服务也都与经济增长成绩密切相关，因此为了实现自身发展到处伸出政府之手，诸如比拼政策优惠、保护本地企业等。放在大区域内看，就是一个竞争性、保护性、碎片化的地方格局。另一个是国家层面的，中央与地方之间相应的协同机制仍较薄弱甚至缺失。诸如跨地区的流域性生态治理、让农民进城市民化、让各地百姓共享大城市优质公共服务等等，因为都涉及地方负担问题，在没有国家层面统筹支持的情况下，地方之间仍会以行政区经济画地为牢，形成比较大的障碍。

三、空间有效治理的制度性建设滞后

既要促进部分区域的非均衡发展，又要促进广大区域的平衡发展，需要有更加符合市场经济规律的制度支持和保障。但目前我们面临制度供给不足、改革突破滞后的难题。

一是户籍制度改革不彻底。户籍制度改革一路伴随改革开放四十多年历程，但改革仍然很不彻底。国家多次下发文件要求各中小城市积极吸纳农民工落户，2019年进一步要求继续加大户籍制度改革力度，在此前城区常住人口100万以下的中小城市和小城镇已陆续取消落户限制的基础上，城区常住人口100万—300万的Ⅱ型大城市要全面取消落户限制；城区常住人口300万—500万的Ⅰ型大城市要全面放开放宽落户条件，并全面取消重点群体落户限制。[①]也就是除北京、上海等超大城市外，其他城市都要放开城市户籍管控，但实际推进情况并不理想。因为户籍制度仍然捆绑着教育、医疗、养老、住房等公共福利，这些福利基本要由地方长期负担；另外，扩大各种公共设施和增加住房，又涉及稀缺的建设用地资源配置和财政资金投入，也是一项很大的地方负担。这些负担问题不解决，放开户籍就难以成为现实。

① 国家发展改革委关于印发《2019年新型城镇化建设重点任务》的通知，发改规划〔2019〕617号。

二是社会保险制度地方化。这些年各地在重点推进省内社会保险统筹，推进相对较快的是养老保险统筹，按照中央部署，要求在2020年内实现省级养老基金统收统支。但距离全国统筹还有很大距离。因为是地方统筹，所以覆盖对象只能限于当地户籍人口，即使外来务工人员在当地缴纳了社会保险费，但仍然享受不到当地的保险待遇。而且各地社会保险费缴纳的标准是不同的，享受的保险待遇也是不同的，即使在上海市的本地户籍人口中，城乡之间仍然存在很明显的退休金标准差距。医疗费跨省市结算至今也只是在长三角地区试点推进。社会基本保险全国统筹是国家治理现代化的基础性制度，是农村人口迁居城市、劳动力自由流动的保障性制度。从地方统筹走向全国统筹，已经是一项紧迫的改革任务。

三是用地资源配置不匹配。能够更多承载人口、产业的优势地区，特别是中心城市与城市群，在建设用地指标上受到比较大的约束乃至管控，用地资源非常稀缺，成为城市发展的一大制约。核定城市建设用地管控指标，主要参考户籍人口，而不是包括外来人口的常住人口，而且指标比较刚性，这也影响到各地向进城农民工放开户籍的积极性。但在另一方面，农村大量宅基地因人口流动到城市打工，基本处于闲置浪费或低效利用状态。这些年各地陆续开展跨地区的建设用地指标交易试点，基本限于同行政区的城乡之间，跨行政区特别是跨省域的，都没出现过成功案例。

四是生态补偿机制落地难。2012年起，财政部、原环保部等有关部委在新安江流域启动全国首个跨省流域生态补偿机制首轮试点，设置补偿基金每年5亿元，年度水质达到考核标准，浙江拨付给安徽1亿元，否则相反。“亿元对赌水质”的制度设计，开启我国跨省流域上下游横向补偿的“新安江模式”。国务院在2016年印发《关于健全生态保护补偿机制的意见》，推进更多地区加入展开跨地区的生态补偿机制试点。但这些年的实践表明，生态补偿机制涉及生态保护地区与生态受益地区之间的利益协调，如何实现成本共担利益共享，特别是调动生态受益地区的参与积极性，难度仍然较大。2021年3月正式实施的《长江保护法》，其中对于生态补偿机制安排了专章的制度设计。2021年5月中共中央和国务院印发了《关于深化生态补偿制度改革的意见》，突出强调落实生态补偿机制需要深化制度改革。

第四节　高质量发展区域经济布局的实现路径

要深入贯彻落实党的十九大提出的总体战略部署，顺应区域经济发展新趋势，遵循现代化发展规律和市场经济运行规律，坚持全面深化改革开放，更好发挥优势地区特别是中心城市和城市群在激发非均衡发展效应上的作用，积极探索优势地区发展更优、其他地区发展良性、中国全面走向经济强国和现代化国家的有效治理模式。

一、完善非均衡协调治理，发挥区域比较优势

针对非均衡的区域空间格局，发挥区域比较优势，优化人口、产业、生态资源的空间布局，构建以共生共荣为导向的区域协调机制，全面实现各个功能区域板块的高质量发展。

1. 完善和落实主体功能区战略

优化和完善主体功能区空间布局，进一步突出沿海沿江优势地区（沿江特指长江经济带沿岸地区），尤其是中心城市与城市群的地位，加强承载空间建设、生产力布局与功能配套，特别要强化京津冀、长三角、粤港澳及成渝双城四大城市群高质量发展的动力源建设；进一步夯实涉及国家生态安全、粮食安全、边境安全的各主体功能区功能根基，稳固生态功能区空间覆盖面，推进农产品主产区提质增效。细化主体功能区划分，在重点开发的城市化地区，合理布局生态功能空间；在生态脆弱地区、农产品主产区，有效减少人口承载和经济承压，不再设置经济增长考核指标，建立健全与城市化地区全面对接的发达交通体系。完善基层市县“三区”“三区三线”、土地用途管制三级管控分区体系，划分不同空间用途管控等级，实施差异化管控（黄征学、潘彪，2020）。

2. 深入开展全国国土空间规划编制工作

借鉴日本等发达国家国土空间规划编制理论和工作经验，构建符合我国国情和现代化建设需要的国土空间规划编制体系和工作机制。落实主体功能区战略，提出各层级国土空间规划的功能定位、编制标准、空间落地、建设任务；

分层级分阶段实施“五级三类”国土空间规划，科学平衡不同层级空间规划的协调性；加快建立完善国土空间规划相关配套政策和法律法规体系。

3. 完善促进非均衡协调发展的差异化区域政策

对不同功能地区分类精准施策。对东部沿海地区和长江经济带沿江地区实施以开放和升级为导向的区域政策。既要深化对外开放，深度参与“一带一路”建设，也要积极对内开放，更多承载其他地区的人口流入；既要大力推动产业转型升级，提升自主创新能力，建设世界级产业集群，还要加快实施基础设施升级，优先布局新型基础设施，主要包括5G基站、特高压、城际高速铁路和城市轨道交通、新能源汽车充电桩、大数据中心、人工智能、工业互联网等。对京津冀、长三角、粤港澳、成渝双城四大城市群，要实施以国际最高标准最好水平为导向的开放政策和创新政策，增强增长极功能和创新策源功能，发挥服务全国各功能区发展的引领带动作用和服务“一带一路”建设的桥头堡作用。对其他功能区，实施应保尽保、改善功能的区域政策，通过中央财政转移支付和生态补偿机制、生态价值实现机制、对口协作机制，实现保生态、保民生、保公共服务。

4. 继续增强国家中心城市带动功能

在新编的国土空间规划中应明确全球性国家中心城市和区域性国家中心城市分布及其功能定位；增强北京、上海、广深在各个城市群乃至全国的“四大功能”，即全球资源配置功能、科技创新策源功能、高端产业引领功能、开放枢纽门户功能。①科学布局区域性国家中心城市，除了重庆、成都、武汉、郑州、西安五个既定的区域性国家中心城市，还可考虑在东北地区、长三角地区增设区域性国家中心城市。

5. 促进生态功能区、农产品主产区的生态保护、农业高质量发展与共同富裕

主要针对黄河流域、东北地区、长江上游地区，坚持“共抓大保护、不搞大开发”，加强生态保护修复工程建设，探索不同管控强度的差异化空间治理措施，不断提高生态环境质量。坚持人口和非农产业合理减载，加强与沿海沿江优势发展地区人口布局的联动，聚焦发展更加体现生态优势的特色产业。坚持农业的规

① “四大功能”是习近平总书记2019年11月在上海调研时对上海提出的增强城市核心功能任务。

模发展、绿色发展和数字发展，提升农产品及食品的供应链现代化水平。

二、聚焦四大城市群，率先推进区域一体化发展模式

基于现实状况，实施区域一体化发展将是一个从局部先行到全面实现的渐进过程。在我国东中西三大区域仍然存在比较明显的地区差距格局下，能够先行实践的，主要是京津冀地区、长三角地区、珠三角地区和成渝地区的四大城市群。尤其是长三角城市群，跨越上海、江苏、浙江、安徽一市三省，因其区域内地区差距较小、经济往来密切，且以世界级城市群为战略坐标，所以在国家的区域战略布局中，要求长三角地区率先实践更高质量一体化发展。围绕区域一体化发展，积极部署推进五个方面改革创新。

1. 促进要素自由流动

包括了资金、技术、劳动力、土地、产权等资源要素，可以在城市之间、省际之间自由流动，由市场决定资源配置。这是现代化经济体系建设最重要最核心的部分，也是改革最艰难的环节之一，因为让要素自由流动的前提，首先要坚决破除行政区经济模式，消除五花八门的地方优惠政策和地方保护壁垒，减少有形之手的干扰；其次要加快形成社会保险区域统筹或地区紧密衔接，让人才、劳动力在各地都能得到均等的待遇和公共服务；第三要全面实现“一网通办”，信息共享。这些改革，可以在珠三角地区和长三角生态绿色一体化发展示范区加快推进。

2. 推进区域市场一体化建设

按照国家关于建设全国统一大市场的部署，[①] 在京津冀、长三角和成渝这三个跨省域的重点战略区域先行推进区域市场一体化建设，为全国统一大市场建设摸索经验。按照统一、开放、竞争、有序的市场体系要求，建立健全区域市场一体化运行的体制机制。其中最关键的是统一和开放。统一，就是各地之间的市场准入、资质认定、政府监管、信用评价等逐渐实现标准统一、规则一致、平台一体。开放，不仅包括商品、服务、资金、技术、产权，还包括劳动力、土地、自然资源等要素的相互开放和统一交易。围绕市场一体化，整合各

① 《中共中央国务院关于加快建设全国统一大市场的意见》，2022 年 4 月 1 日发布。

地机构、平台，通过产权、管理合作建设市场大载体、大网络。

3. 构建生态建设成本共担机制

围绕流域性、跨省际生态建设，实践以生态补偿为核心的跨地区成本共担机制。支持设立由生态建设受益各方共同出资的专项资金或基金会，解决整治地区各项资金所需，建立常态化的运行管理载体。加快探索区域协同立法，对各地资金如何出、各地治理如何做、统筹资金如何用、治理效果如何评等关键性举措作出制度性安排，确保生态共治常态化、制度化。

4. 提高公共服务共享程度

随着跨地区就业、养老、休闲越来越普遍，跨地区共享优质公共服务已成为区域一体化发展的重要内容。加快建立健全共享公共服务中跨地区费用结算衔接机制，探索建立共享中的成本共担机制，包括扩大优质公共服务供给所需的建设成本共担机制，以及各类公共服务机构对各地开放中的服务成本共担机制。推进高水平公共服务机构通过产权投资、管理输出等发展跨地区分支机构或联合体。

5. 加强国家统筹推进

按照世界级城市群和更高质量一体化的对标要求，支持四大城市群率先构建区域一体化发展体制机制，解决区域一体化推进中地方层面难以突破的一些制度性障碍。如在长三角地区构建一体化发展体制机制中，进一步布局基础设施互联互通国家重大项目，帮助建立社会保险区域统筹中的国家资金池并予以配套，推进地方协同立法规范建设地区间成本共担利益共享机制，实施地方财税分享政策更好协调地区间因跨地区投资和产业转移带来的利益矛盾，推进共享高等教育资源中的跨地区统考统招试点，落实外来农民工市民化中的建设用地指标配套和国家财政对社会保险负担转移补偿，等等。

三、加快推进三项改革，全面破除农村人口城市化的制度性障碍

重点围绕如何进一步促进农村人口向中心城市与城市群流动，特别是如何解决进城农民工市民化问题，实施三项改革攻坚战。

1. 全面深化户籍制度改革

把全面放开放宽除个别超大城市外的城市落户限制这项已经提出多年的政

策设想，进一步落实到各个层级的城市。加强对这项政策落实的监察和考核，甚至可以考虑如同脱贫攻坚、精准扶贫那样，对各个城市建立相应的考核体系，促进地方政府切实落实户籍制度改革，拿出时间表，逐步解决多年来未有根本性进展的农民工市民化问题。推进户籍制度改革的立法工作，用制度保障新市民的基本权益，保障农民工市民化有序进行。建立国家、地方政府和个人三方农民工市民化成本共担机制，切实减轻地方政府财政压力和后顾之忧。

2. 加快推进基本社会保险全国统筹

探索建立外来常住人口（进城农民工）享有与户籍人口同等的基本公共服务政策，建立中央、地方间的农民工市民化成本分担机制。对养老、医疗两大最重要的基本社会保险，在加快实现省级统收统支基础上，积极推进全国统筹。只有实现全国基本统筹，才能充分调动地方积极性，进而为农民工市民化提供基础支撑。为此，要建立全国统一的基本养老保险“资金盘子”，同时健全区域互助共济。逐步启动医疗保险全国统筹，京津冀地区、长三角地区、成渝地区可先行开展医疗保险区域统筹，为全国推进提供试点经验。

3. 加快推进土地管理制度改革

建立健全城市建设用地指标与吸纳进城农民工市民化的挂钩机制，实现建设用地指标常态化挂钩、动态化调整。推进“土地换户口”的制度创新，建立完善进城人口农村宅基地和承包地退出机制。对已经符合取得城市户籍条件的申请人口，设置必要的农村宅基地及承包地退出要求，并对宅基地进行复垦。

参考文献：

[1] 黄征学，潘彪. 主体功能区规划实施进展、问题及建议 [J]. 中国国土资源经济，2020，33（4）：4—9.

[2] 霍强，郭树华. 新时期我国加快沿边开放的总体战略研究 [J]. 广西社会科学，2017（6）：66—71.

[3] 蒋蔚. 生态功能区城市如何走出生态环境保护与经济发展相矛盾的困境——基于高原地区天么钦的案例研究 [J]. 城市，2018（11）：62—70.

[4] 刘秉镰，孙哲. 京津冀区域协同的路径与雄安新区改革 [J]. 南开学报（哲学社会科学版），2017（4）：12—21.

[5] 刘志彪．建设优势互补高质量发展的区域经济布局［J］. 南京社会科学，2019（10）：18—26.
[6] 柳建文．中国区域协同发展的机制转型——基于国家三大区域发展战略的分析［J］. 天津社会科学，2017（5）：77—82.
[7] 唐亚林，于迎．主动对接式区域合作：长三角区域治理新模式的复合动力与机制创新［J］. 理论探讨，2018（1）：28—35.
[8] 王振等．长三角协同发展战略研究［M］. 上海：上海社会科学院出版社，2018.
[9] 谢高地等．新时期中国粮食供需平衡态势及粮食安全观的重构［J］. 自然资源学报，2017，32（6）：895—903.
[10] 赵雪雁等．多重压力下重点生态功能区农户生计脆弱性——以甘南黄河水源补给区为例［J］. 生态学报，2020，40（20）：7479—7492.
[11] 朱金海．论长江三角洲区域经济一体化［J］. 社会科学，1995（2）：11—15.
[12] Havens R. M.，Balassa B. The Theory of Economic Integration［J］. Journal of Political Economy，1961，29（1）：47.

第四章　区域创新发展

创新是引领发展的第一动力。坚持创新驱动发展、全面塑造发展新优势，是我国全面进入社会主义现代化建设新时代的第一要务。强化国家战略科技力量、增强企业自主创新能力、发展壮大战略性新兴产业、提升国家和区域的国际竞争力，不仅需要国家层面的全局性、整体性谋划和布局，更需要全国各地加强协同，整合区域创新资源，联合开展关键核心技术攻关，打造区域创新共同体，共同完善技术创新链，形成区域联动、分工协作、协同推进的技术创新体系。

第一节　区域协同创新理论综述

创新发展的重点是推进区域协同创新，区域创新发展则是协同创新理论在区域空间上的拓展。区域协同创新不只是关注不同创新主体之间的相互关系和协作机制，还关注这些创新主体在不同区域空间之间的相互关系和协作机制，丰富和拓展了协同创新的内涵、功能和边界。

一、区域协同创新概念内涵

20 世纪初，经济学家熊彼特首次提出创新理论，核心观点认为创新是经济发展的主要动力，是一种内部自发的过程和“创造性的破坏”，即创新的过程是不断破坏旧结构和创造新结构（Schumpeter，2017）。

区域创新的概念内涵可以追溯到马歇尔产业区，在地方化经济带来规模效应的基础上，强调向“学习型区域”转型，从而避免区域发展路径锁定，创新被认为是区域可持续发展的核心竞争力，也是一个嵌入地方的互动学习过程（Asheim，1996）。而协同创新并不特别强调空间内涵，更关注创新主体合作创新的状况和程度，以及不同来源的创新要素有机配合而产生整体效应最优的协同过程（杨耀武、张仁丌，2009；魏江，2010）。区域协同创新是对上述相关概念内涵的综合，可以从不同的空间尺度来理解（见图4-1）。在地方尺度上，区域内部不同创新主体之间的互动合作，有机会向创新集群演化。城市的科技创新发展主要依靠企业、大学、科研机构、政府等创新主体的共同驱动（杜德斌，2015）。在区域尺度上，从创新主体协同上升为地方之间合作，属于区域协同创新发展的高级阶段，强调人才、技术、资本等创新要素的跨区域流动和互动作用，这是本章内容主要阐述的区域协同创新概念，即以创新要素自由流动为基础，实现要素的区域共享，增强区域竞争力，从而推动区域协同发展。

区域协同创新是一种高效的创新，所产生的“协同效应”表现为目标驱动、要素聚合、组织机制强化、优势互补等（胡志坚、苏靖，1999）。由于具

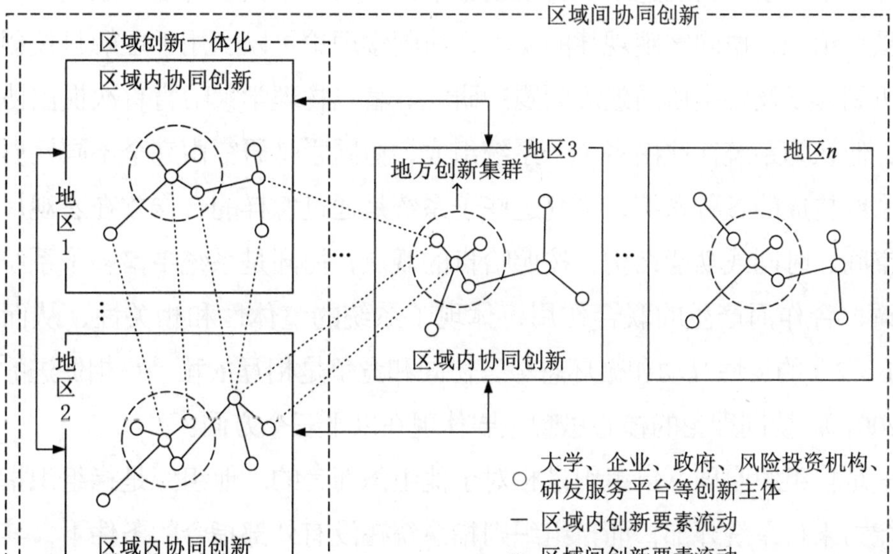

图4-1　不同空间尺度下的区域协同创新过程

资料来源：作者自绘。

有跨地区、跨组织、跨文化的特点，创新主体的目标、文化、认知差异和互信缺失成为区域协同创新的阻力，为此，区域间需要加强构建组织、管理等多方面的协同机制。

二、区域协同创新理论进展

本部分介绍以西方理论为主的国外经典理论，国外经典理论的体系演进过程主要表现在知识生产从传统的线性模式向更开放的非线性模式转变，并借鉴协同学形成协同创新理论，进而在国家创新系统理论的基础上，侧重于从创新制度与环境视角构建区域创新系统理论。坚定不移地走符合国情的创新道路是我国经济和科技发展的重要经验，在此实践中也逐步形成了中国特色创新理论。

（一）国外经典理论

1. 协同学理论

协同学理论是 20 世纪 70 年代以来在多学科研究基础上逐渐形成和发展起来的一门新兴学科，是系统科学的重要分支理论，为人类研究和处理复杂系统问题开辟了一条崭新的道路。科技创新系统作为一个典型的复杂系统，其运行必然受自组织、协同客观规律的支配，协同学理论可以应用于理解科技创新的运行机制，以及各类协同效应问题的研究。著名物理学家哈肯首次提出协同学理论，他认为系统往往由多个子系统组成，协同学是研究由完全不同性质的大量子系统构成的各种系统，研究这些子系统是通过怎样的合作才在宏观尺度上产生空间、时间或功能结构。按照哈肯的观点，协同是系统中诸多子系统的相互协调、合作而产生的联合作用，体现了系统的整体性和相关性，从而形成“1 + 1 > 2”的良性互动和循环态势，协同和竞争是相互依赖、互相促进的（哈肯，2001）。协同理论的核心思想主要体现在以下三个方面：

一是自组织原理。自组织是相对于他组织而言的。他组织是指组织指令和组织能力来自系统外部，而自组织则指系统在没有外部指令的条件下，其内部子系统之间能够按照某种规则自动形成一定的结构或功能，具有内在性和自生性特点。自组织原理解释了在一定的外部能量流、信息流和物质流输入的条件下，系统会通过大量子系统之间的协同作用而形成新的时间、空间或功能有序的结构。

二是伺服原理。序参量是在系统演化过程中从无到有地变化，并且指示新结构的形成，反映新结构的有序程度。伺服原理用一句话来概括，即快变量服从慢变量，序参量支配子系统行为。它从系统内部稳定因素和不稳定因素间的相互作用方面描述了系统的自组织的过程。其实质在于规定了临界点上系统的简化原则——“快速衰减组态被迫跟随于缓慢增长的组态”，即系统在接近不稳定点或临界点时，系统的动力学和突现结构通常由少数几个集体变量即序参量决定，而系统其他变量的行为则由这些序参量支配或规定。

三是协同效应。协同效应是由于协同作用而产生的结果，是复杂开放系统中大量子系统相互作用而产生的整体效应或集体效应。对千差万别的自然系统或社会系统而言，均存在着协同作用。协同作用是系统有序结构形成的内驱力。在任何复杂系统中，当在外来能量的作用下或物质的聚集态达到某种临界值时，子系统之间就会产生协同作用，能使系统在临界点发生质变产生协同效应，使系统从无序变为有序，从混沌中产生某种稳定结构。协同效应说明了系统自组织现象的观点。

2. 协同创新理论

在经济全球化背景下，跨国公司主导的全球生产链、价值链体系逐步形成，通过充分利用网络技术、信息技术等手段，实现了企业在产品设计、制造、管理和商务等方面的协同制造。同时，科技创新也越来越具有开放性，企业在产品创新、技术创新等方面也要形成跨部门、跨组织的合作关系。切斯布朗教授提出了开放式创新模式，是指企业利用外部思想进行创新、拓展科技，或与合作伙伴一起创新，分享风险和盈利。企业和周围环境或组织之间的边界变得模糊，创新可以在企业内部或外部进行，开放创新体现了构建合作网络的重要性，网络化是开放创新机制的内在属性（Chesbrough，2003）。开放创新是相对于企业内部封闭式创新而言的，开放创新的网络化组织结构呈现从中心化到去中心化，再到分布式的演变规律（见图 4-2）。

相对于协同制造和开放式创新，协同创新是一项更为复杂的创新组织方式。协同创新的概念最早由彼得·葛洛（Peter Gloor）提出，认为协同创新就是由一群自我激励的人员组成网络小组，成员之间通过网络来进行思路、信息及工作状况的交流与合作，以实现共同的目标（陈劲，2012）。协同创新的关键是以知识增值为核心，以企业、政府、大学、科研院所为创新主体，以中介机构、金融机构、创新平台、非营利性组织等为支撑要素，多元创新主体为了实现重大科技创新形成协同互动的网络创新模式，通过知识创造主体和技术创新主体间的深入合作和资源整合，产生系统叠加的非线性效用（陈劲、阳银娟，2012）。

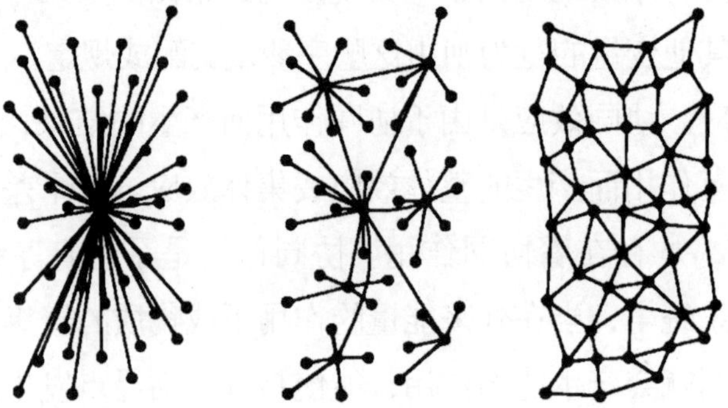

图 4-2　创新网络的拓扑结构演变

资料来源：Baran（1964）。

协同创新是将不同的创新主体要素进行系统优化、合作创新的过程，可以从整合、互动两个维度来分析（见图 4-3）。整合维度上主要包括知识、资源、行动和绩效，互动维度上主要包括各个创新主体之间的互惠知识分享、资源优化配置、行动最优同步和系统的匹配度。根据两个维度上的不同位置，协同创新是一个从沟通到协调再到合作，最终实现协同的过程（Duin et al.，2008）。沟通过程中涉及知识的整合，高校和科研院所作为知识的主要生产者，对知识的传播、整合和流通起到重要作用。协调还涉及资源的优化配置，以发挥出资源的最大效用。合作进一步涉及行为层面的整合，主要包括知识的分享和整合，资源的优化配置，行为的同步优化。高校、科研院所在创造新知识的过程中，并没有考虑知识的商业化，而企业对新知识的吸收能力可能还不足，政府为此需要制定协同创新政策以推动高校、企业和科研院所之间的行动同步化。协同则涉及知识、资源、行为、绩效的全面整合。系统的匹配度是影响绩效的重要原因，政府制定的各项经济政策与实际经济运行实践之间、高校和科研院所的研究成果与企业的技术需求之间的匹配度，系统内知识、资源、行为的匹配度都将影响到创新绩效的高低，系统的整合度越高，就需要系统内不同创新要素有更多的高强度互动合作。

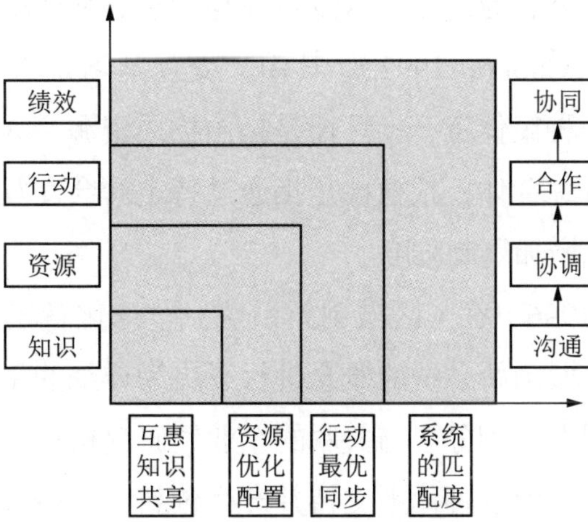

图 4-3　协同创新理论框架

资料来源：陈劲和阳银娟（2012）。

从区域层面看，协同创新的本质是以创新要素的自由流动为基础，实现要素的区域共享，增强区域竞争力，从而带动区域经济的协同发展。区域协同创新的目标可分为狭义和广义的目标。狭义的区域协同创新目标包括：区域内创新要素的自由流动和区域共享；培养创新人才；提升区域内企业竞争优势；合理化本地区研发投入。广义的区域协同创新目标就是区域协同创新的最终目标，即在“区域最优、本地合理”的准则基础上，实现区域经济协同发展。区域协同发展很难做到各地区均分发展成果，为此要通过区域内资源的统筹安排实现资源优化配置，通过共享创新成果促进产业升级，缩小不同地区间的差距，实现跨地区的综合发展。

区域协同创新往往会遇到创新主体或地区之间目标、文化、认知上差异的阻碍，同时区域协同创新是一个复杂的系统运行过程，涉及区域创新的投入、产出以及二者间的关联，从而形成要素整合机制、产出导向机制和主体转换机制。因此，区域协同创新具有高度的复杂性和风险性，更加强调建立风险投资、管控机制以及风险分担和利益分配机制。

3. 区域创新系统理论

区域创新系统是在佛罗里达教授分析日本经济时所使用的“国家创新系统”的概念基础之上产生的。库克首次提出区域创新系统理论，是指在以根植性为特征的制度环境下企业之间，以及企业与大学、科研机构等其他组织之间的系统性交互学习（Cooke，1992）。其中，交互学习是指知识通过各创新主体交互作用形成的一种集体资产；环境是指由物质资源、人才、规则和标准等共同构成的开放地域综合体；根植性是指通过特定社会交互形式完成的创新过程，并以不同的形式增加复制难度。

库克（Cooke，1996）在《区域创新系统：全球化背景下区域政府管理的作用》一书中，对区域创新系统的概念进行了更为详细的系统阐述，认为区域创新系统是由在地理上互相分工与关联的企业、研究机构和高等教育机构等构成的区域性组织体系，而这种体系支持并产生创新。一般来说，区域创新系统包括两个子系统：一是知识应用和开发子系统，主要由纵向供应链网络中的企业所拥有；二是知识产生和扩散子系统，主要包括一些公共组织。区域创新系统可以被视为区域生产结构中支撑创新的制度基础设施，强调地域根植性和系统性。“区域”拥有与国家明显不同的超地域的行政、文化、政治、经济力量和内聚性，区域内的创新主体存在更密切的联系或相互作用，而创新正式通过合作的网络化、集群化所形成的交叉效应而产生。区域文化或制度性力量则强化了区域创新系统的系统特征，并塑造了区域内创新主体之间的互动方式。

在狭义上，区域创新系统主要涉及大学、研究院所、企业和政府等多元创新主体的研发职能。Etzkowitz 和 Leydesdoff（2000）提出的“三螺旋”理论利用一个螺旋形的创新模型，描述了在知识商业化的不同阶段，创新主体通过拓展职能边界和重塑组织结构，形成多重互反关系，从而支持区域创新系统必须形成一个螺旋状的联系模式，这种缠绕在一起的螺旋由三股链条构成：一是由地方或区域政府及下属机构组成的行政链；二是由垂直和水平联系的企业构成的产业链；三是由大学、研究院所及其学术制度组成的科学链。在广义上，区域创新系统的定义则包括经济结构与制度结构的各个方面，类似于学习型区域的概念（Lundvall，1992），是为了引导创新产生的区域性制度、法规、实践组成的系统（Nelson，1993）。

总的来说，区域创新系统可以分为三种类型（Fagerberg et al.，2005）：

第一种是地域嵌入式区域创新系统，在这种区域创新系统中的企业创新活动主要基于本地化的学习过程，这种学习主要来自地理、社会和文化上的邻近性，而与知识组织没有太多的直接互动，例如产业区内的中小企业网络。在特定的区域中，创新系统在社会关系的空间结构上被认为是嵌入地方的，通过技术中心、创新网络或产业中心提供知识密集型服务，促进本地范围适用的技术和组织学习。

第二种是区域性的网络化创新系统。企业和组织仍是嵌入在特定区域，并以本地化、互动学习为特征。但通过有意加强区域的制度基础设施等政策干预使创新系统获得合理规划，从而发挥大学、研究院所等其他涉及企业创新过程的本地组织的作用。区域性产业集群，并拥有区域性的制度基础设施支撑，被认为是区域创新系统的理想形式。大多数企业不仅依赖于非正式的本地化学习，还需要从国家、全球层面获得更广阔的信息和知识。企业通过与区域内大学、科研院所的合作，或通过技术转移机构和服务中心来强化区域网络化创新系统，可以提升集体创新能力，避免技术的"路径锁定"。

第三种是区域化的国家创新系统，与前两类创新系统不同的是，由于创新主体主要与区域外组织合作，产业的各个环节和制度性基础设施更多地融入国家或国际创新系统中，因此也被认为是"国家干预型"区域创新系统。此外，由于跨区域、甚至是跨国合作，距离因素导致合作主要涉及一些具体的项目，使得这类合作更接近于知识生产的线性模式。值得关注的是，经过规划的科技园也是区域化的国家创新系统的一个特例，其对外合作能力很强，但内部联系的不紧密也让人质疑其对本地产业创新，尤其是对中小企业发展的推动作用。

（二）中国特色区域创新理论的发展

马克思在《资本论》及其他著作中，开创性地凝练出创新方式、创新的扩散、创新对经济增长方式转变的驱动等一系列创新经济学范畴（安同良、姜妍，2021）。马克思认为，经济发展是不断进行的结构调整和创新，发展是创新和结构调整的函数。

实现经济社会可持续健康发展需要不断解放和发展社会生产力，关键在于推进科技创新，从而提高全要素生产率。这是马克思主义政治经济学关于解放和发展社会生产力的思想在中国现实的历史条件和国情下的具体应用和发展，也是中国现阶段发展的迫切要求。随着西方创新理论的发展，中国特色创新经济学理论也吸取了西方创新经济学的合理成分，包括在国外经典理论中提及的熊彼特式创新、协同创新和创新系统理论等。虽然西方创新理论具有较为完整的体系，但这些理论是以中性技术、资本偏向型技术和劳动偏向型技术进步等，分析研究创新有利于劳动或资本等，并没有鲜明的阶级属性，而中国特色社会主义创新发展理论具有鲜明的阶级特性。中国特色社会主义创新发展理论的发展目的在于以人为中心，并具有社会主义本质属性。社会主义本质在于以人民为中心，这与资本主义国家以资本为中心有着根本性区别。以人民为中心的中国特色社会主义创新发展理论，体现了人民是推动中国创新发展的根本力量。因此，中国的技术创新就要充分发挥广大人民创新的积极性和创造性，着眼于解放和发展生产力，为人民提供良好的创新环境。同时，中国创新发展的目的是为了增加广大人民的福祉。创新发展与共享密不可分，创新的成果应由人民共享，应真正普惠人民，让广大人民获得创新发展的成就感。

改革开放以来，我国经济社会发展的伟大实践，是推动形成中国特色创新理论的基础，理论创新和发展也反过来增强了中国特色创新发展道路的理论自信和文化自信。以往过度依靠资源、资本、劳动力等要素投入支撑经济快速增长和规模扩张的方式是不可持续的，要素条件和资源可承载力的变化，要求加快从要素驱动发展向创新驱动发展转变，发挥科技创新的支撑引领作用。改革开放初期，中国企业主要依赖技术引进，但容易在全球化进程中陷入“引进—落后—再引进—再落后”的恶性循环。中国企业要实现从引进国外技术“跟跑”，到消化、吸收先进技术经验“并跑”，进而在关键领域自主创新“领跑”。

“自主创新”（indigenous innovation）是我国提出的一项国家战略，旨在促进国内企业技术创新的发展，最终实现自主核心知识产权的归属。其中，自主是前提，创新是目的，提高创新能力是核心，获取核心技术和知识产权是关键。同时，中国特色创新理论不仅重视市场经济或个体选择的力量，同时强调中国特色的举国体制优势。举国体制是“中国经济奇迹”与中国成功实现技术追赶超越的基石。深化科技创新体制改革就是要构建社会主义市场经济条件下关键核心技术攻关新型举国体制，把集中力量办大事的制度优势、超大规模的市场优势同发挥市场在资源配置中的决定性作用结合起来，强化国家战略科技力量。

此外，中国特色社会主义创新发展理论具有全面性和系统性，提出创新是全领域覆盖的，主要包括理论创新、制度创新、科技创新和文化创新，其中科技创新是核心。科技创新是一种系统的复杂的活动，在大国博弈背景下参与全球科技创新竞合，不仅仅涉及单一企业或产业，而是涉及整个国家的创新生态系统。这意味着科技创新不仅是寻求科学或技术上的突破，也涉及社会、科技、经济、文化、政治等多方面创新发展，要求科技创新和经济社会发展实现全面深度融合。因此，全面、系统的中国特色社会主义创新体系支撑着自主创新发展，也表明创新发展理念不是一种孤立的发展理念，而是位于五大发展理念中的首位和核心（蒋佳、陈昌兵，2019）。

我国区域协同创新理论的形成和发展，离不开区域协同创新的持续实践。《中华人民共和国国民经济和社会发展第十四个五年规划和2035年远景目标纲要》提出，要“以京津冀、长三角、粤港澳大湾区为重点，提升创新策源能力和全球资源配置能力，加快打造引领高质量发展的第一梯队”。由于技术创新的广度不断加大、复杂性不断提高，单个地区的创新能力无法支撑其在日益激烈的市场竞争中独自完成创新过程，以产业集群和协同创新为特征的区域发展日益凸显。区域协同创新有利于促进创新要素在各地区之间实现优化配置，提高创新效率，规避创新风险，成为区域间科技合作不断进化的高级形态，也是区域经济一体化向纵深发展、构建高质量区域经济布局的必然选择。

中国特色协同创新理论提出，为构建区域协同创新体系，需要企业构建区域创新联合体，即龙头企业牵头、高校院所支撑、各创新主体相互协同，这与西方理论中强调多元创新主体协同存在侧重点上的差异。技术创新的本质是经济活动，在市场经济条件下，企业是市场最直接的参与者，能够敏锐感知市场机会和客户需求，真切把握技术创新命脉，并通过形成原始创新诉求开启和引领技术创新活动。以企业为主体开展协同创新，能够优化创新资源配置，降低交易成本，进而提高创新绩效。

此外，中国特色协同创新理论还特别强调创新要素的区际流动。随着创新驱动发展战略深入实施，我国科技创新水平取得明显提升，但原始创新和自主创新仍然不足，其中一个关键制约因素是创新要素的区域分布和内部结构不平衡。从区域分布看，创新要素具有明显的空间集聚特征，不同地区尤其是东部与中西部之间差距明显。从内部结构来看，多数地区的创新要素集中在期限短、见效快、与应用相关的创新项目上，对原始创新重视不够。为此，亟须加快建设区域一体化联动式创新要素网络，通过降低行政壁垒和制度成本，促进创新要素在区域间的高效配置，提升区域创新效率。

第二节　区域创新发展的协同机制

区域之间实现创新合作、交流以及利益共享需要有相应的推进机制或运行模式，本节选择区域创新共同体、区域创新链和创新飞地三类区域协同创新模式来揭示和分析其协同机制。其中，区域创新共同体是区域协同创新的高级形态，强调利益、行动的一致性；区域创新链是指区域科技创新的分工与合作，尤其强调与区域产业链的融合；创新飞地则是指破解区域行政分割、要素流动不畅的一种有效的区域科技创新资源互补模式。

一、区域创新共同体

建设区域创新共同体已经成为国内外创新驱动与转型发展的主要路径之一。进入后金融危机时代，发达国家或地区进一步推动国内外创新资源整合，加快“创新共同体”建设，以保持其科技创新的领先地位。进入新发展阶段，我国长三角、京津冀和粤港澳大湾区等重点区域也开始着力建设区域创新圈。无论在发达国家或国内先进地区，都已进入了跨界越域、深度联动，共享资源、融合发展，加快区域创新共同体建设的新阶段。

（一）区域创新共同体的概念内涵

共同体属于社会学的学术范畴，指具有共同的价值认同、利益和需求，并依据一定的方式和规范结合而成的相互关联的群体或组织。波兰尼借用社会学中的术语提出了科学共同体，而创新共同体则从范围和内涵上作了进一步的扩充。创新共同体的成员应该具备共同的创新需求、遵守相同的创新价值理念、操守，拥有强烈的创新认同感，是由高校、科研院所、企业、创新中介组织、金融机构、创新促进平台或机构等组成的相互联系的创新组织体系。区域创新共同体是指一定的地理空间内，上述各个创新主体之间在科学研究、技术创新、创新服务等领域通过相互作用而形成的推动创新发展的空间形态，是区域一体化从经济一体化向科技创新一体化领域的纵深拓展。在区域创新共同体内部，通常可以实现多项协同创新功能的整合，从而促进不同地区实现优势互补、合作共赢，包括创新链的区域扩展、创新主体的跨区域联动、创新资源的区域共享共用，以及创新文化的区域融会贯通等（张仁开，2020）。

在实践上，2000年欧盟委员会提出“欧洲研究区”，以保持欧洲科学研究的卓越性；2008年美国大学科技园区协会等组织提出“美国创新共同体”这一协同创新的新理念和组织形式。近年来，“区域创新共同体”也备受国内政府决策层重视，《京津冀协同发展规划纲要》（2015）和《长江三角洲城市群发展规划》（2016）都明确提出构建“协同创新共同体”，《长江三角洲区域一体化发展规划纲要》（2019）对“构建区域创新共同体”专门进行了规划，2020年科技部还公布了《长三角科技创新共同体建设发展规划》。因此，区域创新共同体不仅是一个理论概念，更承担着明确的现实功能，必须通过科学的制度设计，强化创新过程中的正式或非正式的联系机制，形成覆盖整个区域的创新网络，确保其成为实现区域协同创新发展的实践载体。

（二）区域创新共同体的协同机理

区域创新共同体的建立往往是基于各地区的共同目标导向和价值观，如对分享精神的共识、对互利合作共赢理念的追求、对区域协同发展的认同等。因此，区域创新共同体的各地区成员应拥有共同的价值观、目标和利益诉求，而不是追求自我利益的最大满足。区域创新共同体重视不同地区的利益，通过每个地区的目标达成来推动实现区域创新共同体的总体目标，而该目标往往是基于国家战略层面。因此，创新共同体通过共同目标、合作项目与运营机制设计，将多元主体聚集起来，在共同学习和合作中最大限度地发挥创新主体和创新资源的个体价值与社会价值，通过个体创新能力的增强和共同体整体创新实力与创新绩效的提升，实现创新主体与区域的共同发展。

此外，区域创新共同体不仅仅着眼于短期创新联系的建立，更着眼于长期区域创新共同体内合作网络的搭建与维护，并通过创新联系的不断强化和创新网络的密集化，巩固、夯实区域创新共同体的认知、社会、组织和制度基础，推动形成区域创新共同体发展与各地区相互促进、共同发展的局面，从而实现发展动力从无机向有机的转换，完成自下而上与自上而下发展的有效结合。区域创新共同体通过加强地区间联动发展，全面提升区域原始创新能力，增强创新支撑和引领发展的能力，构建全链条的创新研发体系、技术体系、工业体系和产业体系，形成具有全球影响力的科技创新高地和区域性产业集群。

区域一般是创新共同体多元参与方以及创新生态的空间载体，并提供资源、政策、制度、规则等软要素支撑。区域创新共同体的构成关键是通过区域内部创新主体、要素的自由流动和有机结合，完成区域科技创新的体制机制创新。区域创新共同体建设不仅涉及微观的创新主体和创新要素的联动，还涉及不同地区之间的一系列的协调工作，这为区域创新共同体的运行、管理提出了较大挑战。在区域层面，区域创新共同体实质上就是构建良好的区域创新生态系统。

区域创新共同体开创了一种全新的创新范式，意图实现超越地理边界、跨行政区域的协同创新，从自下而上、随机自发、分散无序的合作创新向上下合力、自觉自律、集约有序的协同创新方向进化突破。但行政分割致使区域整体缺乏系统创新合作机制与利益分享机制，存在科创资源低效配置，人才、信息、科研设备以及技术专用平台无法全面共享，产业链、创新链以及服务链融合度欠缺，创新活动分散封闭、交叉重复等碎片化现象等问题，严重影响区域内多元主体间协同合作。因此，建设区域创新共同体最重要的是以“协同治理”为制度安排，实现要素资源的有效配置和公共利益的最大化。区域协同治理是区域利益相关者为提升区域竞争力而进行的协调和自主治理的过程，主要以政府为核心，在平等、协商以及分权的基础上，形成多元参与主体互相依赖、资源共享、规则共守和利益共生的跨区域合作关系，通过多元共治实现创新主体间的协同，这涉及区域内各个地方政府、企业、高校、科研院所、社会组织、中介等多元利益主体的共同参与，是多元化、多层次的治理。为此，打造区域创新共同体的路径，就是要通过地区间共同协商、寻求共识、分工协作，形成共同合作制度安排，在区域范围内促进创新要素高效聚集和自由流动，实现跨地区的资源共享、联合攻关、创新链融合。

二、区域创新链

创新链描述了从知识生产到商业化过程的链状结构，但创新链中的各环节可由众多创新主体共同参与。创新链与产业链的融合发展至关重要，在区域层面构建创新链，是提升区域产业链竞争力的重要途经，也是在加强区域分工合作基础上推动区域协同创新发展的重要机制。

（一）区域创新链的概念内涵

科技创新的全过程包含三个环节：上游环节为创造新知识的基础研究环节，是技术创新的源头；中游环节是将新知识孵化为新技术的环节；下游环节为采用新技术，实现知识商业化或高新技术产业化，从而创造价值的环节（洪银兴，2017）。创新链就是将科技创新过程中的基础研究、技术研发、实际运用、产业化与市场化等环节分解，从而构成链式结构，不同阶段之间彼此独立又相互联系。

管理学对创新链的研究早于其他学科，经济学、地理学等学科早期并没有采用创新链的概念，而是用"创新网络"概念来描述创新主体在创新活动中的合作行为。国内学者也往往从产业发展战略、经济发展战略转变，或全球创新活动分布的角度来研究创新链问题（刘志彪，2015）。

综合而言，创新链揭示了知识、技术在整个创新过程中的流动、转化和增值效应，也反映各创新主体在整个过程中的衔接、合作和价值传递关系。从创新主体看，创新链是指围绕某一个创新的核心主体，以满足市场需求为导向，通过知识创新活动将相关的创新参与主体连接起来，以实现知识的经济化过程与创新系统优化的目标。区域创新链是创新链在区域层面的扩展，创新主体从微观个体上升为城市或地区，在区域创新分工和比较优势的基础上，强调区域内部各城市或地区构建创新链上的协作，实现各类资源要素和行为主体在创新链不同环节上的协同与整合，形成优势互补功能，促进形成整个区域范围内布局合理的产业结构和技术结构体系，并最终优化国家、区域创新体系的运转。

（二）区域创新链的协同机理

区域创新链协同的本质是实现创新链在时间和空间上的精准对接、深度关联、全链融合。在时间维度上，以创新要素的跨组织自由流动为纽带，企业、科研院所、大学、政府、中介机构等创新主体渗透到基础研究、科技研发、成果转化和产业化等创新链的各个环节，实现创新链在时间上继起，进而形成创新链的闭环。在空间维度上，充分发挥各城市在创新链上的比较优势，统筹布局大科学装置、国家实验室、国家重点实验室等创新要素资源，围绕创新链的重点环节和关键节点，形成具有地方比较优势的创新型集群，从而构建创新网络体系，全面提升区域创新质量和效益（郑国楠，2021）。

在动力机制方面，企业是区域创新链顺利继起的核心主体和主要力量。由于创新链中各个创新主体的创新理念、目标不一致，而创新链在本质上是以科技成果转化为目标，并将多元创新主体有机组合起来的功能性结构，这就要求企业在此过程中不仅要推动科技成果转移转化，还要促进基础研究与产业创新需求精准对接，从而将创新链中各个创新主体打造成为目标一致的利益共同体，进而在激励一致性基础上形成创新关联，发挥创新合力，这是区域创新链协同的基本动力。

在协调机制方面，由于区域创新链具有空间属性特征，在区域范围内构建创新链并实现区域内部不同地区的创新链协同，可以促进创新活动的地域集聚，在一定区域内形成的基于创新链分工的创新集群能够通过集聚优化区域内部优质创新资源和营造良好的创新生态，从而强化区域科技创新竞争力。不同地区独特的创新资源禀赋孕育了独特的创新主体和环境，这些创新主体和要素之间形成了本地创新网络，决定了本地在创新链条节点上的竞争优势，继而为区域创新链的构建提供了优势互补的机会。围绕区域创新链的重点环节和关键节点，不同地区形成具有地方比较优势的创新型集群，这些集群串点成面，构建了区域创新链的协调机制，也进一步带动了基于创新链分工的区域创新格局。

在共生机制方面，人才、资本、信息、技术等高端创新要素的自由流动是创新链协同的重要前提。创新链中每个环节都至关重要，一个环节出现问题将导致整条创新链断裂。而不同地区创新要素禀赋的差异为创新主体间多样化的关联方式提供了基础土壤，增加了创新主体在不同地区实现创新合作的可能性，也为创新链的稳定衔接提供了更大的选择范围，从而增强了创新链的韧性。同时，随着区域创新链的不断完善，区域创新资源和基础不断提升，创新产业孵化与科技服务能力大大加强，在全国乃至全球创新网络中的配置能力不断增强，进而形成具有世界顶尖科技创新能力的企业和组织，科技创新溢出效应明显，进一步促进区域内创新链和产业链研发、生产与营销网络的全球布局。因此，区域创新要素自由流动和融入全球创新网络构成了区域创新链协同的共生机制。

（三）区域创新链与产业链融合

在现代经济中，国民经济循环主要表现为产业链循环。当前的经济全球化，主要表现为在全球范围形成产品内分工，即同一种产品在全球各个国家和地区布局生产、流通和营销环节，不同环节的分工形成了全球产业链。对应于产业链上不同环节的中间品供应，形成了相应的供应链，而对应不同环节的附加值，则产生了相应的价值链。

产业链的国际布局是围绕产品的技术水准及相应的附加值来展开的。在全球价值链中处于什么位置，体现了一个国家的产业水平和产业竞争力。长期以来，欧美发达国家的跨国公司占据全球价值链的研发和营销环节，掌握关键核心技术，依靠其在全球价值链中的主导地位形成核心竞争力，从而占据国际竞争的制高点。国家要提升产业竞争力，避免产业链中断的风险，不仅需要疏通产业的上下游关系，保持产业链供应链的稳定性和竞争力，更重要的是建立自主可控的现代化产业体系。这需要产业链的国外环节具有国内替代能力，而这种能力需要通过促进创新链与产业链深度融合来实现。

区域创新链协同是与区域产业链分工紧密联系在一起的，其目标是围绕产业链部署创新链，围绕创新链布局产业链。创新链是从原始创意到产品市场化的过程，产业链是由一系列具有上下游投入产出关系的生产过程所构成的链条，是由原材料、中间产品到最终产品制造所经历的各生产环节构成的集合。创新链是产业链发展的动力之源，是产业链各环节实现价值增值的基础，产业链依托创新链形成、发展和升级。创新链发展水平低会导致产业链发展缺少核心技术支撑，出现断点、堵点和短板，不但会阻碍产业链升级，而且会影响产业安全和产业链正常运转。产业链带动创新成果的落地应用和产业化，是创新链价值实现的载体，同时也会对创新链发展提出新的需求，进而推动创新链升级并催生新的创新链，创新链依托产业链实现经济和社会价值。

产业链与创新链都具有空间属性，其在地域间的延伸及空间布局优化是整合区域创新资源、优化区域创新系统及促进区域协调发展的重要途径。区域产业链表现为在一定地域空间的有机集聚形成跨区域的产业集群，区域创新链则表现为在一定空间范围内形成跨区域的创新集群。这两种集群的互动支撑起区域创新系统，同时区域创新系统也为产业集群和创新集群提供系统环境。产业集群与创新集群在区域空间的深度融合进一步表现为产业链与创新链的精准对接，其对接程度制约着区域创新系统的创新效率和区域产业竞争力。

三、创新飞地

（一）创新飞地的概念内涵

“创新飞地”的概念源自“飞地经济”。“飞地经济”是指两个相互独立、经济发展存在落差的行政地区打破原有行政区划限制，通过跨区域的行政管理和经济开发，实现两地资源互补、经济协调发展的一种区域经济合作模式。“飞地经济”包含了“飞入地”与“飞出地”。一般而言，“飞出地”的经济相对发达，“飞出地”因发展空间受限，将用地多、用工多的生产环节或项目转移至“飞入地”，以此带动“飞入地”的园区开发和经济发展，并且实现利益共享。

“创新飞地”是“飞地经济”的升级版，就是围绕科技创新成果的转化和产业化，以及战略性新兴产业的规模扩张和产业链建设，由经济发达的城市、园区或企业，在其他地区设立“飞地”，并实施更加紧密的开发建设和运营管理合作。与传统的“飞地经济”不同，“创新飞地”具有科技创新引领产业创新、科技金融与创新成果转化深度融合，以及利益充分共享等新特点。

近几年，还出现了“反向创新飞地”。一些中小城市或欠发达地区的企业或园区，由于受到创新资源不足尤其是人才引不进、留不住短板的制约，反过来到创新资源集聚度高、科技创新服务能力强的大城市，设立“创新飞地”，充分发挥大城市的创新优势，形成科技创新成果孵化平台，并把成熟的孵化项目无缝对接转移回当地，优势互补，促进当地产业升级、加快培育新兴产业，形成大城市创新链与中小城市产业链的深度融合。

（二）创新飞地的协同机理

区域协同创新网络一般是基于创新资源的跨区域流动，但创新飞地的嵌入重塑了原有区域协同创新网络的运行机理，具体有以下三方面改变：一是改变了创新资源落后地区在区域协同创新网络中的资源“虹吸”问题，创新飞地立足创新资源向区域中心城市集聚的客观规律和趋势，通过“借势、借脑、借生态”等方式弥补欠发达地区技术实力、人才吸引力不足等问题；二是改变了区域协同创新网络中创新主体的知识搜寻成本，由于信息不对称和知识的地理距离衰减等因素，欠发达地区的企业要在复杂的区域协同创新网络中搜寻最优的技术解决方案，往往搜寻成本相对较高，但通过创新飞地的平台协助，企业可以方便地获得技术需求的本地解决方案，从而有效降低企业的技术搜寻成本；三是缩短了创新成果从孵化到产业化的时间成本，发达地区在产出创新成果后，往往会面临在哪里转化、如何转化等问题，而在创新飞地嵌入区域协同创新网络之后，加快了不同创新环节的跨区域衔接，形成了研发在创新飞地、产业化在“飞出地”的区域创新链。同时，创新飞地的发展在区域层面优化了“飞入地”与“飞出地”之间的协同、共生关系，使其能抱团参与全球竞争，成为推动区域经济高质量发展的增长极（潘家栋、包海波，2021）。创新飞地建设的初衷和核心目标是促进区域高质量协调发展，创新飞地有效地嫁接起了“飞入地”与“飞出地”之间要素资源配置的桥梁，实现了创新资源集聚，促进创新飞地不断成为创新高地，并构建起两个地区的区域共生。

创新飞地的建设过程离不开“飞入地”与“飞出地”政府在政策和资金等方面的支持，这能够有效促进两地政府之间的合作交流，实现更大范围和更高层级的区域创新协同发展。创新飞地为区域协同创新发展提供了有效途径，其原因在于创新飞地能够承接产业链、价值链转移。随着利益分配机制、基础交通网络等更加完善，创新飞地能够更好地促进两个地区之间的合作与交流。在融入全球创新生态的趋势下，我国的国际创新飞地也在积极发展，如一些国家级高新区和高科技企业到美国硅谷、以色列特拉维夫等设立研究中心，不仅吸收国际技术、人才等创新资源，还促使自身嵌入全球创新网络，推动区域与国际创新资源的融合。同时，发达国家也在我国设立创新合作园区，如以色列在江苏常州、上海普陀区都设立了中以创新合作园区，目的就是把以色列的创新成果转移到中国孵化和产业化。

（三）创新飞地的协同特征及模式

创新飞地是打破行政区划界限、创新跨区域合作模式的一种重要的平台载体。已有学者针对长三角各地市跨省界在上海设立的创新飞地情况，对创新飞地的协同特征及模式进行了总结（曹贤忠、曾刚，2021）。具体来说，创新飞地在协同地区间创新发展中主要具有如下五个特征：一是创新飞地已成为地区之间创新合作的重要产业空间载体，区域创新经历了单一企业、产业集群、创新网络到集群创新的演变，对应的承载空间也发生了变化，如从最初的产业集聚区、经济技术开发区、高新技术产业开发区向科技园区和创新飞地转变；二是政府主导作用明显，市县级政府在“创新飞地”的设立与运营中发挥主导作用，几乎所有的创新飞地都由政府主导，运营公司参与管理；三是呈现出特色专业化与高密度、高浓度化，传统飞地一般具有占地面积大、产业多样化以及粗放式发展等特征，而创新飞地则占地面积小，多通过孵化器、创新平台等方式运行，且聚焦某一高新技术产业进行集约式发展；四是产业定位集中于战略性新兴产业，如智能制造、集成电路、高端装备制造、生物医药、新能源、新材料等，一般与“飞出地”重点培育的产业高度匹配；五是空间布局具有明确的指向性，创新飞地的选址一般邻近交通枢纽和创新源，如邻近高铁站、机场、中央商务区（CBD）、科技园等。

创新飞地的开发运营机制与管理模式呈现多元化，发展模式一般主要有以下三类：第一类是管理体制以“飞出地”（欠发达地区）政府跨区域管理为主，要求入驻企业以“飞出地”为注册地，保证税源全部归属于飞出地，而少部分创新飞地采用“飞入地”（发达地区）与“飞出地”（欠发达地区）合作共建共享模式；第二类是以“政府主导、企业主体、市场化运作、专业化运营”为主，如采用“政府购买服务”的形式，将运营服务交由企业来负责，或通过产业基金对项目进行研判、分析与投资，经过孵化加速后，再把规模产业化的项目导入“飞入地”，形成“技术研发”和“成果转化”相分离的离岸孵化模式，或者说是“基金 + 产业 + 园区”的产业生态闭环；第三类的建设方式以国家出资和自主产权为主，主要通过土地指标置换、购地自建和出资购买等方式建成，而其他的创新飞地建设方式多为政府统一租赁场地。此外，根据主导者的不同，创新飞地也可分为地方政府主导、园区主导、企业主导等三种类型；而根据主导区域的不同，还可分为飞入地主导、飞出地主导、飞入飞出共管模式、多层级参与等类型。

第三节　区域创新发展政策体系

技术、资金、人才等创新要素往往带有明显的地方性，导致地方分割问题突出，区域创新政策就是要发挥市场合理配置创新资源的决定性作用，逐步消除不利于统一创新要素市场建设的地区行政壁垒或体制机制障碍，促进创新要素跨区域自由流动和有效配置。区域创新发展政策体系以人才开发政策、成果转化政策、科技金融政策、技术攻关政策为核心。推进区域创新发展政策体系建设为发挥区域创新政策的功能提供了系统指引，也为承接区域创新政策的配套措施提供了框架依据，还为优化区域创新政策的目标提供了基础保障。

一、人才开发政策

人才是区域发展的第一要素，加强区域性人才开发是实现区域协同创新的重要内容，也是激发区域创新创业活力的重要保障，具体包括人才培养和人才流动。市场对人才资源配置具有决定性作用，人才开发必须遵循市场规律，必须把建立健全规范运行的人才市场体系，充分发挥市场的决定性作用，作为人才开发区域协同的出发点和立足点。同时，要充分考虑到人才资源不同于物质资源，人才市场不同于一般的商品市场，更依赖政府引导和监督作用的发挥。基于上述准则及创新发展导向，人才开发区域协同政策要以创新驱动的区域发展为战略导向，以人才优先开发及发挥市场主导作用为战略指导思想，针对各地方在区域创新中的担当使命，以及区域创新能力及人才资源配置的分层特征，重点围绕人才培养、人才流动和人才市场三方面，以健全市场协同和行政协同机制为抓手，推进人才开发的区域协同政策实施。

（一）推动人才培养的区域协同

创新型人才包括高层次人才、专业技术人才、高技能人才三个层面。这三类人才对创新驱动发展缺一不可，但作用有所不同，高层次人才具有引领作用，专业技术人才具有基础作用，高技能人才具有扶助作用。推动人才培养的区域协同，就是要加快区域人才开发一体化进程。在高层次人才培养方面，要着力构建区域合作的继续教育高端培训体系，以及以区域共建的国家、区域重大创新工程和产业化项目为载体的创新实践体系。在专业技术和高技能人才培养方面，通过合作共建分校、学院等方式夯实人才培养的载体基础，推动高等教育、职业教育资源的区域内部均衡分布和有序扩散，积极推进人才培养的地方化向区域化转型，并以区域创新需求为导向，调整优化学科和专业布局，以满足区域创新发展的人才需求，解决人才供需的空间矛盾。

（二）促进跨地区人才流动

在人才的地区竞争中，大城市或经济发达地区具有明显的区位优势，而小城市则较多面临人才引不进、留不住的困局。为加强人才流动的区域协同，要通过制定地区差异化的人才引进政策，缩小地区间的待遇差异，引导人才去非核心城市发展事业；要通过区域合作共建方式多建设一批高水平的国家实验室、国家技术（工程）研发中心、高科技企业集聚区、国家级创业孵化器等，建立为我所用的引才基地，同时也要强化柔性引才理念，创新人才柔性流动方式。同时，除了进一步扩大各地政府间的干部对口支持外，还需要组织动员社会各界参与对口支持，特别是科技创新领域专业技术人才对口支持。此外，通过提升人才服务水平促进人才的地区间合理流动，要实现人才标准统一、信息共享，推进评价结果互认；要简化优化引进程序，提高人才引进效率；要加快推进户籍制度改革，放宽人才落户条件，简化优化落户审批流程；要加强公共服务体系建设，为人才在城乡、地区之间流动提供子女入学、住房安居、医疗服务、社会保险等保障。

（三）统一区域性人才市场

人才市场的运行机制，就是通过人才价格、供求关系、竞争程度等市场因素的相互影响及其自发调节，更加有效地配置人才资源，并向社会提供更加准确、精细的供求信号，有效调节人才的社会需求和供给。由于人才市场信息的不畅通和互相封闭，区域内明显存在人才市场碎片化的问题。因此，人才市场的区域协同要先实行人才市场机构的统一标识、统一标准、数据共享；再深入到统一平台、统一制度、统一监管；再扩展到一体化运行的统一机构、统一机制。具体政策包括：构建区域人才交流开发合作信息网络平台，实现人才供求信息、薪酬信息、政策信息、培训信息等各类信息资源的互联互通；以及发挥专业性人才服务大公司的引领作用，提高人才市场服务水平，鼓励人才服务专业大公司以核心城市为总部，以区域内各个城市为网络节点，建立健全中高端人才市场的区域协同体系，形成大平台、大网络、大数据，并向全国和全球延伸。

二、成果转化政策

科技成果是通过科学研究与技术开发所产生的具有使用价值的成果，科技成果转化是指为提高生产力水平而对科技成果所进行的后续试验、开发、应用、推广，直至形成新技术、新工艺、新材料、新产品，发展新产业等活动。而国外普遍使用的是“技术转移”（technology transfer），指成果在不同创新主体之间的移动。造成表述差异的原因在于中国政府是研究型大学和科研院所的管理者，以及开展科研活动的主要资助者。因此，国内政策语境下的“成果转化”，既有市场经济条件下政府作为科研项目委托人、科研经费出资人与项目承担者、经费使用者之间的合同义务关系，也有政府作为相关机构管理者对科研成果这类无形资产的产权归属关系。在区域协同创新层面，成果转化政策不仅涉及科技成果的商业化，还涉及科技成果转移，而这里的“转移”是指成果在地理空间上所发生的位移。

（一）健全区域技术转移和成果转化机制

面向市场建立健全科技成果转化机制，推进技术经理人、科技成果评价服务等标准化工作的区域协同。充分发挥市场和政府作用，构建开放、协同、高效的共性技术研发平台，打通原始创新向现实生产力转化通道，推动科技成果跨区域转移转化，建立健全成果转化项目资金共同投入、技术共同转化、利益共同分享机制。联合加强知识产权保护，促进创新成果产业化应用。建立区域知识产权保护协作网络，建立政府间知识产权保护的约定例会制度，由各地区知识产权管理机构定期交换案例、动态、立法、工作计划、工作经验等信息，协调大案、要案的查处工作，完善知识产权侵权案件通报、移送制度，开展联合查处和协同办案。完善区域内保护知识产权的执法协作关系，设立区域知识产权保护案例处理中心。强化对技术成果转化的法律要求和激励措施，促进区域内企业、大学、科研院所等各个领域技术成果的信息共享，为技术成果产业化提供信贷支持，对技术受让方和技术交易服务机构给予适当的税收优惠政策。加快地区之间的技术转移和成果转移的制度对接，建立开放的地区间知识产权服务信息共享平台，实现科技成果资源共享。

（二）强化区域成果转移转化服务支撑

促进科技成果转移转化需要良好的市场化服务支撑，要积极扶持、培养生产力促进中心、评估咨询机构、科技信息中心、知识产权法律中介机构等一批服务机构，并依托中介服务机构，建立区域性产学研信息交流服务平台和技术转移机构。强化技术转移和成果转化市场化服务，以“互联网＋技术交易”为重点，建设一批线上线下相结合的技术交易市场，探索建立统一的技术信息标准和技术转移服务规范，提升信息发布、市场化评估、咨询辅导等专业化服务水平。通过实施促进科技成果转移转化行动，全面推进区域技术转移转化的一体化建设，形成区域技术市场大流通格局。制定区域科技资源共享法规，明晰科技资源归属权，利用大数据的优势，建立科技专用信息数据库，整合政府部门、大学、科研院所及企业等跨地区、跨行业的信息资源，将不同创新主体的信息网络连接起来，最大限度地使科技界、学术界和公众都能共享政府信息资源，为促进技术转移转化活动创造良好的环境和条件。

（三）加强区域产学研协同创新

建立区域性科技创新联席会议，加强顶层设计和总体规划，逐层推进产学研协同创新体系的布局，统筹区域内重大关键性问题，克服各城市互联互通、综合开发中的障碍。形成以企业为主体，高校、科研院所为依托，由市场导向、政府推动、社会广泛参与的区域创新合作机制。进一步创造条件、优化环境、深化改革，切实增强企业技术创新的动力和活力，支持企业跨地区联合承担国家研发任务，区域内的科技合作计划要更多地反映企业重大科技需求，加强跨省市企业间合作。同时，发挥大学和科研院所创新源与知识库的作用，积极发挥大学、科研院所和社会公益研究的科研机构在基础研究、前沿技术研究领域的重要作用。鼓励有条件的高校、科研机构和企业牵头设立跨区域的新型研发机构，推动跨区域成果转移转化。重视区域科技创新中心体系包括实验室、企业技术中心、工程研究中心、工程技术研究中心、外资研发机构等的作用，构建科技资源服务系统、科技创新服务系统、科技管理服务系统等三大系统，提供包括建立国家级和省部级重点实验室、国家级和省部级工程技术研究中心、企业重点实验室、工程化服务平台等四类重大创新平台在内的服务，构建公共科技基础条件平台、行业创新平台和区域创新平台等三大研发科技服务平台体系。

三、科技金融政策

科技创新具有高风险性，往往难以获得投资，为此金融科技政策对于区域科技创新发展，尤其是创新型企业成长具有重要支持作用。科技金融是指通过创新财政科技投入方式，引导和促进银行业、证券业、保险业等金融机构及各类创业投资资本，创新金融产品，改进服务模式，搭建服务平台，实现科技创新链与金融资本链的有机结合，为从初创期到成熟期各发展阶段的科技企业提供金融及衍生服务的一系列政策和制度安排。从投资科技创新的阶段看，在科技创新的源头，即知识创新阶段，关注的是创新成果的基础性、公益性和公共性，因此主要依靠政府财政资金扶持；而在科技创新成果进入市场的阶段，金融资本将成为投入的主体，因为科技创新成果转化即将带来投资收益。在区域协同创新层面，科技金融政策主要涉及跨区域金融服务，资本流动和风险分摊等。

（一）创新科技金融服务模式

探索建立区域内跨省（市）联合授信机制，推动信贷资源流动，服务区域内科技型中小企业创新发展。支持大型国有银行、股份制商业银行、保险公司以及地方金融机构等，成立科技支行区域事业部，可以打破区划障碍，突破传统的属地化业务模式，既能提升在区域范围内的科技信贷服务效率，又能有效控制风险。专业的部门做专业的事，更加容易掌控可能面临的风险，更有效地为优质企业和优质项目提供贷款。同时，深入研究科技创新企业发展趋势和不同发展阶段的成长需求，引导金融机构开发优质科技金融产品，开展天使投资、知识产权质押、科技贷款、科技保险等活动，将金融资源匹配到企业生命周期的各个不同阶段中，为区域内科技企业提供全生命周期科技金融服务。

（二）共建区域创业融资服务平台

加强区域内各地方证监局与北京、上海、深圳证券交易所的协作交流，为区域内科技创新企业提供多层次融资服务。支持探索建立区域创新收益共享机制，鼓励设立产业投资、创业投资、股权投资、科技创新、科技成果转化引导基金。发挥科创板对风险资本退出和良性循环的支持作用，鼓励符合条件的区域内科技创新企业到科创板上市融资。支持科技型上市公司做强做大，发挥高质量上市公司对科技创新的带动作用。优化创业投资发展的制度环境和生态环境，培育一批具有国际竞争力的创业投资机构，吸引具有全球影响力的国际创投机构入驻投资。

（三）制定风险分摊的制度性安排

推动建立信用激励机制，通过政策性安排，让科技企业用自身信用基础获得更多的融资机会。政府相关部门协同园区掌握科技企业的信用情况，通过政府相关部门或园区的背书，促进外部投贷联动的有力发展。搭建面向区域的企业信用公共服务平台，强化信用服务监督和管理。支持发展“数据驱动”的科技金融模式，研究制定数据化科技融资风险分担和补偿机制，建立促进科技创新的企业信用增进机制，提高企业信用意识和信用积累，促进建立企业信用体系。利用大数据、云计算、区块链、人工智能、物联网等技术，为跨地区、跨部门的企业征信体系建设提供技术保障，最大限度减少金融风险，促进科技金融的健康发展。加强科技金融产品与服务的区域协同创新，各地区联合设立风险投资引导基金，撬动社会资本有序进入，通过财政资金的引导和市场化操作，实现促进科技进步和风险投资主体获利的双重目标。同时，各地区联合设立政策性担保基金，鼓励发展科技信用保险，为商业银行扩大科技信贷分摊风险。

四、科技攻关政策

区域协同科技攻关是通过实施区域创新共同体联合攻关计划，聚焦国家重大创新需求，强化任务顶层设计和目标凝练，统一谋划、统一组织、统一投入，获取一批前瞻性基础研究、引领性原创成果重大突破。同时，有别于一些领域的自由探索，区域协同科技攻关要求区域内大学、科研院所、企业强强联合，各地区共同建立更加有利于任务目标实现的科研组织机制。

（一）共建高水平创新平台

高水平创新平台是增强区域科技创新策源能力的重要支撑，各地区要以培育国家战略科技力量为导向，瞄准世界科技前沿和产业制高点，共建多层次科技创新平台体系。加强国家实验室、国家重点实验室、国家技术创新中心、国家产业创新中心、国家制造业创新中心、国家临床医学研究中心等重大科技创新平台的布局建设。鼓励区域内各地区在科技前沿、共性关键技术和公共安全等领域集中优势科技资源，创新体制机制，共建一批高水平实验室。加快建设区域性国家技术创新中心，对标国际最高标准、最好水平，围绕提升重点产业领域技术创新水平，打通重大基础研究成果产业化的关键环节，构建风险共担、收益共享、多元主体的协同创新共同体，提升能够引领未来产业发展方向的技术创新策源能力。

（二）共同实施重大科技项目

鼓励区域内各个地区立足优势学科和研究力量，瞄准世界科技前沿，聚焦国家重大需求，在基础研究、应用基础研究、关键核心技术攻关领域，主动发起和联合承担若干个国家重大科技项目。支持区域内大学、科研院所、企业跨地区协同开展关键核心技术攻关，聚焦重点高科技产业和未来产业，部署实施一批重点研发和转化项目。围绕区域高质量发展和民生改善的重大需求，创新组织管理机制，联合实施重大科技项目。加强各地区科技计划的协调联动，建立统一的科技计划管理信息平台，促进科技报告和科技成果的信息共享。创新项目组织方式，建立与科技创新区域协同攻关相适应的制度措施，完善各类创新主体充分参与、有效协同的机制，提高科技资源配置效率。

（三）聚力打造区域创新高地

依托国家高新技术产业开发区，推动科技、产业、金融、人才等创新要素汇聚融合、体系化发展，共同打造区域性创新集群和高质量发展主引擎。加强跨地区“双创”合作，联合共建国家级科技成果孵化基地和双创示范基地。要从“不求所有但求所用”的视角出发，加强区域内科技创新载体的协调和互动。要引导大企业、大项目进园兴业，壮大园区经济实力；要走专业化园区的路子，增强园区经济的核心竞争力，加快培育主导产业，形成各具特色、良性竞争、竞相发展的园区经济；创新体制机制，增强园区经济活力，充分利用国家级高新区的体制机制和政策优势，整合园区资源，走“一区多园、一园多基地”的路子。此外，要充分发挥区域内核心城市在重大创新政策先行先试以及创新型产业集群发展方面的辐射、示范带动作用，引领区域科技创新一体化发展，构筑形成优势互补、协同联动的科技创新圈和创新城市群。

第四节 区域创新发展研究方法

区域创新发展评价主要涉及区域协同创新网络分析、区域协同创新绩效评价和区域协同创新能力测度三方面。社会网络分析方法可应用于区域协同创新网络的表征刻画，包括对网络结构和节点特征分析等，并可进一步通过经济计量分析方法考察区域协同创新网络的影响机制和效应。基于能力结构模型的区域协同创新效益评价，可定量测度区域在区际协同创新中的匹配程度和获益效果。创新驱动力是测度区域创新的综合能力以及能力结构，并以此作为定性判定区域协同创新发展方向的量化依据。

一、社会网络分析方法

在"流空间"视角下，区域协同创新网络是一种跨区域、跨组织的创新协作空间，是一个分工合理、协同合作、复杂演化、融合发展的区域创新系统，它表现为由城市或区域性节点组成的网络，并承载了创新要素时空位移所形成的关系和格局。社会网络分析（Social Network Analysis，SNA）是研究创新合作的常用方法，也可用于刻画区域协同创新网络。社会网络是由具有一定社会关系的节点（行动者）及其之间的连线（社会关系）组成的关系结构（Barnes，1954；刘军，2004）。社会网络分析方法是基于社会计量学发展起来的分析方法和理论框架，将复杂网络理论应用于社会学（van Duijn & Vermunt，2006）。社会网络分析将组织或个人之间复杂多样的社会关系表征为一定结构的社会网络，利用概率论、图论等方法对网络关系数据规模、结构及其变动进行描述、计量和可视化，阐释静态和动态的网络结构的现实影响及意义。与传统的统计方法相比，社会网络分析法不仅研究节点之间的二元关系，而且系统考虑其他节点乃至整个网络结构对这一二元关系的影响。作为一种结构性方法，社会网络分析能从微观的角度厘清网络中节点之间的互动和演化机制，在以社会互动为基础的网络研究中具有明显优势（游小珺，2017）。

基于社会网络分析方法，区域协同创新网络的研究主要集中在三个方面：

一是关注区域间科技创新合作网络的拓扑结构和演化，包括网络规模、密度、直径、平均路径长度、集聚系数、凝聚子群以及网络的小世界、无标度等复杂网络特性的刻画，以及网络脆弱性评估等；二是采用中心性等指标测定和比较区域协同创新网络中区域节点的重要性和动态发展特征；三是将区域协同创新网络和区域节点的特征与创新绩效、创新产出等问题联系起来，试图理解区域协同创新网络结构和区域节点功能对区域科技创新发展的影响。因此，社会网络分析方法可对复杂多样的关系结构进行描述、计量和可视化，能为区域协同创新网络的研究提供可靠的实验手段，具体操作可通过 Pajek 和 Gephi 等社会网络分析软件实现。目前，社会网络分析法在经济地理学、创新经济学领域中已有广泛的应用，主要用于考察区域间科技创新合作与知识流动（李丹丹等，2015；Balland & Rigby，2017；刘承良等，2018；段德忠等，2018）、区域间产学研合作网络（王秋玉等，2016；韩增林等，2018；刘凤朝等，2011；刁丽琳、朱桂龙，2014；樊霞等，2015）、风险投资网络（汪明峰等，2014），以及科研合作网络（刘承良等，2017）。这些文献极大地推进了区域协同创新网络特征、影响机理和动力机制的实证研究，也丰富了社会网络理论的应用范围。

二、区域协同创新绩效评价

区域协同创新是一个复杂的活动，学者们对于衡量区域协同创新绩效的方法主要有三种类型：一是单指标评价方法，即利用授权专利合作数量、专利转让数量以及技术交易、技术援助等指标表征区域协同创新绩效。二是效率评价方法，区域协同创新被视为一个多元主体参与的多投入、多产出的协同创新活动，协同创新投入主要包括人力、物力、财力等创新资源的投入，协同创新产出具体表现为新产品数量、新产品市场价值、发表论文数量、科技著作数量、专利申请授权数、技术市场合同成交额等指标（张健，2018），学者们通常运用数据包络分析法、随机前沿分析法等对协同创新效率进行定量评价。三是综合评价方法，为了系统、科学地评价区域协同创新绩效，大量学者综合考虑创新产出、创新效果等，通过构建区域协同创新绩效评价指标体系与评价标准，再利用相关赋权方法计算协同创新绩效指数，方法选择则较为多样化，层次分析法、模糊综合评价法、网络分析法、平衡记分卡、因子分析法、主成分分析法、神经网络分析法等均得到较为广泛的采用。诚然，尽管这些方法都难以准确衡量区域协同创新本身的绩效水平，但为我们观察了解协同创新呈现出的绩效状态提供了相对科学的衡量标准。

三、区域协同创新能力测度

区域协同创新能力是区域协同创新的基础，能有效促进区域协同创新活动运行。区域协同创新能力测度通常包括：区域协同创新能力指数、区域创新驱动力指数等。

（一）区域协同创新能力指数

对于区域协同创新能力评价，学者们更侧重对区域参与协同创新的要素、环境、投入、产出等能力进行评估，如王为东（2011）从创新经济基础、创新投入能力、创新环境水平、创新产出能力等方面对长三角16座城市创新能力进行评价；刘雪芹、张贵等（2015）从创新环境支撑能力、企业创新与知识应用能力、产业升级能力、知识创新能力、知识流动与协作能力等对京津冀区域产业协同创新能力进行评价；李美娟等（2017）从协同创新投入、协同创新合作、协同创新产出、协同创新辅助条件等方面，并运用灰靶理论对区域协同创新能力进行动态评价；范斐等（2015）从知识创新能力、技术创新能力、产业创新能力、服务创新能力与创新环境能力构建区域协同创新能力结构关系指标体系，分析不同地区在区域协同创新中的获益水平。

在区域间的协同创新过程中，常伴有利益分配现象，为探究地区间的利益分配格局，可以借鉴能力结构关系模型与区域协同创新能力分配图，建立地区间协同创新系统的能力结构关系模型。范斐等（2015）采用该方法辨析不同地区在区际协同创新中获益效果及其变化趋势，并从知识创新能力、技术创新能力、产业创新能力、服务创新能力与创新环境能力5个方面构造了区域协同创新指标。能力结构关系模型的基本原理为：首先，建立反映区域综合创新能力结构的创新能力结构指数，其值由组成创新能力的各要素加权求和得到。根据能力结构的定义，当两个地区进行协同创新时，区域创新能力状况直接影响着地区之间协同创新的稳定性和长久性，并决定着区域协同创新中的利益分配格局。基于此，在对地区间协同创新能力进行利益分配前，要对地区间的创新能力结构的耦合性进行检验。例如，A 和 B 地区的各项创新结构能力指数 I_A 和 I_B，两个地区之间创新能力结构的耦合度 C_{AB} 用如下公式表示：

$$I_{A_i} = W_i A_i,\ i = 1,\ \cdots,\ n$$

$$I_{B_i} = W_i B_i,\ i = 1,\ \cdots,\ n$$

$$C_{AB} = \sum \left| \frac{I_{A_i}}{I_{B_i} - 1} \right| \Big/ \sqrt[i]{\left| \frac{I_{A_i}}{I_{B_i}} - 1 \right|}$$

式中，I_{A_i}、I_{B_i} 分别为 A 地区和 B 地区的各项创新能力结构指数；W_i 为构成各项创新能力指标对应的权重；A_i、B_i 分别为 A 地区和 B 地区创新能力的指标值，i 为变量个数。由于本案例研究将区域创新能力结构关系指标划分为知识创新、技术创新、产业创新、服务创新与创新环境 5 个能力，因此，$i = 5$。C_{AB} 越大，说明 A、B 两个地区的创新能力结构耦合性越高，两个地区开展协同创新的可能性越大；反之，则说明创新能力结构较差的一方影响了两个地区的协同创新。只有创新能力结构低的一方提高自身的创新能力结构才能保证两个地区之间协同创新的稳定性与长久性。区域创新能力结构与协同创新利益分配关系图可以解释两个地区在协同创新中的获益情况（见图 4-4）。

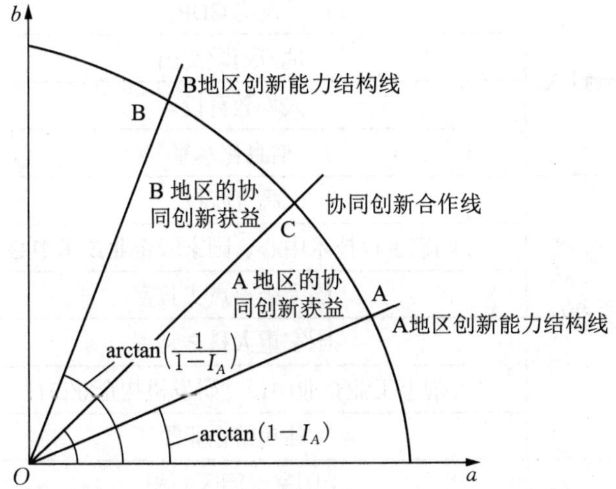

a 为 A 地区的创新能力，*b* 为 B 地区的创新能力，*OA* 为 A 地区创新能力结构线，*OB* 为 B 地区创新能力结构线，*OC* 为 A、B 地区的协同创新合作线，I_A，I_B 分别为 A 地区和 B 地区的综合创新能力结构指数

图 4-4　区域创新能力结构与协同创新利益分配关系

资料来源：范斐等（2015）。

（二）区域科技创新驱动力指数

科技创新驱动力是区域协同创新能力的重要方面，科技创新驱动力可分解为两大动力：一是研发创新力，即支撑区域经济的核心竞争力和基础动力；二是产业创新力，当研发创新力有效转化为产业创新力，将成为区域经济发展的核心动力和基本保障（王振、卢晓菲，2018）。黄亮、王振等（2017）在定量测度长江经济带城市科技创新驱动力时，提出了一个包含投入、载体、产出、绩效四个维度的科技创新驱动力理论框架体系，并在后续的跟踪研究中不断扩展，详见表 4-1（王振，2021）。在创新驱动力测度方面，区域科技创新驱动力

表 4-1　科技创新驱动力指标体系

目标层	准则层	指　标　层	单位
科技创新投入	科技研发投入	研发经费	亿元
		研发强度	%
		科技经费占地方财政支出比重	%
	人力资源投入	研发人员数	人
		每万从业人口中研发人员数	人 / 万人
		每十万城市人口中的在校研究生数量	人 / 十万人
	创新基础投入	人均 GDP	元 / 人
		地方财政支出	亿元
		人均教育投入	元 / 人
		信息化水平	户 / 百人
科技创新载体	科技研发载体	高等院校	所
		国家工程技术中心、国家级企业技术中心	家
		国家级重点实验室	家
		国家重大科学装置	套
		规上工业企业中设立研发机构企业占比	%
		独角兽企业数	家
	高新产业载体	国家级园区面积	平方公里
		国家级大学科技园区	家
	创新培育载体	国家级科技企业孵化器	家
		国家级众创空间	家
		风险投资机构	家

（续表）

目标层	准则层	指　标　层	单位
科技创新产出	科技研发成果	国内授权发明专利总量	件
		人均国内授权发明专利数	件/万人
		科技论文发表总量	篇
		人均科技论文发表量	篇/万人
	成果转化与产业化	技术合同交易额总量	亿元
		人均技术合同交易额	元/人
		高新技术产业产值总量	亿元
		人均高新技术产业产值	元/人
科技创新绩效	投入产出绩效	每亿元研发投入产生的国内授权发明专利数	件/亿元
		每亿元研发投入形成的高新技术产业产值	亿元
		每亿元科技经费产生的科技论文数	篇/亿元
	驱动转型绩效	高新技术产业产值占工业总产值比重	%
		从业人员人均规上工业增加值	万元/人
		生产性服务业占服务业比重	%

注：（1）研发强度等于研发经费占 GDP 的比重；（2）信息化水平指标采用人均互联网宽带接入用户数衡量；（3）高等院校数量指标采用 1 所一流大学和一流学科建设大学分别折算为 4 所和 2 所普通高校的统计方法；（4）国家级重点实验室数量指标采用 1 家国家实验室折算为 3 家国家级重点实验室的统计方法；（5）根据科技部发布的中国独角兽企业榜单整理；（6）国家级园区包括国家级高新区和国家级经济技术开发区；（7）科技论文采用 SCI 和 SSCI 论文口径进行统计；（8）生产性服务业占比指标采用生产性服务业的从业人数占服务业总从业人数的比重表示，生产性服务业包括交通运输、仓储和邮政业，信息传输、计算机服务和软件业，金融业，租赁和商务服务业，科学研究、技术服务和地质勘查业，生活性服务业包括批发和零售业，住宿和餐饮业等。

指数和其他二、三级指标的权重采用 D-S 证据合成理论（孙才志等，2014），将主观性较强的层次分析法（AHP）和客观性较强的熵值法（EVM）相结合确定综合权重，进而根据加权求和法测算得到综合指数和分系统指数。

参考文献：

［1］安同良，姜妍．中国特色创新经济学的基本理论问题研究［J］．经济学动态，2021（4）：15—26.

[2] 曹贤忠，曾刚 . 基于长三角高质量一体化发展的创新飞地建设模式 [J]. 科技与金融，2021（4）：36—41.
[3] 陈劲编著 . 协同创新 [M]. 杭州：浙江大学出版社，2012.
[4] 陈劲，阳银娟 . 协同创新的理论基础与内涵 [J]. 科学学研究，2012，30（2）：161—164.
[5] 刁丽琳，朱桂龙 . 区域产学研合作活跃度的空间特征与影响因素 [J]. 科学学研究，2014，32（11）：1679—1688，1731.
[6] 杜德斌 . 全球科技创新中心：动力与模式 [M]. 上海：上海人民出版社，2015.
[7] 段德忠，杜德斌，谌颖，翟庆华 . 中国城市创新网络的时空复杂性及生长机制研究 [J]. 地理科学，2018，38（11）：1759—1768.
[8] 樊霞，杨东鹏，朱桂龙 . 城市间产学研合作创新与知识辐射距离的科学计量探析 [J]. 科学学与科学技术管理，2015，36（10）：71—79.
[9] 范斐，杜德斌，游小珺，盛垒，肖泽磊 . 基于能力结构关系模型的区域协同创新研究 [J]. 地理科学，2015，35（1）：66—74.
[10] 哈肯 . 协同学——大自然构成的奥秘 [M]. 上海：上海译文出版社，2001.
[11] 韩增林，袁莹莹，彭飞 . 东北地区装备制造业官产学创新合作网络发展演变 [J]. 经济地理，2018，38（1）：103—111.
[12] 洪银兴 . 科技创新阶段及其创新价值链分析 [J]. 经济学家，2017（4）：5—12.
[13] 胡志坚，苏靖 . 区域创新系统理论的提出与发展 [J]. 中国科技论坛，1999（6）：21—24.
[14] 黄亮，王振，范斐 . 基于突变级数模型的长江经济带 50 座城市科技创新能力测度与分析 [J]. 统计与信息论坛，2017，32（4）：73—80.
[15] 蒋佳，陈昌兵 . 中国特色社会主义创新发展理论 [J]. 现代经济探讨，2019（5）：17—20.
[16] 李丹丹，汪涛，魏也华，袁丰 . 中国城市尺度科学知识网络与技术知识网络结构的时空复杂性 [J]. 地理研究，2015，34（3）：525—540.

[17] 李美娟，魏寅坤，徐林明 . 基于灰靶理论的区域协同创新能力动态评价与分析 [J]. 科学学与科学技术管理，2017，38（8）：122—132.

[18] 廉军伟，曾刚 . 科创飞地嵌入区域协同创新网络的运行机理——以浙江新昌县为例 [J]. 科技管理研究，2021，41（16）：1—8.

[19] 刘承良，管明明，段德忠 . 中国城际技术转移网络的空间格局及影响因素 [J]. 地理学报，2018，73（8）：1462—1477.

[20] 刘承良，桂钦昌，段德忠，殷美元 . 全球科研论文合作网络的结构异质性及其邻近性机理 [J]. 地理学报，2017，72（4）：737—752.

[21] 刘凤朝，马荣康，姜楠 . 基于"985 高校"的产学研专利合作网络演化路径研究 [J]. 中国软科学，2011（7）：178—192.

[22] 刘军 . 社会网络分析导论 [M]. 北京：社会科学文献出版社，2004.

[23] 刘雪芹，张贵 . 京津冀区域产业协同创新能力评价与战略选择 [J]. 河北师范大学学报（哲学社会科学版），2015，38（1）：142—148.

[24] 刘志彪 . 从全球价值链转向全球创新链：新常态下中国产业发展新动力 [J]. 学术月刊，2015，47（2）：5—14.

[25] 潘家栋，包海波 . 创新飞地的发展动向与前景展望 [J]. 浙江学刊，2021（3）：125—131.

[26] 孙才志，于广华，王泽宇等 . 环渤海地区海域承载力测度与时空分异分析 [J]. 地理科学，2014，34（5）：513—521.

[27] 王秋玉，曾刚，吕国庆 . 中国装备制造业产学研合作创新网络初探 [J]. 地理学报，2016，71（2）：251—264.

[28] 王卫东 . 长三角城市群协同创新发展机制研究 [J]. 企业经济，2011（12）：125—128.

[29] 王振 . 长江经济带发展蓝皮书 [M]. 上海：上海社会科学院出版社，2021.

[30] 王振，卢晓菲 . 长三角城市群科技创新驱动力的空间分布与分层特征 [J]. 上海经济研究，2018（10）：71—81，93.

[31] 魏江 . 多层次开放式区域创新体系建构研究 [J]. 管理工程学报，2010，24（S1）：31—37.

［32］杨耀武，张仁开 . 长三角产业集群协同创新战略研究［J］. 中国软科学，2009（S2）：136—140.

［33］游小珺 . 多维邻近视角下美国高校科研合作的空间演化与动力机制研究［D］. 华东师范大学，2018.

［34］张健 . 京津冀区域产学研协同创新绩效评价系统研究［J］. 商业经济，2018（4）：35—36，39.

［35］张仁开 . 长三角区域创新共同体运行机制创新研究［J］. 创新科技，2020，20（9）：60—67.

［36］郑国楠 . 粤港澳大湾区创新链协同：机理、评价与对策建议［J］. 区域经济评论，2021（6）：85—92.

［37］Asheim B. T.. Industrial Districts as "Learning Regions"：A Condition for Prosperity［J］. European Planning Studies，1996，4（4）：379—400.

［38］Balland P. A.，Rigby D.. The Geography of Complex Knowledge［J］. Economic Geography，2017，93（1）：1—23.

［39］Barnes J. A.. Class and Committees in a Norwegian Island Parish［J］. Human Relations，1954，7（1）：39—58.

［40］Chesbrough，H.. Open Innovation：The New Imperative for Creating and Profiting from Technology［M］. Boston：Harvard Business School Press，2003.

［41］Cooke P.，Hans Joachim Brazyk H. J.，Heidenreich M.. Regional Innovation Systems：The Governance in the Globalized World［M］. London：UCL Press，1996.

［42］Cooke P.. Regional Innovation Systems：Competitive Regulation in the New Europe［J］. Geoforum，1992，23（3）：365—382.

［43］Duin H.，Jaskov J.，Hesmer A.，Thoben K. D.. Towards a Framework for Collaborative Innovation［M］. Boston：Springer，2008，277：193—204.

［44］Etzkowitz H.，Leydesdorff L.. The Dynamics of Innovation：From National Systems and "Mode 2" to a Triple Helix of University-industry-government Relations［J］. Research Policy，2000，29（2）：109—123.

[45] Etzkowitz H.，Zhou C.. The Triple Helix：University-industry-government Innovation and Entrepreneurship [M]. Routledge，2017.

[46] Fagerberg J.，Mowery D. C.，Nelson R. R.（Ed.）. The Oxford Handbook of Innovation [M]. Oxford University Press，2005.

[47] Lundvall B. A.. National Systems of Innovation：Toward a Theory of Innovation and Interactive Learning [M]. Anthem Press，2010.

[48] Nelson R. R.（Ed.）. National Innovation Systems：A Comparative Analysis [M]. Oxford University Press，1993.

[49] Schumpeter J. A.. Theory of Economic Development [M]. Routledge，2017.

[50] Van Duijn M. A. J.，Vermunt J. K.. What is Special about Social Network Analysis? [J]. Methodology，2006，2（1）：2—6.

第五章　区域协调发展

地区间、城乡间存在的区域发展不平衡是所有国家都要客观面对的发展现实。而一个国家从落后走向发达、从传统迈向现代，促进区域协调发展，是最重要的国家战略之一。我国幅员辽阔、区域差异大、国土空间功能各有不同，区域协调发展始终是必须面对的重大课题。尽管经过改革开放四十多年的发展，区域协调性持续增强，但区域发展不平衡矛盾仍然比较突出，在迈向社会主义现代化国家的新征程中，如何推动形成优势互补高质量发展的区域经济布局，如何建立健全符合发展规律、符合中国国情，促进区域协调发展的推进机制和政策体系，都是需要持续高度关注、重点研究的重大课题。区域协调发展，是习近平新时代中国特色社会主义经济理论体系的重要组成部分，是贯彻新发展理念、建设现代化经济体系的重要实践。

第一节　区域协调发展理论综述

学术界围绕区域协调发展的概念内涵、理论发展等展开了大量研究，其理论内涵从传统经济视角拓展至经济、社会等多维视角，理论研究也逐渐从区域经济理论延伸至社会公平乃至环境等的协调发展。中国区域协调发展理论在借鉴传承传统理论基础上不断创新发展，蕴含着深厚的历史逻辑、理论逻辑和实践逻辑，是新时代中国理论创新与实践探索的结晶。

一、区域协调发展理论的发展

区域经济理论的形成，从杜能的农业区位理论到克鲁格曼的新经济地理学理论，经历了近两百年的发展历史。其中，有关区域协调发展的理论主要包括区域经济均衡发展理论、区域经济非均衡发展理论、区域分工与协作理论、区域空间结构理论、资源环境可持续发展理论和公共服务均等化理论等。本章从促进区域协调发展的角度对区域经济均衡发展理论、区域非均衡发展理论、区域协调发展理论形成作简要梳理。

（一）区域经济均衡发展理论

我国改革开放之前实施的区域均衡发展战略，主要采用了苏联以计划均衡发展理论为指导的生产力布局模式，通过统筹兼顾、综合平衡，实现生产力的协调发展。苏联的均衡发展理论受到马歇尔（Marshall，1890）新古典经济学的较大影响，强调经济部门或产业间的平衡发展，区域间或区域内部的平衡（同步）发展，主张在区域内均衡布局生产力，空间上均衡投资，各产业均衡发展。第二次世界大战后苏联的崛起使得与其计划经济体制相适应的区域经济平衡发展理论迅速在理论界发展壮大，形成了以投入产出分析为基础的区域要素配置与均衡发展模式。该时期大量具有苏联背景的经济学家共同推动了区域经济均衡增长理论的快速发展，如“大推进”理论（Rosenstein-Rodan，1943）、“贫困恶性循环”理论（Nurkse，1953）、“低水平均衡陷阱”理论（Nelson，1956）以及“临界最小努力理论”（Leibenstein，1957），都强调了发展中国家在跨越贫困陷阱过程中，国家计划主导的大规模投资以及产业部门和区域间均衡增长的必要性（刘秉镰等，2020）。

（二）区域经济非均衡发展理论

我国实施区域均衡发展战略虽然缩小了东西部之间的差距，但实践证明这是低效率、低水平的协调发展，而且是以牺牲东部地区发展优势为代价的。改革开放以来，我国开始实施区域非均衡发展战略，通过引入市场机制，让东部地区先发展起来，带动中西部地区发展的非均衡发展来实现区域协调发展。

区域非均衡发展理论研究的成果非常丰富，有缪尔达尔（Myrdal，1944）的“循环积累因果理论”、艾尔伯特·赫希曼（Hirschman，1958）的“不平衡增长理论”、弗朗索瓦·佩鲁（Perroux，1975）的增长极理论、布代维尔（Boudeville）的增长轴理论、弗里德曼（Friedman，1966）的中心—外围理论、赫希曼（Hirschman，1958）的极化—涓滴效应学说、弗农（Vernon，1968）的工业生产生命循环阶段论、小岛清的“雁行模式”等。其中对我国理论界影响较大的是增长极理论和产业梯度转移理论。我国学者对区域非均衡发展理论进行了拓展创新，如陆大道（1988）的“点轴开发理论”、王缉慈（1998）的“产业集群理论”、刘再兴（1988）的“梯度理论”等。

（三）区域协调发展理论的形成

随着要素的流动和贸易的发展，不同地区或国家之间产生了比较优势，发挥比较优势、推动区域合作，成为促进区域协调发展的战略依据。区域分工与协作理论成为解释比较优势和要素禀赋的新理论。在区域分工与协作发展到一定程度时，不同产业的布局以及企业的市场与工厂的布局都会发生变化，区域空间结构理论即为解释这种变化的理论（袁惊柱，2018）。同时，区域经济学还诞生了一系列区域经济空间规律的理论，包括：强调物质资本与人力资本的外部性并认为政府能够通过实施区域政策来解决相关外部性问题的新经济增长理论（Romer，1986），把空间因素纳入主流经济学分析体系并考虑要素不完全流动和规模报酬递减的新经济地理学理论（Krugman，1991；Fujita and Krugman，1997），解释经济活动空间区位选择的集聚经济理论（藤田昌久等，2015），解释异质性企业区位选择的“新”新经济地理学理论（Baldwin and Okubo 2006），以及解释不同区域发展依赖路径的演化经济地理学理论（Martina and Sunley，2014；Isaksen，2015）等，都为区域协调发展的理论形成提供了理论基础。随着经济发展到一定程度，环境资源与经济的协调发展以及不同地区之间的公平性发展成为区域协调发展的研究重点，促使可持续发展理论、公平理论等新的理论形成。但区域协调发展的理论形成，更多源自我国改革开放在学习借鉴发达国家成功经验和理论成果的同时，坚持把马克思主义基本原理同中国具体实际相结合，在探索中国特色社会主义道路过程中，积极探索和构建中国特色社会主义的区域协调发展理论。从邓小平同志的“两个大局”战略构想，以江泽民同志为总书记的党中央实施西部大开发战略，以胡锦涛同志为总书记的党中央提出区域发展总体战略，到以习近平同志为核心的党中央先后部署实施了京津冀协同发展、长江经济带发展、粤港澳大湾区建设、长三角一体化发展、黄河流域生态保护和高质量发展等新的区域发展战略，在新的实践中形成了党关于统筹区域协调发展的最新认识。

国家“十一五”规划纲要全面系统地提出了区域发展总体战略，并把城乡区域协调发展作为“十一五”时期必须坚持的重要原则。也是从2005年前后开始，我国学者对区域协调发展问题给予了积极的关注和研究，围绕区域协调发展的概念内涵、运行机制、政策体系、评价方法等，在理论和实践的结合中形成了一批研究成果，推动了区域协调发展理论的形成和发展。如彭荣胜（2009），覃成林等（2011），魏后凯等（2011），范恒山、孙久文等（2012），徐康宁（2014）等对区域协调发展的概念内涵提出了框架与认识；陈栋生（2005）、姜文仙等（2009）、孙倩（2012）等提出了区域协调发展的测度评价体系；姜文仙等（2009）、魏后凯等（2011）、覃成林（2011）、王一鸣（2017）等研究提出了区域协调发展机制；范恒山（2011），肖贵成、杨开度、赵勇、魏后凯（2015），王曙光等（2017）比较完整地提出了促进区域协调发展的政策体系和对策（袁惊柱，2018）。

二、区域协调发展理论内涵

区域协调发展理论来自发展实践，同时对发展实践又有很重要的指导作用。特别在中国这样一个发展中大国，始终面对区域发展不平衡不充分问题，为把握和厘清这个大问题，为解决这个大问题提出大战略、大政策，都需要有更加丰富、科学的理论认识和理论体系。

（一）区域协调发展的概念内涵

所谓协调发展，就是促进有关发展各系统的均衡、协调，充分发挥各要素的优势和潜力，使每个发展要素均满足其他发展要素的要求，发挥整体功能，实现经济社会持续、均衡、健康发展（孙久文，2018）。

区域协调发展通常包含地区间的区域协调和城乡间的区域协调两方面。在我国，城乡协调基本同属一个行政区，而大区域协调具有跨行政区特性，国家层面提出的区域重大战略，大多都是跨多个省级行政区，其协调的内涵与任务，与同一行政区内的城乡协调存在很大不同。随着各地城乡统筹水平的不断提升，区域间的协调发展成为区域协调发展的关注重点，这里包括城市群层面的区域协调，如京津冀城市群、长三角城市群等，还包括流域层面的区域协调，如长江经济带、黄河流域等。

关于区域协调发展的概念内涵，学术界有多种认识，其争议可以归纳为三个方面：一是关于区域协调发展是状态与过程的争议；二是关于区域协调发展目的的争议；三是关于区域协调发展所涉及范围的争议（郝寿义、倪鹏飞，2020）。本章对区域协调发展下一个概念定义，就是坚持新发展理念，围绕国家发展的中长期战略，以提高效率、追求公平为目标，以充分发挥市场在资源配置中的决定性作用，更好发挥政府作用，激发各类市场主体活力为机制导向，针对地区间、城乡间存在的发展不平衡不充分问题，立足发挥各地比较优势和缩小地区发展差距，促进要素畅通流动，促进区域分工合作，实现城乡区域间的共享发展、共同富裕。

（二）区域协调发展的主要研究内容

区域经济学框架中的区域协调发展，主要是基于区域关系的研究，其既包括了区域竞争关系，主要体现在特点相似的区域之间；也包括了区域合作关系，表现为后向联系、前向联系和旁侧联系等形式（孙久文，2021）。在市场化、国际化、信息化驱动下，区域之间的经济与非经济往来越来越密切，形成了更频繁、更大规模的商品流、资金流、物流、人流、信息流；与此同时，地区之间的关系也趋于复杂多元，除了衍生出更多的合作关系，还有在以人为中心这一中心思想主导下的区域共享。这就是说，区域协调发展，其研究边界从协调区域竞争关系，到协调区域合作关系，进一步再扩展到协调区域共享关系。

党的十九大报告根据我国社会主要矛盾的变化，立足于解决发展不平衡不充分问题，提出今后一个时期实施区域协调发展战略。围绕实施区域协调发展战略，区域协调发展的研究内容进一步丰富。从理论层面，区域协调发展主要研究以下四大方面课题。

一是区域协调发展的空间格局。更多体现为现实分析和策略研究，包括了东中西三大区域或西部大开发、东北振兴、中部崛起、东部率先四大板块的空间协调，城市化地区、农业主产区、生态保护区三大功能区的空间协调，京津冀协同发展、长三角一体化发展、粤港澳大湾区、成渝双城经济圈、长江经济带发展等的空间协调，以及发达地区与欠发达地区如老少边穷地区、资源型地区的空间协调、城市群内部的空间协调等。

二是区域协调发展的合作模式。这里主要指不同行政区之间的合作，除了中央统一部署的东西部对口帮扶协作，更多的合作体现在地区之间按照优势互补、合作共赢原则，在园区开发、科技创新、生态保护、公共服务、基础设施等领域开展合作。这些合作主要集中在公共领域，为促进要素畅通流动、高标准建设统一市场、推动产业分工合作、激发各地潜在动能，更好发挥地方政府的作用。合作方式有项目合作、平台合作、资源共享等。

三是区域协调发展的政策机制。促进区域协调发展，关键在于正确处理政府与市场的关系，充分发挥市场的主导作用，更好发挥政府的引导作用。在具体推进机制建设中，要研究处理好三对关系，即中央统筹与地方负责的关系、区别对待与公平竞争关系、长期目标与渐进发展的关系。区域协调发展机制包括了国家层面的区域战略统筹机制、基本公共服务均等化机制、区域政策调控机制、区域发展保障机制等，区域层面的市场一体化发展机制、区域合作机制、区域互助机制、区际生态补偿机制等。

四是区域协调发展的监测评价。推动形成区域协调发展新格局，不仅体现在区域联动发展上，还要体现在合理分工、优势互补上，最根本的必须体现在共享发展、共同繁荣上。可分三个维度：一是区域联动、融合发展，如生态功能区与人口产业承载区的空间融合、产业链与创新链的空间融合、乡村产业振兴与城市消费升级的空间融合、东西双向协同开放的空间融合；二是合理分工、错位发展，发挥各地比较优势，构建更加高效的分工体系，具体有大城市的城市功能空间分工、大中小城市间的产业分工以及产业链空间分工；三是缩小差距、共享发展，把缩小地区差距、城乡差距作为根本目的，推进公共服务、社会福祉均等化。

三、新时代区域协调发展理论创新

党的十八大以来，党中央在深入实施区域发展总体战略和主体功能区战略的基础上，通过促进京津冀协同发展、长江经济带发展、粤港澳大湾区建设、长三角一体化发展、黄河流域生态保护和高质量发展等区域重大战略，推动我国经济在实现高质量发展上不断取得新进展。

党的十八届五中全会提出了创新、协调、绿色、开放、共享的发展理念，强调协调发展注重的是解决发展不平衡问题。“推动区域协调发展，塑造要素有序自由流动、主体功能约束有效、基本公共服务均等、资源环境可承载的区域协调发展新格局；要采取有力措施促进区域协调发展、城乡协调发展，加快欠发达地区发展，积极推进城乡发展一体化和城乡基本公共服务均等化。”

党的十九大报告把实施区域协调发展战略列为“贯彻新发展理念，建设现代化经济体系”的七大战略之一，强调提出，“加大力度支持革命老区、民族地区、边疆地区、贫困地区加快发展，强化举措推进西部大开发形成新格局，深化改革加快东北等老工业基地振兴，发挥优势推动中部地区崛起，创新引领率先实现东部地区优化发展，建立更加有效的区域协调发展新机制。以城市群为主体构建大中小城市和小城镇协调发展的城镇格局，加快农业转移人口市民化。以疏解北京非首都功能为‘牛鼻子’推动京津冀协同发展，高起点规划、高标准建设雄安新区。以共抓大保护、不搞大开发为导向推动长江经济带发展。支持资源型地区经济转型发展。加快边疆发展，确保边疆巩固、边境安全。坚持陆海统筹，加快建设海洋强国。”

在 2019 年 8 月 26 日中央财经委员会第五次会议上，习近平总书记就推动形成优势互补高质量发展的区域经济布局，发表了极其重要的论述，提出了新形势下促进区域协调发展的总体思路，“按照客观经济规律调整完善区域政策体系，发挥各地区比较优势，促进各类要素合理流动和高效集聚，增强创新发展动力，加快构建高质量发展的动力系统，增强中心城市和城市群等经济发展优势区域的经济和人口承载能力，增强其他地区在保障粮食安全、生态安全、边疆安全等方面的功能，形成优势互补、高质量发展的区域经济布局”。强调要从多方面健全区域协调发展新机制，抓紧实施有关政策措施，包括形成全国统一开放、竞争有序的商品和要素市场；尽快实现养老保险全国统筹；改革土地管理制度；完善能源消费双控制度；全面建立生态补偿制度；完善财政转移支付制度。这一系列的理论与实践探索也推动了新时代中国特色社会主义区域协调发展理论的形成，并具有鲜明的时代特征。

第一，形成了更加体现区域功能特征与区域联动的空间格局观。党的十八大以来，我国经济发展的空间结构发生了深刻变化，区域经济发展分化态势明显，发展动力极化现象日益突出，部分区域发展面临较大困难。党的十八大以前，我国区域协调发展理论是建立在板块经济理论基础上的区域协调发展。十八大之后，将长江经济带、黄河流域生态经济带两条横亘大陆主要地区、贯通东中西三大地区的流域经济带纳入区域协调发展理论实践中，将独立的板块经济与流域经济有机连接，同时进一步激发京津冀、长三角、粤港澳三大区域增长极，点、线、面积极联动，发挥各地比较优势，形成西部、东北、中部、东部四大板块紧密衔接、同频共振的高质量发展新格局，形成了更加符合我国国情和现代化建设需要的大空间观。

第二，把尊重客观规律、促进要素自由流动作为推动区域协调发展的基本动能。习近平总书记指出："产业和人口向优势区域集中，形成以城市群为主要形态的增长动力源，进而带动经济总体效率提升，这是经济规律。"这就是强调，只有人口和产业向优势区域集中、向城市群集中，使城市群有强大动能，成为强劲活跃增长极，才能提升国家资源配置总体效率，才能为生态功能区、农产品主产区的高质量发展腾出空间、提供支撑。而要做到这样的资源配置格局，必须要破除资源流动障碍，使市场在资源配置中起决定性作用，促进各类生产要素自由流动并向优势地区集中。这是我国实现区域协调发展的根本路径。

第三，统筹兼顾，更加重视其他地区在保障粮食安全、生态安全、边疆安全等方面的功能建设。我国经济由高速增长阶段转向高质量发展阶段，对我国区域协调发展提出了新的要求。不能简单要求各地区在经济发展上达到同一水平，而是要根据各地区的条件，走合理分工、优化发展的路子，新时代促进区域协调发展的根本方法是统筹兼顾。为此，各地各部门要运用系统论的方法，正确把握自身发展和协同发展的关系，从实际出发，宜水则水、宜山则山，宜粮则粮、宜农则农，宜工则工、宜商则商，积极探索富有地域特色的高质量发展新路子。要分类精准施策，推动形成主体功能约束有效、国土开发有序的空间发展格局。

第四，坚持以人民为中心的发展思想，扎实推动各地区共同富裕。区域协调发展的基本要求是实现基本公共服务均等化，基础设施通达程度比较均衡。要完善土地、户籍、转移支付等配套政策，提高城市群承载能力，促进迁移人口稳定落户。要确保承担安全、生态等战略功能的区域基本公共服务均等化。特别是对于“老少边穷”等特殊类型地区的脱贫攻坚。十八大以来，党中央把脱贫攻坚摆在治国理政的突出位置，把脱贫攻坚作为全面小康社会建设的底线任务，组织开展了声势浩大的脱贫攻坚战，取得了举世瞩目的成就，并为新时代深入推进区域协调发展打下了坚实的物质基础和坚定的共同富裕理念。为此，要适应形势任务变化，聚焦巩固拓展脱贫攻坚成果，全面推进乡村振兴，深化东西部协作和定点帮扶工作。

第二节　区域协调发展推进机制

区域协调发展推进机制，包括了区域战略统筹机制、市场一体化发展机制、区域合作机制、区域互助机制、区际利益补偿机制、基本公共服务均等化机制、区域政策调控机制和区域发展保障机制等八大机制。我们将部分内容进行整合归并，重点探讨区域战略统筹机制、区域合作机制和区域利益协调机制三大机制。

一、区域战略统筹机制

区域战略是国家为实现宏观目标在空间上对经济、人口、环境等方面作出的统一、有目的的安排，可看作一个重点空间的蓝图性谋划，也可以将区域发展战略理解为国家战略的空间部署或落实（张可云，2019）。区域战略机制是为实现国家区域发展战略目标而形成的长期化、规范化甚至是法律化的办法或手段。区域规划与区域政策都具有工具属性，属于区域战略机制范畴。

我国幅员辽阔，区域战略覆盖空间大且类型多，所示实施区域协调战略必须建立顶层的战略统筹机制。我国区域发展战略体系主要包括五个层次：第一个层次是全国层面的区域总体战略，如国家的五年规划、《主体功能区规划》《全国国土空间规划》；第二个层次是板块性区域发展战略，如西部大开发战略、东北振兴战略、中部崛起战略和东部率先发展战略；第三个层次是流域性区域发展战略，如长江经济带发展战略、黄河流域生态保护和高质量发展战略等；第四个层次是重点区域发展战略，包括京津冀协同发展战略、粤港澳大湾区建设战略、长三角一体化发展战略、成渝双城经济圈战略等；第五个层次是城市群或都市圈战略，如长江中游城市群、长三角城市群、中原城市群、上海大都市圈、南京都市圈等。第二、三、四层次的区域战略都为重大区域战略。

以上五个层次的区域战略，一个共同特点就是跨省级行政区，这就需要建立健全国家层面的战略统筹机制。第一是推动国家重大区域战略协调对接、融合发展，促进区域间相互融通补充。如充分发挥长江经济带横跨东中西三大板块的区位优势，以共抓大保护、不搞大开发为导向，以生态优先、绿色发展为引领，依托长江黄金水道，推动长江上中下游地区协调发展和沿江地区高质量发展。第二是发挥城市群、都市圈战略对落实重大区域战略的引领作用。如以上海为引领，率先推进上海大都市圈一体化高质量发展，为长三角城市群及整个长三角地区的一体化发展提供引擎和示范，进而辐射带动长江经济带的高质量发展。第三是统筹发达地区和欠发达地区发展，因地制宜，发挥各地比较优势，同时坚持“输血”和“造血”相结合，推动欠发达地区加快发展。第四是推动陆海统筹发展，以规划为引领，促进陆海在空间布局、产业发展、基础设施建设、资源开发、环境保护等方面全方位协同发展。

在现实区域发展中，存在单个区域同时处于不同的区域战略中的情形，如上海大都市圈既是长三角一体化战略的核心都市圈，也是长江经济带的龙头和“一带一路”建设的桥头堡。构建重大区域战略统筹机制能有效避免不同区域战略对同一个地区的发展定位存在差异甚至冲突，更好发挥战略合力，降低战略间的阻力，加速区域协调发展。同时，重大区域发展战略往往需要多地区、多部门配合。如长江经济带发展战略坚持的“共抓大保护、不搞大开发”的生态优先理念，既涉及沿线 11 个省市，同时也涉及发展改革、生态保护、国土开发、财政等多个部门，需要通过对重大区域战略进行统筹，保障区域战略的发展方向符合中央和人民期望（蔡之兵，2019）。

因此，区域战略统筹机制要求加强战略层面的顶层设计，建立国家顶层的领导推进体系、政策配套体系和监察督查体系，同时还要设立专门的机构以及保证机构履职的相应权限及制度保障，特别要加强法制建设，提高依法治理水平。在政策配套中，要注重研究解决区域间合作利益共享问题，通过经济活动与要素的空间布局调整、财政税收的合理分配、公共产品均等化等手段来二次调整区域间的利益分配格局。

二、区域合作机制

区域合作是促进区域协调发展的有效路径。开展区域合作，就是要发挥各地比较优势，打破行政壁垒，在更大范围配置、整合和共享资源，促进区域内要素自由畅通流动，协同解决跨区域重大基础设施建设和生态环境保护问题，促进区域共同发展。

从区域协调发展角度看，区域合作主要有四种类型：一是围绕国家重大区域战略展开的合作，如长三角一体化发展战略框架下上海与江苏、浙江、安徽的地区合作，长三角地区与长江经济带的中游地区、上游地区的流域合作，涉及基础设施、生态保护、产业合作、科技创新、要素市场、园区共建、公共服务、社会治理、人口流动、劳动就业等众多领域；二是贯彻落实国家对口帮扶方针的对口合作，如东西部对口协作、沪苏浙三地对口安徽皖北八市的对口帮扶等，主要在产业合作、消费帮扶、教育医疗帮扶、就业帮扶方面；三是省际交界地区合作，如长三角生态绿色一体化示范区沪苏浙三地省际交界地区合作，晋陕豫黄河金三角，粤桂、湘赣、川渝等省际交界地区合作等；四是国际区域合作，如云南以及广西与东盟的国际合作、沿边地区国际合作、澜沧江—湄公河合作、图们江地区开发合作等。

上述四种类型的区域合作，更多体现的是地方政府作用，这也是因为企业界、产业界的合作是由市场主体自身决定的，相对来说障碍比较少，规则比较明确，而地方政府间的区域合作，涉及面广、管理条线多、形式也多样，而且地方与地方之间往往都有各自独立的利益诉求，更需要建立积极高效的合作机制。这个机制，要与现行的行政区经济模式相衔接，秉持合作共赢原则，但同时更要立足于促进区域协调发展、建设现代化经济体系的大局，推动更高水平更深层次的区域合作。在省与省之间、城市群之间，政府搭台、社会唱戏，组织企业、社会组织、高校、科研院所等，开展跨地区合作，搭建各类合作平台，共建共享一批紧密型合作项目。在都市圈、城市群、省际交界地区，要探索建立统一规划、统一管理、合作共建、利益共享的合作新机制，再逐步向更广的腹地推展。在沿边地区，与发达地区合作，共建边境经济合作区、跨境经济合作区。另外要积极推进促进区域合作机制建设的制度建设，探索实践区域协同立法，发挥地方立法在区域合作的保障和推动作用。

三、区域利益协调机制

推动区域协调发展，缩小区域发展差距，利益协调机制是关键。传统的区域利益协调，主要依靠中央政府计划手段和行政手段。随着我国社会主义市场经济体制的不断深化完善，传统政府主导的利益协调难免效率降低。建立基于市场的新型“利益分享机制”和“利益补偿机制”有利于推动区域协调发展（王克修，2008）。

一般意义上，区域协调发展的利益主体涉及中央政府、地方政府、非政府组织、企业和居民等五类主体。构建区域协调发展的利益协调机制的实质就是通过一定的制度设计和安排，公平、合理、有效地协调各类主体之间的利益分歧，最终促进区域经济社会协调发展（韩建雨，2013）。区域利益协调机制的核心就是如何平衡不同主体间的利益分配，通过激励区域各方参与区域合作发展，实现区域整体利益的最大化。

区域利益协调机制是涵盖解决区域主要利益关系的一揽子机制，并且各类机制有各自的作用领域和次序性。包括作为核心机制的区际利益分成机制、区际利益补偿机制和区际利益帮扶机制，还包括纠错机制，如利益磋商机制和利益仲裁机制。区际利益分成机制主要是解决区域蛋糕做大之后的利益分配问题，通过区域财税的分成、分享等方式来构建区域利益分成机制。区际利益补偿机制是解决不同功能分区在发展中的外部性和负外部性问题，如对作出生态环境保护而无法大规模发展经济的地区进行转移支付，或者对发展过程中产生环境污染、生态破坏等负外部性的地区额外征收污染税等。区际帮扶机制主要解决区域发展的不平衡问题，通过对口支援、区域帮扶，缩小区域间发展差距，抬升区域经济底板，推动区域发展成果在全体区域成员间共享。

《中共中央国务院关于建立更加有效的区域协调发展新机制的意见》对于区域利益协调机制，着重提出了区际利益补偿机制。补偿机制的提出基于我国三大功能区（生态功能区、农产品主产区和城市化地区）之间的关系：一方面生态功能区和农产品主产区承担的生态保护任务和粮食与初级产品供给任务，在实际中并没有得到应有的生态价值或农业价值实现，而且因国家实施区域协调战略和主体功能区战略，其发展经济的空间和路径也受到政策性刚性制约，也可以说作出了相应的牺牲；另一方面，生态功能区和农产品主产区为满足城市化地区的生态需求、绿色食品需求做出了积极的贡献，使城市化地区成为最大的得益者。因此，用利益协调机制来解决这种不公平问题，这就是特别强调的区际利益补偿机制，通过相应的机制安排，城市化地区提供相应的补偿，同时中央政府也可以通过补贴方式支持区际利益补偿。

区域利益补偿机制主要有横向生态补偿机制、粮食主产区与主销区之间利益补偿机制、资源输出地与输入地之间利益补偿机制等。横向生态补偿机制，是指生态受益地区与生态保护地区以及流域下游与流域上游通过资金补偿、对口协作、产业转移、人才培训、共建园区等方式建立横向补偿关系。粮食主产区与主销区之间利益补偿机制，是指粮食主销区通过在主产区建设加工园区、建立优质商品粮基地和建立产销区储备合作机制，以及提供资金、人才、技术服务支持等方式开展产销协作，提高主产区生产经营积极性和综合生产能力及经济效益。健全资源输出地与输入地之间利益补偿机制，是指围绕煤炭、石油、天然气、水能、风能、太阳能以及其他矿产等重要资源，资源输入地通过共建园区、产业合作、飞地经济等形式支持输出地发展接续产业和替代产业，提高综合效能。

第三节　区域协调发展政策体系

区域政策的根本就是要处理好非均衡性的政策激励和均衡性政策激励导向之间的关系，既要注重国家战略和政策的统筹，又要发挥市场在资源配置中的决定性作用，以有序竞争的方式实现区域间资源的有效配置（金碚，2019）。

区域政策工具种类繁多，适用于不同的区域政策目标，政策力度和侧重也有所差异。本章主要讨论区域财税政策、金融政策、投资政策、人口政策和产业政策等五大政策工具。

一、财税政策

财税政策是指运用财政预算和税收手段，调节经济结构与社会分配。常用的财税政策工具包括税收政策、政府债券、政府补贴和转移支付。税收政策是区域协调发展中最常用的政策工具。通过对不同行业设置差异化的税种和税率，能够有效地调整区域产业结构，推动产业的整体升级。税收政策分为国家和地方两个层面。国家通过制定差异化的税收政策，加大对重点产业、重点地区的支持力度。如对于国家鼓励发展的行业，采用税收优惠等奖励性财政政策；对于要淘汰的落后产业，采用税收限制等方式加快转型。地方税收政策通过对地方特定行业的税收奖励、返还，培育主导产业、吸引市场主体落地。

政府债券是地方政府最重要的融资工具之一。通过发行不同类型的政府债券，可以募集公共投入、基础设施投资等不同的资金。2019 年，中央办公厅和国务院办公厅联合发布了《关于做好地方政府专项债券发行及项目配套融资工作的通知》，着力加大对重点领域和薄弱环节的支持力度。但近年来，地方政府债务总体水平较高，国家为防范政府债务风险，对地方政府发债的管控日益严格。

政府补贴是各级政府对区域内鼓励发展的产业采取的直接财政支持的方式。如发放产业补贴、研发补贴，或者设置产业基金、政府投资基金等。政府补贴对具有正外部性的市场主体，如新兴行业、研发企业等，有较大的支持和帮助。发达国家在新产业培育阶段也往往采用补贴的方式提供支持。

转移支付是对社会财富的二次分配，是我国推进区域协调发展中最重要的政策工具。通过对特定地区的转移支付，保障和支持其实现区域经济社会环境的协调发展。近年来，我国不断加大转移支付力度，重点支持对欠发达地区、生态涵养地区、粮食主产区等地区。2021 年，中央财政对 31 个省份转移支付总金额为 83 370 亿元，其中对中西部地区的转移支付高达 5.3 万亿元，占已分配各地区资金总规模比重约为 74%。转移支付也可用于地区间生态补偿。

二、金融政策

金融政策通常包括货币政策、利率政策和汇率政策。金融政策的核心是调控资金融通的难易程度和融资的成本。通过对区域货币供应量的调整，能够有效控制通货膨胀率、降低失业率；通过优化调节利率、灵活调整信贷方案可以有效拉动区域经济增长（李星佚，2020）。常用的政策金融工具包括利率政策、普惠金融体系、存款准备金政策、再贴现政策等。

利率政策主要影响直接融资的实际利率。我国对不同区域实施存在一定差异的利率政策，有的实施低利率优惠政策，如对一些生态保护功能区的生态开发、农产品主产区的农业生产、资源枯竭型城市的转型等；有的实施市场化利率政策，如对东部沿海地区中小型银行，实施高于大型商业银行的利率政策。

普惠金融体系重点是探索推行差别化金融政策。针对各地经济发展水平、区域特色、组织化程度的不同，金融机构提供的服务手段和产品不断创新；主要方式是实行金融与财政结合，放大财政扶贫资金效益，实现“输血式”扶贫向“造血式”扶贫转变；其余还包括创新担保方式，搭建平台推动金融机构创新发展、稳健运行，创新观念，发展证券、保险、信托和金融租赁等多元化融资渠道。

存款准备金政策的制定和调整直接影响区域货币供应量。统一的存款准备金政策可能导致区域内货币分布不均，影响区域经济发展。促进区域协调发展就是要根据区域实际情况，不断调整存款准备金率，保证区域内资金和货币供给充足。

再贴现政策主要是针对欠发达地区的票据市场。目前，我国实行差别利率有一定的区域限制，针对不同地区票据的真实性考量、审核程序等方面的差异，要求地方政府和国家有关部门尽快出台完善统一的再贴现政策。

三、公共投资政策

公共投资政策的实质是政府购买性支出。由宏观经济理论可知，政府购买性支出具有乘数效应。公共投资可以改善公共服务设施，可以为区域内居民提供更好的教育卫生和文化体育服务，提高人口素质，也可以优化营商环境，吸引区域外优质的资本、人才集聚，进一步扩大需求。常用的政策工具包括建设资金安排政策、重大项目倾斜政策、重大项目融资支持政策和投资环境优化政策。

建设资金安排政策往往是更高层级的政府对所辖各区域的建设资金安排。如我国中央政府对国内四大板块的投资安排，江苏省政府对苏南、苏中、苏北地区的投资安排等。建设资金安排最主要的方式是为政府投资类项目开发建设主体注入建设资金。对于需要重点支持的区域，上级政府可以加大建设资金的投入力度。如中央为了支持西部大开发，提高中央财政性建设资金用于西部地区的比例。

重大项目倾斜政策是高层级的政府对所辖区域投资安排的一种方式。高层级的政府利用其在基础设施及产业项目建设上的投资决策权，选择一部分地区进行重点投资支持。与直接安排建设资金相比，重大项目倾斜对于本身财力较好的区域有更大的投资效果；同时也为欠发达地区提供了造血机制。例如，近年来国家支持西部大开发，优先在西部地区布局水利、交通、能源等基础设施，及有特色的高新技术及军转民技术产业化项目，提高西部地区经济发展的活力。

重大项目融资支持政策主要是针对重大区域基础设施、民生设施建设中，由于项目自身非营利性或投资回报期较长等原因，难以利用传统商业银行融资的项目。一般会借助国家政策性银行贷款、国际金融组织和外国政府优惠贷款，对重点支持或扶持的区域加大贷款安排或实行政府担保、汇率优惠等政策，确保建设资金到位。2020 年，证监会、国家发改委联合发布《关于推进基础设施领域不动产投资信托基金（REITs）试点相关工作的通知》，进一步创新了投融资机制，以有效盘活存量资产促进基础设施高质量发展。

改善投资环境政策相比前几项政策，更多是改善投资“软环境”，如优化营商环境政策。近年来，国家将上海、北京作为世行评价中国营商环境的样本城市，就是为了以点带面改善区域投资环境，更好地吸引和服务全球市场主体。2021 年 9 月，国务院发布《优化营商环境条例》，并选择北京、上海、重庆、杭州、广州、深圳等 6 个城市开展营商环境创新试点。

四、人口政策

人口政策是为了调整或改善一个国家或区域的人口结构而采取的相应政策

措施。如我国在20世纪70年代末为了解决人口基数大、生育率高的问题开始实施的计划生育政策；到21世纪初，由于人口出生率骤减、人口红利开始消失，我国先后放开单独二孩、全面放开二孩和全面实施三孩生育政策等。

人口政策是各类区域协调发展政策中最核心的政策。人口的数量和分布决定了区域劳动力基础和区域需求基础；劳动力自由流动是形成更合理区域分工的前提条件；而人才等高端生成要素的数量和质量，直接决定了区域发展的质量。因此，区域协调发展中的人口政策关注的不仅仅是人口总量和结构问题，更关心作为生产要素的劳动力的数量和结构问题、劳动力是否能够自由流动的问题，以及作为高端生成要素的人才问题。常用的政策工具是人口户籍政策、就业政策、公共服务和社保政策等。

人口户籍政策是实现区域协调发展中最有效的政策。户籍政策的重点是打破传统的户籍制度限制，降低农村人口城市化门槛，促进人口有序流动和合理分布，特别是推动中西部地区和乡村地区人口向大城市、城市群流动、集聚，既可减轻这些地区的人口承载负担，提高人均资源拥有水平和劳动生产率，又可为大城市和城市群输送人力资源，增强消费带动能力。

人口就业政策是缩小地区间发展差距的重要工具。为欠发达地区的劳动力提供更加稳定的就业机会，增加来自非农业的劳动性报酬，是保障脱贫攻坚成果、缩小收入差距、实现共同富裕的基础性政策。促进劳动力自由流动是人口就业政策的基本立足点，推进城乡区域就业一体化是人口就业政策的根本导向和努力方向。

公共服务政策旨在提升人口的基本公共服务保障能力，让广大人民共享改革发展成果。国家层面加大向贫困地区、薄弱环节、重点人群实施基本公共服务投入倾斜，增强市县财政保障能力。省级层面加大对省域基本公共服务薄弱地区扶持力度，完善省以下财政事权和支出责任划分、规范转移支付，逐步缩小县域间、市地间基本公共服务差距。同时，推动城乡基本公共服务均等化，加快建立医疗卫生、劳动就业等基本公共服务跨城乡跨区域流转衔接制度。

社保政策的核心是建立完善的社会保险统筹制度。养老保险、基本医疗保险全国统筹对建设全国统一大市场、促进人口有序流动、实现共同富裕，具有重要意义。实现社保全国统筹的前提基础，是在各个省级层面、在各个地区的城乡之间，加快形成统筹机制。

五、产业政策

产业政策是一个体系，包括产业结构政策、产业组织政策、产业贸易政策和产业分工政策，包括国家产业政策和地方产业政策。产业政策的重要价值在于市场无形之手的缺陷可通过有效的政府之手，防止市场失效，提高资源配置效率。好的产业政策就是要科学处理好政府与市场的关系，既要防止政府干预过度，又要防止市场竞争过度。我国区域产业政策建设，就是要以充分发挥市场在资源配置中的决定性作用、更好发挥政府作用、推动有效市场和有为政府更好结合为基本原则，以建设构建高水平社会主义市场经济体制、促进区域协调发展为导向，通过战略规划、财政、金融、科技创新、市场管理、土地管理、环境治理等路径和手段，推动产业合理布局、资源合理配置、市场有效竞争、区域分工合作，为增强经济增长极动能、促进全国经济可持续发展和缩小地区差距、实现共同富裕提供引导和支撑。当前我国区域产业政策建设重点主要有市场体系、要素市场、产业分工政策。

建设高标准市场体系是加快完善社会主义市场经济体制的重要内容。就是要按照建设统一、开放、竞争、有序的市场体系要求，加快探索建立规划制度统一、发展模式共推、治理方式一致、区域市场联动的区域一体化市场，促进形成全国统一大市场。2021 年，中央办公厅和国务院办公厅联合发布《建设高标准市场体系行动方案》，提出各地区构建区域的统一市场准入服务系统，统一身份实名认证互认、统一名称自主申报行业字词库、统一企业经营范围库，实现跨区域注册登记无差别标准。同时，强化市场基础设施建设，重点梳通产品流通体系，强化综合立体交通网的综合运行效能，加快公共性快递分拣处理中心、智能投递设施等建设，开展物联网产业和物联网技术示范应用。

区域要素市场建设的目的在于打破行政壁垒，推动区域要素自由通畅流动，提高要素资源配置效率。主要包括：推动经营性土地要素市场化配置，深化土地管理制度改革，实施“增存挂钩”，加快推进城乡统一的建设用地市场建设，积极探索实施农村集体经营性建设用地入市制度，探索建立全国性的建设用地指标跨区域交易机制。推动劳动力要素有序流动，通过人口户籍制度改革，提升人力资源服务质量，加快劳动力自由流动、合理配置。促进区域资本市场健康发展，培育资本市场机构投资者，降低实体经济融资成本。发展知识、技术和数据要素市场，健全促进科技成果转化政策体系，设立知识产权和科技成果产权交易机构，加快培育发展数据要素市场。

产业分工政策旨在强化引导区域按照产业禀赋发展具有竞争优势的产业，推动形成产业及产业链的水平分工和纵向分工。促进产业转移是产业分工政策的重要内容。基于发挥各地比较优势，推动发达地区产业加快向欠发达地区梯度转移，形成更加合理有效的区域产业分工格局，促进区域协调发展。推动产业导出地加快产业升级、培育新兴产业，同时充分利用产业导入地的土地、劳动力等优势，实现产业链分工合作。产业导入地区积极改善营商环境，加快产业园区建设，更好承接产业导出地的产业转移，深化工业化进程。

第四节　区域协调发展研究方法

对区域协调发展的评价，有多种维度的理论视角。如地域分工理论、产业专业化理论、规模经济理论、协同发展理论、梯度发展理论、可持续发展理论等。本节概要性介绍三种常用的实证分析评价方法，即空间计量模型法、指标评价法和空间差异测度法。

一、空间计量模型法

区域协调发展一直是区域经济学研究的热点问题，从不同空间尺度测度区域协调发展水平及其影响机制的研究更是层出不穷。随着空间统计和空间计量方法的出现，空间计量模型成为区域协调发展研究十分热门的新方法，其将空间相关性考虑在内，利用了空间相关模型探测和检验区域经济增长过程中的地理空间效应。空间计量模型主要分为三种：一是空间滞后模型（SLM），也称为空间自回归模型（SAR），重点在于研究因变量之间的空间相关性，强调因变量空间溢出效应。二是空间误差模型（SEM），该模型强调空间异质性的存在，并认为目标变量间空间相关性是由区域间随机冲击产生的，冲击存在于随机误差扰动项中，机构或地区间的相互关系通过误差项来体现，当机构或地区之间的相互作用因所处的相对位置不同而存在差异时，便采用这种模型。三是空间杜宾模型（SDM），这是空间计量模型的一般形式，该模型认为因变量观测值不仅受相邻区域因变量的影响，还受相邻区域自变量的影响，能够更加准确地识别出影响因变量的关键因素，全面考察空间单位之间的交互效应（韩兆洲等，2012；赵小雨等，2008）。利用空间计量模型进行实证分析的前提是存在空间相关性，空间自相关性描述了研究对象在空间分布上的特征，量化了其空间集聚效应，判断地区间的空间相关存在与否，一般通过包括 Moran's I 检验、最大似然 LM-Error 检验及最大似然 LM-Lag 检验等一系列空间效应检验来进行（林光平等，2005）。

二、指标评价法

指标评价法是通过构建区域协调发展的综合评价指标体系，测算区域协调发展能力、水平。在构建指标体系时，依据系统性和整体性相结合、简明性和科学性相结合、通用性和特殊性相结合等原则，确定适用的指标体系。目前对于区域经济协调发展评价主要有层次分析法、熵值法、空间基尼系数法、主成分分析法。大量学者构建了多样化的指标体系，以评估区域协调发展能力与发展水平。曾刚等（2018）借助加权平均、标准化、空间分析等方法，构建区域一体化发展评价指标体系，对长三角区域城市一体化发展能力进行评价。檀菲菲等（2014）构建区域可持续发展评价指标，利用集对分析中的同异反态势排序的协调发展评价模型，对京津冀地区 2000—2010 年间的可持续发展协调能力进行评价。

三、空间差异测度法

空间差异测度法是选取单一指标作为衡量区域协调发展程度的方法，一般结合横向和纵向比较计算，测算不同区域之间的协调发展程度的差异，以及如何随时间演变的特征。空间差异测度方法主要包括极差、标准化方法、变异系数（标准差和均值的比）、泰尔指数、重心分析法、地理集中度等，以及耦合度、协调度等测度方法。如张贝贝（2016）运用绝对差距利用极差、标准差、极比（最大值与最小值的比）和变异系数（标准差和均值的比）来测度区域间经济的绝对差距和相对差距等。王燕（2015）还构建了“地区经济发展差异系数”来评价区域协调发展水平。田宝龙（2014）通过选用“人均国内生产总值”作为衡量指标，选取极差、标准差来分析各区域的绝对差异状况，选择变异系数、相对极差来衡量各区域的相对差异状况。总体上，空间差异测度法由于操作简单，较容易掌握，但实践中也面临以偏概全的问题，使用时要注意研究对象的选取和目标的设定。

参考文献：

[1] 安虎森，汤小银．新发展格局下实现区域协调发展的路径探析［J］．南京社会科学，2021（8）：29—37．

[2] 安树伟，吉新峰，王思薇．主体功能区建设中区域利益的协调机制与实现途径研究［J］．甘肃社会科学，2010（2）：85—87．

[3] 蔡之兵．加快构建重大区域战略统筹机制［N］．学习时报，2019-09-21．

[4] 邓宏兵，曹媛媛．中国区域协调发展的绩效测度［J］．区域经济评论，2019（1）：25—32．

[5] 董雪兵，李霁霞，史晋川．塑造区域协调发展新格局［DB/OL］．人民网—人民日报，2019-10-18，07:58［引用日期 2021-10-07］．

[6] 范恒山．我国促进区域协调发展的理论与实践［J］．经济社会体制比较，2011（6）：1—9．

[7] 高洪深．区域经济学［M］．北京：中国人民大学出版社，2019．

[8] 韩建雨．我国区域协调发展的利益分享机制构建研究［J］．管理现代化，2013（1）：58—60．

[9] 韩兆洲，安康，桂文林．中国区域经济协调发展实证研究［J］．统计研究，2012，29（1）：38—42．

[10] 郝寿义，倪鹏飞．区域协调发展战略［M］．广州：南方出版社传媒广东经济出版社，2020．

[11] 黄征学．用“两个匹配”推动区域协调发展［N/OL］．中国经济时报，2020-06-09．

[12] 金碚 . 建立更加有效的区域协调发展新机制 [J]. 区域经济评论，2019（1）：1—2.

[13] 李兴江，唐志强 . 论区域协调发展的评价标准及实现机制 [J]. 甘肃社会科学，2007（6）：51—53.

[14] 李子奈，叶阿忠 . 高级应用计量经济学 [M]. 北京：清华大学出版社，2012.

[15] 厉敏萍，曾光 . 城市空间结构与区域经济协调发展理论综述 [J]. 经济体制改革，2012（6）：53—56.

[16] 林光平，龙志和，吴梅 . 我国地区经济收敛的空间计量实证分析：1978—2002 年 [J]. 经济学（季刊），2005（S1）：67—82.

[17] 刘秉镰，朱俊丰，周玉龙 . 中国区域经济理论演进与未来展望 [J]. 管理世界，2020（2）.

[18] 马建堂 . 推动新时代区域高质量发展的理论创新和行动指南 [N]. 中国经济时报，2020-02-06.

[19] 马庆斌 . 更好发挥区域协调战略　支撑新发展格局作用 [N/OL]. 21 世纪经济报道，2020-12-21 [引用日期 2021-10-07].

[20] 孙久文 . 论新时代区域协调发展战略的发展与创新 [J]. 国家行政学院学报，2018（4）：109—114.

[21] 孙久文 . 区域经济学前沿：21 世纪区域经济发展研究 [M]. 北京：中国人民大学出版社，2016.

[22] 孙久文 . 中国区域经济发展报告（2017）——新时代区域协调发展的理论与实践 [M]. 北京：中国人民大学出版社，2018.

[23] 孙久文 . 中国区域经济学的学科发展与创新 [J]. 区域经济评论，2021（4）.

[24] 覃成林 . 区域协调发展机制体系研究 [J]. 经济学家，2011（4）：64—71.

[25] 檀菲菲，张萌，李浩然，陆兆华 . 基于集对分析的京津冀区域可持续发展协调能力评价 [J]. 生态学报，2014，34（11）：3090—3098.

[26] 田宝龙 . 江苏省区域经济协调发展研究——基于共生理论的视角 [J]. 区域经济，2014（3）：119—121.

[27] 王燕 . 区域经济发展协调度评价方法研究［ J ］. 甘肃科技，2015（ 16 ）：96—99.

[28] 威廉 · P. 安德森著 . 经济地理学［ M ］. 安虎森等译 . 北京：中国人民大学出版社，2017.

[29] 魏后凯 . 现代区域经济学［ M ］. 北京：经济管理出版社，2011.

[30] 吴秀红，郭媛媛 . 财税金融政策对区域经济发展的影响［ J ］. 现代商业，2021（ 8 ）：76—78.

[31] 西安交通大学经济与金融学院 . 建立更有效的区域协调发展机制［ N/OL ］. 人民网，2020-03-02［ 引用日期 2021-10-07 ］.

[32] 肖金成，安树伟 . 从区域非均衡发展到区域协调发展——中国区域发展 40 年［ J ］. 区域经济评论，2019（ 1 ）：13—24.

[33] 肖金成 . 中国区域发展——理论、战略、布局［ M ］. 北京：光明日报出版社，2021.

[34] 杨竹莘 . 非均衡协调发展的区域理论在中国的演变［ J ］. 商业研究，2010（ 6 ）：99—103.

[35] 叶素云，余柯伟 . 新时代我国产业政策的现实背景、内涵特征和体系构建［ J ］. 发展研究，2019（ 11 ）：26—31.

[36] 袁惊柱 . 区域协调发展的研究现状及国外经验启示［ J ］. 区域经济评论，2018（ 2 ）.

[37] 岳松 . 财政与税收［ M ］. 北京：清华大学出版社，2008.

[38] 曾刚，王丰龙 . 长三角区域城市一体化发展能力评价及其提升策略［ J ］. 改革，2018（ 12 ）：103—111.

[39] 张贝贝 . 山东省地区经济差异与协调发展研究［ D ］. 天津师范大学经济学院，2016.

[40] 张可云 . 区域协调发展新机制的内容与创新方向［ J ］. 区域经济评论，2019（ 1 ）：5—9.

[41] 张鹏，杨雪 . 区域经济协调发展的财政政策工具优化选择与中国逻辑［ J ］. 软科学，2021（ 6 ）：29—34.

[42] 章屹祯，汪涛，曹卫东，司月芳 . 全球视野下区域协调发展的经济地理

学研究——进展与展望［J］. 南京师大学报（自然科学版），2020（9）：78—84.

［43］赵小雨，王学军，郭群 . 区域创新能力、农业经济与生态环境协调发展关系研究——省级面板数据空间计量分析［J］. 科技进步与对策，2018，35（7）：35—42.

［44］庄亚明，李晏墅，李金生，杨浩巍 . 区域经济协调发展的 GAH-S 评价体系研究——基于江苏的数据［J］. 中国工业经济，2008（6）：127—137.

［45］Hirschman. A. O.. Strategy of Economic Development［M］. Yale University Press，1958.

［46］Nelson. R. R.. A Theory of Low Level Equilibrium Trap in Underdeveloped Countries［J］. American Economic Review，1956（12）.

第六章　区域绿色发展

生态优先、绿色发展，是推进区域经济高质量发展的重要理念和关键路径，是促进社会主义生态文明建设的必然要求。绿色发展，就是要处理好生态保护与经济发展的关系，在发展中保护、在保护中发展，推动实现经济社会发展与人口、资源、环境相协调的可持续发展。区域是绿色发展的承载空间和实践主体。促进区域绿色发展，不仅体现在各个区域自身要加快转变经济发展方式，构建科技含量高、资源消耗低、环境污染少的产业结构和生产方式，大幅提高经济绿色化程度，促进区域经济社会与生态环境的协调发展，还体现在各个区域之间的生态协调和共抓大保护，针对生态环境治理的流域性、系统性特征，构建共治共享的区域“一盘棋”机制。

第一节　区域绿色发展理论综述

随着工业化、城市化和全球化进程的推进，地方、区域、国家、全球等不同空间尺度的生态环境问题日益突出，生态环境要素和生态环境问题也开始成为重塑经济活动空间的重要力量（贺灿飞等，2016）。因此，越来越多的区域发展研究者开始关注绿色发展问题，探讨经济活动、环境变化与区域之间的关系。

一、区域绿色发展的理论进展

以绿色发展理念引领区域经济学研究体系创新已经引起越来越多的学界关注（吴传清等，2018；孙久文，2021）。在完善和发展区域可持续发展、复合生态系统、生态现代化等基础理论的同时，我国区域经济学界正以建设生态文明为指导、以完善空间治理为研究课题，积极探索和发展区域绿色发展理论。

（一）区域绿色发展理论基础

区域绿色发展需要在区域间实现经济、社会、生态三重效益的错位互补与协调并进，涉及区域资源环境基础、区域经济转型升级、区际发展关系协调、区域经济应用工具革新等多个理论维度。其中，可持续发展是区域绿色发展的思想源起与发展目标；复合生态系统、生态现代化分别从关系视角、技术视角为区域绿色发展路径提供了理论支撑。

1. 可持续发展理论

当代绿色发展始于 20 世纪 60 年代兴起的可持续发展理念。1962 年，美国生物学家莱切尔·卡逊（Rachel Carson）发表《寂静的春天》，描绘了由于农药污染所导致的可怕景象，由此在世界范围内引发了对于经济发展观的争论。随后，罗马俱乐部的德内拉·梅多斯和丹尼斯·梅多斯（Dennis and Donella Meadows）在 1972 年出版的《增长的极限》一书中，首次正式提出可持续发展的理念。同年六月，联合国在斯德哥尔摩召开“人类环境会议”并发表《人类环境宣言》，明确提出实施环境可持续发展战略。1987 年，联合国环境与发展委员会在《我们共同的未来》报告中科学论述了可持续发展的概念，即：可持续发展是在满足当代人需求的同时，不损害人类后代的满足其自身需求的能力。1992 年，在巴西里约热内卢举行的联合国环境与发展大会通过了包括《21 世纪议程》在内的 5 项文件和公约，自此，可持续发展思想为世界上绝大多数国家和组织承认和接受，人类社会进入一个新的发展观探索期。2015 年 9 月的联合国大会第七十届会议通过了《2030 年可持续发展议程》，并于 2016 年 1 月 1 日正式启动。

可持续发展的理论内涵存在从以技术为中心的“弱可持续性”到以生态为中心的“强可持续性”的差异（表 6-1）（Gibbs et al.，1998），对应了区域绿色发展是继续以经济发展为重，还是以环境保护为主。以经济发展为主的观点（即支持弱可持续性）认为，人力资本和自然资本之间存在很大程度的替代性，技术创新可以提高资源效率，减少单位经济活动的环境影响，在经济发展的同时，可以兼顾环境保护；或者，依据需求层次和边际效益递减规律，在经济保持较高发展水平的同时，实施再分配性质的环境治理和保护行动，可以取得更大的综合收益，也具有更大的现实可行性（Krause，2012；Homsy et al.，2015）。现有实践领域的绿色发展往往更倾向于上述这一经济路径。以环境保护为主的观点（即支持强可持续性）则认为，资源环境除了生产价值，还有许多无可替代的价值，因此应设立环境阈值，即使放弃部分经济利益，也不能允许经济活动导致环境质量和功能的不断下降，该分支的极端观点是赫尔曼·戴利（Herman Daly）和肯尼思·博尔丁（Kenneth Boulding）等学者提出的稳态经济观。而较为温和的现实主义者提出，环境保护行为有助于培育新市场，产生新的经济增长点，从而提高区域整体竞争力（Porter et al.，1995；Ambec et al.，2013）。

表 6-1　绿色发展与可持续发展的理论内涵

绿色发展	可持续发展	理　论　内　涵
绝对重视经济增长	极弱可持续性	随着时间的推移，资本总量保持稳定，人力资本和自然资本之间可完全替代；关键在于对可持续发展的给付意愿
偏重经济增长，兼顾环境保护	弱可持续性	对自然资本的使用设定了限制，其中某些自然资本是至关重要、不可替代的；考虑了预警原则、承载力等问题；但是发展仍是可权衡的
偏重环境保护，兼顾经济增长	强可持续性	生态系统功能和服务不只具有经济价值，还有许多无可替代的价值，因此无论社会效益如何，某些关键自然资本都绝不可以损失
绝对重视环境保护	极强可持续性	建立基于热力学极限和约束的稳态经济系统，使物质和能量生产最小化

资料来源：根据 Gibbs（1998）整理。

2. 复合生态系统理论

复合生态系统理论阐明了自然、经济、社会系统的辩证关系，为区域绿色发展的“三生共赢”（生产、生活、生态）目标体系提供了结构支撑。马世骏、王如松（1984）在总结了整体、协调、循环、自生为核心的生态控制论原理的基础上，提出社会—经济—自然复合生态系统理论（SENCE），复合生态系统是由社会系统、经济系统和自然系统三个子系统有机组成形成的相互协调、相互制约的整体。三个子系统有不同的组分和运行方式，形成三个相对独立的系统，三个系统之间又相互制约、相互协调，构成一个复合生态系统。随后，王如松、欧阳志云（2012）进一步对复合生态系统理论进行了发展，并认为，人类社会是以人的行为为主导、自然环境为依托、资源流动为命脉、社会文化为经络的社会—经济—自然复合生态系统。

复合生态系统是各子系统融为一体的复合体，既可以是各子系统要素在同时间、空间的复合，也可以是不同层次系统的复合，还可以是环境污染、生态破坏、自然灾害的复合。作为一个人与自然相互依存和共生的复杂巨系统和共生系统，复合生态系统能全面包容城市化的所有影响因素和城市化影响的所有领域，本质上复合生态系统也是一种关于人类社会可持续发展的理论。

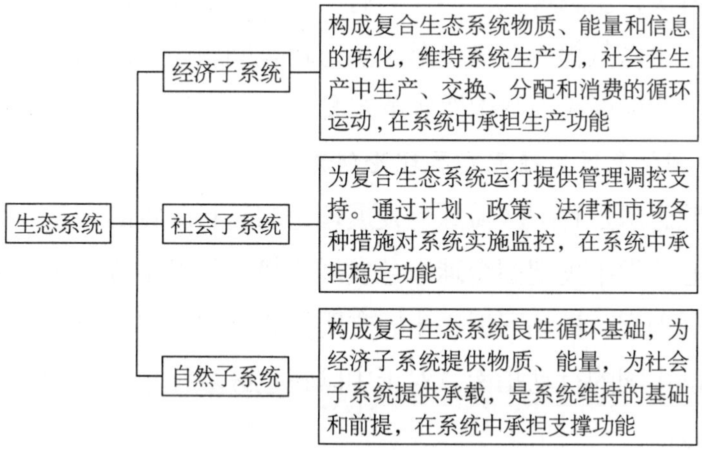

图 6-1　绿色发展与复合生态系统的组成结构

资料来源：尚勇敏（2018）。

3. 生态现代化理论

生态现代化战略提出明智政策、市场机制、技术革新三大要素，为区域绿色发展的转型方式提供了工具支撑。吉布斯（Gibbs，2006）曾指出，生态现代化理论是经济地理学开展环境研究的机会和突破口。生态现代化于 20 世纪 80 年代由德国学者马丁·耶内克（Martin Jänicke）、约瑟夫·休伯（Joseph Huber）提出，此后经过荷兰学者格特·斯帕加伦（Gert Spaar-garen）、马藤·哈杰尔（Maarten Hajer）、阿瑟·摩尔（Arthur P. J. Mol），英国学者阿尔伯特·威尔（Albert Weale）和约瑟夫·墨菲（Joseph Murphy）等人的发展深化，是围绕核心欧盟国家发展并拓展的战略概念。

生态现代化战略认为，通过市场竞争和国家推动下的绿色革新可以在促进经济繁荣的同时减少环境破坏，而不必对现行的经济社会制度结构和运作方式做大规模、深层次的重建。具体而言，明智政策、市场机制、技术革新之间的互动关系被解释为“政策周期”“市场周期”和“革新周期”之间的复杂循环：“政策周期”向“市场周期”提供规制性的市场支持，“市场周期”向“革新周期”提供对二次革新的拉动，而“革新周期”向“政策周期”提供技术政策的新选择。生态现代化理念可以促成政府、科技界和工商业之间形成广泛性政治同盟，因此成为指导西方绿色新政的理论基石（郇庆治，2013）。需要特别说明的是，马丁·耶内克本人也承认：现有的绿色发展问题不能仅通过市场化的技术革新来解决，生态现代化尽管具有巨大的环境改善潜能，并可以带来局部性改善，但不足以从根本意义上解决生态环境问题（郇庆治等，2010）。因此，绿色发展仍需要更深远的结构性变革方案。

（二）中国特色区域绿色发展理论创新

生态文明思想是我国区域绿色发展理论的基石。党的十八大以来，以习近平同志为核心的党中央把握全球绿色发展趋势，紧密结合我国发展实际，提出了五大新发展理念，推动习近平生态文明思想走向成熟，成为指导我国绿色发展、建设美丽中国的行动指南。对于中国特色区域绿色发展理论的发展，我们概括为三个方面：

一是“绿水青山就是金山银山”的绿色发展思想。“绿水青山就是金山银山”论述了生态环境与区域经济发展的辩证关系，是对生产力理论的重大发展（方大春等，2019）。2005年，时任浙江省委书记的习近平同志创造性地提出“绿水青山就是金山银山”的论断。这一论断的区域经济学意义在于，区域经济学把生产要素划分为区域性要素和非区域性要素，生态环境是典型的区域性生产要素，具有区域黏性，既内化于区域本身，也是吸引并固定资本、劳动力等非区域性要素的重要条件之一。随着交通、贸易等区域一体化进程的推进，非区域性要素的流动性不断增强，生态环境等区域性生产要素在区域经济发展中的作用越来越大。马克思也强调，物质资料的生产和再生产都要以自然界的存在与发展为前提条件，自然环境与人类存在着双向互动性，人类必须尊重自然、顺应自然和保护自然。“绿水青山就是金山银山”指明了我国绿色经济转型发展的政策目标，即推动生态产品价值实现。

二是"山水林田湖草是生命共同体"的统筹思想。"山水林田湖草是生命共同体"表明生态空间各要素之间是普遍联系和相互影响的，只有通过系统性思路保护与建设，才能实现生态良好的发展目标（成金华等，2019）。习近平总书记指出："我们要认识到，山水林田湖草是一个生命共同体，人的命脉在田，田的命脉在水，水的命脉在山，山的命脉在土，土的命脉在林和草。"习近平总书记在关于修复长江生态环境的讲话中提出："构建综合治理新体系，统筹考虑水环境、水生态、水资源、水安全、水文化和岸线等多方面的有机联系，推进长江上中下游、江河湖库、左右岸、干支流协同治理，改善长江生态环境和水域生态功能，提升生态系统质量和稳定性。"①

三是生态优先绿色发展的系统治理思想。集中体现为正确把握高质量发展阶段的五对关系，即整体推进和重点突破、生态环境保护和经济发展、总体谋划和久久为功、破除旧动能和培育新动能、自身发展和协同发展等关系。②比如如何正确把握生态环境保护和经济发展的关系，习近平总书记提出，关键是要处理好绿水青山和金山银山的关系。生态环境保护和经济发展不是矛盾对立的关系，而是辩证统一的关系。生态环境保护的成败归根到底取决于经济结构和经济发展方式。发展经济不能对资源和生态环境竭泽而渔，生态环境保护也不是舍弃经济发展而缘木求鱼，要坚持在发展中保护、在保护中发展，实现经济社会发展与人口、资源、环境相协调，使绿水青山产生巨大的生态效益、经济效益、社会效益。又如如何正确把握自身发展和协同发展的关系，习近平总书记提出，各个地区、每个城市都应该也必须有推动自身发展的意愿，这无可厚非，但在各自发展过程中一定要从整体出发，树立"一盘棋"思想，把自身发展放到协同发展的大局之中，实现错位发展、协调发展、有机融合，形成整体合力。

二、区域绿色发展的概念内涵

（一）区域绿色发展内涵

迄今为止，区域绿色发展并没有统一的定义。在理论层面，其核心问题在

---

① 习近平总书记在全面推动长江经济带发展座谈会上的讲话（2020年11月14日，南京）。

② 习近平总书记在深入推动长江经济带发展座谈会上的讲话（2018年4月26日，武汉）。

于认识并协调经济、环境和空间的关系。首先，在区域绿色发展语境中，生态环境的内涵更加丰富。在传统区域发展分析中，生态环境通常作为生产要素，体现了区位中的资源禀赋。随着环境问题对社会经济发展的制约加剧，环境（治理）中隐含的企业成本、公众福利和地方政府权力等属性在区域发展中的重要性不断提升（Hanson，1999）。迈克尔·波特（Porter，1991）提出，精心设计的"环境政策并非必然妨碍竞争优势，相反，有可能提高竞争力"（即"波特假说"）。因此，区域绿色发展有可能重塑区域比较优势，形成新的区域竞争格局。

其次，在经济全球化背景下，经济与环境互动的区域尺度不断拓展，越来越多的学者注意到区域（空间）视角在分析经济—环境关系时的重要性，形成了空间环境经济学（Siebert，1985）、环境经济地理学（Bridge，2008）等研究分支，为区域绿色发展提供了理论支撑。概括而言，学界对于经济、环境和空间三者关系的认知主要有区域综合、区域相互依赖、尺度相互依存三个原则和视角（贺灿飞，2021）：第一，环境问题是区域自然环境基础与当地经济社会活动相互作用的特异性结果，区域绿色发展需要结合当地区位特性，遵循区域系统原则，将区域内各部门、各要素有机综合。第二，区域之间基于互补性、可转移性和干扰机会，存在相互作用与依赖关系，形成了"经济流"和"环境流"，因此当地的资源消耗和环境质量与其他区域紧密相关，区域绿色发展需要考虑区域交互原则。第三，从地方到全球，经济活动与环境问题发生在不同尺度，其格局和过程在不同空间尺度上具有不同特征。因此，区域绿色发展存在尺度依存原则，需要明确区域尺度，并注意不同空间尺度之间经济和环境问题的互动性和复杂性。

在实践层面，2008 年联合国环境规划署启动了全球绿色新政及绿色经济计划，首次较为系统地提出了绿色发展倡议，旨在说明绿色化不是增长的负担，而是发展的引擎，从而得到世界各国的认同与响应。在实践中，各地政府一方面关注其在减缓和应对气候变化、保护和涵养生态资源环境方面的意义（生态价值），另一方面更为强调将发展绿色经济作为刺激区域实现新增长的重要支撑点，以绿色技术和绿色产品构筑新一轮全球产业竞争力（经济价值），同时创造绿色就业岗位和生活福祉（社会价值）。这表明，区域绿色发展的目标包括三个维度，即生态价值、经济价值和社会价值。

我们认为，区域绿色发展的内涵应具有以下特征：首先，区域绿色发展是一种新的发展目标，不仅强调经济、社会和生态三重效益的协调，也强调区域间、城市间的错位发展和协同发展；其次，区域绿色发展是一系列转型发展方式，通过低碳经济、循环经济、生态经济以及绿色技术、绿色制度创新，实现区域产业升级、新旧动能转换；此外，区域绿色发展是一场结构变革，将赋予区域经济新的发展活力和竞争优势，并重塑区域经济格局。

（二）区域绿色发展模式

区域绿色发展模式主要有循环经济模式、低碳经济模式、生态经济模式等，分别刻画了区域绿色发展的不同实践路径。

循环经济模式源于20世纪60年代美国经济学家鲍尔丁（Kenneth Bolding）提出的“宇宙飞船经济理论”。1990年，皮尔斯（David Pierce）和特纳（Kelly Turner）建立了第一个正式以循环经济命名的经济理论模型。循环经济模式以3R（减量化、再利用、再循环）为基本原则，是与传统经济活动“资源消费—产品—废物排放”单程型物质流动模式相对应的“资源消费—产品—再生资源”闭环型物质流动模式（解振华，2004）。循环经济模式的主要实践形式有生态产业园区、静脉产业园区等。

低碳经济模式强调能源视角，核心内涵特征可归纳为“低碳高增长”的发展模式：即低碳经济是在不影响经济和社会发展的前提下，通过低碳技术创新和制度创新等方式，提升能源效率、优化能源结构、降低能源消费，最终目标是减少温室气体排放量，实现经济和社会的清洁发展与可持续发展（潘家华等，2010）。低碳经济模式的主要实践形式有能源“双控”计划、新能源产业等。

生态经济模式主要指通过经济与资源环境价值核算体系改革，在生态系统与生态资源的恢复、利用和发展中创造价值，实现自然生态与经济效益的共同发展。相关概念有生态资源、生态产品、生态空间、生态承载力、能值价值、环境经济核算、生态足迹、生态系统服务等。生态经济模式的主要实践形式有生态旅游业、绿色有机食品认证、生态补偿等。

第二节　区域绿色发展的实现机制

根据可持续发展思想和生态文明观，绿色发展的关键原理在于实施生态环境系统治理、促进生态产品价值实现，从而形成最普惠的民生福祉。其中，与区域经济学密切相关的绿色发展实现机制包括环境协同治理机制、生态产品经营开发机制、生态补偿机制等。

一、环境协同治理机制

由于生态环境是公共产品，生态环境问题具有跨域性、外部性特征，行政区分而治之的传统方式难以解决环境污染和资源分配等问题，实施生态环境区域协同治理是破解环境治理外部性问题的有效路径。

（一）环境协同治理的内涵

环境协同治理的核心是构建多主体协作的生态环境治理体系，旨在解决环境保护中的“搭便车”现象和信息不对称等问题，突破行政区经济藩篱，突破多部门条块分割，动员市场、民众等广泛力量共同参与，以生态系统为单元实施环境治理。我国跨区域环境协作治理正在经历从运动式协作到常态化协同的发展过程（胡中华等，2021），对于常态化协同的理论和实证研究是学术热点之一。根据生态系统类型，环境协同治理可以进一步划分为流域（水环境）协同治理、大气协同治理、自然保护地协同治理等。

（二）环境协同治理的路径

在环境协同治理的推进中，主要涉及治理主体的关系协调和推进路径的制度安排两个主要方面。

1. 治理主体

环境协同治理主体一般包括政府、企业、社会组织、公众等。相关研究主要从府际关系和多元共治（管治）两个方面展开。

环境协同治理的府际关系主要关注各级政府之间的关系协调。西方主流观点认为，基于利益集团规制理论和后福特主义社会规制的特征，应该以地方政府为主体构建环境治理体系。由于每个地方具有独特的地方情境，多样性的问题需要地方政府建立针对性的解决方案，在地方层面设置可持续发展所需要的激励和监管体系也相对容易（Gibbs et al.，2000；万劲波等，2005）。不同于西方国家以地方政府为核心的环境治理，一般认为，我国生态环境治理体系应该以中央政府为主导进行构建。由于地方政府作为个人效用最大化的追求者很难有效处理环境质量优化这一公共利益问题，同时环境问题的跨域性导致地方政府逃避责任且无能为力（海骏娇等，2018）。甚至有学者指出，根据“游击式政策风格”理论，中国的地方环境运动只是一种“决策经验主义”行为，只是机械地履行中央行动方案，几乎没有地方特征和理性（杨志军等，2018）。

党的十九大报告针对生态文明建设提出了“构建政府、企业、社会和公众共同参与的环境治理体系”。环境问题的系统性和综合性要求环境、资源、水利、经济等各部门具有统一的认识和行动，因此需要克服意识分歧和技术障碍。后工业时代区域经济发展对于环境的要求不断提高，利益相关者的传统利益诉求也发生了改变，区域环境协同治理越来越重视地方合作网络的构建，厘清特定环境问题演化的利益关系，争取扩大绿色发展联盟。有学者根据环境协同治理主体的关系权衡，将区域环境协同治理架构分为三类，即集权式协调、分散式协调和混合式协调（贾先文等，2021）。

2. 制度安排

环境协同治理的核心任务是为政府、企业、社会组织、民众等多方利益相关者构建长期稳定的协商合作关系，为了达成这种共识和约束力，需要一系列制度安排和推进措施。

一是利益共享制度。在环境协同治理过程中，地方利益和区域整体利益、个人利益和集体利益往往存在矛盾冲突，因此，共享共荣的利益关系是区域协同的基础和根本驱动力。其激励措施可以是奖励为集体利益出力的主体，也可以是惩罚没有承担集团行动成本的主体。具体推进措施包括产权制度、环境税费、生态补偿、生态资源权益交易市场等。

二是合作信任制度。由共同理念、相互信任和互惠规范等构成的文化认同为区域间良好协同行为提供了非正式制度支撑。构建政府与公民之间的信任与合作机制是协同治理得以实践的基础，要积极培育良好的信誉机制和信用环境。具体推进措施包括环保信用评级、绿色品牌塑造、生态文化宣传等。

三是信息沟通制度。信息互通和信息公开有助于打破环境协同治理参与各方之间的信息不对称，增强各治理主体间的安全感、确定感和信任感。具体推进措施包括联席会议、联合执法、信息数据共享平台、生态环境公报、环境信息强制披露等。

四是监督监管制度。由于各利益主体存在有限理性、机会主义等原因，环境治理决策制定者在采取行动时可能存在偏离公共利益的情况，因此，必须建立健全监督监管机制，加强对各治理主体行为的监督和约束。具体措施包括制定上位法律法规、生态环境督查、环境考核问责、环保信访、环保听证会等（李礼等，2016）。

二、生态产品经营开发机制

经营开发机制是生态产品价值实现的核心，旨在通过多种政策工具的干预真实反映生态产品的价值，扶持绿色产业发展、构建绿色产品市场，实现外部性的内部化，建立“绿水青山”向“金山银山”转化的基础制度。

（一）生态产品的内涵

生态产品相关研究是随着我国生态文明建设而不断深化的，生态产品的种类和功能呈现多样化的发展形态，尚未形成统一的概念标准。我国2010年发布的《全国主体功能区规划》认为，生态产品是指“维系生态安全、保障生态调节功能、提供良好人居环境的自然要素”。学界一般认为，上述定义是生态产品定义的狭义版本。而广义的生态产品考虑到自然要素与人类劳动的共同作用（沈辉等，2021），认为生态产品是“生态系统生物生产和人类社会生产共同作用提供给人类社会使用和消费的终端产品或服务，包括保障人居环境、维系生态安全、提供物质原料和精神文化服务等人类福祉或惠益，是与农产品和工业产品并列的、满足人类美好生活需求的生活必需品”（张林波等，2021）。

根据联合国《千年生态系统评估报告》，生态产品可分为自然生态产品、生态物质产品、生态服务产品、生态文化产品4类，分别对应生态系统的支持、供给、调节和文化服务价值（刘伯恩，2020）。生态产品的价值形成和实现过程可参照海恩斯·杨（Haines-Young）和波茨金（Potschin）构建的生态系统服务级联模型（ecosystem services cascade mode）：生态系统的生物、物理结构和物质流、能量流、信息流过程形成了生态系统功能单元，各功能单元保证了生态系统物质产品和非物质服务的供给。在一定条件下，生态系统物质产品和非物质服务具备了满足人类需求的能力，就可以对其进行货币化价值评估，之后，再设计合理的交易机制，生态产品价值得以实现（李宇亮等，2021）。

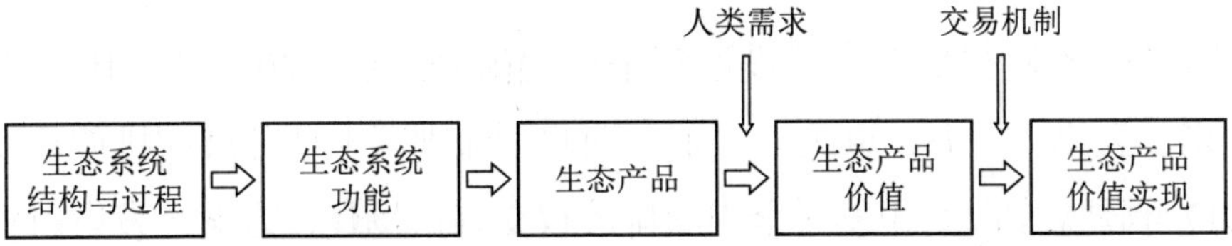

图 6-2　生态产品价值的形成与实现过程

资料来源：李宇亮和陈克亮（2021）。

（二）生态产品经营开发的路径

生态产品经营开发的主要路径包括建立自然资源确权定价制度、推动生态资源权益交易、培育绿色产品市场、促进生态产品价值增值等。

1. 自然资源确权定价

自然资源确权登记制度是根据科学依据确定生态产品的所有者权益，合理界定所有者权益制度以及出让、转让、出租、抵押等权责归属。明确界定自然资源资产产权是将其转化为可经营生产要素以及市场化交易的前提，具有公示物权秩序、承接生态保护与监管的双重制度目标（韩英夫等，2019）。2019 年 7 月，国家《自然资源统一确权登记暂行办法》和《自然资源统一确权登记工作方案》正式印发，开始全面实行自然资源统一确权登记制度。

自然资源资产价格核算制度包括自然资源分等定级、价格评估、资源性资产核算、负债表编制等任务，核心是促进自然生态资源核算由实物数量向资产价值过渡。2015 年 11 月，国务院办公厅印发《编制自然资源资产负债表试点方案》。2018 年，国务院首次尝试编制国有自然资源资产专项报告，初步反映了国家自然资源整体状况。2021 年 6 月，国家自然资源部发布《自然资源分等定级通则》和《自然资源价格评估通则》，为完善自然资源评价评估技术体系、量化自然资源资产质量与价值提供了标准依据，推进了自然资源资产核算和负债表编制等工作的进程。

2. 生态资源权益交易

生态资源权益交易包括排污权交易、碳排放权交易、用能权交易、用水权交易、碳汇权交易、绿化增量责任指标交易、清水增量责任指标交易等，通过市场机制推动企业形成内部经济激励，一方面促进企业在既有生产环节中节约资源、减少污染、降低排放，另一方面催生新市场，使治污减排活动产生新利润空间。

我国碳排放权交易制度建设近年来取得显著进展。2011 年，国家发改委批准北京、天津、上海、重庆、广东、湖北、深圳等七地开展碳排放权交易试点。2017 年国家发改委印发《全国碳排放权交易市场建设方案（发电行业）》，标志着我国碳排放交易体系已完成总体设计并正式启动（李宇亮等，2021）。2021 年 7 月，全国统一的碳排放权交易市场正式启动交易，交易中心设在上海，登记中心设在武汉。此外，我国在其他生态资源权益交易方面的制度建设也在稳步推进。2014 年 8 月，国务院办公厅印发《关于进一步推进排污权有偿使用和交易试点工作的指导意见》，规定排污单位可通过缴纳使用费或市场交易的方式获得排污权。2021 年 4 月，中办、国办联合印发《关于建立健全生态产品价值实现机制的意见》，提出"探索绿化增量责任指标交易、清水增量责任指标交易，合法合规开展森林覆盖率等资源权益指标交易""探索建立用能权交易机制""探索在长江、黄河等重点流域创新完善水权交易机制"。

3. 生态产品价值增值

生态产品价值增值是运用市场供需规律，建立生态标签或生态认证等制度，创建绿色品牌，开展绿色营销，从而使生态产品产生溢价。其中，生态标签对整个生命周期中符合生态标准的产品进行生态认证，能够给生产者带来竞争优势与高附加值；生态区域品牌是以环境友好和生态优势为特点的区域品牌，体现了一个区域的功能、情感、关系和战略要素共同作用于公众所产生的生态性联想，是区域生态制度化演进过程（赵卫宏等，2016），也是区域经济优势发展的重要资产，对内部构成主体具有溢价作用；国家公园特许经营通过将国家公园的特许经营收益权交给地方政府，实现品牌使用的利益分成，有助于提高地方政府财政投入意愿和管理积极性，同时吸引当地社区进行共享共建，更好地提升生态产品的生产能力（刘伯恩，2020）。2016年11月，国务院办公厅发布《关于建立统一的绿色产品标准、认证、标识体系的意见》；2018年6月，国家农业农村部发布《农业农村部关于加快推进品牌强农的意见》；2018年和2020年，国家市场监管总局陆续发布《关于发布绿色产品评价标准清单及认证目录（第一批）的公告》《关于发布绿色产品评价标准清单及认证目录（第二批）的公告》；2021年，国家认证认可监督管理委员会印发《关于发布绿色产品认证实施规则的公告》。这些政策措施为我国规范绿色产品供给、健全绿色市场体系提供了重要的制度支撑。

三、生态补偿机制

生态补偿机制旨在通过行政和市场相结合的手段，实施“谁污染谁治理、谁受益谁付费”，实现环境成本内部化，激励生态环境保护行为，维护生态权利和生态正义。生态补偿是缓解环境污染、促进生态保护的有效手段，是中国生态文明战略的重要制度保障。

（一）生态补偿的概念

生态补偿的核心内涵是以经济激励换取生态环境保护，是利用经济手段协调生态环境治理相关主体利益关系的制度安排（周冯琦，2016）。国内引用度较高的生态补偿定义来自中国工程院院士李文华教授（2010），他认为生态补偿是“以保护生态环境，促进人与自然和谐发展为目的，根据生态系统服务价值、生态保护成本、发展机会成本，运用政府和市场手段，调节生态保护利益相关者之间利益关系的公共制度”。

（二）生态补偿的路径

在生态补偿的推进中，主要涉及确立参与主体、设计补偿标准、明确补偿方式三个方面。

1. 参与主体

生态补偿的参与主体，即利益相关者一般包括环境服务提供者、补偿支付者，以及与此相关的个人和组织。其中，环境服务提供者可以是个体或集体组织。一般而言，在提供生态服务的相关资源产权明确界定的情况下，资源所有者是最合适的补偿对象，但是当所有者为众多个体时，交易成本将大幅提升；而以集体组织为补偿对象时，虽然计划推进过程相对缓慢，但有利于增强内生激励，更具制度优势。因此，在许多生态补偿实践中，往往同时以个人和集体作为补偿对象，一方面对社区或地区集体提供非现金补偿，以激励集体形成积极的态度与行为，另一方面通过市场机制，根据贡献大小以个人和家庭为单位提供现金补偿。补偿支付者既可以是实际受益者，也可以是代表实际受益者的第三方（如政府、社会组织等），前者称为"使用者付费"，后者称为"政府付费"（Engel et al.，2008）。"使用者付费"的效率在理论上应该高于"政府付费"，由于使用者相对拥有更多关于服务价值的信息，有更强的监督补偿的动力。

2. 补偿标准

生态补偿的标准通常要大于生态系统服务提供者的机会成本，小于生态系统服务对受益者的价值，只有在这个合理区间内，生态补偿才具有经济可行性。因此，评估环境服务提供的机会成本与环境服务价值是确定补偿标准的核心。

在环境服务提供的机会成本评估中往往存在信息不对称和异质性两个问题。通常而言，服务提供者比服务购买方拥有更多信息优势，因此可能存在隐瞒信息以获取信息租的激励，从而产生补偿支付标准过高、服务行为不达标等情况。而由于环境服务提供者的家庭规模、谋生方式和所在区域的经济基础、地理位置和人口结构等因素，导致机会成本存在异质性，因此，补偿标准通常也需要因地因时制宜。环境服务价值评估是生态经济学研究的热点和难点问题之一，估算方法尚不成熟，实际操作往往很难推进。目前，生态系统服务价值评估方法大体包括四类，即客观评估法、主观评估法、物质转换法和能值转换法（李丽等，2018）。在生态补偿标准的实际确立过程中，生态系统服务价值往往作为生态保护补偿标准的理论上限进行参考，具体标准设定通常综合考虑为了保护生态功能而放弃的发展经济的机会成本、生态保护的直接投入、生态保护所导致的直接经济损失（欧阳志云等，2013）。

3. 补偿方式

生态补偿方式总体可分为现金补偿、非现金补偿两种。我国当前的主要生态补偿方式是通过中央财政向地方财政转移支付或拨付重大生态保护计划专项资金实施生态补偿。在近期颁布的一系列相关政策文件中，多次强调加强地方财政的配套支持、拓展市场化融资渠道等实施意见。在生态补偿实践中，间接的、非现金补偿方式同样普遍存在。例如为服务提供者提升交通、水电等各类基础设施水平，改善区域教育、卫生等各项公共服务水平。在国务院印发的《关于深化生态保护补偿制度改革的意见》（2021 年）中明确提到，“鼓励地方探索大气等其他生态环境要素横向生态保护补偿方式，通过对口协作、产业转移、人才培训、共建园区、购买生态产品和服务等方式，促进受益地区与生态保护地区良性互动”。

第三节　区域绿色发展的政策体系

区域绿色发展政策以区域绿色发展为施政目标，关键在于协调生态环境保护与经济社会发展之间的关系，不仅在于维持环境系统内部的稳定，保护民众的环境公共利益，还包括环境—经济的协同发展与环境社会资本的培育。2021 年 2 月国务院正式印发《关于加快建立健全绿色低碳循环发展经济体系的指导意见》，对我国统筹经济发展和生态环境保护建设的关系、促进经济社会发展全面绿色转型、建设人与自然和谐共生的现代化作出总体部署。其中，区域经济领域的重要政策工具有循环经济政策、“双碳”政策、绿色供应链政策、绿色金融政策等。

一、循环经济政策

循环经济政策的目标是在传统经济的线性技术范式上增加反馈机制，通过促进资源再生、循环利用和无害化处理，提高资源利用效率。循环经济政策体系主要包括产业政策、技术政策、财税政策以及试点建设等其他政策。

在产业领域，主要政策手段包括规划建立生态产业园区，促进园区循环化改造；发展桑基鱼塘等农业循环经济模式，提高秸秆、畜禽粪污、地膜等农业废弃物综合利用率；支持静脉产业发展，发展“城市矿产”；推动各行各业循环化改造，促进并规范绿色包装、绿色物流、绿色住宿餐饮等领域发展；形成循环经济产品的标示制度，鼓励公众购买循环再生产品；政府优先购买资源再生产品，完善政府绿色采购制度、绿色采购标准、绿色采购平台，提高资源再生产品在政府采购中的比重等。

在技术和标准体系建设方面，主要政策手段包括设立环境技术开发基金和重点研究项目，重点支持环境无害化技术，尤其是废旧物品回收处理和再利用技术、能源梯级利用技术的研究与开发；加强产学研融合，促进循环经济技术的推广与应用；设置奖励表彰制度，对在环境技术领域作出基础性和创新性贡献的个人和组织进行嘉奖；设立资源循环科学与工程专业，加大循环经济专业人才的培养力度；建立环境技术标准、环境管理标准等绿色标准体系。

在财税和收费领域，主要政策手段包括设立与促进循环经济发展相关的专项税种，如生态税等；根据倾倒垃圾数量征收垃圾处理费；向居民用水征收污水治理费，向污水治理不达标企业征收罚款；对于废旧物品回收利用企业、废弃物无害化处理企业，实施税收优惠和政府补贴；向采用环保新技术、研发新能源新原料的企业实施减税，提供低息贷款、设备加速折旧等，降低企业研发新技术和新能源成本；对地方发展循环经济事业进行财政转移支付。

此外，其他政策手段还有：建立促进资源循环利用的法律法规体系，包括综合性法律和相关专项法规，如固体废弃物处置、容器包装回收、建筑材料回收、家用电器回收、食品回收等。搭建废弃物回收信息情报网络，如专题报纸（或版面）、网站等，使公众、企业、政府之间沟通信息、调剂余缺，形成垃圾减量、循环发展的社会氛围。加强宣传，引导公众减少一次性消耗品使用，提高耐用品消费品使用时限，畅通回收渠道；推广完善垃圾分类制度。

二、“双碳”政策

“双碳”政策是保障碳达峰、碳中和目标实现的政策体系。其中，碳达峰目标主要指到2030年能源活动产生的二氧化碳达峰，碳中和目标指到2060年全经济领域碳排放实现中和。“双碳”政策体系主要包括能源政策、产业政策、技术政策、财税金融政策等方面。

在能源领域，主要政策方向包括：控制和减少煤炭等化石能源消费，发展非能利用技术产业，促进煤油气的综合利用和深加工；构建以新能源为主体的新型电力系统，安全高效发展核电，因地制宜发展水电，大力发展风电、太阳能、生物质能、海洋能、地热能，发展绿色氢能等；实行可再生能源配额制度和绿证交易制度，保障新能源发电并网；推进乡村地区秸秆、沼气等生物质能发展，打造“秸秆—饲料—沼气—能源—农产”锁链。构建覆盖全领域的能源管理系统，实现企业能耗在线监测，倡导居民实施生活能耗管理，提高能源利用效率。

在产业领域，主要政策方向包括：建立低碳高效的产业体系，推动传统制造产业节能减排转型，严控高耗能、高排放行业新增产能；发展新一代信息技术、新材料、基因工程、新能源、节能环保等能源利用效率高的战略性新型产业；推动建筑建材业低碳发展，发展超低能耗、净零能耗、低碳的建筑，发展装配式建筑和绿色建材；构建绿色低碳的交通服务体系，推动公共交通优先发展，发展电动氢燃料电池等清洁零排放汽车，增加加氢站、换电站、充电站等设施建设；推动零售、住宿、餐饮等生活性服务业绿色低碳转型。

在技术创新领域，主要政策方向包括：推动低碳技术创新，提高清洁煤技术、新能源技术可行性，大力支持负排放技术开发和应用，促进可再生能源、智能电网、储能、绿色氢能、电动和氢燃料汽车、碳捕集利用与封存、资源循环利用、连接技术等成本低、效益高、减排效果明显、安全可靠、具有推广前景的低碳、零碳和负碳技术发展；加大对创新性低碳技术和负排放技术的政策扶持，将其长期发展纳入我国关键技术发展战略；提高对创新性低碳技术和负排放技术的经济激励力度，完善低碳技术发展的市场服务体系。

在财税金融领域，主要政策方向包括：完善绿色金融体系，引导金融体系提供优惠利率融资，具体支持工具包括绿色再贷款、再贴现，差异化存款准备金率，定向中期借贷便利操作（TMLF）等；调动更多社会资金支持绿色低碳发展；完善绿色金融评价体系。实施碳排放交易与碳税相结合的政策工具，根据碳排放权交易情况合理设计调整碳税征收范围和税率水平；发展完善碳排放权交易市场，合理确定碳市场配额总量和行业碳排放基准，逐步扩大碳市场行业范围和覆盖企业数量（张希良等，2021）。

此外，其他政策工具还有：建立健全碳达峰、碳中和标准体系，提升重点产品能耗限额要求，扩大能耗限额标准覆盖范围，完善能源核算、检测认证、评估、审计等配套标准，完善地区、行业、企业、产品等碳排放核查核算标准，制定重点行业和产品温室气体排放标准，完善低碳产品标准标识制度，完善可再生能源标准，研究制定生态碳汇、碳捕集利用与封存标准。增加生态系统碳汇，提高生态修复力度，有效发挥森林、草原、湿地、海洋等生态系统的固碳作用。搭建碳普惠平台，倡导低碳生活方式，构建节约型社会。

三、绿色供应链政策

绿色供应链是把环保意识融入到供应链各个环节中，从而减少环境污染、优化资源利用、增进社会福利的先进管理模式（顾志斌等，2012）。相关政策旨在鼓励企业开展绿色设计、选择绿色材料、实施绿色采购、打造绿色制造工艺、推行绿色包装、开展绿色运输、做好废弃产品回收处理，实现产品全周期的绿色环保。绿色供应链政策工具主要涉及产业领域、消费领域、财税领域等。

在产业领域，主要政策工具包括：支持发展绿色制造，倡导绿色产品设计理念，推广清洁生产工艺及低碳、减碳、零碳技术等；以绿色物流为突破口，带动上下游企业发展绿色供应链，使用绿色包材，推广循环包装，减少过度包装和二次包装；探索建立“钢铁—建材—房地产”“纺织—印染—服装”“造纸—办公用品”等绿色供应链联盟。

在消费领域，主要政策工具包括：鼓励绿色采购，出台政府绿色采购规范，对于政策招标项目强制实施绿色采购，引导其他类型主体实施绿色采购；规范废旧资源回收体系建设，以电器电子、二手汽车等商品为试点，设立线上废弃物和再生资源交易市场，优化供应链逆向物流网点布局。

在财税领域，主要政策工具为：对处于绿色供应链条上的设计、生产、物流、回收利用等企业，给予绿色信贷、绿色债券、税收减免等经济激励，补偿其额外的环保投入（毛涛，2016）。

此外，其他领域政策工具还有：强化供应链的绿色监管，探索建立统一的绿色产品标准、认证、标识体系；完善企业环保信用体系和企业环保信息公开制度，为建立绿色供应链提供信息基础。

四、绿色金融政策

绿色金融是金融领域将环保、节能、低碳作为投融资决策的依据，促进绿色发展的制度安排，包括绿色信贷、绿色债券、绿色股票指数和相关产品、绿色发展基金、绿色保险等金融工具。绿色金融可以引导和激励社会资本投入绿色发展，同时抑制污染性产业投资。绿色金融政策体系的构建主要包括开发绿色金融工具、规范绿色金融机构、完善绿色金融制度等内容。

1. 绿色金融工具

绿色金融工具是具有促进绿色产业投融资功能、有利于引导绿色投资和绿色消费的金融产品与金融服务的总称，主要包括零售银行、公司融资与投资银行、资产管理和绿色保险四大类（袁康，2017）。其中，零售银行主要向个人、家庭和中小企业提供绿色贷款和信用卡服务，可在购买达到绿色建筑标准的房屋、新能源汽车、实施建筑节能改造时获得低息贷款，在购买绿色商品时享受信用卡折扣等，对于促进绿色消费具有重要作用。公司融资与投资银行主要向大企业、机构、政府和其他实体提供绿色投融资服务，包括绿色项目融资、绿色债券、绿色 IPO、碳金融与排放权交易等。资产管理指金融机构通过发行公募基金、资产管理计划等方式集合资金用于投资绿色金融产品，包括政府性绿色基金、私营部门募集的绿色投资基金和碳基金。绿色保险包括根据环境及相关特征而设置差异化保费的保险产品以及专门为环保活动和节能减排目标而设计的保险产品，后者又称环境责任险，以被保险人因污染水、土地或空气，依法应承担的赔偿责任作为保险对象，可以将环境风险通过保费显性化，间接提高污染性项目的成本，从而抑制污染性投资（马骏，2015）。

2. 绿色金融机构

绿色金融机构包括政策性金融机构、商业金融机构和第三方中介机构。政策性金融机构通过信贷、股权投资以及担保等方式为绿色项目提供多样化的融资选择，既表现为在绿色项目投资前期对绿色技术的资助，又表现为在投资阶段的多种投融资工具的运用和对私营投资的动员。商业金融机构包括商业银行、投资基金、保险公司等，能够在绿色金融发展中以市场化的路径发挥重要作用，可以有效扩充资金筹措渠道。第三方中介机构从事项目谈判咨询、项目评估、项目融资担保、合同订立法律协助等服务，包括信用评级机构、资产评估机构、会计师事务所、律师事务所、咨询公司、数据服务公司等，可有效降低交易成本和项目风险，促进绿色金融业务的开展。

3. 绿色金融制度

绿色金融制度包括法律制度、监管制度和配套支持制度。绿色金融法律制度要求明确金融机构的环境法律责任，在《商业银行法》《证券法》《保险法》等相关金融领域法律法规中加入绿色金融元素，制定并完善绿色信贷、绿色保险、绿色证券、碳交易市场的业务实施细则，从法律法规层面对总量控制计划、排放权合法性、环境污染责任强制性等进行硬性约束，确保绿色金融业务规范有序发展（李若愚，2016）。绿色金融监管制度是指金融监管当局依据国家法律法规对整个绿色金融业（包括绿色金融机构和绿色金融业务）实施全面性、经常性的检查与监督，以此促进金融机构依法稳健地经营和发展，使之符合绿色金融发展的要求（天大研究院课题组等，2011），包括加强环保部门与"一行三会"等各监管部门之间的协调配合，发挥NGO组织、舆论媒体等第三方监督职能，打造"纵向监管、横向监督"的多层级监管体系。绿色金融配套支持制度包括建立绿色银行绩效评价体系、绿色信用评级、绿色项目认证体系、绿色指数、企业社会责任和环境信息强制披露制度、环境成本核算体系和数据库，以及绿色金融风险防范制度等。

第四节　区域绿色发展研究方法

区域绿色发展评价的主要对象包括绿色发展综合水平及其环境政策强度、绿色创新能力、环境承载力等影响因素，主要内容包括现状评价、成效分析和趋势预测，常用研究方法有指数模型法、文本分析法、回归分析法等。

一、绿色发展评价方法

绿色发展现状评价方法主要为构建评价指标体系或评价指数，可以大体分为三类：即改进的经济指数、生态指数、综合指标体系。其中，改进的经济指数主要包括绿色GDP、包容性财富、环境经济账户（SEEA）、能值分析等。生态指数主要包括全球生态足迹网络、生态地球指数等。综合指标体系作为绿色发展水平评价方法得到大量机构、学者的采用，包括经济合作与发展组织（OECD）绿色增长指标体系、联合国环境规划署（UNEP）绿色经济指标体系等；同时，大量学者发布了诸如产业绿色发展指数评价指标体系（李琳等，2015）、资源环境承载力评价体系（牛方曲，2019）、生态文明建设评价体系（张欢等，2016）等。绿色发展水平评价体系框架构建主要基于PSR模型（或DPSIR模型）、复合生态系统理论等，也有学者基于《绿色发展指标体系》（国家发改委2016年印发）中资源利用、环境治理、环境质量、生态保护、增长质量、绿色生活、公众满意程度等维度进行综合评价。需要指出的是，不管是经济指数、生态指数还是综合指标体系都难以通过指标体系全面准确地反映一个地区绿色发展水平。尤其是综合评价指数所反映的数值更多的是相对绿色发展水平而非真实绿色发展水平，虽然体系庞大，但难以反映绿色发展现实水平以及与绿色发展目标的差距，且绿色发展构成要素间相互依存关系和尺度转化特征、短板效应集成仍未完全理清，但通过评价指数将其绿色发展水平进行指数化表达，有助于客观认识区域的绿色发展水平、进程与格局。

绿色发展水平评价是一个系统性、复杂性的工作，绿色发展指标体系构建以及评价方法选择也显得复杂多样，主要包括层次分析法、Topsis方法、主成分分析法、因子分析法、模糊综合评价法、数据包络分析（DEA）、随机前沿模型、状态空间模型、耦合协调度模型等。这些方法的基本原理均为结合评价对象特征及评价目标，构建评价指标体系，通过熵值法等方式赋权重，以评价单元的数据为基础，进行加权求和，或者通过模型计算其绩效值等，对评价对象的绿色发展水平进行集成式刻画。也有部分学者对绿色发展评价方法进行创新，构建指数或者评价模型。如毛汉英（2001）构建状态空间模型，通过计算系统内各要素的空间状态向量，刻画不同资源环境组合下的区域承载力，并用系统动力学模型对承载力状况变化趋势进行模拟和预测，该模型也得到郭轲等（2015）、尚勇敏等（2019）的广泛应用。封志明等（2021）构建了人居环境适宜指数模型、资源承载限制指数模型、社会经济发展指数模型，进而综合构建了资源环境综合承载指数模型，而这些指数又包含若干指标：如人居环境适宜指数包含地形起伏度、地被指数、水文指数、温湿指数等，资源环境承载限制指数包含土地资源、水资源及生态承载指数，社会经济发展指数包含人类发展指数、交通通达指数、城市化指数等。

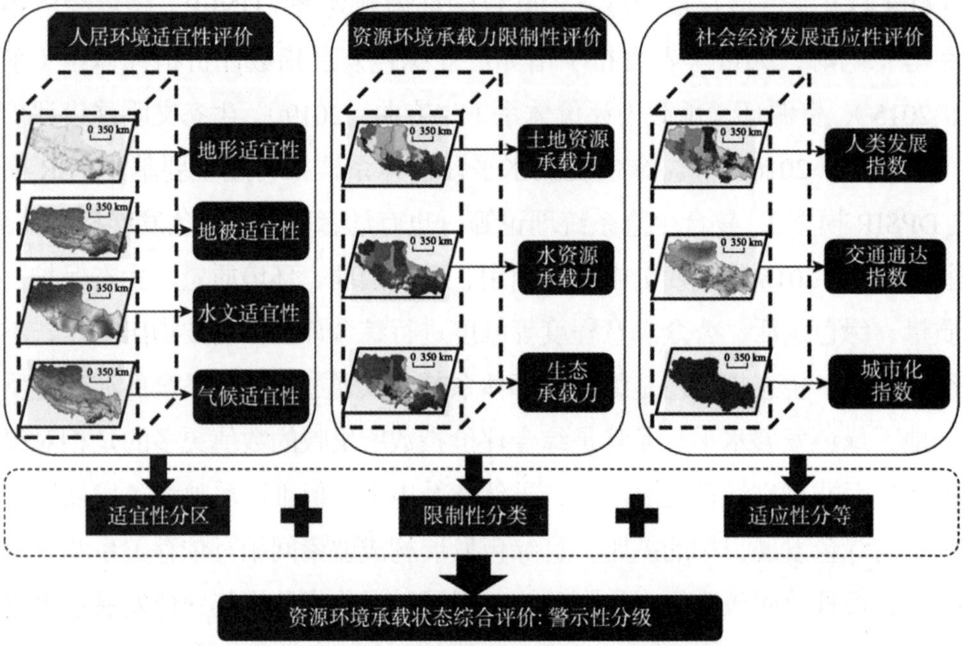

图 6-3　资源环境承载力综合评价研究思路

资料来源：封志明等（2021）。

二、计量模型分析方法

在区域绿色发展研究中，计量模型主要用于评估绿色发展绩效，分析绿色发展的影响因素，以及分析相关政策及事件等对绿色发展的影响。

绿色发展绩效分析是区域绿色发展的重要领域，数据包络分析模型（DEA 模型）在该领域应用较为广泛。DEA 模型是以决策单元的相对有效性为指标，评价具有相同类型的多投入、多产出的若干个决策单元是否相对有效的一种非参数统计方法。DEA 模型在所定义的生产的可能集中，或要求投入不变而将产出尽量扩大，或要求产出不变而将投入尽量缩小，由于该方法不需要预先估计参数，可避免主观因素，并简化运算、减少误差。DEA 模型一般用于测度污染减排效率、能源使用效率、环境效率等领域，在应用中，该方法通常包含多个模型：一是满足不同规模收益下的 DEA 模型，即基于规模收益不变的 CCR

模型、基于规模收益可变的BCC模型、基于规模收益费递增的FG模型，以及基于规模收益非递减的ST模型；二是带有权重约束的DEA模型，如锥比率CCWH模型、含偏好信息的DEA模型、偏好强度可调的DEA模型；三是对评价参考系改进的DEA模型，如SE-DEA模型、DEA-SBM模型、DDF-DEA模型等；四是对输入输出改进的DEA模型；五是综合模型，如加性模型、Log-型DEA模型、机会约束DEA模型、广义DEA模型、双目标DEA模型等（侯翔等，2010）。上述方法其基本原理一致，但各有不同，在绿色发展绩效分析中的应用程度也有所差异，通常DEA-CCR、DEA-BCC、DEA-SBM模型应用最为广泛。

对于绿色发展的影响因素，计量回归模型、因子分析法、地理探测器方法、格兰杰（granger）因果检验等被广泛应用，其中计量回归模型应用最为广泛，其方法也最为多样，如基于最小二乘法的多元线性回归（OLS）、一阶空间自回归模型（FAR）、空间自回归模型（SAR）、空间误差模型（SEM）、一般空间模型（SAC）、空间杜宾模型（SDM）、分位点回归模型（QR）、门槛回归（TR）、中介效应等。通常绿色发展水平被作为被解释变量，学者们用以分析经济、环境、生态、社会、政策等领域因子对绿色发展水平的影响程度。如海骏娇等（2019）基于波特假说，在生产函数中加入绿色发展政策因子，分析绿色发展政策的经济成效；周亮等（2019）采用SBM-Undesirable模型分析中国城市绿色发展效率，并构建计量模型，分析本地自然要素，以及经济实力、产业结构、开放程度等人文社会要素的影响程度。

对于相关政策及事件等对绿色发展的影响，大量区域经济学者分析了环保约谈、“两会”、环境税、贸易自由化、环境规制、外商投资、环境信息披露、环境立法与执法等政策出台、政府规制、社会经济活动对绿色发展、环境污染、环境效率等的影响。在模型选择中，双重差分模型（DID）、断点回归模型（RDD）、工具变量法（IV）等模型应用较为广泛。如崔广慧等（2019）采用双重差分模型，基于新《环保法》的准自然实验，分析环境规制对企业环境治理行为的影响。涂正革（2020）等利用完全饱和断点回归设计和环境健康效应测度中的剂量—反应关系，探讨中央环保督察（试点）对河北省生态、经济、社会效益的影响。

三、可计算一般均衡模型

政策模拟的一般均衡模型（即 CGE 模型）最早出现于 20 世纪 60 年代，并于 20 世纪 90 年代起伴随着计算机技术的兴起而快速发展。CGE 技术把宏观的经济体系分为大量可计算的部分，通过计算模拟而非解析分析，研究在一般均衡体系下政策变动对宏观经济的影响，适合于在宏观经济框架下对微观经济现象进行认识，具有混杂分析的特点。一般的 CGE 模型包括生产行为、消费行为、政府行为、对外贸易、市场均衡和其他平衡六个部分（王铮等，2010）。

基于一般均衡模型的气候保护研究主要聚焦于减排的经济成本、为实现某一减排目标所必需的碳税水平、碳排放权贸易等问题。国际上已经发展了许多气候政策模型来寻求可行的温室气体消减方法和最优化政策。我国学者的代表性研究成果有吴静等（2007）提出的气候保护支出扩展模型、朱永彬等（2010）提出的碳税政策模拟模型等。

以生产性碳税政策模拟模型为例，其碳税模块简介如下。

首先，碳税的征收对象可以认为是能源产品，根据不同能源品种的含碳量进行征收。生产性碳税是指将能源生产企业作为纳税人，以能源生产部门的产量作为税基，根据能源产品的品种以确定不同税率进行征收的税收形式。生产性碳税直接影响能源生产部门，导致其部门产品国内价格提高，其国内价格方程为：

$$PD_j = \left[\sum_{i=1}^{n} a_{ij} P_i + PN_j (1 + t_j)\right] \times (1 + t_{co_2 j}),\ j \in E$$

其中，PD_j 为 j 部门的国内价格，a_{ij} 为直接消耗系数（即 j 部门单位产出所需投入的部门中间产品的数量），P_i 为 i 部门中间投入品价格，PN_j 为增加值部分价格，t_j 为 j 部门增值税率，$t_{co_2 j}$ 为部门碳税率，E 为所有能源部门集合。

其次，能源产品价格的提高进一步间接带动以能源作为中间投入的其他产品的价格，而且生产性碳税以能源部门产量为基础征收，碳税总额 TC 可表示为：

$$TC = \sum_{j \in E} X_j P_j t_{co_2 j}$$

其中，X_j 为 j 部门的总产出。

最后，由于考虑了碳税，政府收入方程变为：

$$Y^g = TX + TM - TE + TC + TD^e + TD^u + TD^r$$

其中，TX 为间接税总额，TM 为进口关税，TE 为出口退税，TD^e、TD^u、TD^r 分别为企业所得税、城镇居民所得税和农村居民所得税。

参考文献：

[1] 成金华，尤喆．“山水林田湖草是生命共同体”原则的科学内涵与实践路径［J］. 中国人口·资源与环境，2019，29（2）：1—6.

[2] 崔广慧，姜英兵．环境规制对企业环境治理行为的影响——基于新《环保法》的准自然实验［J］. 经济管理，2019，41（10）：54—72.

[3] 方大春，裴梦迪．习近平区域经济思想学理性探析［J］. 湖南财政经济学院学报，2019，35（1）：58—65.

[4] 封志明，游珍，杨艳昭，施慧．基于三维四面体模型的西藏资源环境承载力综合评价［J］. 地理学报，2021，76（3）：645—662.

[5] 顾志斌，钱燕云．绿色供应链国内外研究综述［J］. 中国人口·资源与环境，2012，22（S2）：204—207.

[6] 郭轲，王立群．京津冀地区资源环境承载力动态变化及其驱动因子［J］. 应用生态学报，2015，26（12）：3818—3826.

[7] 海骏娇，辛晓睿，曾刚．中国城市环境可持续性的决策机制影响因素研究［J］. 经济经纬，2018，35（3）：16—22.

[8] 海骏娇，曾刚．长江经济带城市环境可持续性政策的经济成效与适用性研究［J］. 资源开发与市场，2019，35（3）：353—358.

[9] 韩英夫，佟彤．自然资源统一确权登记制度的嵌套式构造［J］. 资源科学，2019，41（12）：2216—2226.

[10] 贺灿飞．高级经济地理学［M］. 北京：商务印书馆，2021.

[11] 贺灿飞，周沂．环境经济地理研究［M］. 北京：科学出版社，2016.

[12] 侯翔，马占新，赵春英．数据包络分析模型评述与分类［J］. 内蒙古大学学报：自然科学版，2010，41（5）：11.

[13] 胡中华，周振新.区域环境治理：从运动式协作到常态化协同[J].中国人口·资源与环境，2021，31（3）：66—74.
[14] 郇庆治.21世纪以来的西方生态资本主义理论[J].马克思主义与现实，2013（2）：108—128.
[15] 郇庆治，马丁·耶内克.生态现代化理论：回顾与展望[J].马克思主义与现实，2010（1）：175—179.
[16] 贾先文，李周.流域治理研究进展与我国流域治理体系框架构建[J].水资源保护，2021，37（4）：7—14.
[17] 李礼，孙翊锋.生态环境协同治理的应然逻辑、政治博弈与实现机制[J].湘潭大学学报（哲学社会科学版），2016，40（3）：24—29.
[18] 李丽，王心源，骆磊，冀欣阳，赵燕，赵颜创，Nabil Bachagha.生态系统服务价值评估方法综述[J].生态学杂志，2018，37（4）：1233—1245.
[19] 李琳，楚紫穗.我国区域产业绿色发展指数评价及动态比较[J].经济问题探索，2015（1）：68—75.
[20] 李若愚.我国绿色金融发展现状及政策建议[J].宏观经济管理，2016（1）：58—60.
[21] 李文华，刘某承.关于中国生态补偿机制建设的几点思考[J].资源科学，2010，32（5）：791—796.
[22] 李宇亮，陈克亮.生态产品价值形成过程和分类实现途径探析[J].生态经济，2021，37（8）：157—162.
[23] 刘伯恩.生态产品价值实现机制的内涵、分类与制度框架[J].环境保护，2020，48（13）：49—52.
[24] 马骏.论构建中国绿色金融体系[J].金融论坛，2015，20（5）：18—27.
[25] 毛汉英，余丹林.区域承载力定量研究方法探讨[J].地球科学进展，2001（4）：549—555.
[26] 毛涛.我国绿色供应链管理法律政策进展及完善建议[J].环境保护，2016，44（23）：57—60.
[27] 牛方曲，封志明，刘慧.资源环境承载力综合评价方法在西藏产业结构调整中的应用[J].地理学报，2019，74（8）：1563—1575.

［28］欧阳志云，郑华，岳平．建立我国生态补偿机制的思路与措施［J］．生态学报，2013，33（3）：686—692.

［29］潘家华，庄贵阳，郑艳，朱守先，谢倩漪．低碳经济的概念辨识及核心要素分析［J］．国际经济评论，2010（4）：88—101.

［30］尚勇敏．建设卓越的城市生态品质：理论基础与上海行动［M］．上海：上海社会科学院，2018.

［31］尚勇敏，王振．长江经济带城市资源环境承载力评价及影响因素［J］．上海经济研究，2019（7）：14—25，44.

［32］沈辉，李宁．生态产品的内涵阐释及其价值实现［J］．改革，2021（9）：145—155.

［33］孙久文．中国区域经济学的学科发展与创新［J］．区域经济评论，2021（4）：5—9.

［34］天大研究院课题组，王元龙，马昀，王思程，刘宇婷，叶敏．中国绿色金融体系：构建与发展战略［J］．财贸经济，2011（10）：38—46，135.

［35］涂正革，邓辉，谌仁俊，甘天琦．中央环保督察的环境经济效益：来自河北省试点的证据［J］．经济评论，2020（1）：3—16.

［36］万劲波，叶文虎．地方政府推进区域可持续发展能力建设的思考［J］．中国软科学，2005（3）：8—17.

［37］王如松，欧阳志云．社会—经济—自然复合生态系统与可持续发展［J］．中国科学院院刊，2012，27（3）：337—345，403—404，254.

［38］王铮，薛俊波，朱永彬等．经济发展政策模拟分析的 CGE 技术［M］．北京：科学出版社，2010.

［39］吴传清，董旭．新发展理念与中国区域经济学科创新发展研究［J］．新疆师范大学学报（哲学社会科学版），2018，39（1）：84—91.

［40］吴静，王铮，吴兵，郑一萍，黎华群．中国增汇型气候保护政策实施对经济的影响［J］．生态学报，2007（11）：4815—4823.

［41］解振华．关于循环经济理论与政策的几点思考［J］．环境保护，2004（1）：3—8.

［42］杨志军．环境抗争引发非常规政策变迁的影响因素与治理之道［J］．浙江

社会科学，2018（3）：61—69，157—158.
[43] 袁康. 绿色金融发展及其法律制度保障[J]. 证券市场导报，2017（1）：4—11.
[44] 张欢，罗畅，成金华，王鸿涛. 湖北省绿色发展水平测度及其空间关系[J]. 经济地理，2016，36（9）：158—165.
[45] 张林波，虞慧怡，郝超志，王昊，罗仁娟. 生态产品概念再定义及其内涵辨析[J]. 环境科学研究，2021，34（3）：655—660.
[46] 张希良，张达，余润心. 中国特色全国碳市场设计理论与实践[J]. 管理世界，2021，37（8）：80—95.
[47] 赵卫宏，熊小明，苏晨汀. 生态区域品牌的维度及构建策略研究：资源与制度视角[J]. 宏观经济研究，2016（1）：32—46.
[48] 周冯琦. 生态经济学理论前沿[M]. 上海：上海社会科学院出版社，2016.
[49] 周亮，车磊，周成虎. 中国城市绿色发展效率时空演变特征及影响因素[J]. 地理学报，2019，74（10）：2027—2044.
[50] 朱永彬，刘晓，王铮. 碳税政策的减排效果及其对我国经济的影响分析[J]. 中国软科学，2010（4）：1—9，87.
[51] Ambec S.，Cohen M. A.，Elgie S.，et al.. The Porter Hypothesis at 20：Can Environmental Regulation Enhance Innovation and Competitiveness?[J]. Review of Environmental Economics & Policy，2013，7（1）：2—22.
[52] Bridge G.. Environmental Economic Geography：A Sympathetic Critique[J]. Geoforum，2008，39（1）：76—81.
[53] Engel S.，Pagiola S.，Wunder S.. Designing Payments for Environmental Services in Theory and Practice：An Overview of the Issues[J]. Ecological Economics，2008，65（4）：663—674.
[54] Gibbs D. C.，Jonas A. E. G.. Governance and Regulation in Local Environmental Policy：The Utility of a Regime Approach[J]. Geoforum，2000，31（3）：299—313.
[55] Gibbs D. C.，Longhurst J.，Braithwaite C.. Struggling with Sustainability：

Weak and Strong Interpretations of Sustainable Development within Local Authority Policy [J]. Environment & Planning A，1998，30 (8)：1351—1365.

[56] Gibbs D.. Prospects for an Environmental Economic Geography：Linking Ecological Modernization and Regulationist Approaches [J]. Economic Geography，2006，82 (2)：193—215.

[57] Hanson S.. Isms and Schisms：Healing the Nature-society and Space-society Traditions in Human Geography [J]. Annals of the Association of American Geographers，1999，89 (1)：133—143.

[58] Homsy G. C.，Warner M. E.. Cities and Sustainability：Polycentric Action and Multilevel Governance [J]. Urban Affairs Review，2015，51 (1)：46—73.

[59] Krause R. M.. Political Decision-making and the Local Provision of Public Goods：The Case of Municipal Climate Protection in the US [J]. Urban Studies，2012，49 (11)：2399—2417.

[60] Porter M.. America's Green Strategy [J]. Scientific American，1991，264 (4).

[61] Porter M. E.，van der Linde C.. Toward a New Conception of the Environment-Competitiveness Relationship [J]. Journal of Economic Perspectives，1995，9 (4)：97—118.

[62] Siebert H.. Spatial Aspects of Environmental Economics [M]. Handbook of Natural Resource and Energy Economics，1985.

第七章 区域开放发展

深化对外开放是我国区域经济发展的最强动能之一。立足新发展阶段，构建国内国际双循环新发展格局，更要把握经济全球化的新挑战、新趋势，推动区域开放发展。要在更高层次、更宽领域，以更大力度协同推进对外开放，深化开放合作，优化营商环境，构建开放型经济新体制，不断增强国际竞争合作新优势。

第一节 区域开放发展理论综述

在经济全球化的背景下，国家之间、区域之间、国家和区域之间的相互关系和作用不断加深。我国区域开放发展理论随着改革开放初期实施东部沿海地区优先发展等战略的实施而得到不断发展，并随着对外开放向内陆地区推进而得到不断丰富。

一、区域开放发展的概念内涵

区域开放发展是指一个国家或地区的经济活动跨越了边界，与别的国家或地区建立起经济活动的联系，包括跨越国家或地区的资源引进或输出、商品市场的国际化、资本流动的国际化和外国直接投资规模的扩大等，它强调一个国家或地区的经济运行体系与外部经济环境之间的相互联系、融通和相互作用（李小建，1999）。

本章讨论的区域开放发展，特指我国国内各个地区坚持深化对外开放，用好国内国际两种资源、开发国内国际两个市场，降低贸易壁垒、改善营商环境，积极引进国外的资本、技术、管理等先进要素，大力培育和发展外向型经济，深度融入全球一体化进程，分享全球贸易发展和分工合作带来的红利，增强区域经济内生动能，实现区域经济高质量发展。

贯彻落实新发展理念进一步丰富了区域开放发展的内涵特质。一是创新驱动的区域开放发展。创新是第一动力，开放的目的在于更好实施创新驱动战略，以沿海各个自贸区为牵引，探索实践最高标准最好水平的对外开放，创新对外开放体制机制，优化开放环境，为创新发展提供重要平台和强劲动能。二是合作共赢的区域开放发展。参与构建互利共赢的全球价值链，培育全球大市场；深化国内区域市场开放，推动外来投资转型升级，促进进出口贸易共同发展，优化外向型经济结构。三是东西双向的区域开放发展。既要发挥东部沿海地区对外开放的先导作用，也要深化中西部和东北地区对外开放，助推内陆地区成为开放前沿，推动沿边开发开放高质量发展。加强与“一带一路”建设融合，构建形成陆海内外联动、东西双向互济的高水平开放格局。四是安全可靠的区域开放发展。提升应对国际不确定性态势的能力，积极参与构建以国内大循环为主体、国内国际双循环相互促进的新发展格局，推进产业基础高级化、产业链现代化，形成具有更强创新力、更高附加值、更安全可靠的产业链供应链。

二、区域开放发展的理论发展

开放发展在国际经济学、发展经济学、新经济地理学等领域有较高的关注度，这里主要介绍三种国内外学术界认同度、关注度较高的开放发展理论，并对中国特色的区域开放发展理论进行梳理。

（一）区域经济学关于开放发展的经典理论

1. 国际分工理论

国际分工理论伴随经济全球化的兴起和发展，不断深化拓展，从古典国际分工理论、现代国际分工理论，再到当代国际分工理论。古典国际分工理论以斯密、李嘉图等为代表，主要从优势、要素角度来阐述国际分工理论，但是需要许多假定条件；现代国际分工理论以弗农、波特、杨小凯等为典型代表，分别提出了产品生命周期理论、钻石理论、内生比较优势理论；现代国际分工理论不断修正前人的假定和理论，增加了更多的影响因素；当代国际分工理论研究了产业间贸易和产业内贸易，突出表现在水平型、垂直型国际分工，但是并不成熟（张志英等，2013）。国际分工理论也被应用于我国国内的区域分工问题研究。

著名英国经济学家亚当·斯密（Adam Smith）是最早提出有关国际分工与贸易理论的古典政治经济学家，在1776年出版的著作《国民财富的性质和原因的研究》中提出绝对优势理论。他认为，国际分工和贸易的原因是各国间存在的劳动生产率和生产成本的绝对差别。斯密解释，各国之间劳动生产率的差异以及由此产生的国际分工是“自然”形成的，是由各国的地理环境、土壤、气候等自然条件造成的。各国生产各自具有优势的产品进行交换，将会使各国的土地、劳动和资本得到最有效的利用，会大大提高劳动生产率，增加物质财富（斯密，1972）。

大卫·李嘉图（David Ricardo）在1817年出版的《政治经济学及赋税原理》一书中，阐述了比较优势理论，补充与发展了斯密的绝对优势理论。李嘉图的基本观点是，国家之间、地区之间在劳动生产率等方面存在巨大差距是必然的。若其中一国在两种商品生产上均占据绝对优势，另一国在两种商品生产上均处于绝对劣势，则优势国可以专门生产优势较大的那种商品（具有比较优势的商品），劣势国可以专门生产劣势较小的那种商品（具有比较优势的商品），通过专业化分工和国际交换，双方仍能从中获益（李嘉图，1976）。

弗洛布尔（Frobel，1978）发表了著名论文《新的国际分工》，引起了世界各国学者的广泛关注。新的国际分工现象可以描述以下若干特征：跨国公司为主体的生产体系向广大发展中国家扩展；出现订单制造、国际垂直一体化，产品内分工替代福特制、丰田制的分工模式；跨国公司发挥市场价格导向作用，主导全球货物、服务等在国家间的分工格局。

以克鲁格曼为代表人物的“新贸易理论”发展了比较优势理论和要素禀赋理论。传统的贸易理论认为，一国会出口其具有比较优势和要素禀赋产品，新贸易理论则认为，是报酬递增和规模经济等原因决定了一国的出口产品和国际分工模式。新贸易理论认为，既然报酬递增是国际贸易产生的主要原因，那么，某国在哪些行业具有报酬递增的性质就决定了其在国际分工中的地位。在克鲁格曼看来，一国的国内市场决定了国际分工模式，或者可以理解为，在报酬递增条件下，每个国家都趋向于出口其具有较大本国市场的产品（Krugman，1980）。

20 世纪 90 年代以来，以杨小凯为代表的经济学家提出了内生比较优势理论。所谓内生比较优势是指比较优势可以通过后天的专业化学习或通过技术创新与经验积累人为创造出来，它强调的是比较优势的内生性和动态性。

2. 梯度推移理论

梯度推移理论是区域经济学的重要理论，该理论源于产品生命周期理论。产品生命周期理论又称工业生产生命周期阶段理论，是由弗农（R.Vernon）于 1966 年首先提出来的。产品生命周期理论认为，与生物具有生命周期一样，任何工业产品都具有一定的生命周期和生命循环，即工业产品整个生命运行区间包括产生、生长、繁荣、衰落四个阶段。这是某一区域内工业产品的自然生长过程，当某一工业产品在经历繁荣步入衰落期后，其他新的产业便会不断发展壮大以支撑区域的发展，这是从理论角度理想化的产品更替。实际上在某一产品周期性生长的任何阶段，都有可能存在其他产品正在经历相似的周期性生长或再创新（Vernon，1966）。

区域经济学家将产品生命周期理论引入到区域经济学中，产生了区域经济发展的梯度推移理论。梯度推移理论的主要观点是：在不同国家或区域之间存在经济与技术发展的梯度差异。在存在梯度差异的不同国家或区域之间，产业和技术有从高梯度向低梯度国家或区域推移的趋势。该理论认为，地区经济的发展取决于产业结构的状况，而产业结构的状况取决于地区经济部门，特别是其主导产业在工业生命周期中所处的阶段。如果其主导产业部门由处于创新阶段的专业部门所构成，这说明该地区具有发展潜力，因此将该地区列入高梯度地区。该理论认为，创新活动是决定区域发展梯度层次的决定性因素，而创新活动大都发生在高梯度地区。随着时间的推移及生命周期阶段的变化，生产活动主要从高梯度地区向低梯度地区转移，而这种梯度推移过程主要是通过多层次的城市系统扩展开来的（周起业等，1989）。

与梯度推移理论相类似的，是由日本学者赤松要、小岛清等提出的“雁行模式”。赤松要在考察日本出口产品发展的生命周期时发现，净出口在时间轴上表现为一种类似“大雁飞行的状态”，即表现为出口产品从低到高、再从高到低的过程。实际上就是该国产品逐渐取得出口竞争优势，然后被其他国家所取代，日本再创造出新产品竞争优势的过程。

小岛清对赤松要提出的雁行模式进行了扩展，他将日本、亚洲“四小龙”、东盟等国家和地区列为不同的发展梯度，其中日本被看作是雁首，处于科学技术与经济的核心地位，它通过资金技术的供应、市场吸收和传统产业的转移，带动该地区的经济增长；亚洲“四小龙”是雁翼，是雁阵中的承接者，它们积极利用日本的资金、技术市场来发展资金和技术密集型产业，又将失去竞争力的劳动密集型产业转移到身处雁尾的东盟（刘新智，2006）。在此过程中，处于雁尾的东盟对雁首日本有着很强的依附性，基本上严重依赖于日本。日本经济的好坏决定了雁翼与雁尾的发展。在20世纪70—80年代日本经济发展的黄金时期，东亚国家和地区大量吸收日本的资金和技术，接受日本的产业转移，充分发挥了后发优势，利用相对自由的国际贸易环境，大力发展外向型经济，产生了奇迹性的腾飞。这也是雁行模式曾备受推崇的原因。

3. 全球价值链理论

经济全球化的不断深入，使得国际生产关系发生重大变革。跨国公司崛起成为世界各地资源整合的关键主体，他们采取直接投资、外包等形式在全球范围内建立生产基地，通过国际贸易等形式交换中间产品和零部件，从而交织形成生产网络。在全球生产网络体系下，企业内部的生产活动和生产环节扩展至世界范围，深刻推动生产链、价值链发生重大变化，促进了全球价值链的形成和发展。

全球化带来的市场一体化并没有把所有生产集中到某一些地方，反而使企业将生产过程按照附加价值分为不同环节，分布到各个地区和不同国家。对于这一现象，哈佛商学院教授迈克·波特（Michael Porter）在1985年出版的《竞争优势》一书中总结到：“每一个企业都是设计、生产、销售、发送和辅助其产品的过程中进行种种活动的结合体。所有这些活动可以用一个价值链来表明。”这些互不相同但又相互关联的生产经营活动，构成了一个创造价值的动态过程，即价值链（波特，2005）。

价值链分工是一种产品内的分工，是一种按要素的分工（就整个产品生产中各国提供的要素不同而言），也是一种要素合作，即跨国公司通过直接投资将技术等优势要素流动到低级的不易流动要素所在国并形成产品生产过程（张幼文，2018）。价值链分工的主导者是拥有高级要素的国家及企业，高级要素国家及企业的这种主导地位来自要素的更高稀缺性，后进国家因其低级要素的过度供给而处于被动地位。因此，一国的要素结构决定了其在价值链分工中的地位，在新技术革命不断推进的今天，新技术新产品在分工中的主导地位十分显著，创新才是在分工中占据主导地位的根本，而不是发挥现有的比较优势或要素优势。在全球化背景下，产品价值链在全球范围内形成，参与产品价值创造及其利润分配的不再是一国或几国内部的事情，而成为一种全球现象，即全球价值链（Gereffi et al.，2001）。

（二）中国特色区域开放发展理论

西方学界对于区域开放发展的理论阐述，更多是站在以跨国公司为核心的对外开放观，形成的国际分工、梯度转移、全球价值链、全球生产网络等理论，始终强调以跨国公司为核心构建全球生产和治理体系，在全球范围内根据资源禀赋优势布局产业链、创新链、价值链，其实质是一种自上而下的对外开放治理模式，是以西方跨国公司为核心基础、发达国家对发展中国家进行管理控制的开放发展模式，只考虑了西方发达国家和资本集团的根本利益，没有考虑发展中国家在全球化过程中的核心利益和发展诉求。同时，西方开放发展理论受到自由主义的严重影响，理论视角只注重单个区域的对外开放，没有注重区域整体的联动发展和合作开放，综合性和系统性都略显不足。

区域开放是中国整体开放的重要组成部分。中国分区域、分阶段逐步推进开放发展具有客观必要性。中国渐进式、梯级递进式推进区域开放的思想符合发展经济学原理，也符合中国实际情况，并在实践检验中取得了巨大的成功。中国区域开放的本质特征就是改革开放，它是中国推进区域开放发展的一般经济机理，它推动区域开放发展取得了巨大的经济效果。当前，中国正继续深化自由贸易试验区改革开放，落实现有区域开放政策，贯彻新发展理念，全面落实国家区域发展战略规划，突出促进区域对内开放与政策对接，坚决打击地方保护主义，继续加强区域内以及区域间基础设施互联互通建设，构建区域全面开放发展新格局。

党的十八大以来，以习近平同志为核心的党中央统筹国内国际两个大局，推进区域开放发展的理论和实践创新。区域开放发展本身需要注重解决内外联动、双向开放问题。所谓内外联动，是指开放提出之初，我国更多的是一种“单向”开放，即着重强调吸引外资、鼓励用劳动密集型的“中国制造”换取国外先进技术和管理。如今，我国已成为全球第二大经济体，传统一进一出式的对外开放“单车道”已经不能满足我国与世界经济交流合作的需求，我国已经提出要在更高层次上寻求更加多元的对外开放新通道。一方面，通过自贸区建设的先行先试，打破原有制度壁垒，让海外企业更便捷地对接我国市场，实现生产要素的自由流动与高效配置；另一方面，借助高铁、通讯、核能等自主知识产权产品出口，在广泛的国际产能合作中不断加快“走出去”的步伐，实现了我国经济与世界市场更紧密的融合与互动。

双向开放，主要指东西双向开放，最早是在2015年提出的，在《长江经济带发展规划纲要》中得到重点部署。[①] 特指长江经济带战略与“一带一路”战略对接融合，深化向东开放、加快向西开放，带动沿江和内陆开放，构建高水平对外开放平台，形成东西双向、陆海统筹的对外开放新格局。一方面，西部陆海新通道建设能够推动形成更加安全高效的产业链供应链新优势。西部陆海新通道贯通我国西部地区，一端通过中欧班列延伸至中亚、欧洲，一端通过海港连接东南亚、南亚、中东、非洲、大洋洲等，是连接“一带一路”的经济大走廊、物流大通道、开放发展经济带。依托西部陆海新通道，能够提升西部国际门户港的聚合效能，加快提高沿边开放水平，以开放引领发展，在发挥西部作为衔接“一带一路”、连接国内国际双循环的关键节点和陆海门户作用上形成新优势、展现新作为，更好助力国家保障产业链供应链安全稳定和加快构建新发展格局。另一方面，东部沿海地区对外开放发展，能够发挥好海港、空港的基础设施优势，同时围绕自贸试验区的牵引集成功能，依托东部沿海地区现有的政策、制度、规则等更接近世界标准体系的优势，推动形成制度型开放

---

① 《中共中央国务院关于构建开放型经济新体制的若干意见》（2015年9月）提出：“重点实施‘一带一路’战略、京津冀协同发展战略和长江经济带战略，推动东西双向开放，促进基础设施互联互通，扩大沿边开发开放，形成全方位开放新格局。”

新优势。两者联动发展，把东部地区的资金、技术和人才优势，与西部地区的成本、土地、资源优势，形成互补合作，一同走出国门进入全球市场，可以更好发挥对外开放的整体竞争优势。

第二节　区域开放发展的推进机制

区域开放发展受到多种机制的影响，这些机制推动着区域向着更宽领域、更深层次、更高水平的方向开放发展。总体而言，区域开放发展的推进机制可以总结为三种：参与国际分工、区域开放合作和制度型开放。

一、参与国际分工

参与国际分工是指区域根据自身资源禀赋条件，在经济全球化的背景下参与世界范围内的产品分工和跨界贸易。国际分工的形式多种多样，各区域在推进自身参与国际分工、提升自身在国际分工体系中的地位也有诸多措施。总体而言，区域参与国际分工的具体措施主要有投资自由化、贸易便利化、对外直接投资、离岸贸易、数字贸易等。

（一）投资自由化

投资自由化是区域参与国际分工的主要措施之一。实行投资自由化能够达成国外的资金、技术、设备、人才、信息和管理经验等生产要素的一揽子转移。通过引进国外的资金和先进的技术、设备和管理经验等要素与本国资源相结合，形成有效转换和配置国际资源的机制，可以深化区域参与国际分工的程度和内涵（宾建成，2018）。实行投资自由化可实现外部技术向本区域企业的转移，以及技术从这些企业向其他企业的溢出或扩散，可以促进区域融入全球创新网络；通过投资自由化在某些产业的经营，促进产业链发生技术和产业的关联作用，有助于区域经济的国际化发展（刘长庚，1998）。

此外，投资自由化还会反过来促进区域市场规则和经济法规等一系列体制机制的完善。同时，伴随外资企业的进入，其经营管理方式和运行机制会在国内产生巨大的示范效应，促进国内企业制度和经营管理方式的变革，强化区域规则、法规、法律、标准等制度型安排与国际接轨，促使国内市场体系继续深化完善并与国际市场进一步接轨融合，加深区域参与国际分工的广度和深度（陈潏高，1994）。

（二）贸易便利化

贸易便利化能够最大程度地促进贸易的自由及便利。亚洲发展银行（Asian Development Bank）分析指出，因贸易便利化水平低而造成的交易成本占总贸易额的1%—15%，通过提升贸易便利化水平推动贸易发展正成为越来越多国家的贸易政策选择（苏小莉，2018）。在此背景下，区域开放发展也更加重视和依赖贸易便利化的发展，贸易便利化无疑成为实现区域经济增长和开放发展的重要推动力。

贸易便利化采用的手段覆盖贸易的所有环节，包括政策与规则的改革及推动、技术应用、基础设施及营商环境的建设和提升等（上海市商务委员会等，2016）。政策与规则的改革及推动涉及简化行政程序和通关手续、双边贸易合作和协议签订、降低通关和交易费用、各类相关法律法规的制定等；基础设施建设则包括如港口和机场设施建设、物流设施及服务的跟进完善等；技术应用则包括自动化、电子化、网络化、数字化技术的全面提升等；营商环境的提升则包括促进外汇制度便利化、人才政策、公共及金融服务、投资环境建设、安全指数提升等等。

（三）对外投资

对外投资是区域参与国际分工的一个重要方面。对外投资是指在中华人民共和国境内依法设立的企业通过新设、并购及其他方式在境外拥有企业或取得既有企业所有权、控制权、经营管理权及其他权益的行为。企业投资的形式有建筑物、所用设备和存货等。企业对外投资与国内投资相比最主要的特征是跨国性（本书编写组，2020）。与此相应的企业对外投资所使用的货币是多元的。

对外投资可分为对外直接投资和对外间接投资。对外直接投资是指企业将货币资金、实物和无形资产直接投入到外国企业，直接控制作为投资对象的外国企业。直接对外投资主要有联营企业投资、中外合资经营企业投资等。间接投资是指企业通过购买被投资企业发行的股票和债券而对被投资企业进行的投资。股票和债券可以根据上市情况和投资人的意图作为长期投资，也可以作为短期投资。

（四）离岸贸易

离岸贸易是指投资人的公司注册在离岸法区，但投资人不用亲临当地，其业务运作可在世界各地的任何地方直接开展。离岸贸易的操作方式就是一种综合的全面的降低企业进出口运营成本的国际贸易操作方式。

离岸贸易实质上是一种中间贸易商方式，中间商利用其发达完善的贸易网络，在交易领域内实现全球资源的优化配置。在离岸贸易活动中，本地贸易商仅作为资金流、订单流、货物流的控制管理中心存在，实体物流一般不发生在本国（地区）的关境内，但交易与结算发生在本国（地区）。图 7-1 为离岸贸易交易示意图，其最突出的特征是资金流、货物流、订单流“三流分离”，且贸易商与生产商、客户分处不同的关税区。离岸贸易是一种全面降低企业进出口运营成本的操作方式（陶蔚莲等，2014）。

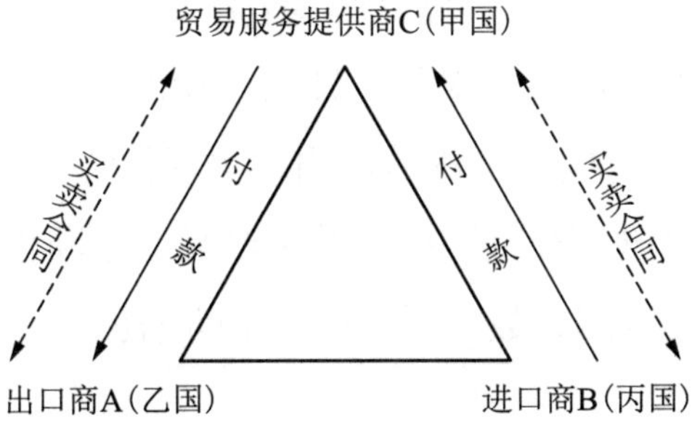

图 7-1　离岸贸易交易示意图

资料来源：陶蔚莲和李九领（2014）。

离岸贸易分为纯离岸贸易和准离岸贸易两种方式。纯离岸贸易指传统意义上的离岸贸易操作方式，也被称为“两头在外”的离岸贸易结算模式。主要是以企业作为贸易服务提供商，分别与出口地出口商和进口地进口商订立买卖合约，合同订立和资金结算等由该贸易公司完成，但货物实际并未在区域内进出口，而是在我国境外由出口地直接交运进口地，境内作为资金流、订单流、货物流控制管理中心的一种贸易方式。

准离岸贸易也被称为“一头在内、一头在外”的离岸贸易结算方式，是目前国内开展的主要离岸贸易模式。准离岸贸易方式是以企业作为贸易服务提供商，分别与境内出口商和国外进口商订立买卖合约，合同签订和资金结算由该贸易公司完成，但货物由境内区外出口地直接交运国外进口地，不进入本区域，由此形成的一种离岸贸易方式。

（五）数字贸易

数字贸易是一种新兴的离岸贸易模式，近年来得到了极为快速的发展。数字贸易依托互联网传输为基础，以数字交换技术为手段，实现以数字化信息为贸易标的的产品和服务的商业模式，可以大大缩短从生产到终端用户之间的物流时间，降低生产和中间环节的营销成本，为企业创造新的利润空间，可有效提高社会生产力。

数字贸易以安全有序跨境数据流动为基础，以平台和平台服务体系为支撑，以数字技术投入和应用为场景，以全球价值利益链的重塑为驱动，以跨界融合的数字化生态为方向。与传统贸易相对比，主要有三个方面的特征。第一，数字贸易依托互联网技术，以数字交换技术为手段，以互联网通信为媒介，优化了贸易体制，简化了贸易流程，增加了贸易机会。第二，数字贸易对象多为知识产权密集型的产品和服务，具有高知识、高技术、高互动、高创新的特征。通过不断创新的数字化贸易标的，实现供需双方的高度互动。第三，随着云计算、工业互联网、社交网络等数字产品的不断涌现，拓展和扩充了数字贸易产品服务的种类范围，数字贸易形式不断增加。

二、区域开放合作

区域开放合作就是一国内各区域间加强联系、加深合作，形成整体共同实现对外开放的一种经济发展形式。它是现代区域经济发展的普遍现象，能够通过市场或行政的力量实现优势互补和资源共享，从而提升整个大区域的竞争力。随着经济全球化进程的加快，新一轮区域化浪潮正蓬勃发展。区域开放与合作已成为各地区融入全球经济、增强本地区竞争力的重要手段（中共中央、国务院，2019）。区域开放合作的措施主要有以下几种：

（一）激励措施

由于各区域经济发展水平差距较大，只能在差别中寻求共享利益点，通过协商达成认识和目标上的协同，才能有效实现区域间的开放合作。虽然各区域受资源禀赋和发展、发展战略的约束，合作的潜在收益很小，但对外部市场和资金的依赖性是国家经济增长一直依赖的共同外部因素。这种外部因素对推动整个区域经济合作发挥了重要作用。区域开放合作的成功需满足两个条件，即一组能够通过区域一体化获得重要收益的区域，以及这些区域中有一个作为制度核心并能为地区事务负责的领导区域。国内各区域只有加强内部开放合作，才能最大程度上满足和改善与外部世界交换利益的条件。这也是国家实现区域合作的重要动力。

不同地区间在经济发展水平、经济结构等方面存在巨大差距，在这种发展不平衡的格局中要建立统一的市场，面临最大的障碍就是区域利益诉求的多样化，从而导致“合作博弈”的破产。区域开放合作可激励各地区增强区域合作的动力，区域开放合作以缩小差距和协调发展为目标，通过在区域内对资源配置的调整及利益的公平分配，缩小区域间的发展差距以稳固合作的基础。激励措施包括建立相应的发展基金，支持落后地区的发展，提升区域的整体竞争力。通过设立基金，有效地激励了各区域参与市场一体化的积极性，避免了区域间因经济发展差异所导致的“不合作博弈”的发生，有效调整了区域发展不平衡的状况，为应对共同市场可能带来的负面的外部效应发挥了重要作用（程永林，2009）。

（二）协调措施

建立区域经济合作中的利益协调机制，是协调区域合作主体、解决区域发展中“多元结构”问题的重要途径。在完全竞争的市场中，梯次的市场政策、市场机制和市场体系可以有效实现资源的优化配置，市场力量主导着区域利益的协调和分配。但由于经济活动的范围往往超出了区域行政范围，区域经济合作中的利益协调通常会存在“市场失灵”。因此，区域开放合作的协调措施就显得尤为必要。区域开放合作可分为制度化的利益协调机制和非制度化的利益协调机制。

制度化的区域协调机制可以推进和保障区域对外开放的紧密合作与发展，这种制度化的协调机制主要包括区域合作组织、区域合作规则、区域合作惯例等。各区域就有关对外开放领域和事宜达成的明确规则，在区域开放合作实践中形成的、被行为主体接受具有约束力的非正式做法等，比如发展基金对推进区域间制度、政策和生产标准的趋同发挥了重要作用，对促进区域开放合作具有正面的经济增长效应、整体一致效应和利益再分配效应。

非制度化的区域协调机制主要有区域论坛、自发形成的自愿性区域组织等，其协调模式主要是区域各方采取集体磋商的形式，比如由区域合作方领导人作出承诺，或通过一些松散的区域性组织进行协调等。非制度化的协调机制具有很强的灵活性和弹性，可以有效地对区域共同关注的问题进行讨论和研究，提出解决的方案和制定解决特定问题的政策，在一定程度上实现了区域各方利益的整合（范恒山，2013）。

（三）多层治理措施

多层治理是在区域一体化进程中形成的一种新型区域合作协调机制，其治理实质在于建立在市场原则、公共利益和认同之上的合作。在多层治理模式中有多种行为主体的共同参与。其目的在于实现参与合作各方利益。这一治理模式弥补了当前区域合作中出现的诸多缺陷和不足（夏先良，2018）。多层治理这一机制主要有如下特点。一是参与行为主体的多元性。既包括各种超区域机构，也包括各区域政府以及次区域政府，还包括私人机构、非政府组织等。二是决策主体的多层级性。每一个层次、每一个区域的参与者在自己权限内都享有独立决策权，强调权力非集中的、开放的运用。三是多层级治理体系具有动态性。多层级治理的参与主体和层级会因为它们所面临的政策任务和治理形式的不同而有所变化。在不同层级进行协商时，多层级治理体系采用的是非多数同意的谈判协商体系。

三、制度型开放

制度型开放是指更多运用市场化和法治化手段，在规则、规制、管理、标准等方面推进区域开放。2018 年底中央经济工作会议首次明确提出“制度型开放”的总体要求，标志着我国对外开放不断向制度层面纵深推进，并由规则为主的制度型开放向规则、规制、管理、标准等更宽领域、更深层次拓展，更加注重国内制度层面的系统性全面开放。制度型开放有利于中国更好地对标国际规则，这既是中国进一步以开放促改革的需要，也是中国越来越深入融入全球化、参与国际竞争的需要（赵蓓文，2019）。推动由商品和要素流动型开放向规则等制度型开放转变，其具体措施有如下几个方面：

（一）信息共享机制

信息公开共享是区域推动制度型开放的重要举措。区域建设完善的经济信息系统，便于企业发布信息、独立第三方鉴定信息、政府监管信息和社会评价信息。信息共享机制可推进区域信用联动，促进区域信用体系建设合作与交流，推动信用建设经验成果及信用市场服务的互通、互认和互用。信用联动机制以统一社会信用代码为标识，实现企业登记、产品质量监管等信用信息的共享交换，在对外开放合作中实现各主体间的统一（赵伟，2011）。信息共享机制还可健全知识产权保护机制，完善统一企业信用分类标准，实现跨地区信用联合惩戒，完善“一处失信、处处受限”的失信惩戒机制。

（二）市场准入机制

市场准入机制指区域允许区域外的货物、劳务与资本参与本区域市场的程度。实施市场准入机制就是要清理阻碍要素合理流动的各种规定和做法，实施统一的市场准入制度和标准，推动各类生产要素跨区域有序自由流动和优化配置，规范发展综合性产权交易市场。市场准入机制涉及地方和企业标准制订合作，产品检验、计量检定、资质认证等结果互认，商品等要素自由流通，服务业区域标准统一等。此外，市场准入机制还涉及统一的市场执法标准和监管协调机制，包括市场主体基础信息互联互通、市场监管信息共享共认、市场监管措施协调联动、消费者权益保护异地受理处置和行政执法相互协作。

（三）金融配置机制

金融配置机制涉及资本项目可兑换、利率市场化和人民币跨境使用等内容。良好的金融配置机制能够推进企业与个人对外投资，发挥国家战略优势，形成双向开放格局。金融在市场经济中具有配置资金、资源的作用，原材料、中间品、最终商品等多种要素都通过金融市场决定其价格，完善的金融市场是高效配置资源的必要条件。在金融配置资源过程中，也会进一步发现价格、调整价格，具有内在自我调节机制。金融在配置资源、发现价格时，也在不断地分散和管理风险。金融的功能和市场机制结合在一起，能不断增强市场的韧性，同时提高市场配置资源的效率，使资源流向各个领域最有竞争力的企业。

（四）价格形成机制

建设国内市场经济体制是创造开放型经济的制度基础。其核心是各类所有制企业公平竞争的环境，是统一公平透明的经营环境。改革开放初期，我国主要依靠特殊政策来推动外资进入，是要素引进式的发展模式，但随着经济发展与对外开放的深化，这种方式越来越不适应进一步的对外开放。优惠政策实际上是一种市场不平等，在这种政策下部分外商享受超国民待遇，而一些国内行业又对外企形成歧视。价格形成机制就是要从优惠政策导向转向市场导向，从依靠优惠政策激励转到依靠完善的法律体系、优越的投资环境和规范的标准上来。价格形成机制就是在加强法制建设、保护知识产权、保护外商投资企业合法权益的基础上，改善投资环境，努力创造公平竞争的市场。不论何种形式的所有制企业都应该具有完全平等的市场准入机会，让市场配置资源，形成机制规律，决定优胜劣汰（卓凯等，2007）。

第三节　区域开放发展的政策体系

进入新发展阶段，我国积极制定和完善对外开放政策体系，推进构建更高水平开放型经济新体制，在开放发展中争取更大的战略主动。未来一段时期，我国将坚持实施更大范围、更宽领域、更深层次对外开放，不断构建完善区域开放发展的政策体系，促进区域合作，实现互利共赢。在区域开放发展政策创新方面，主要体现在以下四个方面。

一、“一带一路”东西双向开放

“一带一路”建设是为了统筹国内国际两个大局，谋划我国全方位对外开放新格局做出的重大决策。中国对外开放从东部沿海起步，由东向西、由点及面，开放布局在空间上向纵深推进。“十四五”规划纲要提出，在巩固东部沿海地区和超大特大城市开放先导地位的同时，加快中西部和东北地区开放步伐，助推内陆地区成为开放前沿，推动沿边开发开放高质量发展。东西双向开放、中欧班列等能够有效串联国内东中西板块各区域的对外开放，形成陆海内外联动、东西双向互济的开放格局，对外开放水平更高，布局优化更加合理。

东西双向开放有利于缩小东西部发展差距，有助于补齐内陆、沿边地区对外开放短板。内陆开放区域拥有的一类口岸能够提升贸易便利化程度，提高关检效率，降低贸易成本和物流成本，提升区域吸引力和产业竞争力。东部沿海地区一直是中国对外开放格局中的先行者，对外开放领域经验丰富、优势突出。依托东部沿海地区和超大特大城市开放先导地位，推动全方位高水平开放，率先在更高层次参与国际经济合作和竞争，打造对外开放新优势，率先建立全方位开放型经济体系（胡绍雨等，2020）。在此背景下，东部沿海地区将带动中西部、东北和内陆沿边地区实现高水平对外开放，产生“雁阵效应”，中西部地区也越发走向对外开放的舞台中央。随着外贸依存度下降，中国的超大规模市场优势逐步显现，东中西部地区梯度开放格局逐渐形成，中西部地区、内陆地区在经济发展、对外开放等领域对东部沿海地区形成快速追赶态势，更加优化的区域开放格局正在形成。

中欧班列具有覆盖沿线地域广、运输承载量大、运输成本较空运低、运输时间较海运短、受天气因素影响小等诸多优势，在我国“一带一路”建设中具有重要价值意义。中欧班列不仅串联起中国与其他国家和地区的经贸往来，也对国内区域开放发展提供利好。2020 年肆虐全球的疫情发生以来，中欧班列逐渐成为连接“一带一路”的重要纽带，成为贯通中欧、中亚供应链的重要运输方式，源源不断为中欧、中亚输送重要物资，也为国内沿线各地区的对外开放提供通道和纽带。中欧班列同时串起铁路、口岸、海关等部门的密切合作，使得“一带一路”建设不断从国际间贸易的“商贸路”转变为集聚区域产业和人口的经济带。

二、国际开放枢纽建设

国际开放枢纽将在当前构建的新发展格局中成为一个重要平台，即着力打造国内大循环的一个关键节点、国内国际双循环的一个枢纽连接。国际开放枢纽的提出，是我国推进区域开放合作的一项重大举措，对国家和区域的发展都具有重要意义。2021 年 2 月，国务院正式批复《虹桥国际开放枢纽建设总体方案》，力图将虹桥国际开放枢纽建设成为推动长三角一体化发展、提升我国对外开放水平、增强国际竞争合作新优势的重要载体。

国际开放枢纽建设是推动区域一体化发展战略的重大支撑，是落实区域一体化发展的重要承载地，是国家继经济特区、沿海开放城市、国家级新区、自贸试验区之后又一个全新的开放形态，在区域协同开放方面有着不可或缺的示范作用，同时也是对旧有区域功能的定位升级、开放升级、功能升级，以及全方位的战略升级。国际开放枢纽在推动总部经济集聚升级、深化服务业领域扩大开放、促进金融与贸易深度融合、优化区域营商环境等方面发挥巨大能量（张宣等，2022）。

国际开放枢纽具备贸易、交通、总部经济、会展等内外联通功能，具有较好的服务区域和联通国际的能力。国际开放枢纽在产业上发展总部经济、商务、国际会展、国际贸易、数字经济等，新业态新模式不断涌现，经济发展新动力不断激发。在载体方面，依托博览会、国际论坛、贸易平台等载体平台，发挥较好的贸易进出口和商品集散能力，进出口结构和进出口能级较优。依托国际贸易平台新模式和海外贸易中心建设，集聚大量高能级国际组织和各类高规格经贸活动。国际开放枢纽还具备联通国际国内的综合交通体系，拥有高水平的交通基础设施，包括海港、空港、铁路、公路、内河航运、轨道交通等，区域间和区域内外交通联通通畅，各类交通方式的一体化综合运输体系也十分完备。

除硬件设施外，国际开放枢纽也具备协同开放的各项改革创新制度，具备高效率的全球高端资源要素配置通道。国际开放枢纽平台多、环境优，要素自主有序流动，全球商务流、人才流、资金流、技术流、信息流高效配置。国际高端人才管理体系和管理制度完备，投资商务服务体系完善，区域投促一体化平台在区域内、区域间和海外三个层面形成投促工作网络，有效推进了资本要素市场化配置，推动技术要素市场发展。在内外双向开放上，国际开放枢纽是引领区域协同发展的重要引擎，相关政策有市场准入负面清单制度、国际贸易单一窗口服务、跨境双向人民币资金池、企业“走出去”综合服务、区域认证企业 FT 账户系统政策、区域企业商标权质押登记、区域电子证照深化应用、企业事务跨区域“一网通办”等等，在数字贸易、金融服务、信息服务、会展服务等领域拥有更多协同开放措施。

三、自由贸易试验区

自由贸易区是指两个以上的主权国家或单独关税区通过签署协定，在世界贸易组织最惠国待遇的基础上，相互进一步开放市场，分阶段取消绝大部分货物的关税壁垒和非关税壁垒，改善服务和投资的市场转入条件，从而形成的实现贸易和投资自由化的特定区域。自由贸易区是经济一体化组织中最普遍的形式，其特征是在成员国内部取消贸易障碍，实现自由贸易，但没有共同对外关税，通常采用原产地规则。自由贸易区在开放的类别、层次和货物、资金国际性流动的自由度上有显著扩大，是开展离岸贸易和离岸金融活动的前沿阵地。

2013 年 9 月，中国首个自贸试验区在上海浦东建立。截至 2020 年底，中国的自贸试验区阵容扩大到 21 个，空间布局上遍布全国，功能定位差异化明显。我国设立自由贸易试验区，并提出探索建设海南自由贸易港，对于优化对外开放格局具有重要意义。自贸区建设就是要深入推进更高水平的对外开放，构建制度型开放经济体系，增强各个区域经济发展的活力和国际竞争力。

自贸区的对外开放，既有贸易开放，又有投资与金融开放；既有商品或服务市场开放，又有要素与资源市场开放。而且，要通过深化开放推动政府“放管服”改革，健全事中事后监管体系，构建透明、公开的商事、财税、司法、市场监管体制体系；建设国际贸易“单一窗口”，提高贸易便利化水平；完善外商投资准入前国民待遇加负面清单管理制度，减少投资限制，降低准入门槛，提高监管效率；构建透明开放的知识产权保护以及其他纠纷执法司法体系（黄加宁，2012）。

在我国各个区域的自贸试验区中，海南自贸港和上海自贸试验区临港新片区的对外开放试验力度最大。上海自贸试验区临港新片区正式成立于 2019 年 8 月，与 2014 年以来设立的上海自贸试验区板块（外高桥）有所不同，其承担了探索最高标准最好水平对外开放的新使命，其发展定位是：努力成为集聚海内外人才开展国际创新协同的重要基地、统筹发展在岸业务和离岸业务的重要枢纽、企业走出去发展壮大的重要跳板、更好利用两个市场两种资源的重要通道、参与国际经济治理的重要试验田。临港片区主要有三大任务，即：打造与国际通行规则相衔接、更具国际影响力的特殊经济功能区；推进投资贸易自由化便利化，包括实行投资自由、贸易自由、资金自由、运输自由、人员从业自由，提升网络信息服务能力；带动长三角新一轮改革开放。

四、综合保税区

综合保税区是指集保税区、出口加工区、保税物流区、港口功能于一身，可以发展国际中转、配送、采购、转口贸易和出口加工等业务，国内功能最全的海关特殊监管区域。综合保税区是设立在内陆地区的具有保税港区功能的海关特殊监管区域，由海关参照有关规定对综合保税区进行管理（中国保税区出口加工区协会，2011）。

20世纪80年代初期创办的经济特区带来了全方位、多层次、宽领域对外开放格局。20世纪80年代中后期，以经济技术开发区、高新技术开发区为代表的各类开发区在经济和技术发展方面取得巨大成效，在此背景下，20世纪90年代初设立的保税区则将中国的对外开放事业推向更高层次，成为继经济特区、开发区之后中国对外开放的第三级"推进器"。

综合保税区在税收、物流仓储贸易、海关监管等方面实行诸多优惠措施。对境外进口材料设备、境内出口产品等实行免税，对出口产品所需材料予以全额保税，从区外进入综合保税区的货物可办理出口退税，企业水电气实行退税，境内外货物也可以自由进出。在物流仓储贸易方面，存储品种和时间不受限制，产品可享受免税退税等多种优惠。企业在海关监管方面，如各种申报手续、备案管理、委托批准、保税监管等方面具备诸多便利。

综合保税区加速了沿海沿边地区的发展，加速了经济体制改革、对外经济开放和国际惯例接轨。而在内陆地区，综合保税区使内陆地区在现代物流业发展、国际贸易和外向型经济等方面具备产业平台优势和更加优厚的特殊政策优势。不同地区、不同企业的原材料、半成品、成品等汇集至保税物流园区，拼箱后再发至世界各地，运输成本可以大大降低，对外协同开放能力大大增强。综合保税区还为各类开发区提供国际采购、保税仓储、国际中转、分拨配送、流通性简单加工等物流服务，加速物流集聚效应。内陆地区的综合保税区可承接沿海加工贸易产业转移，促进加工贸易转型升级，实现保税与保税加工的深度融合，加速实现东西双向协同开放和外向型经济发展。

第四节　区域开放发展的评价方法

对于区域开放发展的评价方法有很多，本章主要介绍几种常用的实证分析方法，如贸易引力模型、指数综合评价等。

一、贸易引力模型

最早给贸易引力方程提出理论基础的是阿明顿（Armington），阿明顿模型现在被视为结构性贸易引力方程的基准模型（Armington，1969）。阿明顿模型非常简单，在需求侧，所有国家都具有对称的代表性位似（CES）偏好；在供给侧，每个国家都只生产一种商品，生产一单位商品使用一单位劳动力，劳动供给无弹性。所以，阿明顿模型在供给侧等价于纯禀赋经济。

j 国对 i 国的进口额是：

$$X_{ij}=\left(\frac{w_i\tau_{ij}}{P_j}\right)^{1-\sigma}Y_j$$

其中，w_i 是 i 国的平均工资，τ_{ij} 是 i 国和 j 国之间（对称的）贸易成本（冰山成本）。此方程即为最简单的贸易引力方程。

定义 $\epsilon_t\equiv\dfrac{\partial\ln\left(\dfrac{X_{ij}}{X_{jj}}\right)}{\partial\ln\tau_{ij}}$ 为贸易弹性，在阿明顿模型中，$\epsilon_t=1-\sigma$。假设出现一个外部冲击，对 $L\equiv\{L_i\}$ 和 $\tau\equiv\tau_{ij}$ 形成影响，但不影响 L_j 和 τ_{ij}（即不影响 j 国服务本国市场的能力）。那么，这个冲击会如何影响 j 国的实际收入呢？

经计算，得到福利方程为：

$$\widehat{W}_j=\widehat{\lambda_{ij}{}^{\frac{1}{1-\sigma}}}$$

因此，无论是何种冲击所致的福利变化，都可用变化推断出来（假设贸易弹性已知）。

阿科拉克斯等（2012）在福利分析方面统一了一大类量化贸易模型，包括克鲁格曼模型、EK 模型（伊顿—科图姆模型）和梅里兹模型及很多扩展模型，由于这些模型可以导出具有相同形式的引力方程，因此也称其为“引力方程模型”（Arkolakis et al.，2012）。阿科拉克斯等人证明，只要贸易模型满足一些覆盖面十分宽泛的假定，阿明顿模型所导出的形式简洁的福利公式就仍然有效。也就是说，只要知道对本国产品的支出比例、λ_{ij}和贸易弹性ϵ就足以估计贸易利得。

二、综合评价方法

区域开放发展的指标体系评价中，评价指标是进行测度与评价的基础，直接关系到评价结果的准确性。评价区域开放发展程度应该是包含数个领域多项指标的综合评价指标体系，其内容非常丰富（王芊等，2019），不仅要考虑商品市场开放评价指标，也要考虑生产要素市场开放评价指标。其中，要素市场开放评价指标不仅包括资本开放评价指标，而且要包括土地、技术、人才以及信息开放评价指标。此外，随着中国对外开放进入了制度型开放的新阶段，在评价指标中更要考虑规则、制度、市场环境等指标。

区域开放发展评价指标通常由国际商品市场开放（货物贸易依存度、实际关税率）、国际要素市场开放（资本和金融开放、劳动开放、技术开放、信息开放）和制度型开放等领域构成，每个领域包含数个指标。其中，国际商品市场开放涉及贸易、进出口、关税等方面，主要以货物进出口（进口、出口）依存度、进出口总额、货物吞吐量、集装箱吞吐量、实际关税率来衡量。国际要素市场开放涉及较多方面，包括资本和金融开放、人才开放、技术开放、信息开放等；资本和金融开放涉及资本项目开放度、金融项目开放度、利率市场化程度等指标；人才开放包含国际人才流动、劳务流动等指标；技术开放涉及技术贸易开放度和对外技术依存度等指标；信息开放度涉及国际游客数量、国际旅游收入占比、跨境旅游人数、国际展会举办次数、互联网普及率等指标。

制度型开放包含规则制度、市场环境等维度，主要涉及加入 WTO、RCEP 等贸易非贸易协定数、自由贸易区数量，或者依据问卷和访谈进行制度型开放打分。对于市场环境开放指标，目前通用的是世界银行于 2003 年首次发布并逐年完善优化的营商环境指标体系，2020 年版的营商环境指标体系包含开办企业、办理施工许可、获得电力、产权登记、获得信贷、保护少数投资者、纳税、跨境贸易、合同执行、破产办理等 10 项一级指标，以及 49 项具体指标（World Bank，2020）。在评价指标确定的情况下，通常采用主观赋权法和客观赋权法进行评价（孙敬水等，2016），并运用 AHP 分析法、模糊综合评价法等方法进行加权求和，计算区域开放发展水平。

三、全球价值链地位指数

地区国际分工地位是指该地区参与国际分工的生产阶段在价值链中的位置，如果其处于分工上游环节，它将向其他国家 / 地区提供核心原材料或者中间品；如果处于生产的下游环节，就会大量使用来自国外的中间品生产最终产品。居于全球价值链上游的地区不仅能够获得更多的价值增值，还可以对下游国家 / 地区的生产投资行为施加影响力，进而拥有设置国际行业标准、生产标准的权利。

在各地区以生产阶段嵌入国际分工的新背景下，贸易分工的本质含义并未发生变化，静态比较优势理论如绝对比较优势论、相对比较优势论、H-O 理论，仍然可以解释产品内分工和贸易产生的基础，生产阶段的要素密集特征和区域要素禀赋共同决定了产品内分工（刘海云等，2015）。基于此，比较优势发生动态变化时，产品内国际分工地位也会相应变化。

美国学者罗伯特·库普曼（Robert Koopman）综合考虑一国 / 地区作为中间品供应者和中间品接纳者两种角色，涵盖国内增加值的间接出口和出口中的国外增加值两部分内容，提出全球价值链地位（GVC_Position）指标测算国际分工地位（Koopman et al.，2010）。如果一国 / 地区处于分工上游环节，其国内增加值间接出口大于出口中的国外增加值，*GVC_Position* 指标值较大，反之亦然。一国 / 地区的国际分工地位指标如下：

$$GVC\_Position_r = \ln\left(1 + \frac{IV_r}{E_r}\right) - \ln\left(1 + \frac{FV_r}{E_r}\right)$$

其中，IV_r 表示其他国家出口中地区 r 的价值增值，又称增加值间接出口，即地区 r 的国内增加值作为中间品被其他国家出口的部分；FV_r 表示地区 r 出口中来自其他国家的价值增值。一地区的增加值间接出口越多或出口中其他国家的国内增加值越少，*GVC_Position* 值越大，国际分工地位越高。

参考文献：

[1] 本书编写组编．迈向社会主义现代化：苏州工业园区的实践与探索［M］.

上海：上海人民出版社，2020.
[2] 宾建成. 国际贸易投资新规则：趋势、影响与应对 [M]. 上海：对外经济贸易大学出版社，2018.
[3] 陈漓高. 外商投资企业经营与管理 [M]. 天津：天津社会科学院出版社，1994.
[4] 程永林. 区域合作、利益协调与机制设计——基于泛珠三角与东盟跨边界次区域经济合作的研究 [J]. 东南亚研究，2009 (2): 32—37.
[5] 大卫·李嘉图. 政治经济学及赋税原理 [M]. 北京：商务印书馆，1976.
[6] 范恒山. 中部地区深化对外开放与区域合作的战略与策略 [M]. 武汉：武汉大学出版社，2013.
[7] 郭其友，李宝良. 新贸易理论与新地理经济学的发展与融合——2008 年度诺贝尔经济学奖得主的主要经济理论贡献述评 [J]. 外国经济与管理，2008 (11): 1—10.
[8] 胡绍雨，余婷. 促进西部地区"一带一路"建设的财税政策研究 [J]. 湖南税务高等专科学校学报，2020，33 (6): 7—11，18.
[9] 黄加宁. 经济全球化背景下的中国自由贸易区之路 [J]. 时代法学，2012，10 (3): 93—99.
[10] 李小建. 经济地理学 [M]. 北京：高等教育出版社，1999.
[11] 刘长庚. 企业跨国经营论 [M]. 北京：中国经济出版社，1998.
[12] 刘海云，毛海欧. 国家国际分工地位及其影响因素——基于"GVC 地位指数"的实证分析 [J]. 国际经贸探索，2015，31 (8): 44—53.
[13] 刘新智. 开放型区域经济发展理论研究 [D]. 沈阳：东北师范大学博士毕业论文，2006.
[14] 陆家骝. 克鲁格曼与新贸易理论——新国际经济格局下的政策含义 [J]. 中山大学学报 (社会科学版)，2008 (4): 178—183，208.
[15] 迈克·波特著，陈小悦译. 竞争优势 [M]. 北京：华夏出版社，2005.
[16] 上海市商务委员会，上海科学技术情报研究所. 世界商务发展动态 2015—2016 [D]. 上海：上海科学技术文献出版社，2016.
[17] 苏小莉. 贸易便利化与对外直接投资的出口效应——基于"丝绸之路经济

带”国家的研究［M］. 北京：对外经济贸易大学博士毕业论文，2018.
［18］孙敬水，林晓炜 . 开放型经济的评价体系研究进展［J］. 国际经贸探索，2016，32（2）：34—47.
［19］孙鹏 . 中国大都市主体功能区规划的理论与实践：以上海市为例［M］. 南京：东南大学出版社，2014.
［20］陶蔚莲，李九领 . 中国（上海）自由贸易试验区与海关监管制度创新［M］. 上海：上海人民出版社，2014.
［21］王芊，佟家栋 . 贸易模型发展综述：共性和异性视角［J］. 首都经济贸易大学学报，2019，21（6）：27—44.
［22］夏先良 . 构建区域全面开放发展新格局［J］. 国家治理，2018（20）：21.
［23］亚当 · 斯密 . 国民财富的性质和原因的研究［M］. 北京：商务印书馆，1972.
［24］张宣，孙巡 . 全面对接虹桥国际开放枢纽，整体提升内外开放水平［N］. 新华日报，2022-03-06（009）.
［25］张幼文，李刚 . 世界经济概论 . 第四版［M］. 北京：高等教育出版社，2017.
［26］张幼文 . 世界经济学的基础理论与学科体系［J］. 世界经济研究，2020（7）.
［27］赵蓓文 . 开放型经济新体制：上海探索与实践［M］. 上海：上海人民出版社，2019.
［28］赵伟 . 中国区域经济开放：制度转型与经济增长效应［M］. 北京：经济科学出版社，2011.
［29］中共中央、国务院 . 长江三角洲区域一体化发展规划纲要［R］. 2019-12-01.
［30］中国保税区出口加工区协会 . 中国保税区出口加工区年鉴 2011［M］. 北京：中国海关出版社，2011.
［31］周起业 . 区域经济学［M］. 中国人民大学出版社，1989.
［32］卓凯，殷存毅 . 区域合作的制度基础：跨界治理理论与欧盟经验［J］. 财经研究，2007（1）：55—65.

［33］Arkolakis C.，Costinot A.，Rodrigues-Clare A.. New Trade Models，Same Old Gains?［J］. American Economic Review，2012，102（1）：94—130.

［34］Armington P. S.. A theory of Demand for Products Distinguished by Place of Production［J］. Staff Papers，1969，16（1）：159—178.

［35］Gereffi G.. Introduction：Globalisation，Value Chains and Development［M］. IDS Bulletin，2001.

［36］Kogut B.. Designing Global Strategies：Comparative and Competitive Value-added Chains［J］. Sloan Management Review，1985，26（4）：15—28.

［37］Koopman R.，Powers Z.，Wang S. J.. Give Credit to Where Credit is Due：Tracing Value Added in Global Production［J］. NBER Working Paper 16426，2010.

［38］Vernon R. A.. International Investment and International Trade in the Product Cycle［J］. The International Executive，1966，8（4）：16.

［39］World Bank. Doing Business 2020［EB/OL］. https://openknowledge.worldbank.org/bitstream/handle/10986/32436/9781464814402.pdf.

第八章　区域共享发展

共享发展是中国特色社会主义的本质要求。在2020年全面建成小康社会后，在一个较长时期内我国仍将面对比较突出的城乡差距、区域差距。如何缩小城乡区域差距，如何让全体人民共享发展成果，有更多的获得感、幸福感、安全感，促进人的全面发展和人民共同富裕，这是我国建设社会主义现代化国家需要努力落实的重大任务和必须实现的重大目标。深入推进区域共享发展，特别是围绕公共服务的城乡及区域均等化、公共资源的城乡区域共享，以及城乡区域的共同富裕，都需要建立健全积极有效的推进机制和配套政策。

第一节　区域共享发展的理论综述

共享发展在很大程度上指的是区域共享发展，因为我国城乡区域之间仍然存在比较明显的差距，具有发展中国家典型的二元结构特征，这也是理论界多年来一直在跟踪研究的重要理论课题。促进区域共享发展，其根本目的就是要让不同地区的百姓共享发展成果，实现人的全面发展。

一、区域共享发展的概念内涵

党的十八届五中全会报告指出，必须坚持发展为了人民、发展依靠人民、发展成果由人民共享，做出更有效的制度安排，使全体人民在共建共享中有更多获得感，增强发展动力，增进人民团结，朝着共同富裕方向稳步前进。

共享发展，就是以推进社会公平正义为前提，以推进扶贫脱贫、缩小收入差距为抓手，以推进区域、城乡基本公共服务均等化为保障，以推进共同富裕为目标。共享发展包含了四个方面：一是全民共享，即共享发展是人人享有、各得其所，不是少数人共享、一部分人共享；二是全面共享，即共享发展是共享国家在经济、政治、文化、社会、生态文明各方面建设的成果，全面保障人民在各方面的合法权益；三是共建共享，即只有共建才能共享，共建的过程也是共享的过程；四是渐近共享，即共享发展必将有一个从低级到高级、从不均衡到均衡的过程，即使达到很高水平也会存在差别。①

区域共享发展是共享发展理念在城乡区域协调发展中的具体体现和生动实践，是促进区域协调发展的出发点和落脚点。我们认为，区域共享发展更加关注三大方面的共享：一是共享发展成果。旨在通过促进城乡区域协调发展，在推动不同区域空间发挥比较优势、实现高质量发展的同时，更加重视老少边穷地区和乡村地区的发展，通过更加积极有效的财政转移支付、东西部扶贫协作、社会援助、生态补偿等机制，让这些地区可以充分共享改革发展成果。二是共享公共服务。针对我国东中西部之间、城市与农村之间基本公共服务水平差距较大的国情，把加强和优化公共服务作为促进社会公平正义、促进共同富裕的重要抓手，坚持基本公共服务的普惠性、均等化、可持续，通过加强城乡区域统筹、改善资源均衡配置机制、开放城市公共服务，努力实现基本公共服务全覆盖。三是共享社会资源。促进要素畅通流动，建设一体化的要素市场和发达的物流体系，建立双向开放、合作共赢的资源开发机制和市场公平机制，促进老少边穷地区和乡村地区更多融入城市化地区，共享城市资源、共享发展机遇。

二、区域共享发展理论发展

区域共享发展理论还处于起步阶段，从区域经济学的角度，主要源于区域非均衡协调发展理论。随着五大发展理念的提出，特别是习近平总书记提出，“要坚持以人民为中心的发展思想，这是马克思主义政治经济学的根本立场。要坚持把增进人民福祉、促进人的全面发展、朝着共同富裕方向稳步前进作为

① 中共中央宣传部.习近平总书记系列重要讲话读本（2016年版）[M].学习出版社/人民出版社，2016.

经济发展的出发点和落脚点”[①]，区域共享发展迎来了理论创新的新时代。

（一）非均衡协调发展下的区域共享发展理论

非均衡协调发展理论，主要针对不同地区之间发展不均衡不充分问题，通过城乡区域统筹、财政转移支付、社会对口帮扶等方式，实现发达地区和欠发达地区的协调发展和共享发展。具体包括以下三个方面：一是发挥市场机制作用，促进区域之间资源共享和优势互补。我国东部沿海地带经济发达，技术较先进，科研力量强，市场发育程度高，但自然资源短缺；而中、西部地区自然资源丰富，但产业基础相对薄弱，科研力量不强，市场发育程度也较低。区域之间这种优劣并存、长短互见的状况，正是推动区域间开展合作、互相补充，发挥各自优势的内在动力。二是打造公平竞争的体制和政策环境。重视发达地区的发展，同时大力改善欠发达地区的基础设施和营商环境，挖掘欠发达地区的资源禀赋优势和区域比较优势，提高其经济发展的内生动力和开放程度。三是加强政府统筹协调和帮扶。对老少边穷地区和乡村地区，更好发挥政府作用，深入推进脱贫攻坚和乡村振兴，加强政府的财政转移支持，建立区际利益协调机制。

区域共享发展尤为强调对口帮扶、精准脱贫实践。陈芸芳（2021）从新时期脱贫攻坚的视角，结合共享发展理念深刻阐述了脱贫攻坚的特征和基本规律，并提出脱贫攻坚是齐心协力共同致富、共享成果的重要体现。雷明和邹培（2019）结合共享发展理念，对生态扶贫系统的建构、机制及实施路径进行了深入的探讨，并提出扶贫生态系统的构建基于现阶段国情，是社会多主体积极参与并实现成果共享的有效制度安排。林劼（2020）基于财政视角分析粤桂扶贫协作对资金支持、产业发展、人才交流、结对帮扶等方面的积极作用。区域经济学视角下，现有研究从创新网络（林斐，2020）、生态治理（彭文英，2019）、生态效率（杨燕燕，王永瑜和韩君，2021）等方面，探讨区域共建共享的实现路径。林斐（2020）提出政府、创新主体、生产主体等组成的创新产业共同体，可以有效地推进产业链与创新链的深度融合，进一步发挥创新在区域共治与区域一体化发展中的积极作用。彭文英（2019）将跨区域生态共建共

---

① 习近平总书记在经济社会领域专家座谈会上的讲话，2020年8月24日。

享与共享发展理论相结合，深入阐述了跨区域生态共建共享理论的内涵及方法逻辑。杨燕燕等（2021）以黄河流域为例，结合五大发展理念，构建黄河流域生态效率的指标体系，并对不同区域的生态效率进行了对比分析。蔡欣磊、范从来和林键（2021）以长三角扩容为准自然实验，进一步测算长三角一体化对区域共享发展的成效，提出长三角扩容实现了区域共享发展。刘炯（2015）基于东部六省数据，探讨生态转移支付对不同地方政府的成本收益的影响，并对不同地方激励型转移支付和惩罚型转移支付进行了分析。

我国区域经济学的理论发展，就是从区域均衡发展，到区域非均衡发展，再到区域协调发展。区域协调发展以区域非均衡发展作为前提。所以我们对区域共享发展理论的探讨，也基于非均衡状态，而且把区域共享发展作为区域协调发展最重要的目标函数，把区域协调发展作为实现区域共享发展的总体路径。围绕区域共享发展，要建立与之相匹配的多维度、多层级的区域协调机制。从区域共享发展的实现目标看，协调推进全面共享，通过加强发达地区与欠发达地区优势互补和对口帮扶，解决地区发展不平衡问题，实现不同地区的共同富裕；通过加强城市与农村地区的深度融合，解决城乡发展不均等问题、共享城市文明与富裕。从区域共享发展的广度来看，最终目标不仅仅是简单的物质财富均衡，而是要协调推进涵盖基础设施、文化建设、生态环境、社会保障、公共服务、社会治理等相关领域，是多维度的共享。从区域共享发展实现的路径来看，要协调推进国家、地方政府、社会力量三个层面，既要充分发挥市场机制的基础作用，又要更好发挥政府的引导乃至主导作用；要发挥国家层面的统筹推进作用，建立相应的扶持政策，更要发挥地方政府之间的主体作用，加强紧密合作、共建共享；还要发挥社会力量的参与作用，建立现代慈善机制和志愿者机制。

（二）中国特色区域共享发展理论

西方经济学涌现出众多的思想流派，其中发展经济学是研究发展中国家如何实现经济发展的理论，虽然提出了贫困的多维性，但由于过分强调发展，忽视了共享与发展的协同共进，在实践中会导致贫富差距越来越大。福利经济学主张政府通过颁布福利政策、发展福利事业解决贫富差距过大问题，但却降低了发展效率，为经济发展带来隐患，不可能从根本上实现共享发展。凯恩斯主义经济学强调政府在再分配中的作用，但把福利政策不足归结为稀缺性，认为发展中国家经济增长与社会发展不平衡的根本原因在于“福利”稀缺资源量化分配失灵，却没有抓住发展这一实质。这些理论为人类社会追求共享发展作出了一定的贡献，但没有从根本上实现共享与发展的统一（燕连福，2021）。

习近平总书记提出的共享发展，注重的是解决社会公平正义问题，旨在促进经济社会发展的物质文明成果和精神文明成果由全体人民共同享有。在中国特色社会主义建设的伟大实践中，毛泽东时代实施的区域均衡发展战略，邓小平时代的“两个大局”的区域非均衡战略，以及此后实施的区域协调发展战略，始终都在探讨实践，在国土空间巨大、城乡区域差距也很大的基本国情下，如何走出一条具有中国特色的共同富裕道路。改革开放让我们找到了这条道路，这就是坚持新发展理念的中国特色社会主义道路，就是坚持以人民为中心的共同富裕。习近平总书记深刻指出：“要坚持以人民为中心的发展思想，这是马克思主义政治经济学的根本立场。要坚持把增进人民福祉、促进人的全面发展、朝着共同富裕方向稳步前进作为经济发展的出发点和落脚点。”

在人口众多的老少边穷地区，打赢脱贫攻坚战、全面建成小康社会，巩固拓展脱贫攻坚成果与乡村振兴有效衔接，共同开启社会主义现代化国家建设新征程，这些重大部署和伟大成就，不仅成功践行了共享发展理念，而且进一步丰富和发展了区域共享发展理论。“四个共享”与打赢脱贫攻坚战的紧密结合，形成了区域共享发展的理论基石和理论体系，从理论上回答了“谁来共享”“共享什么”“如何共享”“如何推进”等重大问题。既要强调发展，重发展速度与发展质量，又注重解决社会公平正义问题，在高质量发展的基础上实现全体人民共享发展成果。

中国实践、中国理念为世界减贫理论创新发展作出了突破性贡献。西方反贫困理论把贫困的原因归结为贫民过多生育而导致人口过多，或是认为经济发展的涓滴效应会使得社会贫困问题自然得到解决。但很多发展中国家这么多年仍然没有从根本上消除贫困，世界减贫理论需要更深层次的创新和发展。中国的贡献在于，把“四个共享”全面落实到脱贫攻坚战，而且建立了完整有效的方法体系和政策体系。比如我国的脱贫攻坚与乡村振兴，为确保所有人共享全面小康，把集中连片特殊困难地区作为主战场，着力解决“两不愁三保障”突出问题，努力使农村贫困地区和贫困人口全部脱贫摘帽；为确保人人都共享改革发展成果，实行扶持对象、项目安排、资金使用、措施到户、因村派人、脱贫成效“六个精准”，实行发展生产、易地搬迁、生态补偿、发展教育、社会保障兜底“五个一批”，促进民生事业发展，使农村贫困人口全面享有我国各个领域的建设发展成果；在共建共享方面，广泛凝聚全党全社会力量，发挥贫困群众主体作用，激发脱贫内生动力；在渐进共享方面，以共同富裕为最终奋斗目标，根据不同地区农村经济社会发展水平实施相应的治理措施，逐步提升农村贫困人口的生活水平，不断朝着共同富裕稳步前进。

第二节　区域共享发展的动力机制

推进区域共享发展，就是要以缩小城乡区域差距、实现共同富裕为导向，以“四个共享”为基准，以积极有效的动力机制和配套政策为保障。在动力机制方面，重点建设财政转移机制、城乡统筹机制、共同富裕机制、东西部扶贫协作机制。

一、财政转移机制

根据转移支付的不同对象和范畴，财政转移机制可分为中央对地方的财政转移支付（纵向转移支付）和地区间横向转移支付。中央对地方的财政转移支付，旨在推动不同地区基本公共服务均等化，加快补齐财政薄弱地区在基础设施、产业发展、公共服务、生态环境等领域的短板。中央财政对财政相对薄弱区域的转移支付的主要对象有：对中西部地区转移支付、对老少边穷地区（包括革命老区、民族地区、边疆地区、贫困地区）给予重点倾斜、支持基层财政困难地区兜住底线，以及支持重点生态功能区建设四个方面。财政转移支付涉及政府与市场、政府与社会、中央与地方关系，涉及政治、经济、社会、文化和生态文明各个领域，涉及利益关系的调整，是一项复杂的系统工程。从具体领域看，纵向财政转移支付主要包括以下几个方面：

（1）税收优惠。区域战略层面，中央对欠发达地区特别是“老少边穷”地区实行所得税优惠等政策。以西部大开发政策为例，对西部地区国家鼓励类产业的内外资企业，按照15%的比例进行税收减免，包括重庆、四川、贵州、云南、西藏等西部地区。西部地区经济基础较差、基础设施落后，所得税优惠政策可以有效地提升西部地区在招商引资、产业发展等领域的吸引力，提升西部地区的经济发展水平。

（2）基础设施建设与产业发展。与发达地区相比，欠发达地区道路、水利、电气等基础设施相对不完善，影响产业发展。通过中央对地方的基础设施领域的转移支付，改善交通等条件，增强与发达地区的物流与人流流通，带动资金流、信息流，畅通生产要素沟通渠道，推动产业转型升级。此外，欠发达地区通信和网络设施的提升，可以打破欠发达地区市场信息壁垒，畅通农产品线上线下销售渠道，加强农户与市场对接，进一步推动欠发达地区乡村产业“走出去”，推动乡村产业转型升级。

（3）生态补偿。中央对地方的生态补偿转移支付，重点支持地方生态功能区建设和生态环境改善，协调西部地区与其他地区的平衡发展，协调不同地区经济社会和生态保护的协调发展，重点补偿生态富集地区因生态保护而带来的区域开发损失。

（4）社会救助与兜底保障制度。社会救助是旨在通过转移支付，对于欠发达地区生活困难的群众给予保障的一种制度，具体包括最低生活保障、特困供养人员保障两方面内容。2016年起，对中央财政困难群众基本生活救助补助资金根据地方财政困难程度、地方绩效评价水平、地方财政努力程度及城乡困难群众数量等因素进行分配，资金主要向贫困程度深、保障任务重、工作效绩好的地区倾斜①。2018年6月，“兜底保障”首次出现在《中共中央国务院关于打赢脱贫攻坚战三年行动的指导意见》中。从具体对象上看，兜底保障的对象为完全或部分丧失劳动能力，并且无法通过帮扶实现脱贫的人群。

除纵向转移支付外，还包括横向财政转移支付制度。横向财政转移支付是

---

① 具体参见由国家财政部和民政部联合发布的《中央财政困难群众基本生活救助补助资金管理办法》（2015年）。

由富裕的地区直接向贫困的地区转移支付。当前，国际上横向转移支付主要以德国的州际间横向转移支付制度为代表，根据统一的计算标准，由富裕水平较高的州通过财政补助，给予财政较弱的州，以推动不同地区均衡发展、保障社会稳定。横向转移支付以实现不同地区公共服务均等化为目标，不断调整地区间的既得利益格局（杜振华和焦玉良，2004）。从我国的发展实际看，我国尚未建立起完善的横向转移支付制度，对口支援、帮扶等东部地区对西部地区的帮助与支援，仍以政府主导为主，并不是以市场为基础，不属于严格意义上的横向财政转移支付制度。

二、城乡统筹机制

城乡统筹发展的目的在于更加注重农村发展，解决农业、农村、农民问题，实现以城带乡、城乡共建、资源共享，缩小城乡发展差距，实现农业和农村经济的全面、可持续发展。城乡统筹是处理好城乡关系所必须遵循的基本方针（郭建军，2007）。城乡统筹是一个长期的推动过程，涉及城乡基础设施建设、公共服务、社会保障、社会治理等内容。区域经济视角下，统筹城乡发展过程中主要包括以下几个方面：

（1）基础设施建设。加强基础设施建设向农村地区倾斜，实施城乡基础设施规划、建设与管理的统一。具体包括：推进水、电、通信等基础设施建设向农村地区倾斜；提升农村地区交通网络建设，实现城市与农村地区重点高速公路、省道等主要干线公路的互联互通，完善城镇二级以上干线公路、“村村通”公路建设；重视农村地区供水和污水处理，加强燃气、供排水等管道建设和垃圾处理设施建设，推动农村地区环境改善；支持农村互联网相关基础设施建设，推进数字乡村建设。

（2）公共服务。加强教育、医疗、养老、就业在内的公共服务体系建设，实现基本公共服务均等化。教育方面，通过城乡统筹和农村税费改革，逐步健全农村义务教育，实现学校公用费用支出、农村教师工资、学校建设与维护等费用由公共财政承担；推行城乡义务教育一体化改革，提升农村地区教育质量，加快缩小城乡差距。医疗方面，实施新农村医疗制度，大幅提升农村地区“新农合”补助标准；在更多地区推进城乡医疗费结算统筹。就业方面，加强职业培训和教育，促进劳动力市场一体化发展，保障农村劳动力就业。

（3）社会保障。重点提升农村地区社会保障的覆盖范围，提升农村地区社会保障和救助水平，逐步实现城乡统筹，从缴费统筹、使用统筹，再到逐步缩小保障待遇上的差距。

（4）社会治理。建立上下统筹的网格化体系，加强社会治理力量的下沉，提高乡村智慧治理水平，纳入“一网通办”“一网统管”体系。

三、共同富裕机制

共同富裕是社会主义的本质要求，以实现人的全面发展、经济社会发展为目标。区域经济视角下，共同富裕的目标是实现各个区域的共同发展和广大社会成员福利水平的提高。从实现方式看，共同富裕机制主要包括以下三方面内容：

（1）收入分配。收入分配是促进共同富裕的核心内容。收入分配旨在缩小不同群体的收入分配差距，强调更加注重社会公平，扩大中等收入者比重，着力提高低收入者的收入水平，调节过高收入，缓解地区之间和部分社会成员收入分配差距，建立更加合理的收入分配结构。区域发展过程中，以共同富裕为实现目标，推进收入分配制度改革，既发挥市场机制在初次分配过程中的效率作用，又发挥政府在收入再分配中的调节作用，鼓励社会力量通过民间捐赠、慈善事业等形式参与三次分配，正确处理好先富后富、效率与公平的关系，解决收入差距等问题，促进社会公平正义，让发展成果更多惠及人民群众。

（2）公共服务共建共享。促进共同富裕，不仅要推进收入分配公平，还要提升基本公共服务均等化水平（张来明和李建伟，2021）。从具体内容看，公共服务共建共享具体包括：卫生健康、教育、文化、公共体育、养老、旅游、交通、政务服务等内容。其中，在卫生健康方面，打破区域限制，充分发挥发达地区在医疗资源和管理服务方面的优势，加强区域优质公共服务资源流动和均衡配置，让欠发达地区享受到平等的医疗条件，让农村地区享受到城市优质医疗资源，实现优质医疗资源在不同地区、城乡之间的共建共享。在教育方面，通过跨层级跨区域的名校集团化办学、建立区域新型教育共同体，鼓励发达地区优秀教师赴西部地区任教，促进区域间优质教育资源共建共享。在文化方面，构建区域文化互惠互享政策，促进文化资源优化配置，加强文化场馆、图书馆、文艺演出等资源的区域共享。

四、东西部扶贫协作机制

东西部扶贫协作是指东部发达地区对口帮扶西部贫困地区，通过政府、企业、社会组织等多个参与主体，在基础设施、产业发展、劳务输出、教育、医疗、文化、人才交流等方面，通过双向或多方协力，加强地区间交流协作，帮助欠发达地区同步迈入小康社会的举措。东西部扶贫协作是中国三大扶贫模式之一，是打赢脱贫攻坚战、实现先富帮后富、最终实现共同富裕目标的关键举措，对提高西部地区城乡居民收入、改善基础设施、增强综合实力、实现两地共同发展起到了重要作用。

东西部扶贫协作，既包含东部地区对西部地区的帮扶，同时又体现了东西部地区加强合作发展、互利共赢、共享区域经济发展成果。2016 年 12 月，国务院发布了《关于进一步加强东西部扶贫协作工作的指导意见》，提出要坚持东西部地区优势互补的原则，“立足帮扶双方实际情况，因地制宜、因人施策开展扶贫协作和对口支援，实现帮扶双方优势互补、长期合作，聚焦扶贫、实现共赢，努力探索先富帮后富、逐步实现共同富裕的新途径新方式”。东西部扶贫协作是区域共享发展理念的生动体现。相较于西部地区，东部地区在人才培育、基础设施建设、产业发展及医疗、卫生、教育等公共服务领域有好的发展基础，西部地区在自然资源、劳动力供给等方面也有其优势。东西部扶贫协作机制通过完善基础设施、优化产业布局，实现东西部地区优势互补，加强资源优化配置，使欠发达地区逐渐形成后发优势，使发展薄弱环节激发后发潜力，不断拓宽经济发展的新空间。区域经济学视角下，东西部扶贫协作机制有五个方面内容：

（1）产业扶贫。立足西部地区资源特点，以特色产业作为提高贫困地区增强经济的支撑，因地制宜开展产业扶贫。一方面，发挥东部地区产业和资源优势，鼓励知名企业、商会到西部地区投资，通过加强政府引导，打造产业园共建模式，提升受帮扶地区产业园的招商环境和实力。另一方面，加强东西部地区劳动力转移和服务保障机制，组织东部地区企业在西部贫困地区乡镇建设扶贫车间，为当地贫困人口提供就近非农就业的岗位，强化产业带动能力，多渠道增加农民收入。

（2）消费扶贫。充分发挥东部地区的市场优势，畅通农产品销售渠道，让农特产品进入东部地区，既能满足东部地区消费者对绿色农特产品的需求，又为西部地区农民增收创造条件。一方面，充分发挥拼多多、京东等电商平台优势，为西部地区农产品进入东部市场创造机会，解决农产品销售难题。另一方面，发挥政府部门的积极作用，拓宽农特产品销售渠道，鼓励西部地区优质农特产品进超市、进企事业机关单位、进国有企业等，进一步拓宽农特产品销售渠道。

（3）智力帮扶。发挥东部地区的人才优势，通过干部选派交流、开展人才培训、组团式帮扶等方式，围绕西部地区人才需求和人力资源现状，通过智力帮扶的方式，强化西部地区人才队伍建设。通过采取双向挂职、两地培训等方式，加大教育、卫生、科技、文化、社会工作等领域的人才支持。教育方面，共享东西部地区教育资源，通过"组团式"教育扶贫、职业技能实训基地建设，发挥东部地区资金、物力、人才等方面的优势，通过组团式帮扶提升贫困地区教育教学水平和自我发展能力。医疗方面，鼓励东部地区开展远程医疗服务，鼓励东部地区对口援建地区特色科室，通过专门培训和"传帮带"等方式提升贫困地区医生的技术水平，提升西部地区医疗诊治能力。

（4）社会帮扶。积极引导东部地区国有企业、民营企业、社会团体等参与对口帮扶的工作，引导社会资金、技术、人才参与对口帮扶工作。一方面，通过村企结对的方式，鼓励企业深化合作方式和合作模式，与贫困村签订"村企结对"帮扶方案，强化村企结对的方式和手段，充分发挥发达地区企业资金、市场等方面的优势。另一方面，鼓励各类公益性组织，如慈善基金会、支援服务公益基金会等，积极组织力量开展特定的帮扶活动。

（5）劳务协作。加强帮扶双方劳务输出的需求对接，提升东西部劳务输出的组织化程度。西部地区依托当地产业和资源禀赋，多渠道开发就业岗位，支持贫困人口在家乡就地就近就业。西部地区加强引导，鼓励贫困家庭子女到东部省份的职业院校、技工学校接受职业教育和职业培训，提升职业技能和水平，以更好地满足东部地区的劳动力需求。东部地区把解决西部贫困人口稳定就业作为帮扶重要内容，鼓励企业“走出去”，在西部地区创造就业岗位，加强政府与企业的劳务需求对接，保障受帮扶地区的稳定就业。

第三节　区域共享发展的政策体系

为深化区域共享发展，解决地区之间、城乡之间发展不充分的问题，我国出台了一系列政策，相关政策工具有中央转移支付政策、减贫扶贫政策、乡村振兴政策等。中央转移支付政策强调加大对地方转移支付力度，推动区域高质量发展。减贫扶贫政策强调通过实施集中连片特困地区区域发展与扶贫攻坚规划，助力“老少边穷”地区加快发展；乡村振兴政策强调聚力改善农村生产生活条件，推进新型城镇化质量稳步提升，城乡发展一体化体制机制进一步健全。

一、中央转移支付政策

中央转移支付政策最主要的是区域补偿政策，是缩小区域经济发展差距的实践中最常用的一种政策工具。2015 年，我国出台了《关于改革和完善中央对地方转移支付制度的意见》，明确了改革和完善转移支付制度的总体目标、基本原则和主要措施。中央转移支付政策主要包括一般性转移支付和专项转移支付。区域经济视角下，一般性转移支付旨在通过加强对欠发达地区、老少边穷地区的转移支付，以改变均衡性转移支付与所得税增量挂钩的方式，保证均衡性转移支付的增加幅度高于总体转移支付的增加幅度。专项转移支付，主要是上级政府部门为实现特定的社会发展目标和经济目标，给予下级政府的资金补助，重点用于农林水、教育、医疗卫生、社会保障和就业、交通运输、节能环保等领域，重点解决地区之间、城乡之间发展不均衡（黄顺魁和张心华，2014）。从具体内容看，中央转移支付政策主要包括以下几方面核心内容：

（1）农业专项转移支付政策。根据《国务院关于探索建立涉农资金统筹整合长效机制的意见》(国发〔2017〕54 号）的文件精神，中央财政农业相关转移支付项目实施“大专项 + 任务清单”的管理方式改革，中央财政设置农业生产发展资金、农业资源及生态保护补助资金、动物防疫等补助经费、农田建设补助资金等大专项。

（2）教育转移支付政策。主要包括：将财政收入中用于支持农村教育发展的部分向西部地区农村倾斜，用于支持中小学校建设的中央财政专项资金向西部地区倾斜；完善中部地区义务教育经费保障机制，推进义务教育均衡发展；支持中部地区义务教育学校以及公共卫生与基层医疗卫生机构实施绩效工资。保障农村教师的工资收入水平，落实完善乡村教师生活补助政策，鼓励有条件的地方进一步提高补助标准。特别是要根据学校艰苦边远程度实行差别化补助，越艰苦的地方、越困难的地方，补助标准、补助水平越要高一点，这样才能促进优秀教师向乡村流动，重点向“三区三州”等深度贫困地区倾斜，促进困难地区学校师资短缺以及结构不合理问题的解决。

（3）科技转移支付政策。根据2016年印发的《中央引导地方科技发展专项资金管理办法》，专项资金是指中央财政通过专项转移支付安排的，用于支持地方政府围绕国家科技发展战略和地方经济社会发展目标，改善地方科研基础条件，优化科技创新环境，支持基层科技工作，促进科技成果转移转化，提升区域科技创新能力的资金，由财政部、科技部共同负责管理。支持内容包括：地方科研基础条件和能力建设、地方专业性技术创新平台、地方科技创新创业服务机构、地方科技创新项目示范等。

（4）社会保障转移支付政策。包括就业专项资金，用于劳动者职业技能和就业能力的提高，具体到资金形式一般是各种补贴，如职业介绍补贴、职业培训补贴等，扶持个人自主创业，一般资金扶持形式是小额贷款担保或贷款贴息等；对就业困难人员的政策补贴，包括公益性岗位补贴、社会保险的补贴以及特定就业政策的补贴等。专项就业资金还能应用到公共就业服务方面。城乡医疗保障体系建设扩大制度覆盖面；支持保障性安居工程建设。

（5）生态环保转移支付政策。包括统筹一般性转移支付和相关专项转移支付资金，建立激励引导机制，加大对长江经济带生态补偿和财政资金投入力度；中央财政支付西部地区的退耕还林、天然防护林、退牧还草及防沙治沙相关的粮食、种苗及现金补助；中央财政支付草原生态补偿，用于国家级公益林森林生态效益补偿；设置中央专项财政资金用于中部地区可再生能源开发、节能减排等。2017年9月，财政部发布了《中央对地方重点生态功能区转移支付办法》，明确享受转移支付的地区应当切实增强生态环境保护意识，将转移支付资金用于保护生态环境和改善民生，加大生态扶贫投入。

（6）税收返还政策。为推动中西部和东北地区发展，中央在中西部和东北地区实施税收返还政策，对于注册在当地的企业，财政根据企业的纳税情况按照一定比例进行返还。具体包括：（1）减征企业所得税，鼓励类产业企业减免征收税率15%的企业所得税；符合条件的西部地区企业享受企业所得税“两免三减半”的政策优惠；（2）进口税收优惠政策，对于西部地区鼓励类企业、优势产业项目、外商投资鼓励类产业的相关进口自用设备，给予免征关税的优惠；东北地区符合外商投资优势产业目录的鼓励类外商投资项目，给予进口税收优惠；（3）税费改革及税额标准降低，在西部地区将原油、天然气资源税由从量计征改为从价计征，在东北老工业基地对于资源开采衰竭期的矿山企业、低丰度油田开发企业，有条件地适当降低资源税税额标准。

二、减贫扶贫政策

改革开放以来，我国减贫扶贫取得了较大的成效，扶贫取得的成效随着时间推移逐渐呈现出从小范围向大区域辐射的态势。2015—2020年是我国精准扶贫阶段，相关的政策文件有《中共中央国务院关于打赢脱贫攻坚战的决定》《中共中央国务院关于打赢脱贫攻坚战三年行动的指导意见》等。区域经济学视角下，我国减贫扶贫政策主要有以下几方面内容：

（1）产业扶贫政策。包括贫困地区特色产业提升工程，发展种植养殖业、林草业、农产品加工业、特色手工业、休闲农业和乡村旅游，进一步提升对贫困户增收带动作用；实施电商扶贫，继续实施电子商务进农村综合示范项目；积极推动贫困地区农村资源变资产、资金变股金、农民变股东改革，通过盘活集体资源、入股或参股、量化资产收益等渠道增加集体经济收入。

（2）基础设施建设政策。包括农田水利建设工程，饮水安全工程，交通建设，物流体系建设，电网改造升级，村村通有线电视、电话、互联网工程，危房改造和人居环境整治，移动应用软件和智能终端开发。

（3）生态扶贫政策。包括探索天然林、集体公益林托管，推广“合作社＋管护＋贫困户”模式，吸纳贫困人口参与管护；建设生态扶贫专业合作社

（队），吸纳贫困人口参与防沙治沙、石漠化治理、防护林建设和储备林营造；加大贫困地区新一轮退耕还林还草支持力度，将新增退耕还林还草任务向贫困地区倾斜；结合建立国家公园体制，多渠道筹措资金，对生态核心区内的居民实施生态搬迁，带动贫困群众脱贫；鼓励贫困人口将林地经营权入股造林合作社，增加贫困人口资产性收入；通过横向生态保护补偿机制，让保护生态的贫困县、贫困村、贫困户更多受益；鼓励纳入碳排放权交易市场的重点排放单位购买贫困地区林业碳汇。

（4）教育扶贫政策。包括对贫困地区义务教育较薄弱的学校进行改造，提高乡镇寄宿制学校和乡村小规模学校建设标准和质量；加强贫困地区乡村基础设施建设，完善学校网络教学环境建设，加强城乡教育资源交流，开通“网络课堂”，共享优质教育资源；加大对贫困地区教师的财政补助政策，提高乡村教师补助标准，均衡配置城乡教师资源；重点支持贫困地区教师特岗计划、教师交流与培训，提升贫困地区教师的水平和素养；加大对优秀乡村教师的奖励，通过公益捐赠等方式，设立贫困地区优秀教师奖励基金；健全覆盖各级各类教育的资助政策体系，实现对贫困地区学生资助全覆盖。

（5）健康扶贫政策。包括贫困人口全部纳入城乡居民基本医疗保险、大病保险和医疗救助保障范围；加大对贫困人口的医疗救助和其他保障政策的帮扶力度；加强贫困地区乡镇卫生院和村卫生室能力建设；深入实施医院对口帮扶，全国 963 家三级医院与 832 个贫困县的 1 180 家县级医院结对帮扶，为贫困县医院配置远程医疗设施设备，全面建成从三级医院到县医院互联互通的远程医疗服务网络；贫困地区村卫生室和乡镇卫生院医疗卫生人才培育政策；实施贫困地区县乡村医疗卫生机构一体化管理，构建三级联动的医疗服务和健康管理平台，为贫困群众提供基本健康服务。

三、乡村产业振兴政策

乡村振兴作为党和国家的一项伟大战略，是农村、农民、农业的全面振兴，也是乡村经济建设、文化建设、政治建设（包括党建）、生态建设、社会建设五位一体的振兴。其中，产业振兴是乡村振兴的重要一环。2019 年 7 月，国务院印发了《关于促进乡村产业振兴的指导意见》，指出产业兴旺是乡村振兴的重要基础，是解决农村一切问题的前提。乡村产业振兴，要持续推动一二三产业融合发展，实现农业产业链延伸融合，打造新产业新业态，实现城镇与乡村联动发展。区域经济学视角下，乡村产业振兴政策主要包括以下几个方面：

（1）县域经济发展政策。县域经济是区域发展的基石，也是乡村产业振兴的重要依托。乡村产业振兴，需充分发挥县域在城市和农村地区的联结作用，激发县域经济活力，为推动城乡统筹和区域高质量发展提供有力支撑。具体内容包括：提升县域经济发展水平，创造充分的就业岗位，鼓励农业剩余劳动力就近就业，解决农村地区劳动力就业难题；发展壮大中心镇和特色小镇，引导基础设施和公共服务随人口流向供给，不断增强县城综合承载力和辐射带动力；引导多主体加强合作，探索产业关联度高、辐射带动力强、多种主体参与的融合模式，实现多主体优势互补与利益共享。

（2）产业融合政策。优化农产品加工产业结构，推进农产品加工企业规模化、品牌化、智能化、网络化发展，提高农产品附加值；挖掘乡村的生态价值，大力发展休闲农业和乡村旅游，促进乡村一二三产业融合发展；发展乡村民宿、文创农业等新业态，积极培育新业态、新模式；发展壮大乡村产业，把乡村生产有机融入现代产业体系，让农民深度融入现代产业链价值链。

（3）创新创业政策。建成一批具有区域特色的农村创业创新园区（基地），为广大返乡下乡创业创新人员提供场所和服务；鼓励农民创新创业，以创新引领创业、以创业带动就业，多渠道促进农民增收，推动农村居民消费升级，更好拉动城乡经济发展；鼓励工商企业、社会资本参与乡村振兴，以及引导和培养更多具有乡土情怀和视野开阔的企业或企业家、创业人士、优秀人才等，推动乡村产业发展。

（4）绿色农业发展政策。加快发展绿色农业、循环农业，实现农业供给体系质量和效率提升，实现农业与工业良性循环、互促发展；加强绿色农产品品牌建设，打造地产绿色优势特色农产品，形成特色产业县和乡村，满足城市地区对高品质农产品的需求。加强不同地区的分工和协调，欠发达地区打造绿色农产品生产基地，为发达地区提供绿色农产品。发达地区加强高品质农产品的监管，保障农产品供应绿色安全可追溯。

第四节　区域共享发展的评价方法

区域共享发展的评价方法，旨在分析不同地区之间、城乡之间经济共享的程度，具体包括绩效评价法、综合评价法、指数分析与计量模型等。

一、区域共享发展绩效评价

区域共享发展绩效评价主要是从资源配置效率视角分析区域间、城乡间、人群间共享发展水平，技术效率的估计方法主要有非参数前沿方法和参数前沿方法两类。其中，非参数前沿方法以数据包络分析法（DEA）为主，该方法通常假定不存在随机误差项，因此，任何处于样本前沿的样本观测点的误差都会影响效率前沿的准确性，对其他样本的效率估计值也会有一定的影响（谢洪军和任玉珑，2006）。随机前沿生产模型（Stochastic Frontier Production Model，简称 SFP）作为一种参数前沿方法，确定了投入与产出的关系，并考虑了随机误差项。范建平等（2021）立足共享发展，将共享发展划分为创造经济阶段、共享经济结果阶段，并分别用资本存量、就业人数、技术水平作为第一阶段投入变量，用城乡收入差距、区域收入差距、社会公共服务支出作为第一阶段产出变量及第二阶段投入变量，用地区生产总值作为第二阶段产出变量，运用数据包络模型评估两阶段共享发展的绩效值，区域共享效率则为第一阶段与第二阶段绩效的乘积。随机前沿分析方法在衡量收入差距共享水平等领域也得到较多应用，阳玉香等（2017）运用双边随机前沿分析方法，分析流动人口是否获得公平的劳动收入。于潇等（2022）进一步运用构建双边随机前沿模型的方式，分析流动效应与户籍歧视效应对流动人口工资收入的影响，以及提升和抑制流动人口工资收入的两种作用机制。

二、综合评价方法

基于对不同人群考虑的全民共享，基于对经济、政治、文化、社会、生态文明各方面建设成果考虑的全面共享，基于对建设过程考虑的共建共享，以及对共享发展过程考虑的渐近共享，这使得评价共享发展水平也需要从多个维度进行考虑。为此，大量机构、学者采用综合评价方法对区域共享发展水平、格

表 8-1　中国经济共享发展评价指标体系

指标类型	指数类型	测　算　指　标
共享发展指数	全民共享指数	农村贫困发生率
		城镇最低生活保障居民占比
		城乡居民可支配收入比（乡 / 城）
		城乡居民消费支出比（乡 / 城）
		区域（省）人均 GDP 泰尔指数
	全面共享指数	年末城镇登记失业率
		城镇居民人均住房面积
		年末城乡居民人均存款余额
		一线工农在全国人大代表比例
		妇女在全国人大代表中比例
		少数民族在全国人大代表中比例
		人均公共图书馆藏书量
		万人拥有文化机构数
		中小学师生比
		生（大中小学）均教育财政支出
		千人医疗机构床位数
		千人拥有卫生技术人员数
		基本养老保险参保率
		城市人均公园绿地面积
		生活垃圾无害化处理率
	共建共享指数	劳动者报酬占 GDP 份额
		就业人数占总人口比重
		互联网普及率
	渐进共享指数	城镇基尼系数
		恩格尔系数
		人均可支配收入

资料来源：高质量发展研究课题组（2020）。

局、演变等进行定量评估。中共中央党校（国家行政学院）“高质量发展研究课题组”基于习近平总书记关于共享发展理念的解释，从全民共享、全面共享、共建共享、渐进共享等方面，构建衡量共享发展水平的二级指标，在此基础上构建了中国经济共享发展评价指标体系，并通过专家打分、加权求和，计算得到中国各省市区的共享发展指数。刘培林等（2021）提出了共同富裕评价指标体系，包含总体富裕程度和发展成果共享程度两个维度，其中，总体富裕程度方面主要包括人均国民收入绝对水平和相对于发达国家的水平、人均物质财富保有量水平和相对于发达国家的水平、人均财富保有量水平和相对于发达国家的水平及全员劳动生产率水平和相对于发达国家的水平，发展成果共享程度方面包含群体差异维度、区域差距维度、城乡差距维度，进而选择相应的衡量指标。尽管该研究未通过指标体系对不同区域的共同富裕水平进行评估，但提供了一种可借鉴的评估思路，供其他研究者参考。

三、指数分析与计量模型

共享发展的重要目标是缩小区域间、群体间、城乡间的收入差距，为此，大量学者运用多种计量对收入差距进行测算，并分析收入差距的影响机制。研究方法主要包含三类：一是指数分析方法，同区域差异测度相似，基尼系数、极差、标准化方法、变异系数、泰尔指数以及σ-收敛和绝对β-收敛等均得到不同程度的采用；也有部分学者构建指数，如国家统计局农调总队课题组（1994）、陆铭（2004）分别构建了城乡人均收入之比，衡量全国整体、各省市区的城乡收入差距。上述方法的基本原理是通过指数对不同群体、不同区域收入水平的差异进行测度，衡量收入差距大小，以表征区域共享发展水平。二是新经济地理模型，通过新经济地理模型衡量度区间、城乡间收入差距。如张文武、梁琦（2011）以新经济地理学为理论基础，采用中国1990年、2000年和2007年的普查数据计算了31个省市的劳动集中度，从人力资本流动和集聚的视角观察中国地区发展差距的产生与变化。丁焕峰、刘心怡（2017）以新经济地理学局部溢出模型为基础，结合我国实际情况，构建城乡收入差距影响因素模型，推导得出城乡劳动力、资本投资、市民化缺口等因素对城乡收入差距具有重要影响。三是计量模型，这类研究较为广泛，大量学者通过指数或新经济地理模型测算区域间、人群间、城乡间的收入差距指数，并将其作为被解释变量，进而运用多元线性回归、空间计量模型、granger 因果检验、脉冲响应函数等，分析某一种或某几种因素对收入差距的影响。

参考文献：

[1] 茶洪旺 . 区域经济发展的第三种理论：非均衡协调发展 [J]. 学术月刊，2008（7）.

[2] 陈锡文 . 城乡统筹解决三农问题 [J]. 城乡建设，2003（3）.

[3] 杜振华，焦玉良 . 建立横向转移支付制度实现生态补偿 [J]. 宏观经济研究，2004（4）.

[4] 范建平，郭子微，吴美琴 . 区域共享发展水平测度与分析 [J]. 统计与决策，2021，37（10）：101—105.

[5] 高质量发展研究课题组 . 中国经济共享发展评价指数研究 [J]. 行政管理改革，2020（7）：14—26.

[6] 国家统计局农调总队课题组 . 城乡居民收入差距研究 [J]. 经济研究，1994（12）：34—45.

[7] 黄顺魁，张心华 . 转移支付对落后地区经济发展的影响 [J]. 理论研究，2014（4）：37—43.

[8] 江亚洲，郁建兴 . 第三次分配推动共同富裕的作用与机制 [J]. 浙江社会科学，2021（10）.

[9] 刘炯 . 生态转移支付对地方政府环境治理的激励效应——基于东部六省 46 个地级市的经验证据 [J]. 财经研究，2015（12）.

[10] 刘培林，钱滔，黄先海，董雪兵 . 共同富裕的内涵，实现路径与测度方法 [J]. 管理世界，2021（37）：11.

[11] 陆铭，陈钊 . 城市化、城市倾向的经济政策与城乡收入差距 [J]. 经济研究，2004（6）：50—58.

[12] 燕连福 . 共享发展理念的深刻内涵及理论贡献 [N]. 经济日报，2021-10-27.

[13] 杨燕燕，王永瑜，韩君 . 新发展理念下黄河流域生态效率测度及空间异质

性研究［J］. 统计与决策，2021（37）：110—114.

［14］于潇，陈筱乐，解瑯卓 . 流动效应与户籍歧视效应对流动人口工资收入的影响——基于双边随机前沿模型的分析［J］. 人口研究，2022，46（2）：61—74.

［15］张来明，李建伟 . 促进共同富裕的内涵、战略目标与政策措施［J］. 改革，2021：16—33.

［16］张文武，梁琦 . 劳动地理集中、产业空间与地区收入差距［J］. 经济学（季刊），2011，10（2）：691—708.

第九章　城市群发展

城市群是城市发展到成熟阶段的高级空间组织形式，是我国当前推进新型城镇化的主要形态，也是国家参与全球竞争与国际分工的重要地理单元。国家“十四五”规划纲要指出，发展壮大城市群和都市圈，推动城市群一体化发展，全面形成“两横三纵”城镇化战略格局[①]，是当前乃至未来推进我国区域经济发展的重要支撑。本章综述了城市群发展的相关理论，对我国城市群的发展历程、现状特征及未来发展趋势进行了梳理，总结了城市群形成发展的内在机理，最后概括了城市群相关研究方法。

第一节　城市群发展的理论综述

从本质上讲，城市群是资源要素的流动超越现行行政区划边界，在更大范围内优化配置的结果。基于国内外城市群发展实践，本节主要从学术发展的角度，综述国内外城市群及相关概念的起源、发展与变化，总结城市群的主要特征，及目前城市群空间范围的主流界定方案。

一、城市群的概念内涵

城市群是在特定区域内，由一定数量、不同规模的城市组成的集合体。这

① “两横三纵”城镇化战略格局是指以陆桥通道、沿长江通道为两条横轴，以沿海、京哈京广、包昆和西部陆海新通道为三条纵轴，以轴线上城市群和节点城市为依托、其他城镇化地区为重要组成部分的城镇化战略格局。

些城市一般以一个或多个大城市为核心，在核心城市之间、核心城市与其他城市之间，以及其他城市之间，存在高度经济社会一体化倾向，因此城市群是一个拥有复合功能、合作关系明显的有机整体。

城市群是基于城市发展实践，由国外大城市和相似空间概念演化而来。1898 年，英国城市学家霍华德（Howard，2000）针对城市膨胀问题，提出城镇群体（Town Cluster）概念，倡导建设"田园城市"新型城市方案，实质上是城和乡的结合体。1915 年，英国学者格迪斯（Geddes，2012）认为城与乡、城与城之间需要形成相互促进关系，并将城市影响范围相互重叠的区域称为"城市区域"（City Region），将与之对应的新型城市空间称为集合城市（Conurbation），意指有卫星城的大都市，或几个临近城市因扩建而形成的组合区域，被国内诸多学者认为是城市群概念的雏形。法国地理学家戈特曼（Gottmann）在 1957 年发表论文"Megalopolis or the Urbanization of the Northeastern Seaboard"，首次用"Megalopolis"阐述若干城市群聚的现象，被认为是世界范围内意义重大的对城市群的开拓性研究。戈特曼强调，"Megalopolis"是具有核心区域的高度密集的空间结构。根据《牛津高级词典》（Oxford Advanced Learner's Dictionary）的定义，Megalopolis 一词直译为"特大都市、人口稠密地带"，也指由若干大城市和毗邻郊县构成的城市区域。

1983 年，丁洪俊和宁越敏（1983）将"Megalopolis"一词引入中国，并翻译为"巨大都市带"。1988 年周一星在国际会议中提出"都市连绵区"（Metropolitan Interlocking Region），并将其作为与"Megalopolis"相对应的中国空间形态。根据周一星的定义，都市连绵区以都市区为基本构成单元，以若干大城市为核心，并将与大城市密切联系的毗邻地区纳入统筹范围，是巨型城乡一体化区域。其后，诸多中国学者开始对这种新型城市空间的形成、特征、空间结构进行研究，并作了对比分析（李世超，1989；崔功豪，1992）。

1992 年，姚士谋等出版《中国的城市群》一书，倾向于对大都市带作广义的理解，提出了城市群的概念，并将其翻译为"Urban Agglomeration"。在书中，姚士谋等对城市群进行了描述，并对中国几个超大型城市群和几个近似城市群的城镇密集区进行了研究，引起了地理和规划界的关注，并逐渐为社会和政府有关部门接受。2016年，姚士谋等更新出版《中国城市群新论》，将城市群概括为：在特定的地域范围内具有相当数量的不同性质、类型和等级规模的城市，依托一定的自然环境条件，以一个或两个超大或特大城市作为地区经济的核心，借助于现代化的交通工具和综合运输网的通达性，以及高度发达的信息网络，发生与发展着城市个体之间的内在联系，共同构成一个相对完整的城市“集合体”。

在后续针对城市群的研究中，方创琳是最具代表性的学者之一。2009年，在对比分析国内外城市群相关概念的基础上，方创琳对城市群做出如下定义：城市群是指在特定地域范围内，以1个特大城市为核心，由至少3个以上都市圈（区）或大中城市为基本构成单元，依托发达的交通通信等基础设施网络，所形成的空间相对紧凑、经济联系紧密，并最终实现同城化和一体化的城市群体。在此群体内，将突破行政区划体制束缚，实现区域性产业布局一体化、基础设施建设一体化、区域性市场建设一体化、城乡统筹与城乡建设一体化、环境保护与生态建设一体化、社会发展与社会保障体系建设一体化，逐步实现规划同编、产业同链、城乡同筹、交通同网、信息同享、金融同城、市场同体、科技同兴、环保同治、生态同建的经济共同体和利益共同体（方创琳，2009）。至此，城市群的概念已相对成熟。

在城市群相关研究中，国内外出现了诸多既有联系又有区别的概念。1991年加拿大学者麦吉（McGee）用超级都市区（Megaurban Region）描述由大城市以及大城市之间城乡一体混合地带构成的巨大的空间形态。2001年，英国学者斯科特（Scott）结合对世界城市、全球城市的研究，提出全球城市区域（Global City-Region）。2006年霍尔（Hall）和佩恩（Pain）用多中心巨型城市区域（Polycentric Mega-City Region）描述欧洲地区由核心大城市、中小城市和毗邻城镇构成的网络状城镇综合体。

近几年，国内都市区或都市圈的研究或文件屡见不鲜，与城市群的关系的探讨也比较多见。从国内外城市群概念的演化来看，较多学者认为都市区或相似空间是构成城市群、集合城市、大都市带、城市区域或城市密集区的基本单元或核心（Gottmann，1957；江曼琦，2013）。在对都市区比较精确的定义中，刘玉博等（2016，2020）基于美国、加拿大、英国、日本等典型国家以及欧盟、经合组织在经济管理实践中划分都市区的实践，认为统计意义上的都市区是以具有一定规模和密度的人口密集区为核心区，以与核心区具有高度经济一体化倾向的毗邻市镇为外围区的单中心空间组织。2019 年 2 月国家发展改革委发布《关于培育发展现代化都市圈的指导意见》（发改规划〔2019〕328 号），将都市圈定义为“城市群内部以超大特大城市或辐射带动功能强的大城市为中心、以 1 小时通勤圈为基本范围的城镇化空间形态”。2021 年 4 月，江苏和安徽政府印发《南京都市圈发展规划》（苏政发〔2021〕24 号），成为国家层面批复同意的第一个都市圈发展规划。基于现行的城市行政区，文件中将南京都市圈划定为以南京市为中心、由联系紧密的周边城市共同组成的区域。

综上，无论是大都市带、超级都市区，还是全球城市区域、巨型城市区域，尽管称谓不同，形成机制有所差异，但空间上都具有城市化地区不断扩展连绵的特征，是城市群在一定城市化条件下出现的阶段性城市空间形式。都市区和都市圈均具有单极化发展特征，但两者的着眼点有所不同：都市区强调周边城镇与核心区的通勤率，都市区的各构成单元之间存在较强的经济社会一体化趋势；都市圈则强调构成单元与核心城市的通勤时间和通勤范围。从规模看，都市区和都市圈较城市群小，一般均包含在城市群的空间范围中。

二、城市群的主要特征及空间范围界定

尽管国内外城市群概念及发展变化有所差异，但本质均是经济要素突破原有行政区划边界而呈现的经济社会一体化现象，具有相似的发展特征和相对一致的界定方案。

（一）城市群的主要特征

从世界城市群的发展实践来看，城市群具有中心性、网络性、内聚性、整体性、综合性和发展性六大特征。其中，中心性和网络性描述了城市群内部结构特征；内聚性着重描述城市群内外个体的区别；整体性和综合性是城市群作为经济社会一体化的整体空间所具有的特性；发展性又称动态性，指从时间角度，观察城市群的发展变化。

一是中心性。中心性是指城市群内部存在一个或多个发展中心[①]作为核心区。核心区往往是高度城市化地区，人口密集、经济社会活动频繁，具有较强的经济辐射力。核心区在城市群发展过程中具有引领和主导地位。

二是网络性。城市群的网络性有双重含义。一是在物理空间上，城市群内部成员之间需借助现代化的交通工具和综合运输网的通达性，以及高度发达的信息网络，实现内部成员之间的紧密联系。二是在经济社会发展联系上，强调城市群内部成员之间在产业项目、公共服务、商贸旅游等领域形成的网络链接。

三是内聚性。城市群成员之间所具有的内聚性使之紧密连接，核心城市之间、核心城市与其他城市之间，以及其他城市之间，存在高度经济社会一体化倾向，产生内聚合力。理论上城市群可以通过成员之间的市场整合，实现资源的优化配置，促进生产效率提升，表现为城市群成员的经济社会发展绩效高于非城市群成员，即内聚性特征。

四是整体性。城市群是在核心城市的引领下发展形成的相对独立的有机整体。从世界范围看，城市群已作为相对独立的空间单元参与全球竞争与合作。

五是综合性。城市群由核心城市以及其他一定数量不同规模、类型和等级的城镇构成，各城市功能、定位和分工不同，具有综合性，因此可以作为我国新型城镇化的主体形态，发挥经济功能、社会功能、生态功能等综合作用，实现大中小城市和小城镇协调发展的格局。

六是发展性。城市群的形成、发展和演化具有动态性。从长期来看，作为整体的城市群的综合实力、空间形态，城市群内部各城市的功能分工，以及各城市的规模、结构、功能和布局，均处于不断变化的过程中。

（二）城市群的空间范围界定

城市群是开放复杂的都市连绵区域，因此城市群边界具有模糊性和动态性。对城市群空间范围的识别较为困难，一般是定性和定量方案的结合。同时，城市群及相似空间的范围界定，也受限于当下时空识别技术的发展。

① 基于现行的行政区划体制，我国城市群的发展中心往往是一个或多个核心城市。

1. 以定性方法为主的界定方案

由于发展背景和条件不同，不同国家或地域对城市群及相似空间的界定标准并不统一，但往往将空间组织、经济联系强度、社会交往和文化相似度作为城市群及相似空间的界定标准。

1957 年，法国地理学家戈特曼（Gottmann J.）提出了识别大都市带空间范围的 5 大标准：一是人口规模达到 2 500 万；二是城市高度密集；三是核心城市与周围市镇具有密切的经济社会联系，形成了若干都市区；四是核心城市之间有便捷的交通走廊；五是具备国际枢纽的功能（Gottmann，1957）。根据戈特曼的研究，世界有 6 大城市群符合以上标准，分别是美国东北部大西洋沿岸城市群、北美五大湖城市群、日本太平洋沿岸城市群、欧洲西北部城市群、英国以伦敦为核心的城市群，以及中国以上海为中心的长三角城市群。1991 年，麦吉基于对亚洲国家和地区城市发展实践，将超级都市区范围定义为当天可通勤的城市外围区及核心城市组成的空间范围。

2006 年霍尔和佩恩以中心城市及周围城镇是否存在功能上的紧密联系、是否存在新型劳动分工，以及是否在发展过程中倾向于形成独特的区域性文化甚至政治共同体为标准，识别了欧洲正在出现的 8 个“多中心巨型城市区域”，分别为英格兰东南部地区、兰斯塔德地区、比利时中部地区、莱茵—鲁尔地区、莱茵 / 美茵地区、瑞士北部地区、巴黎地区和大都柏林地区。2009 年美国发布《2050 区域发展新战略》，提出“超大都市连绵区”（后被更名为巨型区域）的界定标准：巨型区域以都市区划分为基础，将毗邻地区是否具有共享的资源与生态系统、一体化的基础设施系统、密切的经济联系、相似的居住方式和土地利用模式，以及共同的文化和历史作为界定“巨型区域”的标准，并在人口密度、人口增长率和就业率方面有新的要求，如要求巨型区域的人口密度大于 200 人 / 平方英里，2000—2050 年人口增长率需大于 15%，就业率增长 15%，2025 年预计增长超过 2 万个就业岗位。

在国内，以周一星为代表，用定性为主的方法对城市群空间范围进行了界定。周一星等（1995）认为都市连绵区是与戈特曼大都市带相呼应的空间概念，参照戈特曼的方案，提出界定中国都市连绵区的 5 大标准：一是有 2 个以上人口规模大于 100 万的大城市为核心，且核心城市必须具有国际性城市的主要特征；二是包含大型海港和空港，并存在多条国际航线；三是存在综合性交通走廊和便捷的陆上交通网络；四是总人口规模超过 2 500 万，人口密度超过 700 人 / 平方公里；五是内部各城市之间以及核心城市与外围市县之间存在紧密的经济社会联系。

2. 以定量方法为主的界定方案

城市群定量界定方案随着统计技术、空间技术和大数据应用的发展而发展。目前有两类以定量为主的城市群界定方案。一是建立指标体系并设立阈值，判断城市群的边界。界定城市群的指标体系多包含以下几个方面：发达的基础条件、人口规模和密度、交通路网、城市等级体系等。以方创琳（2009）基于国内外研究基础提出的中国城市群识别标准为代表：①城市群内都市圈或大城市数量不少于 3 个，但最多不超过 20 个，其中作为核心城市的城镇人口大于 100 万人的超大或特大城市至少 1 个；②城市群内人口规模不低于 2 000 万人，其中城镇人口规模不少于 1 000 万人；③城市群人均 GDP 超过 3 000 美元，工业化程度较高，一般处于工业化中后期；④城市群经济密度大于 500 万元 / 平方公里，经济外向度大于 30%；⑤城市群铁路网密度大于 250—350 公里 / 万平方公里，公路网密度大于 2 000—2 500 公里 / 万平方公里，基本形成高度发达的综合运输通道；⑥城市群非农产业产值比重超过 70%，非农产业劳动力比重超过 60%；⑦城市群区域城市化率大于 50%；⑧城市群内中心城市的 GDP 中心度大于 45%，具有跨省级的城市功能；⑨城市群周围地区到中心城市的通勤率大于本身人口的 15%；⑩中心城市到紧密圈外围的时间不到 0.5 小时，发车频率在 10 分钟左右，是为 0.5 小时经济圈；到中间圈外围的时间不到 1 小时，发车频率在 20 分钟左右，是为 1 小时经济圈；到外围圈的时间不超过 2 小时，发车频率在 30 分钟以上，是为 2 小时经济圈。

二是随着现代地理信息技术的发展，以及大数据应用的普及，部分学者开始将引力模型（Lutz et al.，1995）、网络分析（潘竟虎等，2017）、Voronoi 图（Ottaviano et al.，2006）等空间方法，以及夜间灯光（梁泽等，2020）、交通可达性（孙伟等，2018）等数据，应用到城市群空间范围的界定方案。方法不一，结论也有所差异。

总体来看，城市群处于不断发展的过程中，对城市群这类动态变化地域空间范围的识别是复杂且综合的。随着学术界对城市群内涵认识的不断加深，对城市群空间范围的识别也逐渐从关注城市群的外在形态，到更加强调城市群成员的内在联系。无论采用定性或定量哪种方案，对城市群空间范围的识别都是相对的，且具有阶段性特征。

第二节　中国城市群发展状况

我国城市群的发展与城镇化进程息息相关，和特大或超大城市的出现紧密连接。特别是2000年我国城镇化率达到36.09%，人均GDP超过800美元，两项指标均表明我国城镇化已驶上快车道。随着城镇化加速发展，作为城市群基础的特大或超大城市在我国城市中异军突起，势不可挡，与此同时，我国城市群也逐渐发展壮大。至2019年，我国19个城市群以占全国29.55%的行政面积，承载了80.59%的人口①，创造了87.52%的GDP。

一、中国城市群的发展历程

改革开放以前，我国并没有严格意义上的城市群，相关研究也并未进入研究者的视野。改革开放以后，“十一五”规划文件才正式规范使用“城市群”。以“十三五”规划纲要确定“19 + 2”城市群发展框架为转折点，我国城市群最终形成“两横三纵”战略格局。

（一）雏形期：改革开放以前

19世纪30年代，“远东第一大都市”上海曾是亚洲金融中心、经济中心，也是世界著名的海港城市。新中国成立后，上海是我国最大最重要的经济中心城市，加上南京、杭州两个省会城市，以及沪宁线、沪杭甬线沿线城市，形成了以上海为中心的长三角城市群雏形。1976年，戈特曼曾提出中国存在一个以上海为中心的城市密集区，这是我国城市群第一次以模糊的面孔进入国际学者视野。

---

① 基于“七普”统计数据测算。

（二）发展期：改革开放—1999 年

基于我国城镇化实践和大城市的出现，结合国外“城市群”概念的引入，我国开始出现“长三角经济区”概念，珠三角、环渤海地区也开始提出地区协同发展战略构想，三个区域成为这一时期国内存在的主要城市群。

1982 年 12 月，第五届全国人民代表大会第五次会议明确提出“地区协作”以及“编制以上海为中心的长江三角洲经济区规划”。1982 年 12 月国务院正式发出《关于成立上海经济区和山西能源基地规划办公室的通知》，正式设立国家层面的上海经济区规划办公室①。1983 年，《关于建立长江三角洲经济区的初步设想》初步明确了长三角经济区的空间范围，主要是以上海为中心，覆盖太湖流域的 10 个城市，即上海、苏州、无锡、常州、南通、杭州、嘉兴、湖州、宁波、绍兴。1986 年，随着各城市经济联合发展趋势的推进，国务院发布《进一步推动横向经济联合若干问题的规定》，针对企业之间出现的不同内容、不同形式的经济联合趋势，要求促进商品流通和形成统一市场，突破条块分割、地区封锁壁垒。

以 1992 年 6 月成立的长江三角洲及长江沿江地区经济规划座谈会及长江三角洲协作办（委）主任联席会议为标志，我国出现了第一个跨地区经济协调机构，并逐渐将协调职能由经济领域扩展至社会、生态和交通等综合领域。1994 年 10 月，广东省委在七届三次全会上首次确认提出珠江三角洲经济区的概念，其发展主要得益于临近港、澳，届时将包括广州、深圳、佛山、东莞、中山、珠海、江门、肇庆和惠州 9 个城市。这一时期，我国城市群在探索中逐渐发展。

（三）成长期：2000—2015 年

2000 年以来，我国城镇化速度得到了明显提升，由 2000 年的 36.21% 上升到 2015 年的 56.10%，2015 年城区人口 100 万以上的大城市数量共计 71 个，其中超大城市 4 个。超大城市和大城市功能的完善也进一步推动了我国城市群的发展。这一时期，学术界对中国城市群的概念内涵、界定方案、划分成果等

① 该办公室主要职能是编制区域协调发展规划，推动地区间的经济技术协作和横向联合，国务院有 37 个部委派代表参与上海经济区规划委员会。该办公室于 1988 年撤销。

的讨论也较多，城市群、都市圈、大都市连绵区、城镇群等相关研究成为热点。2005 年底，《中共中央关于制定国民经济和社会发展第十一个五年规划的建议》发布，首次提出并使用了“城市群”作为“Megalopoliis”的汉语标准翻译，统一了这一时期的城市群概念，并提出把城市群作为推进城镇化的主体形态。这一时期学术界也如火如荼地开展对中国城市群的研究，中国社会科学院城市与竞争力研究中心的《2006 城市竞争力蓝皮书》是其中的代表，该蓝皮书提出中国当时存在的 15 个城市群，分别为长三角、珠三角、京津冀、山东半岛、辽中南、海峡西岸、中原、徐州、武汉、成渝、长株潭、哈尔滨、关中、长春和合肥城市群（倪鹏飞等，2006）。《2010 中国城市群发展报告》则提出了长三角、珠三角、京津冀、山东半岛、辽东半岛、海峡西岸、长株潭、武汉、成渝、环鄱阳湖、中原、哈大长、江淮、关中、天山北坡、南北钦防、晋中、银川平原、呼包鄂、酒嘉玉、兰白西、黔中、滇中共 23 个城市群（方创琳等，2011）。

2010 年国务院发布《全国主体功能区规划》，从定性角度指出京津冀、辽中南、山东半岛地区、长江三角洲地区、珠江三角洲地区为优先发展区域，冀中南地区、太原城市群、呼包鄂榆地区、哈长地区、东陇海地区、江淮地区、海峡西岸经济区、中原经济区、长江中游地区（武汉城市圈、环长株潭城市群、鄱阳湖生态经济区）、北部湾地区、成渝地区（成都经济区、重庆经济区）、黔中地区、滇中地区、藏中南地区、关中—天水地区、兰州—西宁地区、宁夏沿黄经济区、天山北坡地区等 18 个地区为重点开发区域①，奠定了中国城市群的基本空间架构。2014 年《国家新型城镇化规划（2014—2020）》出台，再次明确“把城市群作为主体形态”，自此我国主要城市群的规划编制陆续开展，极大地拓展了我国城市群的发展实践。

（四）成熟期：2016 年至今

这一时期，我国城市群的发展格局基本稳定，各大城市群的系列发展文件也日趋完善，我国城市群进入成熟发展时期。以 2016 年发布的《国民经济和

① 国务院关于印发全国主体功能区规划的通知，http://www.gov.cn/zhengce/content/2011-06/08/content_1441.htm，2011。

社会发展第十三个五年规划纲要》为标志，形成了“19 + 2”的城市群发展框架，城市群发展日趋成熟：优化提升东部地区城市群，建设京津冀、长三角、珠三角世界级城市群，提升山东半岛、海峡西岸城市群开放竞争水平；培育中西部地区城市群，发展壮大东北地区、中原地区、长江中游、成渝地区、关中平原城市群，规划引导北部湾、山西中部、呼包鄂榆、黔中、滇中、兰州—西宁、宁夏沿黄、天山北坡城市群发展，形成更多支撑区域发展的增长极；促进以拉萨为中心、以喀什为中心的城市圈发展①。2016 年 4 月，国家发改委发布《关于进一步编制实施城市群规划》，旨在加快各地城市群建设发展，加强和规范城市群规划的合理性，合理地引导、支撑城市群发展。

2018 年 11 月 18 日，中共中央、国务院发布《关于建立更加有效的区域协调发展新机制的意见》，明确指出以京津冀城市群、长三角城市群、粤港澳大湾区、成渝城市群、长江中游城市群、中原城市群、关中平原城市群等城市群推动国家重大区域战略融合发展，建立以中心城市引领城市群发展、城市群带动区域发展新模式，推动区域板块之间融合互动发展；以北京、天津为中心引领京津冀城市群发展，带动环渤海地区协同发展；以上海为中心引领长三角城市群发展，带动长江经济带发展；以香港、澳门、广州、深圳为中心引领粤港澳大湾区建设，带动珠江—西江经济带创新绿色发展；以重庆、成都、武汉、郑州、西安等为中心，引领成渝、长江中游、中原、关中平原等城市群发展，带动相关板块融合发展②。截至 2019 年 2 月，国务院和中共中央政治局先后批复或审议通过了 11 个国家级城市群（表 9-1），分别是长江中游城市群、京津冀城市群、哈长城市群、成渝城市群、长江三角洲城市群、中原城市群、北部湾城市群、关中平原城市群、呼包鄂榆城市群、兰西城市群、粤港澳大湾区。从国家政策的高度确定主要城市群的发展目标、开发方向、空间结构，以及城市群内各城市的功能定位和分工、重大基础设施建设和生态环境治理、协同发展体制机制等。

① 中华人民共和国国民经济和社会发展第十三个五年规划纲要，http://www.gov.cn/xinwen/2016-03/17/content_5054992.htm，2016。

② 中共中央国务院关于建立更加有效的区域协调发展新机制的意见，http://www.gov.cn/zhengce/2018-11/29/content_5344537.htm，2018。

表 9-1　国务院批复的国家级城市群

获批国家级城市群	国务院批复 / 中共中央政治局审议通过时间	国务院批复和国家发展改革委印发资料文件
长江中游城市群	2015-3-26	《国务院关于长江中游城市群发展规划的批复》 《国家发展改革委关于印发长江中游城市群发展规划的通知》
京津冀城市群	2015-4-30	《京津冀协同发展规划纲要》
哈长城市群	2016-2-23	《国务院关于哈长城市群发展规划的批复》 《国家发展改革委关于印发哈长城市群发展规划的通知》
成渝城市群	2016-4-12	《国务院关于成渝城市群发展规划的批复》 《国家发展改革委关于印发成渝城市群发展规划的通知》
长江三角洲城市群	2016-5-22	《国务院关于长江三角洲城市群发展规划的批复》 《国家发展改革委关于印发长江三角洲城市群发展规划的通知》 《中共中央国务院关于长江三角洲区域一体化发展规划纲要》
中原城市群	2016-12-28	《国务院关于中原城市群发展规划的批复》 《国家发展改革委关于印发中原城市群发展规划的通知》
北部湾城市群	2017-1-20	《国务院关于北部湾城市群发展规划的批复》 《国家发展改革委关于印发北部湾城市群发展规划的通知》
关中平原城市群	2018-1-9	《国务院关于关中平原城市群发展规划的批复》 《国家发展改革委关于印发关中平原城市群发展规划的通知》
呼包鄂榆城市群	2018-2-5	《国务院关于呼包鄂榆城市群发展规划的批复》 《国家发展改革委关于印发呼包鄂榆城市群发展规划的通知》
兰西城市群	2018-2-22	《国务院关于兰州—西宁城市群发展规划的批复》 《国家发展改革委关于印发兰州—西宁城市群发展规划的通知》
粤港澳大湾区	2019-2-18	《中共中央国务院印发〈粤港澳大湾区发展规划纲要〉》

资料来源：作者整理。

二、我国城市群的现状特征

根据 2021 年发布的《中华人民共和国国民经济和社会发展第十四个五年规划和 2035 年远景目标纲要》，我国目前共布局了 19 个城市群，形成了“两横三纵”战略格局，是当前乃至未来推进中国区域经济发展的重要支撑。

（一）空间格局

根据国家“十四五”规划，19 个城市群多分布在东南沿海沿河沿江地区，其总体定位是为：优化提升京津冀、长三角、珠三角、成渝、长江中游等城市群，发展壮大山东半岛、粤闽浙沿海、中原、关中平原、北部湾等城市群，培育发展哈长、辽中南、山西中部、黔中、滇中、呼包鄂榆、兰州—西宁、宁夏沿黄、天山北坡等城市群①（图 9-1）。

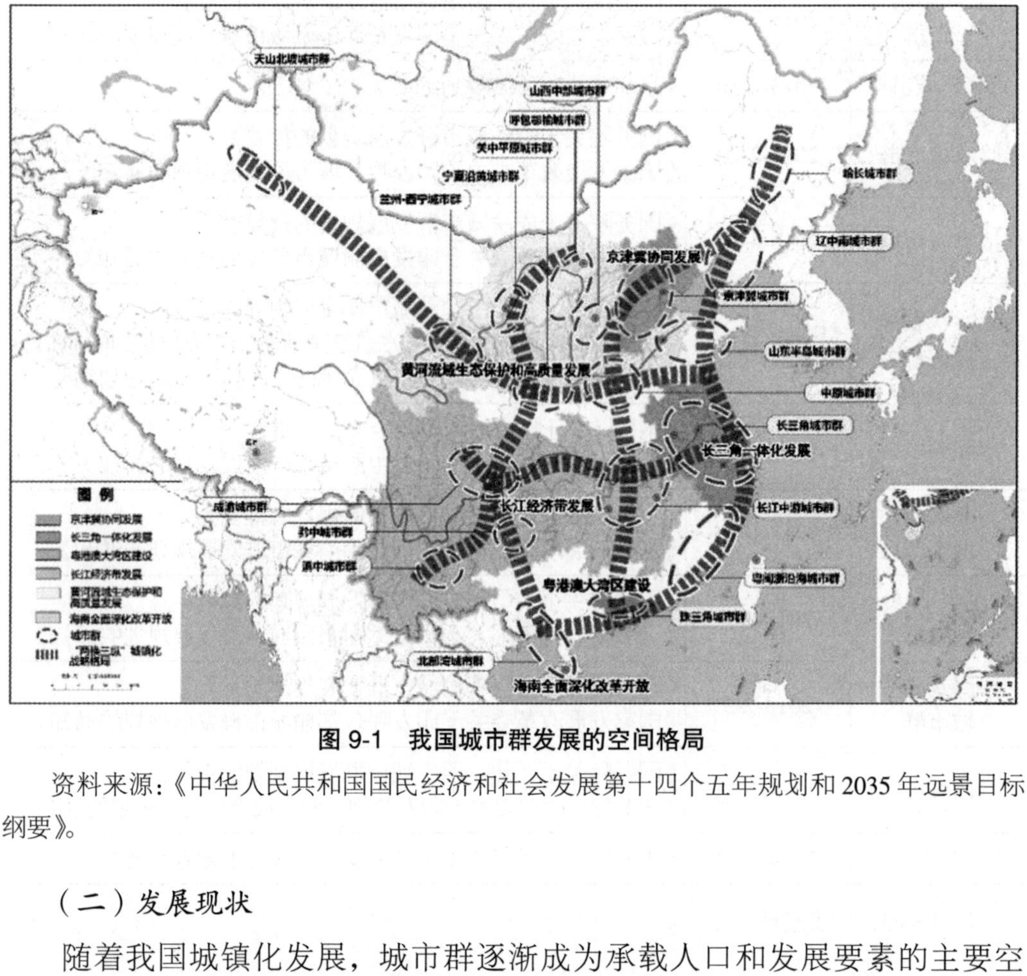

图 9-1　我国城市群发展的空间格局

资料来源:《中华人民共和国国民经济和社会发展第十四个五年规划和 2035 年远景目标纲要》。

（二）发展现状

随着我国城镇化发展，城市群逐渐成为承载人口和发展要素的主要空间。基于数据的可得性，作者统计了 19 个城市群的经济社会发展数据，各城市群统计信息见表 9-2。根据 2021 年公布的“七普”数据、《中国统计年鉴（2020）》和《中国城市统计年鉴（2020）》相关数据，19 个城市群行政总面积为 284.84 万平方公里，占全国比重 29.55%；覆盖了 11.38 亿人口，占全国

① 中华人民共和国国民经济和社会发展第十四个五年规划和 2035 年远景目标纲要，http://www.gov.cn/xinwen/2021-03/13/content_5592681.htm，2021。

总人口的 80.59%；城镇常住人口 7.54 亿，整体城镇化率 66.28%，高于全国水平 2.39 个百分点；创造了 86.34 万亿元 GDP，占全国 87.52%；R&D 人员总量 436.62 万人，占全国 90.94%；发明专利授权量总数 38.61 万件，占全国 85.27%；普通高等学校 2 391 所，占全国 88.95%；执业（助理）医师数 319.55 万人，占全国 82.64%①。

表 9-2　中国 19 大城市群及在本章中的统计范围

类别	城市群名称	人口总量（万人）	经济总量（亿元）	城镇化率（%）	统　计　范　围
优化提升五大城市群	京津冀城市群	11 583	86 705	68.02	北京、天津，河北省的张家口、承德、秦皇岛、唐山、沧州、衡水、廊坊、保定、石家庄、邢台、邯郸等 11 个地级市以及河南省的安阳市，未包含定州、辛集 2 个省直管市。
	长三角城市群	16 508	197 349	76.11	上海市，江苏省的南京、无锡、常州、苏州、南通、盐城、扬州、镇江、泰州，浙江省的杭州、宁波、嘉兴、湖州、绍兴、金华、舟山、台州，安徽省的合肥、芜湖、马鞍山、铜陵、安庆、滁州、池州、宣城等 26 市。
	珠三角城市群	7 802	86 899	87.34	广东省广州市、深圳市、珠海市、佛山市、惠州市、东莞市、中山市、江门市、肇庆市。除人口外，其他经济社会发展数据未包含香港和澳门统计数据。
	成渝城市群	10 271	65 060	62.38	重庆市、四川省的成都、自贡、泸州、德阳、绵阳、遂宁、内江、乐山、南充、眉山、宜宾、广安、达州、雅安、资阳等 15 个市。
	长江中游城市群	12 335	91 501	63.58	湖北省武汉市、黄石市、鄂州市、黄冈市、孝感市、咸宁市、襄阳市、宜昌市、荆州市、荆门市，湖南省长沙市、株洲市、湘潭市、岳阳市、益阳市、常德市、衡阳市、娄底市，江西省南昌市、九江市、景德镇市、鹰潭市、新余市、宜春市、萍乡市、上饶市及抚州市、吉安市，未包含仙桃、潜江、天门三个县级市。

①　由于统计数据缺失，未包含自治州、盟及部分县（区）的相关数据。下同。各城市群统计范围详见表 9-2。

（续表）

类别	城市群名称	人口总量（万人）	经济总量（亿元）	城镇化率（%）	统计范围
发展壮大五大城市群	山东半岛城市群	10 153	70 474	63.04	济南、青岛、临沂、烟台、淄博、济宁、潍坊7个大城市，枣庄、威海、滨州、德州、聊城、菏泽、东营、日照、泰安9个中等城市。
	粤闽浙沿海城市群	8 238	62 591	65.12	福建省的福州、厦门、泉州、莆田、漳州、三明、南平、宁德、龙岩，浙江省的温州、丽水、衢州，江西省的赣州，广东省的汕头、潮州、揭阳、梅州共计20个地级市。江西省的上饶、鹰潭、抚州同时被包含在长江中游城市群中，为避免重复统计，未包含以上三市的统计数据。
	中原城市群	12 710	65 014	53.65	河南省郑州市、开封市、洛阳市、平顶山市、新乡市、焦作市、许昌市、漯河市、鹤壁市、商丘市、周口市和山西省晋城市、安徽省亳州市，以及河南省濮阳市、三门峡市、南阳市、信阳市、驻马店市，山西省长治市、运城市，安徽省宿州市、阜阳市、淮北市、蚌埠市。未包含济源市统计数据。同时，河北邯郸市、邢台市和河南的安阳市，同时被包含在京津冀城市群中，山东的聊城与菏泽市同时被包含在山东半岛城市群中，为避免重复统计，未包含以上几市的统计数据。
	关中平原城市群	3 865	20 046	59.96	陕西省西安、宝鸡、咸阳、铜川、渭南、商洛，山西省临汾市，甘肃省天水市、平凉市、庆阳市。运城市同时被纳入中原城市群的规划范围，为避免重复统计，未包含山西运城市的统计数据。
	北部湾城市群	4 240	19 944	54.36	广西壮族自治区南宁市、北海市、钦州市、防城港市、玉林市、崇左市，广东省湛江市、茂名市、阳江市和海南省海口市、儋州市，未包含海南省东方市、澄迈县、临高县、昌江县。
培育发展九大城市群	哈长城市群	4 066	20 129	62.05	黑龙江省哈尔滨市、大庆市、齐齐哈尔市、绥化市、牡丹江市，吉林省长春市、吉林市、四平市、辽源市、松原市，未包含延边朝鲜族自治州的统计数据。
	辽中南城市群	3 075	20 925	77.48	沈阳市、大连市、鞍山市、抚顺市、本溪市、营口市、辽阳市、铁岭市、盘锦市共9个城市。
	山西中部城市群	1 609	8 722	68.04	太原市、晋中市、吕梁市、阳泉市、忻州市。
	黔中城市群	2 197	10 348	57.33	贵阳市、遵义市、毕节市、安顺市，未包含黔东南州、黔南州6个市（州）及贵安新区统计数据。

（续表）

类别	城市群名称	人口总量（万人）	经济总量（亿元）	城镇化率（%）	统计范围
培育发展九大城市群	滇中城市群	1 648	11 064	65.41	昆明市、曲靖市、玉溪市，未包含楚雄彝族自治州及红河哈尼族彝族自治州北部的蒙自市、个旧市、建水县、开远市、弥勒市、泸西县、石屏县七个县市。
	呼包鄂榆城市群	1 193	13 246	75.11	内蒙古自治区呼和浩特市、包头市、鄂尔多斯市和陕西省榆林市。
	兰州—西宁城市群	1 222	5 564	64.94	甘肃省兰州市、白银市、定西市，青海省西宁市，海东市。未包含临夏回族自治州、海北藏族自治州、海南藏族自治州、黄南藏族自治州等相关数据。
	宁夏沿黄城市群	606	3 426	68.98	宁夏沿黄河分布的银川市、石嘴山市、吴忠市、中卫市，未包含县（市）数据。
	天山北坡城市群	454	4 386	56.53	乌鲁木齐市、克拉玛依市，未包含昌吉回族自治州以及子市、沙湾县、乌苏市、奎屯市等县（市）统计数据。

注：由于自治州、盟和部分县（区）统计数据可得性较差，因此本章中的统计范围与规划范围有所出入。

数据来源：人口总量、城镇化率根据七普公开数据整理而得，其中通化市城镇化率由吉林省城镇化率替代；乌鲁木齐市、克拉玛依市、吐鲁番市和哈密市城镇化率由新疆城镇化率替代。经济总量根据《中国城市统计年鉴（2020）》计算而得。

（三）主要特征

尽管19个城市群发展阶段有所差异，但与国外城市群相比，我国城市群在空间上更加集聚，发展速度也更快，并形成了以京津冀、长三角和珠三角三大城市群为引领的发展格局。

1. 我国城市群高密集发展的空间特征

我国城市群呈现高密度集聚、高强度运转的发展特征，是承载发展要素的主要空间形式。从经济活动密度的直观数据来看，19个城市群地均产出为3 031万元/平方公里，人口密度为399人/平方公里，分别为全国平均水平的2.96倍和2.73倍。从人口空间布局看，19个城市群共包含217个城市成员，占全国城市总量（未包含盟、自治州、地区）的73.06%，大都分布在“胡焕庸线”以东，人口规模较大的城市基本位于城市群的核心区域。从发展的动态性来看，城市群人口空间布局也在时刻发生变化。2010—2020 年，19 个城市群中有 18 个城市群人口规模扩大，人口增长最快的城市群包括珠三角城市群、天山北坡城市群、宁夏沿黄城市群、长三角城市群、黔中城市群、滇中城市群、北部湾城市群和呼包鄂榆城市群，人口增长率超过 10%，其中珠三角城市群整体人口增长率达到 39.01%。与此同时，哈长城市群则出现了显著的人口萎缩，2010—2020 年人口流失率为 12.85%。

2. 城市群高速度成长的时间特征

与全球其他城市群相比，我国城市群发展起步较晚，但成长速度很快。尽管改革开放以前，我国长三角城市群曾以城市密集区的朦胧印象进入国际视野，但由于新中国成立初期中国经济体制和发展方向的变化，我国城市群的发展整体起步较晚，晚于西方发达国家 80 余年。改革开放以后，在短短 40 多年时间里，我国城镇化率由 1978 年的 17.9% 快速上升至 2000 年的 36.2%，2010 年为 47.5%，2021 年达到 63.89%。随着城镇化的发展，以及"把城市群作为推进中国新型城镇化主体形态"基调的逐渐确立，我国城市群数量快速上升，由改革开放前的长三角城市群快速发展为 19 个城市群鼎立的空间格局。

3. 城市群发展阶段的梯度特征

19 个城市群的发育程度并不一致，处于不同的发展阶段。从国家战略角度，目前 19 个城市群形成了"5 + 5 + 9"的发展梯度。其中京津冀城市群、长三角城市群、珠三角城市群、成渝城市群和长江中游城市群为"优化提升"的 5 个城市群，山东半岛城市群、粤闽浙沿海城市群、中原城市群、关中平原城市群、北部湾城市群为"发展壮大"的 5 个城市群，哈长城市群、辽中南城市群、山西中部城市群、黔中城市群、滇中城市群、呼包鄂榆城市群、兰州—西宁城市群、宁夏沿黄城市群、天山北坡城市群为"培育发展"的 9 个城市群。

4. 三大城市群的"首位"特征

在 19 个城市群中，京津冀城市群、长三角城市群和珠三角城市群是发展最为成熟的三个城市群，在我国区域经济发展中充当领头羊的角色。三大城市群人口总量 35 893 万人，占全国人口比重 25.42%；城镇人口 27 258 万人，占全国城镇人口比重 30.22%；GDP 总量为 370 953 亿元，占全国比重 37.60%；发明专利授权总量 227 814 件，占全国比重 50.29%；执业（助理）医师总量

108.99 万人，占全国比重 28.19%。

表 9-3　中国三大城市群的经济社会发展指标及占全国比重

城市群名称	人口总量（万人）	城镇人口（万人）	GDP 总量（亿元）	发明专利授权（件）	执业（助理）医师总量（万人）
京津冀城市群	11 583	7 878	86 705	63 467	40.58
长三角城市群	16 508	12 566	197 349	99 804	49.29
珠三角城市群	7 802	6 814	86 899	64 543	19.12
合　计	35 893	27 258	370 953	227 814	108.99
占全国比重	25.42%	30.22%	37.60%	50.29%	28.19%

资料来源：作者统计。

三、我国城市群的新发展趋势

在城镇化深入发展的背景下，未来城市群将向着推动不同规模、不同类型的城镇协调发展的道路前行。随着经济社会一体化程度加深，城市群外部边界将进一步扩展，形成相互融合的发展态势。在城市群内部，以核心城市创新发展为引领，也将形成更为合理的多圈层嵌套空间结构。

1. 城市群作为城镇化主体形态的总基调长期持续

2021 年我国城镇化率为 63.89%，与美国 82.66%、英国 83.90%、日本 91.78% 的水平相比，差距仍然较大，我国城镇化的发展还是一个长期过程。面对当前超大和特大城市出现拥堵、污染等“城市病”问题，以及人口持续不断向城镇集聚的矛盾，以城市群为主体实现大中小城市和小城镇协调发展，是持续推进新型城镇化健康发展的必由之路。整体来说：超大特大城市要提高城市能级、合理疏解中心城区非核心功能，防止无序蔓延、避免臃肿肥胖；大城市要不断增强要素集聚、高端服务和科技创新能力，提升精细化治理水平，发挥规模效应和辐射带动作用；中小城市要遵循差异化定位，瘦身强体，产业功能不求全而求精，走“小而强、小而美、小而优”的发展道路；小城镇与特色小镇是城市群的重要组成部分，需顺应发展趋势，深度嵌入城市群体系之中。

2. 城市群边界持续扩大融合发展的趋势逐渐显现

城市群的边界是动态变化的，城市群所覆盖的地理空间也是不断发展的。

伴随交通和通信技术不断发展，经济活动对物理空间的敏感性持续降低，沿海、沿江、沿河等多个城市群连片形成超级城市群或大都市连绵带的趋势逐渐显现。根据欧美国家城市群发展规律，欧洲和美国基于目前城市群或都市圈逐渐融合发展的趋势，分别形成了"多中心巨型城市区域"和"巨型区域"。如作为欧洲多中心巨型城市区域之一的英格兰东南部地区，覆盖面积达 2.92 万平方公里，包含 51 个功能性城市区域；比利时中部的巨型城市区域则覆盖 1.60 万平方公里，包含 8 个功能性城市区域；莱茵鲁尔巨型城市区域则覆盖 1.15 万平方公里，包含 47 个功能性城市区域。从这一趋势看，我国城市群特别是沿海沿江沿河城市群，随着边界向外进一步扩展，几个城市群将出现相互融合的发展趋势。实际上，少数几个如中原城市群与关中平原城市群已出现相互交叠的现象。

3. 城市群与都市圈嵌套发展的空间格局更加优化

近年来，在城市群内部，都市圈建设呈现较快发展态势。根据《国家发展改革委关于培育发展现代化都市圈的指导意见》中的定义，都市圈是城市群内部以超大特大城市或辐射带动功能强的大城市为中心，以 1 小时通勤圈为基本范围的城镇化空间[①]。都市圈以中心城市与周边城市（镇）的同城化为发展方向，以市场建设统一、基础设施一体高效、公共服务共建共享、产业专业化分工协作、生态环境共保共治、城乡融合发展为特征。因此，从某种意义上来说，都市圈以"同城化"为发展目标，城市群则以"一体化"为发展宗旨，都市圈与城市群在不同空间尺度上的层叠嵌套，即是以同城化引领一体化实现更高质量发展，是城市群未来转型升级的重要支撑。

4. 城市群创新引领合作共赢的发展理念更加牢固

根据城市群发展规律，城市群将形成分工合理、功能互补的发展态势。城市群的核心城市将逐渐形成以科创服务等现代服务业为重心的产业功能，其他城市则以各自的发展基础和优势形成与核心城市相适应的产业结构。同时，在全球分工条件下，非核心城市并不单纯是核心城市产业辐射的接受者，新型产

---

① 国家发展改革委关于培育发展现代化都市圈的指导意见，https://www.ndrc.gov.cn/xwdt/ztzl/xxczhjs/ghzc/202012/t20201224_1260130.html?code = &state = 123，2019。

业的发展也会给它们带来新的发展机遇。在这一趋势下，近几年各城市群成员对高位规划与自主规划发展关系的处理也更加成熟，将城市发展融于区域之中，纷纷成立区域经济协调会或经济社会合作委员会，建立了共享协同机制。在这一过程中，我国城市群作为利益共同体参与国内国际竞争的态势更加明显，发展理念也从“想要什么”向“能给什么”转变，实现创新引领下的合作共赢，最终实现区域与城市的共同繁荣。

第三节　城市群形成发展的理论机制

城市群的发展和变化遵循一定的内在规律。城市群的形成发展是经济、社会、交通、政策等多种因素综合作用的结果，在时间上呈现阶段性发展特征，在空间上呈现组合式发展规律，在功能上则具有一体化和互补发展特性。

一、城市群形成发展的主要影响因素

城市群的形成发展是多种因素综合作用的结果。其中，经济活动在城市群形成与发展过程中起到决定性作用；基于经济活动而产生的人口流动，是城市群形成和发展最直接的动因；交通因素是城市群形成和发育的基础条件，也是城市群一体化发展的重要保障；另外，政府干预对城市群发展和扩展也存在重要影响。

（一）经济因素

经济活动在城市群形成与发展过程中起到决定性作用。一般情况下，城市群的出现是经济活动超越行政边界，与周边城镇进行要素交流交换的结果，经济活动的强度和范围决定了城市群的能级和面积。

在不同发展阶段，经济因素对城市群发展的影响有所区别，主要就是集聚和扩散两种力量的对比。所谓集聚，是指产业和经济活动在空间上集中产生的经济效果，以及吸引经济活动向一定地区靠近的向心力，是导致城市或城市群经济活动范围不断外扩的基本因素。所谓扩散，是指促使各种生产要素在一定发展阶段上从增长极向周围不发达地区流动的离心力，从而产生一种缩小地区

间经济发展差距的趋势，是决定城市群边界不可能无限放大的阻力因素。在城市群发展的初级阶段，集聚是主要的驱动力；在城市群发展的成长阶段和形成阶段，集聚与扩散同时作用于城市群；在城市群发展的成熟阶段，扩散是主要的驱动力。

（二）人口与社会因素

基于经济活动而产生的人口流动，是城市群形成和发展最直接的动因，人口流动所形成的人口在不同城市之间空间分布的结果也是城市群发展和变化最直观的表现。受到经济驱动力的影响，人口首先流向经济最为发达的核心城市和较为发达的大城市，当人口净流入产生的对社会资源和服务的需求超过城市的供给水平，城市的功能受到挑战，作为单个个体的人在该城市生活的医疗、教育、出行等社会成本上升，对人口流动产生实际“推力”，促使人口向周围的中等城市、小城市和小城镇扩散，最终形成了城市群内部大中小不同规模的城市组合体系。

（三）交通因素

交通因素是城市群形成和发育的基础条件，也是城市群一体化发展的重要保障。交通对城市群形成与发展的影响主要体现在两大方面。一是伴随交通技术发展，交通基础设施建设拓宽了城市间的联系渠道，综合交通网络带来的时空距离压缩，能够带动城市群内部人口人才、物质资源、思想文化、信息技术等的流通，使城市之间融合度提升，并加强城市群内外的联动关系，为城市群能级的提升提供了基础。二是由于城际人口流动、产业合作、城乡统筹等对交通运输系统的依赖，因此在核心城市与大城市、中等城市、小城市与小城镇之间布局的交通廊道，也反过来对城市群发展的空间格局产生重大影响。

（四）政策因素

政府干预对城市群的发展和空间扩展起到了重要作用。中央和地方省市制定的产业、人口、社会、生态等政策加速了城市群的形成与发展，如推动地方产业项目合作、加强交通运输联系、推动公共服务共享、促进人口人才流动等。政策因素对城市群形成发展的影响也体现在政府通过行政管理手段干预城市的设立及区划范围、参与城市管理和协调城市群内部事务等行为。

（五）其他因素

城市群的形成发展还受到资源禀赋、地理区位、城市治理、技术水平等因素的影响。如部分城市群的核心城市为资源型城市，核心城市与周围地区的产业关联将围绕资源禀赋而构建形成；大多数沿江、沿河、沿海城市群的空间形态受到地理区位的影响；城市群内部人口流动的规模和速度同时受限于空间技术水平和城市治理能力，空间技术水平越高、城市治理能力越强，城市群容纳和吸收人口的规模越大。

二、城市群发展演变的主要规律

城市群的形成发育与空间拓展是一个长期的过程，总体趋势是城市群内部各城市之间由竞争转向竞合关系。从世界城市群发展实践看，城市群发展演变主要遵循五大规律：

（一）城市群发展的阶段性规律

城市群形成发展的阶段性规律是指城市群的形成和发育具有阶段性特征。城市群形成发展的阶段性规律是被世界范围内城市群发展实践证实的。斯科特将城市群空间拓展阶段划分为单中心、多中心和网络化阶段。在单中心阶段，中心城市为主导；在多中心阶段，中心城市与郊区相互竞争；在网络化阶段，城市之间形成复杂的组合功能式发展，并由竞争关系转化为竞合关系。弗里德曼（Friedman，1986）结合经济发展时期，将城市群发展阶段划分为工业化前期、工业化初期、工业化成熟期和工业化后期阶段。在工业化前期，城市群内节点规模较小，分散且独立；在工业化初期，经济区位较好的节点城市获得快速增长；在工业化成熟期，各节点城市之间的联系强度加大，且合作关系较为明确；在工业化后期，城市群内部各节点城市处于稳定且平衡的增长过程。方创琳等（2018）根据中国城市群发展实践，将城市群空间拓展划分为 7 个阶段，分别为分散独立式节点均衡发展阶段、单节点集聚式非均衡发展阶段、单体大都市区形成与继续拓展阶段、基于单节点空间与职能结构整合发展阶段、多都市区一体化区域的形成阶段、都市区整合发展与结构重组阶段，以及城市群可持续发展阶段。其中，前 3 个阶段为城市经济区或大都市区的形成与发展过程，第 4—6 个阶段为都市区或集合体的发展过程，第 7 个阶段为城市群发展的最高级阶段（图 9-2）。

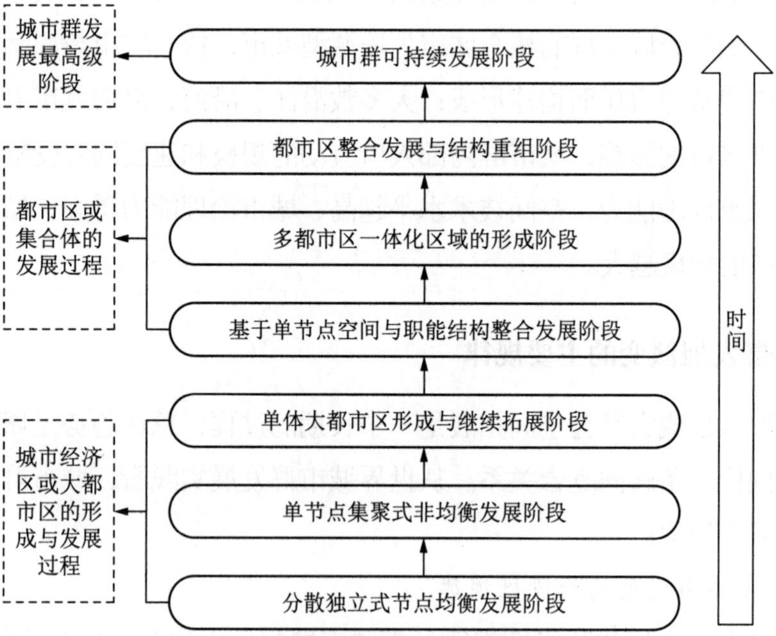

图 9-2　城市群形成发育的演进阶段示意图

资料来源：根据方创琳等（2018）绘制。

（二）城市群空间的组合规律

城市群空间结构的组合规律是指城市群往往存在多等级的空间结构，不同等级的个体各司其职，形成有机发展的组合状态。一般情况下，超大或特大城市是城市群的核心城市，处于最高等级，主导和引领城市群的发展变化；大城市是城市群的关键节点，处于次高等级，直接与核心城市产生要素交换，在城市群内部整体规划衔接、产业发展合作、公共服务共享等方面发挥支撑作用；中等城市是城市群的重要节点，处于中等级，在核心城市、大城市和小城市、小城镇发展中，发挥不可或缺的传导和中介功能；小城市和小城镇则处于较低等级，是城市群中要素和信息传导的终端节点（图 9-3）。

由于城市群形成发展的基础条件不同，因此客观上存在单中心组合、双中心组合和多中心组合三种空间形态。单中心组合是指城市群中仅存在一个核心城市，其他个体则是以配合或补充核心城市的发展而存在。双中心组合或多中心组合是指城市群中存在两个或两个以上的核心城市。一般情况下，从单中心到双中心再到多中心，城市群中心性下降、空间范围扩大、稳定性趋弱、复杂性变强。

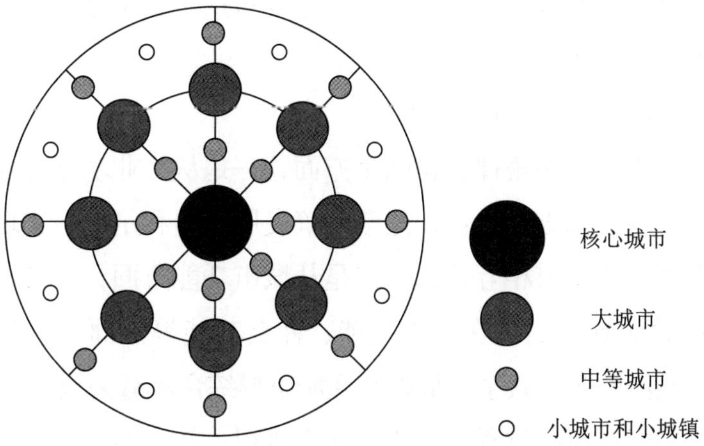

图 9-3　城市群空间结构的组合规律示意图

资料来源：作者绘制。

（三）城市群发展的一体化规律

城市群发展的一体化规律是指城市群内部通过建立共同的协调机构和经济社会政策，逐渐淡化行政边界的阻隔，呈现以资源要素在更大范围内的优化配置为主要内容的一体化发展趋势。城市群发展的一体化规律主要包括交通一体化、市场一体化、产业一体化、服务一体化、生态一体化、制度一体化六大方面。

城市群发展的一体化首先以交通一体化为前提，通过快速便捷的复合交通网络，实现地理空间和经济空间的有机统一。通过区域资本整合、区域技术合作和人才交流，城市群内部逐渐建立统一开放的商品市场以及人才、资本、技术、产权交易等各类要素市场，实现要素在城市群内快速流动。在要素市场一体化的基础上，传统的产品分工逐渐向地区间的产业链分工转化，并在地区间垂直分工为主导的情况下，在相同规模等级的城市之间派生水平分工，由此产业的专业化和多样化在城市群内部达到平衡统一。在要素、产业等经济一体化过程中，资源和服务的共享开始成为城市群一体化的重要内容，并成为城市群高度一体化的深层目标，主要包括教育、医疗、社保、养老等公共服务资源在城市群内部各城市之间的共建共享。在生态与环保领域，由于环境污染存在较强的外部性，城市群一体化深度发展需要加强环保合作，实现环境污染联防联治，城市群整体的资源环境承载力也在生态一体化过程中得以有效提升。城市群发展的一体化需要制度一体化为保障，主要包括规划引领、利益协调、平台建设、财政支持等方面。

（四）城市群功能的自组织规律

城市群功能的自组织规律包含两个方面，一是从产业功能方面，城市群内部各城市根据自身的基础和特色，逐渐明确发展方向和定位，实现功能错位发展，并与城市群其他城市相互协调。二是从城市功能方面，城市群不仅淡化了产业发展的行政边界，而且在生态功能、社会功能等方面，也更像是一个整体，进行生态共治、服务共享，最终实现城市群综合承载力提升。

在城市群功能自组织过程中，遵循如下规律：核心城市一般基于资源禀赋或地理区位优势，首先发展成为地区经济增长的中心，通过极化效应不断强化在城市群中的核心地位。随着核心城市土地、劳动力等商务成本上升，城市群内部制造业开始向周边地区转移。在此过程中，核心城市迅速进行职能调整和转换，金融、管理、专业服务和信息传播等服务业明显增长，由制造业中心向生产性服务业和信息中心转变。其他城市则以各自的发展基础和优势条件通过竞争适应核心城市的产业结构转换，并形成自身特色。同时，非核心城市并不仅仅接受核心城市辐射，同时可以抓住全球产业分工和新型产业发展机遇，建立新的产业优势，提高在城市群中的等级，甚至出现与核心城市抗衡的局面。最终，以产业发展为引领，在城市治理、生态保护、公共服务共享等方面，城市群内部各城市也开始寻求共建共治共享的合作之道，实现经济社会高度一体化。

以日本首都圈为例。日本首都圈包括东京、横滨、神奈川、千叶、埼玉、群马、枥木、茨城等地，是发展较为成熟的城市群，其功能布局根据各城市发展基础和特色，形成了分工协作。核心城市东京依托发达的都市型工业和生产性服务业，发挥着政治、金融、科教文化、信息中枢职能。神奈川和千叶则发挥海港及空港优势，成为首都圈中工业和物流产业集聚地。横滨港、成田机场的国际交流、国际物流及临港产业则独具一格。东部的多摩高科技产业、研究开发机构和大学较为集中，承担研发和科研职能，商务和商业职能也不断强化。北部的茨城以筑波科学城为主体，成为大学和研究机构的集聚之地。

第四节　城市群研究方法

在城市群相关评价中，主要关注两大领域的发展，一是城市群作为整体发展水平的评价与对比分析，二是城市群内部各城市协调发展水平和一体化程度分析。评价城市群整体发展水平往往通过构建综合指标，并建立城市群发展水平指数的方式进行。测量城市群一体化水平，则主要存在测量边界效应、测量产业一体化水平、测量资源交换强度以及评价城市群社会网络等主要方法。

一、城市群整体发展水平评价

城市群整体发展水平一般是指城市群作为整体的经济规模、城市建设、人口集聚、社会发展、产业结构、资源利用、生态保护等综合能力，也被称为城市群竞争力。多数评价城市群整体发展水平的研究，均通过建立指标体系，利用主成分分析法、层次分析法、变异系数法、熵值法等赋予指标权重，通过加权平均计算城市群综合发展水平。本节主要介绍评价城市群整体发展水平的代表性指标（表 9-4）。

二、城市群一体化水平测量

测量城市群一体化水平主要遵循以下几种思路。一是直接检验城市群内部不同地区之间边界的强弱，边界效应越弱，资源要素流动越自由，一体化程度越高。二是考察城市群内部城市之间专业化分工水平，分工水平越高，一体化水平越高。三是考察城市群重要节点城市之间资源交换的强度，强度越高，连接水平越高，一体化水平越高。四是考察城市群社会网络的发育程度，网络越发达，城市连接越便捷，一体化水平越高。此外，还可以从制度衔接、文化相近的角度，对城市群一体化程度进行主观评价。

表 9-4 城市群整体发展水平评价指标

	分项领域	评 价 指 标
城市群整体发展水平评价指标	经济发展水平	GDP（人均 GDP、地均 GDP、GDP 增长率）
		一般公共预算地方财政收入（一般公共预算地方财政支出）
		全社会固定资产投资额
		全社会消费品零售总额
		外商直接投资水平
		外贸依存度
	城市建设水平	人均道路面积（建成区路网密度）
		人均公共汽车数（地铁里程数）
		互联网宽带接入用户比重
		万人公共图书馆藏书量
	人口集聚水平	人口规模（人口密度）
		人口迁入 / 迁出率
		城镇化率
		城镇人均可支配收入（乡村人均可支配收入）
	社会发展水平	教育（医疗）支出占地方一般公共预算支出比重
		人均医疗资源（万人医生数、万人病床数）
		生均教育资源（义务教育生师比 / 高中生师比）
		基本医疗保险覆盖率（养老保险覆盖率、失业保险覆盖率）
	产业发展水平	第二产业增加值比重（第三产业增加值比重）
		R&D 经费占 GDP 比重（R&D 从业人员）
		生产性服务业占第三产业增加值比重
		万人专利授权量（发明专利占授权专利比重）
	资源利用水平	万元 GDP 的二氧化硫排放量（二氧化碳排放量）
		万元 GDP 耗电量
		人均生活用水（人均生活用电）
	生态保护水平	生活垃圾无害化处理率
		人均绿地面积（建成区绿化覆盖率）
		可吸入细颗粒物年平均浓度

资料来源：作者整理。

（一）边界效应强弱测量

基于第一种思路，一般采用趋同分析模型测量行政边界效应。思路是利用计量方法，将代表行政边界的哑变量加入计量模型，观察其回归系数的显著性。

计量模型一般设定为：

$$g_{A,t,t+T}-g_{B,t,t+T}=\alpha+\beta\ln(y_{A,t}/y_{B,t})+\delta(X_{A,t}-X_{B,t})+\gamma Border+\varepsilon_t$$

其中，$g_{i,t,t+T}$为城市i在t—$t+T$时期人均指标（如人均GDP）的平均增长速度，$i\in\{A,B\}$，$g_{A,t,t+T}-g_{B,t,t+T}$表示城市A与城市B发展的趋同程度。$y_{A,t}$和$y_{B,t}$分别为城市A与城市B在t时期的人均指标；$X_{A,t}$和$X_{B,t}$为城市A与城市B在t时期的一组状态变量；ε_t为残差项。$Border$为哑变量，城市A与城市B在不同省份，取值为1，否则取值为0。根据回归结果中γ的显著性和数值大小，判断省级行政边界的大小。

（二）产业一体化水平测量

基于第二种思路测量的城市群一体化水平，也可以被称为城市群协同发展水平。由于侧重衡量城市群内部专业化分工水平，因此常用区位熵或产业结构相似指数来测量城市群一体化水平。

1. 区位熵

区位熵是指区域内某具体行业指标（如从业人员、经济规模）占全行业比重，与全国该比重的比值。通常用来反映区域内某行业的集聚水平。计算公式如下：

$$L_{ij}=\frac{e_{ij}/e_i}{E_j/E}$$

其中，L_{ij}为i城市j行业的区位熵。e_{ij}为i城市j行业的行业指标（如从业人员），e_i为i城市所有行业的行业指标。E_j为全国j行业的行业指标，E为全国所有行业的行业指标。一般来讲，$L_{ij}>1$，说明i城市j行业的集聚度和专业化水平较高，在全国具有比较优势。进一步可通过比较城市群内各城市不同行业的区位熵，判断城市群内各城市行业的互补程度。

2. 产业结构相似度指数

$$I_C = 1 - \frac{1}{2(m-1)}\sum_{i=1}^{m}\sum_{j=1}^{n}|R_{ij} - \overline{R}_j|$$

其中，I_C 为 C 城市群的产业结构相似指数。m 为城市群内部城市数量，i 代表城市，且 $i = 1, 2, \cdots, m$；j 代表行业，且 $j = 1, 2, \cdots, n$。R_{ij} 为 i 城市 j 行业从业人员占该城市总从业人员的比重，R_j 为城市群内各城市 R_{ij} 的均值。产业结构相似指数 $I_C \in [0, 1]$。数值越小，城市群产业一体化水平越高。

（三）城市资源交换强度测算

通常用引力模型和城市流强度模型来衡量城市 A 对其他城市的作用强度。强度越高，说明区域之间的一体化程度越高。由于不同城市引力值或城市流强度大小不同，因此也可用引力模型和城市流模型来刻画城市群内的城市等级。

1. 引力模型

传统或改进的引力模型主要测量两地之间人流、物流、信息流的强度，应用最为广泛。基本的引力模型公式与牛顿的万有引力公式如出一辙：

$$R_{ij} = \frac{P_i \times P_j}{D_{ij}^2}$$

其中，R_{ij} 为城市 i 与城市 j 之间的引力值，P_i 为城市 i 的规模指标（经济、人口、贸易、消费等），D_{ij}^2 为城市 i 与城市 j 之间的距离的平方。即两个城市之间的关系强度与各自的规模指标成正比，与它们之间的距离成反比。

2. 城市流强度模型

城市流是指城市之间人流、物流、信息流、资金流、技术流等在城市群各成员之间的交换和交流。两个城市之间流动要素的交换强度即城市流强度。计算公式如下：

$$F_i = M_i \times \sum_{j=1}^{m}\left[N_{ij} - N_i\left(\frac{N_j}{N}\right)\right]$$

其中，F_i 为城市 i 对其他城市的城市流强度。M_i 代表城市 i 的功能效率，通常用人均 GDP 表示。N_{ij} 为城市 i 中 j 行业的从业人员数，N_i 为城市 i 全部行业的从业人员数，N_j 和 N 分别是城市群 j 行业的从业人员数和城市群全部行业的从业人员数。$N_{ij}-N_i\left(\frac{N_j}{N}\right)>0$，则表示城市 i 中的 j 行业存在外向功能。F_i 值越大，城市 i 在城市群中的流强度越大，对城市群其他城市的影响力越大。

（四）城市群社会网络评价

基于第四种思路，通常基于社会网络分析法，选取网络密度、平均路径长度和群集系数描述城市群内部网络联系的整体情况，或测量城市群社会网络结构。网络密度越高、平均路径长度越短、群集系数越高，说明城市群社会网络越成熟，一体化水平越高。

1. 网络密度

网络密度是网络中实际存在的与最大可能联系数的比值，用来刻画城市群网络中节点城市之间相互联系的密集程度。计算公式为：

$$M=\sum_{i=1}^{n}D_i/[n\times(n-1)]$$

n 为城市群网络中节点城市数量，D_i 为第 i 个节点城市的度数；M 为网络密度，且 $M\in[0,1]$，取值越大城市群网络密度越高。

2. 平均路径长度

平均路径长度是城市群网络中所有节点城市间距离的平均值，反映节点城市的通达性。计算公式为：

$$L=2/n(n-1)\sum_{i\neq j}d_{ij}$$

L 为平均路径长度，n 为城市群网络中节点城市数量，d_{ij} 为节点城市 i 与节点城市 j 的距离。

3. 群集系数

群集系数为城市群内所有相邻节点城市之间实际联系数占最大可能联系数比值的平均值。计算公式为：

$$C=\frac{1}{n}\sum_{i=1}^{n}\frac{2E_i}{k_i(k_i-1)}$$

其中 k_i 为节点城市 i 的邻接节点城市数；E_i 为节点城市 i 与邻接节点城市的实际连接数。

除了以上四种思路和方法外，地区之间是否存在区域性协调体制机制及运作效率评价、文化相似度等也通常被用来作为衡量城市群一体化的重要指标。另外，在大数据时代，以上模型的应用越来越不受限于数据的可得性，地区间的往返通勤率、手机信令、兴趣点（POI）地理信息及网络关系等数据也通常应用于以上模型，或直接用于测量城市群一体化程度。

参考文献：

[1] 埃比尼泽·霍华德．明日的田园城市［M］．金经元译．北京：商务印书馆，2000.
[2] 崔功豪．中国城镇发展研究［M］．北京：中国建筑工业出版社，1992.
[3] 丁洪俊，宁越敏．城市地理概论［M］．合肥：安徽科学出版社，1983.
[4] 方创琳．城市群空间范围识别标准的研究进展与基本判断［J］．城市规划学刊，2009（4）：5—10.
[5] 方创琳等．2010 中国城市群发展报告［M］．北京：科学出版社，2011.
[6] 方创琳，王振波，马海涛．中国城市群形成发育规律的理论认知与地理学贡献［J］．地理学报，2018（4）：651—665.
[7] 江曼琦．对城市群及其相关概念的重新认识［J］．城市发展研究，2013（5）：30—35.
[8] 李世超．关于城市带的研究［J］．城市问题，1989（2）：2—6.
[9] 梁泽，黄姣，韦飞黎等．基于夜光遥感影像与百度 POI 数据的中国城市群空间范围识别方法［J］．地理研究，2020（1）：92—102.
[10] 刘玉博，李鲁．划分都市区辅助城市治理的国际经验及启示［J］．国外社会科学前沿，2020（6）：73—82.
[11] 刘玉博，李鲁，张学良．超越城市行政边界的都市经济区划分：先发国家实践及启示［J］．城市规划学刊，2016（5）：86—93.
[12] 倪鹏飞等．2006 城市竞争力蓝皮书［M］．北京：社会科学文献出版社，2006.
[13] 帕特里克·格迪斯．进化中的城市：城市规划与城市研究导论［M］．李浩等译．北京：中国建筑工业出版社，2012.

[14] 潘竟虎，戴维丽. 基于网络分析的城市影响区和城市群空间范围识别 [J]. 地理科学进展，2017（6）：667—676.

[15] 孙伟，闫东升，吴加伟. 城市群范围界定方法研究——以长江三角洲城市群为例 [J]. 地理研究，2018（10）：1957—1970.

[16] 熊剑平，刘承良，袁俊. 国外城市群经济联系空间研究进展 [J]. 世界地理研究，2006（1）：63—70.

[17] 姚士谋等. 中国城市群新论 [M]. 北京：科学出版社，2016.

[18] 姚士谋等. 中国的城市群 [M]. 合肥：中国科学技术大学出版社，1992.

[19] 周一星，史育龙. 建立中国城市的实体地域概念 [J]. 地理学报，1995（5）：17—25.

[20] Defining U. S. Megaregions，America 2050. http:// www.america 2050.org/ [N]，2009-11-03.

[21] Friedman J.. The World City Hypothesis. Development and Change [J]. Urban Studies，1986（2）：46—57.

[22] Gottmann J.. Megalopolis or the Urbanization of the Northeastern Seaboard [J]. Economic Geography，1957，33（3）：189—200.

[23] Hall P. Pain K.（eds）. The Polycentric Metropolis：Learning from Mega-City Regions in Europe [M]. London：Earthscan Publications，2006.

[24] Lutz J. M.，Huff D. L.. Change and Continuity in the Irish Urban System：1966—1981 [J]. Urban Studies，1995（1）：155—173.

[25] McGee T. G.. The Emergence of Desakota Region in Aisa：Expanding a Hypothesis [A]. N. Ginburg，B. Koppel，T. G. McGee. The Extended Metropolis：Settlement Transition in Aisa [C]. Hunolulu：University of Hawaii Press，1991.

[26] Ottaviano G.，Pinelli D.. Market Potential and Productivity：Evidence from Finnish R [J]. Regional Science & Urban Economics，2006（5）：636—657.

[27] Scott A. J.. Global City-Region：Trends，Theory，Policy [M]. Oxford University Press，2001.

第十章　长江经济带发展

长江是中华民族的母亲河，也是中华民族发展的重要支撑。长江经济带生态地位重要、综合实力较强、发展潜力巨大，是具有全球影响力的内河经济带、东中西互动合作的协调发展带、沿海沿江沿边全面推进的对内对外开放带，也是生态文明建设的先行示范带。推动长江经济带发展，是党中央、国务院主动适应把握引领经济发展新常态，科学谋划中国经济新棋局，作出的既利当前又惠长远的重大决策部署，对于实现“两个一百年”奋斗目标和中华民族伟大复兴的中国梦，具有重大现实意义和深远历史意义。自 2014 年长江经济带发展上升为国家战略以来，国家有关部门和沿江省市深入贯彻“共抓大保护、不搞大开发”的原则，努力把长江经济带建设成为生态更优美、交通更顺畅、经济更协调、市场更统一、机制更科学的黄金经济带，在生态优先、绿色发展方面取得了积极进展。面向未来，长江经济带需要按照高质量发展和构建新发展格局的新要求，持续深化建设具有全球影响力和在全国具有重要支撑地位的黄金经济带。

第一节　长江经济带的经济社会特征

长江经济带覆盖上海、江苏、浙江、安徽、江西、湖北、湖南、重庆、四川、贵州、云南等 11 个省市，面积约 205.23 万平方公里，占全国的 21.4%；2020 年，总人口约 6.06 亿人，占全国的 42.9%。在我国区域发展格局中具有极其重要的地位和作用，是我国纵深最长、覆盖面最广、影响最大的黄金经济带，是事关国家可持续发展的重要生态安全屏障，更是推动我国形成优势互补高质量发展的先行区域。

一、长江经济带经济发展格局

长江经济带作为我国横跨东中西部的巨型经济带，是我国经济实力最强的地区之一，聚集了全国约 43% 的人口，创造了全国 40% 以上的地区生产总值，在全国经济格局中占有举足轻重的地位。2020 年，长江经济带九省两市 GDP 总量达到 47.16 万亿元，占全国的 46.4%，是新时代推动经济高质量发展和区域协调发展的重要阵地；同时，工业增加值为 12.8 万亿元，约占全国的 40.9%；一般公共预算收入 45 197 亿元，约占全国地方一般公共预算总收入的 45.1%；外商直接投资和进出口总额分别为 1 115 亿美元和 2.16 万亿美元，分别占全国的 73.0% 和 46.4%。长江经济带上中下游经济发展水平差距显著，三大地带城乡间存在明显的梯度差异。2020 年，下游地区 GDP 总量达到 24.5 万

表 10-1　2020 年长江经济带各省市主要经济指标情况

区　域	GDP	工业增加值（亿元）	一般公共预算收入（万元）	外商直接投资（万美元）	进出口总额（万美元）
上海	38 701	2 960	7 046	202	5 032
江苏	102 719	37 745	9 059	235	6 428
浙江	64 613	22 654	7 248	158	4 879
安徽	38 681	11 662	3 216	183	781
江西	25 692	8 953	2 507	146	578
湖北	43 444	13 175	2 511	104	621
湖南	41 781	536	3 009	30	707
重庆	25 003	6 991	2 095	21	942
四川	48 599	13 429	4 258	26	1 168
贵州	17 827	4 603	1 970	2	79
云南	24 522	5 458	2 278	8	390
长江经济带	471 580	128 165	45 197	1 115	21 604
长江经济带占比	46.4	40.9	45.1	73.0	46.4

资料来源：2021 年各省市统计年鉴。

亿元，而中游地区、上游地区分别仅为11.1万亿元和11.6万亿元，下游、中游和上游地区占比分别为51.89%、23.52%和24.59%；同时，下游地区人均GDP达10.40万元，远高于中游和下游地区的6.56万元和5.75万元。长江经济带梯度差异变化呈现出“扩大—缩小”的趋势，2000—2015年间，三大地带GDP占比及人均GDP差距不断拉大。近年来，上中下游区域发展差距持续减小，上中游的贵州、重庆、云南等省市经济增速名列全国前茅，中上游地区后发优势不断释放，承接产业转移不断加快，与下游地区差距进一步缩小，2015年以来，上中游地区GDP占比从47.44%上升至48.11%，长江经济带区域协调发展整体水平不断提升。

表10-2　2000—2020年长江经济带上中下游地区GDP格局

指　标	地　区	2000	2005	2010	2015	2020
GDP总量（亿元）	下游地区	22 632	46 614	98 944	160 668	244 714
	中游地区	9 100	17 017	40 993	74 813	110 916
	下游地区	8 810	16 302	37 077	70 215	115 950
GDP占比（%）	下游地区	55.82	58.32	55.90	52.56	51.89
	中游地区	22.45	21.29	23.16	24.47	23.52
	上游地区	21.73	20.39	20.95	22.97	24.59
人均GDP（元）	下游地区	5 658	11 654	24 736	40 167	61 178
	中游地区	3 033	5 672	13 664	24 938	36 972
	下游地区	2 203	4 075	9 269	17 554	28 988

资料来源：2001—2021年各省市统计年鉴。

长江经济带在科技资源、高新产业等方面具有得天独厚的优势，是我国重要的创新策源地。2020年，长江经济带规模以上工业企业研发经费投入和新产品销售收入分别占全国52.29%和53.81%，国内专利申请授权量和高校在校生人数占全国47%和42.50%。长江经济带需要进一步发挥其创新驱动发展的巨大潜力，更好担负起推动科技创新策源、经济转型、提升国际竞争力等方面的重要使命。长江经济带各区域间科技创新资源、创新产出也存在较大差距，如下游地区规模以上工业企业研发经费投入、新产品销售收入及专利申请授权量约占70%，中上游地区占比较小。长江经济带需要进一步发挥各地创新资源优势，推动创新要素流动和要素共享，加快推动长江经济带向创新驱动型经济转型。

表 10-3　2020 年长江经济带上中下游地区主要科技创新指标情况

区　域	规模以上工业企业研发经费投入（亿元）	规模以上工业企业新产品销售收入（亿元）	国内专利申请授权量（万件）	高校在校生人数（万人）
下游地区	124.7	89 958.9	115.0	507.3
中游地区	34.7	25 206.1	26.9	436.9
上游地区	21.5	12 942.8	22.8	452.1
长江经济带	180.9	128 107.8	164.7	1 396.3
占全国比重	52.29%	53.81%	47.00%	42.50%

资料来源：2021 年各省市统计年鉴。

长江经济带是我国最具综合优势与发展潜力的产业带之一。农业方面，长期以来是中国重要的农业生产区域，在中国九大商品粮基地中，长江经济带的成都平原、江汉平原、洞庭湖平原、鄱阳湖平原、江淮地区和太湖平原均位列其中，大宗农产品生产在全国占有重要地位（李裕瑞等，2015）。制造业方面，长江经济带是我国重要的制造业基地，各类制造业在全国占据举足轻重的地位，化工、装备制造、汽车、医药、纺织服装等产业占全国半壁江山，产业园区密集、园区经济发达，根据 2018 年《中国开发区审核公告目录》，长江经济带拥有国家级经济技术开发区、国家高新技术产业开发区及省级开发区等各类园区共 1 045 个，占全国国家级和省级园区总数的 44%。服务业方面，长江经济带服务业发达，金融、信息传输、软件和信息技术服务等现代服务业已初步形成全球影响力；2020 年，长江经济带服务业增加值达 25.4 万亿元，占 GDP 比重达 53.8%，是拉动区域经济发展的主要产业部门。长江经济带上中下游地区在产业规模、产业能级、创新水平等方面存在明显梯度差异，且形成了集群化分布特征，下游地区的纺织服装、化工、装备制造等产业占据优势，而中上游地区食品、烟草、水泥、有色金属等资源密集型产业更为占优。长江经济带需要进一步发挥各地产业优势，推动产业链、创新链跨区域深度融合，从而在更大范围内整合资源，在更高层次上实现优势互补。

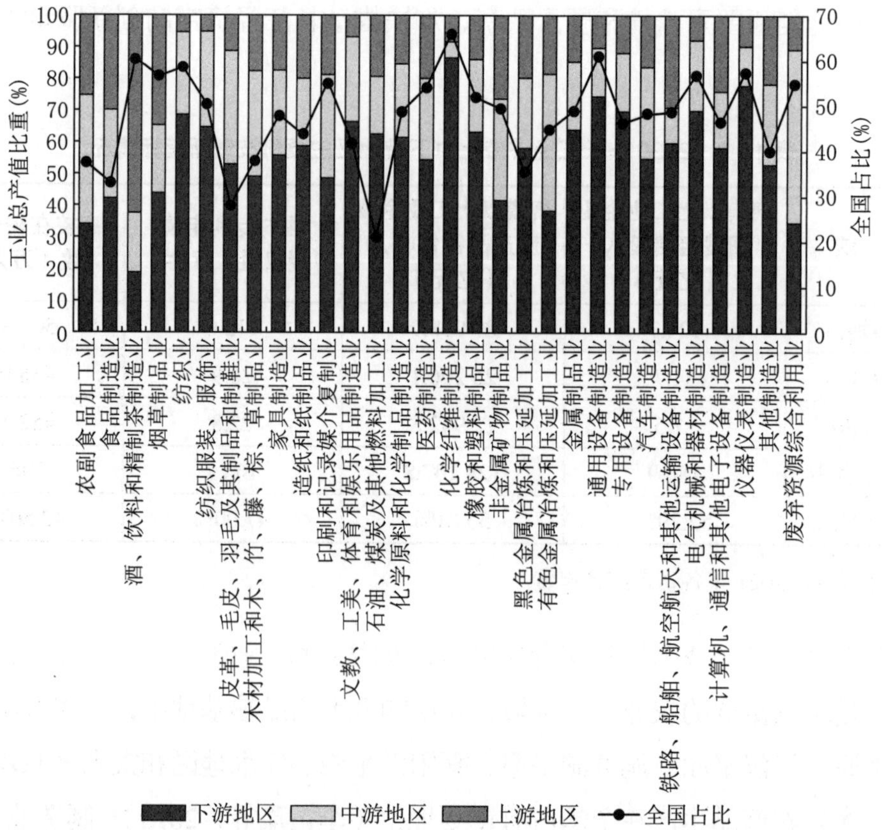

图 10-1　2020 年长江经济带上中下游地区制造业比重及全国占比

资料来源：2021 年各省市统计年鉴。

二、长江经济带社会发展的空间特征

社会发展是长江经济带国家重大区域发展战略的重要领域，近年来，长江经济带社会事业总体不断发展，人民生活水平不断提升，公共服务不断完善，社会保障事业更加健全，“十三五”时期，长江经济带 3 000 多万贫困人口全面脱贫，为全国脱贫攻坚做出了重要贡献。长江经济带作为横跨东中西部地区的巨型经济带，发展不平衡不充分仍然是其基本特征，区域间社会发展差距仍然比较大。

在人口与人民生活方面，根据我国第七次人口普查数据，2020 年长江经济带常住人口为 6.06 亿人，与 2010 年相比增长了 3 301 万。从上中下游三大区域看，下游地区常住人口规模从 2.16 亿增长到 2.35 亿，较 2010 年增长 9.09%；中游地区常住人口从 1.68 亿增长到 1.69 亿，较 2010 年增长 1.12%；

上游地区常住人口规模从1.90亿增加到了2.02亿，较2010年增长6.07%。从人均收入看，长江经济带城乡居民收入差异较大，上海、江苏、浙江城乡居民人均可支配收入明显高于其他省市，且安徽及中西部省市居民收入低于全国平均水平；同时，长江经济带城乡居民收入比总体低于全国平均水平，仅贵州、云南高于全国平均水平，长江经济带在促进上中下游协同联动，推进城乡融合发展，扎实推动共同富裕，打造区域协调发展新样板上取得积极成效，为全国区域发展提供了重要示范。

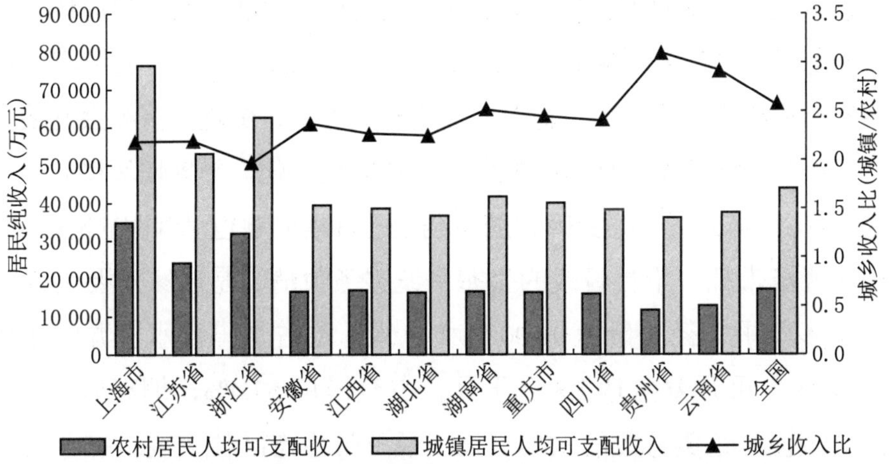

图10-2　2020年长江经济带各省市城乡居民人均可支配收入及城乡收入比

资料来源：2021年各省市统计年鉴。

在公共服务方面，长江经济带公共服务事业不断完善，教育、医疗卫生等资源持续增长，公共服务覆盖范围不断拓展；然而，长江经济带横跨东中西部，地区发展条件及公共服务水平差距较大。教育方面，长江经济带教育资源呈现明显的梯度差异，如2020年下游地区师生比明显优于中上游地区。医疗卫生方面，尽管长江经济带医疗卫生事业取得了长足进步，但中上游地区整体医疗服务水平仍普遍偏低，部分地区还不及全国平均水平，如上海、江苏、浙江、湖南每万人拥有执业医师数高于全国平均水平，而其他省市则低于全国平均水平，上中游地区医疗服务能力仍然较弱。公共文化方面，长江经济带积极推进公共文化发展，落实人均场馆面积要求，不断整合和调整场馆资源，力求不断丰富文化场所服务内涵，丰富基层群众文化生活，提升文化品质。然而，区域间公共文化资源差距依然明显，如2020年上海、江苏、浙江人均拥有公共图书馆藏书量在 1.24 册 / 人—3.25 册 / 人，而其他省市总体在 0.50 册 / 人—0.76 册 / 人。

三、长江经济带生态环境建设

长江是我国第一长河、国家战略水源地，在维护我国生态安全和水安全方面的地位不可替代，长江经济带也是我国生态优先绿色发展主战场。2016 年 1 月，习近平总书记在重庆召开推动长江经济带发展座谈会上强调：“长江拥有独特的生态系统，是我国重要的生态宝库。当前和今后相当长一段时间，要把修复长江生态环境摆在压倒性位置，共抓大保护，不搞大开发。”近年来，长江经济带各省市积极贯彻落实生态优先、绿色发展理念，促进经济社会发展全面绿色转型，长江经济带生态环境保护发生了转折性变化。受地理环境与社会经济活动等影响，长江经济带生态环境资源与生态环境问题也呈现明显的区域差异。

长江经济带拥有不可替代的生态系统服务价值，是国家重要的战略水源地，长江多年平均径流量达 9 600 亿立方米，约占全国淡水资源的 36%；长江干支流水力可开发量达 2.8 亿千瓦，占全国的 53.4%；拥有鱼类资源 378 种，占全国淡水鱼类总数的 33%。长江经济带生态区位重要，按全国生态功能区划，长江经济带涉及 25 个重要生态功能区，占全国的 47.1%（杨桂山等，2020）；同时还是全球重要的天然物种基因库，拥有包括森林、灌丛、草原、草甸、湿地、高山冻原等几乎所有陆地生态系统类型，且上中下游地区生态系统差异巨大（郝吉明等，2022）。近年来，长江经济带森林面积持续增加，第九次全国森林普查显示，长江经济带森林面积较第八次普查增加 581.5 万公顷，森林覆盖率达到 44.4%。

长江经济带开发历史悠久，人口密集，经济较为发达，快速城镇化、工业化进程导致环境污染物排放总量大，环境质量问题突出。长江经济带上升为国家战略以来，长江经济带坚持走生态优先、绿色发展之路，生态环境持续改善。2020 年，长江流域监测的 510 个断面中，Ⅰ—Ⅲ类水质断面占 96.6%，较 2015 年提升了 14.3 个百分点，长江上中游省市水质总体优于下游地区。长江经济带是我国规模最大的产业走廊，环境空气质量问题也突出，2017 年，长江经济带二氧化硫、氮氧化物、烟尘粉尘的排放量分别为 321.96 万吨、441.01

万吨、227.49 万吨，分别占全国排放量的 36.78%、35.03%、28.57%①。从各省市环境空气质量来看，贵州、云南环境空气质量优良率达到 99% 左右，江西、湖南、重庆、四川、湖北、上海、浙江等省市总体优于全国平均水平，均在 87% 以上，安徽、江苏两省环境空气质量优良率分别为 82.9% 和 81.0%，上中游省市环境空气质量总体优于下游省市。长江经济带重化工业企业密集，2019 年，贵州、四川、安徽、江苏、江西、云南等工业固废产生量均在 1 亿吨以上，中上游地区工业固废问题较为突出，且工业固废综合利用率远低于下游省市。

表 10-4　长江经济带各省市生态环境主要指标情况

省　市	森林覆盖率（2020 年）	地表水质达标率（2020 年）	空气质量优良率（2019 年）	工业固体废物综合利用率（2019 年）
上海市	18.5	74.1	87.2	91.7
江苏省	24.0	87.7	81.0	94.1
浙江省	61.2	94.6	87.2	94.3
安徽省	29.8	76.4	82.9	89.9
江西省	63.1	94.7	94.7	42.6
湖北省	41.8	93.9	88.4	66.1
湖南省	60.0	88.4	91.7	84.6
重庆市	52.4	94.4	91.2	33.5
四川省	40.0	95.4	90.8	38.0
贵州省	65.0	86.3	99.2	65.1
云南省	60.0	99.4	98.8	52.3

资料来源：2019、2020 年各省市统计年鉴、生态环境状况公报。

四、长江经济带城市群

长江经济带是我国人口和经济集聚的核心区域，以 20% 的国土面积承载了超过 40% 的人口和经济总量。《长江经济带发展规划纲要》确立了长江经济带“一轴、两翼、三极、多点”的新发展格局，在全国“国民经济和社会发展

① 截至 2020 年 8 月，长江经济带各省市大气污染排放数据更新至 2017 年。

第十四个五年规划和 2035 年远景目标纲要”确定的 19 个城市群中，有长三角、成渝、长江中游、黔中、滇中五大城市群位列其中。五大城市群占全国城市群经济总量的 40.8%、常住人口的 38.4%，其国土面积占长江经济带的 51%，GDP 总量和常住人口占 84% 和 73%（王金南等，2022）。

长江经济带五大城市群城市数量众多，拥有上海、重庆、成都、武汉、杭州、南京、长沙、昆明等 8 座超大、特大城市，占全国超大、特大城市数量的 38.1%。其中，长江经济带城市群人口主要集中在长三角、长江中游、成渝三大城市群，黔中、滇中两大城市群人口数量相对较少。同时，长三角城市群经济水平远高于其他城市群，2020 年 GDP 总量达到 21.2 万亿；长江中游城市群、成渝城市群次之，2020 年 GDP 总量分别为 9.2 万亿和 6.8 万亿；滇中、黔中城市群经济相对较小，2020 年 GDP 总量分别为 1.1 万亿和 1.2 万亿，经济发展水平仍有较大提升空间①。

表 10-5　2020 年长江经济带五大城市群 GDP 及人口分布

城市群	GDP	常住人口数量
长三角城市群	211 977	17 481
长江中游城市群	91 721	12 301
成渝城市群	68 229	10 278
黔中城市群	11 019	2 197
滇中城市群	11 751	1 648

资料来源：2021 年各省市统计年鉴。

第二节　长江经济带发展的战略构架

长江经济带是我国国土空间开发最重要的东西轴线，在区域发展总体格局中具有重要战略地位。长江经济带是我国重要的生态安全屏障，统筹江河湖泊

① 三大城市群 GDP 数据来源于《中国城市统计年鉴 2021》，部分城市群细分到县市，这里将所在地级市作为统计范围，部分自治州未纳入其中。

丰富多样的生态要素，实现生态环境保护和经济发展的协调融合，对我国生态文明建设至关重要。“长江经济带”是一个交通经济带、城市经济带，沿长江干线及其腹地连绵分布的大中城市、重要港口、产业集群，是中国经济行稳致远的厚实基底与活跃动能。

一、长江经济带国家战略形成的背景

党的十八大以来，我国区域经济发展战略格局的一个重大变化，就是谋划布局并推动实施“一带一路”建设、长江经济带发展两大流域型重大区域战略。为什么要在四大板块型区域总体战略体系中加入两大流域型重大区域战略，特别是长江经济带发展战略，连接了西部大开发、中部崛起和东部沿海率先三大板块战略，连接了三大板块战略中的重要战略空间，有其特定的国家战略意图和背景。这里我们从时间进程来梳理其战略形成的背景。

（一）从20世纪80年代初期开始，探索并逐渐形成长江流域经济带联动发展的战略构想

改革开放初期，马洪提出“一线一轴”战略构想，“一线”即为沿海一线，“一轴”即为长江发展轴。1984年9月，陆大道在全国经济地理与国土规划学术会议上作了“2000年我国生产力布局总图的科学基础”的大会报告。在报告中，他提出生产力和经济布局的“点—轴系统”理论及我国国土开发与经济布局的“T”字形空间战略。“T”字形空间战略即以沿海与沿江两个战略轴线形成我国国土开发和经济建设的整体空间格局（陆大道，2014）。1990年完成编制的《全国国土总体规划纲要》明确提出，在生产力布局方面，应以东部沿海地区和横贯东西的长江沿岸相结合的“T”字形结构为主轴线，以其他交通干线为二级轴线，按照点、线、面逐步扩展的方式展开生产力布局。“T”字形空间战略很关键一点是，海岸经济带和长江经济带形成的“T”字形在长三角地区形成交汇，并通过长江经济带将成渝地区、中部沿江地区与海岸经济带联动起来。1985年，上海、南京、武汉、重庆四个沿江城市首次召开长江沿岸中心城市经济协调会，共同探讨长江沿岸经济带建设的横向联合问题；此后吸收更多沿岸城市加入协调会，到1988年参加长江沿岸中心城市协调会的城市发展到23个，此后逐步增加到27个城市，由重庆、武汉、南京、上海、合肥轮流

担任主席方，每两年召开一次市长联席会议。①

20世纪90年代初期，随着浦东新区的开发开放和三峡工程的全面建设，推动长江流域更多地区的对外开放纳入国家重要战略部署。党的十四大报告提出，以上海浦东开发开放为龙头，进一步开放沿岸城市，尽快把上海建成国际经济、金融、贸易中心之一，带动长江三角洲和整个长江流域地区经济发展的新飞跃。1992年由上海社会科学院牵头，长江流域7省1市（四川、湖北、湖南、江西、安徽、江苏、浙江、上海）与社会科学院联合承担了国家哲学社会科学"八五"规划重点课题:《浦东开发开放与长江流域经济协调发展》。课题报告提出，从上海到四川，整个长江流域有着巨大的综合优势和广泛的发展潜力，几项举世瞩目的经济壮举，如上海浦东新区的开发、三峡大坝的兴建、内陆沿江城市的开放、大西南的开发，正在长江沿线全面展开，沿江各省市的对外开放和经济上的合作协调正在推动长江流域成为中国最有发展前景的经济带之一（姚锡棠，1994）。

《中华人民共和国国民经济和社会发展"九五"计划和2010年远景目标纲要》对促进区域经济协调发展作出中长期部署，提出"按照市场经济规律和经济内在联系以及地理自然特点，突破行政区划界限，在已有经济布局的基础上，以中心城市和交通要道为依托，逐步形成7个跨省区市的经济区域"，列在首位的是长江三角洲及沿江地区，"发挥通江达海以及农业发达、工业基础雄厚、技术水平较高的优势，以浦东开放开发、三峡建设为契机，依托沿江大中城市，逐步形成一条横贯东西、连接南北的综合型经济带"。

特别自21世纪初我国加入WTO后，沿江各省市进一步加大对外开放和经济改革力度，江苏、浙江积极对接上海，安徽、江西、湖北、湖南、重庆、四川、云南在实施中部崛起、西部大开发战略的同时，积极对接沪苏浙，树立开放新理念，消除区域合作障碍，提升产业转移承接能力，区域间的经济联系和合作更加丰富和广泛，形成了长江流域经济带联动发展的新局面。2010年1月国务院批复《皖江城市带承接产业转移示范区规划》，这是国家实施区域协

① 城市协调会成员有：重庆、武汉、合肥、南京、上海、攀枝花、宜宾、泸州、宜昌、荆州、咸宁、鄂州、黄石、黄冈、岳阳、九江、安庆、池州、铜陵、芜湖、马鞍山、扬州、镇江、泰州、南通、宁波、舟山等27个成员城市，分属沿江7省2市，其中直辖市2个，副省级城市2个，地级市23个。

调发展战略的又一重大举措，对于探索中西部地区承接产业转移新途径和新模式、深入实施促进中部地区崛起战略具有重要意义。

（二）发挥长江黄金水道作用，不断深化长江流域经济带的区域合作与联动发展

长江是中国以及全亚洲的第一大河，世界的第三长河，也是世界上最长的完全在同一国境内的河流。长江全长 6 397 公里，长度仅次于尼罗河及亚马逊河，超过地球半径，流量上则是世界第三大流量河流，仅次于亚马逊河及刚果河。长江干线航道上起云南水富港，下至长江入海口，全长 2 838 公里，是横贯我国东西的水运大动脉。2005 年长江年货物通过量首次跃居世界内河航运量榜首，此后连续位列世界内河航运量第一，成为世界上最繁忙的内河航道和产业集聚规模最大的产业带，被誉为黄金水道。截至 2014 年长江沿岸已建成万吨级以上泊位 477 个，亿吨大港 11 个，包括南通、太仓、张家港、江阴、泰州、镇江、南京、芜湖、武汉、岳阳、重庆等（王晓娟等，2018）。

在 2004 年于上海召开的长江沿岸中心城市经济协调会第十二届市长联席会议上，首次就长江黄金水道开展讨论并形成合作框架。这次会议的主题为“发挥长江黄金水道作用，推进长江流域经济联动发展”，决定共同开展推进长江“黄金水道”建设的专题研究，积极探索加强高层次协商机制。2006 年，在重庆举行第十三届市长联席会议，主题为“发挥黄金水道作用，推动长江经济发展”。2008 年，在武汉举行第十四届市长联席会议，联合签署了《关于加快黄金水道开发进一步促进产业合作的多边协议》。

这一时期对长江黄金水道的讨论和区域合作，是基于长江上中游地区在实施西部大开发和中部崛起战略过程中，更多认识到长江黄金水道的交通优势和城市带优势，更多需要依托长江黄金水道接轨长三角地区，承接产业转移、畅通对外通道，培育壮大开放型经济、创新型经济。但更大程度发挥长江黄金水道的作用也正面临一系列瓶颈问题。王战（2014）提出了三大比较突出的瓶颈问题。[①] 一是生态问题。主要集中反映在大湖枯竭、库区生态灾害、南水北调

① 王战：“抓住国家战略机遇　共建长江经济带——从互联互通战略视角看长江经济带建设”，在长江沿岸中心城市经济协调会第十六届市长联席会议上的演讲，2014 年 11 月 21 日。

缺水问题、堤岸崩塌、海水倒灌、沿江污染的六大方面问题。二是大坝问题。长江航运的绝大部分运量集中在长江中下游河段，但通航里程仅占干流通航总里程的49%。当前的问题是梯级水电站没有充分考虑航运设施问题。三是航运标准化问题。2004年上海发展研究中心曾提出长江黄金水道建设的“四个标准化”，即船舶标准化、航道标准化、港口泊位标准化、航运管理与服务标准化。历经十年，长江黄金水道建设后续跟进不多。

2013年7月，习近平总书记考察武汉时指出，“长江流域要加强合作，发挥内河航运作用，把全流域打造成黄金水道”。2014年3月，李克强总理首次在《政府工作报告》中明确提出“依托黄金水道，建设长江经济带”；同年9月，国务院正式印发《关于依托黄金水道推动长江经济带发展的指导意见》，提出“依托黄金水道推动长江经济带发展，打造中国经济新支撑带”。《意见》重点部署提升长江黄金水道功能和建设综合立体交通走廊，提出“充分发挥长江运能大、成本低、能耗少等优势，加快推进长江干线航道系统治理，整治浚深下游航道，有效缓解中上游瓶颈，改善支流通航条件，优化港口功能布局，加强集疏运体系建设，发展江海联运和干支直达运输，打造畅通、高效、平安、绿色的黄金水道”“依托长江黄金水道，统筹铁路、公路、航空、管道建设，加强各种运输方式的衔接和综合交通枢纽建设，加快多式联运发展，建成安全便捷、绿色低碳的综合立体交通走廊，增强对长江经济带发展的战略支撑力”。

（三）贯彻落实新发展理念，全面实施长江经济带发展国家战略

2014年4月中央政治局会议作出“推动京津冀协同发展和长江经济带发展”的重大决策。2014年11月中央经济工作会议把长江经济带与“一带一路”、京津冀协同发展并列为当前重点推进的三大战略。2014年12月，习近平总书记作出重要批示，强调长江通道是我国国土空间开发最重要的东西轴线，在区域发展总体格局中具有重要战略地位，建设长江经济带要坚持一盘棋思想，理顺体制机制，加强统筹协调，更好发挥长江黄金水道作用，为全国统筹发展提供新的支撑。2016年1月5日，习近平总书记在重庆主持召开推动长江经济带发展座谈会，全面深刻阐述了长江经济带发展战略的重大意义、推进思路和重点任务，特别强调，推动长江经济带发展必须从中华民族长远利益考虑，把修

复长江生态环境摆在压倒性位置，共抓大保护、不搞大开发，努力把长江经济带建设成为生态更优美、交通更顺畅、经济更协调、市场更统一、机制更科学的黄金经济带，探索出一条生态优先、绿色发展新路子。2016 年 5 月底，党中央、国务院正式印发《长江经济带发展规划纲要》。

从国家战略层面，推进长江经济带整体发展，最核心的战略意图，就是要促进上中下游优势互补、协调发展，走出一条生态优先、绿色发展之路，让中华民族母亲河永葆生机活力，真正使黄金水道产生黄金效益，为全国统筹发展提供新的支撑。我们可以从三个方面进一步理解长江经济带发展的战略意图：

一是促进长江经济带共抓大保护，走出一条生态优先、绿色发展新路子。习近平总书记在武汉的第二次座谈会上就特别强调，“长江病了，而且病得还不轻。治好‘长江病’，要科学运用中医整体观，追根溯源、诊断病因、找准病根、分类施策、系统治疗”①。刘世庆等（2018）研究梳理了长江流域生态建设面临的四大困难和挑战：一是河流健康受到威胁。水多，即流域广受洪水威胁，中下游洪水尤为突出；水少，即流域内的缺水问题，城市水资源供需矛盾尤为突出；水脏，即水污染威胁严重，城镇河段水污染尤其突出。长江经济带沿线 11 个省市不足全国 20% 的土地上，分布着全国 30% 的石化产业、40% 的水泥产业，集聚了全国 43% 的废水和 35% 的二氧化硫排放。二是流域经济发展失衡。开发与保护失序，流域与政区分割。三是水利工程建设失序。水电工程建设与流域发展不协调，央企效益与地方发展和百姓致富有冲突。四是管理体制亟待优化。龙头乏力，统得不够；多龙治水，分得无序（刘世庆等，2018）。近年来长江经济带中上游地区化工、冶炼、纺织等高污染、高耗能、高耗水产业仍呈现增长趋势，如 2010—2019 年，下游省市水泥、钢材、布、初级形态塑料产量（截至 2018 年）分别下降了 4.81%、2.44%、4.65%、4.51%，而上游省市则增加了 5.44%、3.76%、−1.64%、3.44%，上游省市农用

① 习近平总书记高度重视长江经济带生态环境建设，在 2016 年 1 月 6 日在重庆召开的推动长江经济带发展座谈会、2018 年 4 月 26 日在武汉召开的深入推动长江经济带发展座谈会，及 2020 年 11 月 14 日在南京召开的全面推动长江经济带发展座谈会上，习总书记都对长江经济带的生态环境系统保护修复作了重要指示。

氮磷钾化肥产量增加了6.98%（王振等，2021）。长江流域生态环境具有整体性、系统性特征，只有牢固树立长江上中下游是一个生态共同体、山水林田湖草是一个生命共同体的理念，加强区域统筹，落实“共抓大保护”，处理好生态环境保护和经济发展的辩证关系，才能确保一江清水绵延后世，走出一条绿色生态发展新路。

二是联动东中西三大板块，联动长三角、长江中游、成渝三大城市群，打造黄金经济带，构建区域协调发展新格局。长江流域9省2市，是一个典型的横贯中国大陆的雁行发展形态，这种发展水平的梯级形态，如果孤立地看待，会被认为是消极的地区发展差距和区域发展不协调的标志，但如果把它连接成一个整体空间来看，它恰恰体现了中国作为一个幅员辽阔、发展不均衡，并因此具有资源要素禀赋和市场多样性的发展中大国的发展潜力和发展后劲（陈建军，2014）。长江经济带依托长江黄金水道，依托众多的沿江城市和三大城市群，把东部、中部、西部三大板块有效贯通起来，可以更好地解决原单一板块型战略所存在的板块割裂矛盾。在逐渐趋于成熟发达的市场经济、开放经济环境下，西部地区和中部地区的发展更加需要与东部沿海地区对接和联动，更加需要来自东部沿海地区特别是沿海超大城市和城市群的要素、产业链、平台和经验，通过流域性战略的共振与协同，为西部大开发战略和中部崛起战略的深入实施，为促进区域高质量协调发展，构建新格局、注入新动能。在长江经济带，通过下游长三角地区的辐射带动，与中游、上游地区优势互补、联动发展，要素流动、资源共享，分工合作、深度融合，促进区域更加协调发展，同时为中国经济的行稳致远、为加快建设社会主义现代化国家夯实更强基础、提供更大动力。

三是推动长江经济带东西双向开放，发挥对“一带一路”倡议的重要支撑和助推器作用。“一带一路”是我国综合国力大幅提升、经济发展进入新常态、改革开放进入新阶段、统筹国内国际两个大局的重大战略抉择和行动。长江经济带是“一带一路”在国内的主要交汇地带，长江黄金水道立体交通走廊一方面可使长江经济带直接联通海上丝绸之路，另一方面可以通过接连欧亚大陆桥，连通陆上新丝绸之路经济带，同时云、贵两省加入长江经济带，将进一步加强与东南亚经济走廊的连通。长江经济带与“一带一路”互联互通，将共同构成未来中国发展的战略新版图。长江经济带可以为“一带一路”建设提供坚实的基础和动力。古时丝绸之路运输的茶叶、丝绸、瓷器等商贸产品，生产主要集中于长江经济带，如景德镇瓷器、江浙丝绸等。当今“一带一路”出口货物来源仍主要集中于此，而且对外投资来源、进口商品销路方面，长江经济带也是我国主要集中地。根据2014年的统计，我国进出口总额为4万亿美元，长江经济带贡献了1.7万亿美元，其中出口额达1.1万亿美元，占全国的45.75%，支撑了我国外贸经济的半壁江山，也显示了长江经济带在国际上已经具有较强竞争力。尤其是以上海为中心的长三角地区，被誉为“世界工厂”，是世界上最具开放度和竞争力的地区之一。此外，促进中西部地区进一步对外开放，在开放中推动经济转型升级和高质量发展，也是“一带一路”建设的重要战略意图之一。长江经济带中上游地区向东开放，与长三角地区接轨，可以加快提升对外开放水平；向西开放，可以与长三角地区联合，共同开辟对外开放新通道。

二、长江经济带发展的战略重点

《长江经济带发展规划纲要》明确了长江经济带发展的四大战略定位，即生态文明建设的先行示范带、引领全国转型发展的创新驱动带、具有全球影响力的内河经济带、东中西互动合作的协调发展带；提出了六大战略任务，即大力保护长江生态环境、加快构建综合立体交通走廊、创新驱动产业转型升级、积极推动新型城镇化、努力构建全方位开放新格局、创新区域协调发展体制机制。

2016年，根据中宣部理论局的要求，上海市委宣传部和上海社会科学院牵头组建了8个研究团队，共同开展《长江经济带重大战略问题研究》。历时两年调查和研究，形成了非常丰富的研究成果，并在2018年底前完成8部著作的系列出版①。这里我们结合该课题研究成果简要罗列出长江经济带发展的战

① 该丛书为国内第一套关于长江经济带发展研究的丛书。该联合研究课题由时任上海市委宣传部部长董云虎担任组长，时任上海市委宣传部副部长燕爽、上海社科院副院长王振担任副组长，并由王振研究员担任首席专家。上海社会科学院有4个研究团队，另湖北省社会科学院、重庆社会科学院、四川省社会科学院、南通大学江苏长江经济带研究院的4个研究团队参与联合研究。

略重点，共有八个方面：

系统推进长江经济带生态保护与修复。按照“共抓大保护，不搞大开发”的战略主基调，系统实施“绿源战略（长江源）、绿江战略、绿岸战略、绿洲战略（三角洲）”，明确生态功能分区，严格保护一江清水，努力建成上中下游相协调、人与自然相和谐的绿色生态廊道。优化产业空间布局，久久为功彻底解决长江沿岸的化工等污染与风险隐患问题，实现产业升级与环境治理保护的双赢。突出重点着力解决事关流域生态、社会、经济的重大问题、重大工程和重要事件，如四川等上游省份生态屏障建设、金沙江流域发展、三峡工程优化改造、中下游防洪任务、两湖生态修复、长三角生态综合治理等。建立健全强有力的流域性管理机构与区域协调机制。

协同打造具有全球影响力的创新驱动带。以打造世界级产业集群为导向，有力推进产业创新资源的协同配置。在行业领军企业集聚区域，推动高端创新资源集中；在各个核心配套集聚区域，多点布局专业性制造业创新中心；在产业转移承接区域，协同配置保障产业升级的创新资源。以培育造就新经济为导向，全面构建分层协同的科技创新支撑体系。各中心城市，一方面要强化科技创新策源，增强新经济引擎动能；另一方面要增强扩散功能，深化创新要素区域一体化市场建设，促进引擎与扩散、总部与配套基地的合理分工、协同创新。以生态为先、绿色发展为导向，协同推进绿色科技与绿色制造的深度融合。围绕产业链布局绿色科技创新链，协同突破绿色制造关键共性技术，增强整体解决方案提供能力。

链接长三角城市群，构建“国家经济地理横轴”。在各城市群建设基础上，构造中国版“国家经济地理横轴”。建设好三个“三”：三大城市群、三大中心城市、三大航运中心，即以“上海—武汉—重庆”三核为中心的长三角城市群、长江中游城市群、成渝城市群。通过城市带连接城市群，建设世界巨型城市群连绵带。通过皖江城市带连接中下游城市群，打通长江中游城市群与上游的成渝城市群之间的“断链”，形成上中下游的完整闭合圈。加强城市群间的互动合作机制。深化对口合作，发展“飞地经济”，增强东部发达城市在中西部“造血”的内生动力。

打造多业融合、跨区协同的世界级产业群。推动长江经济带十大世界级产业集群建设，促进跨产业融合。即电子信息、汽车、高端装备、家电、纺织服装、化工与新能源等6个制造业产业集群和港航物流、信息服务、旅游休闲、现代农业等4个产业集群。强化世界级产业集群与重大工程、生态治理、优化产业布局等协同推进。如沿江化工产业生态治理与布局再调整，可结合第四代化工产业集群布局整体落实；磁悬浮交通网络、空中交通走廊、船型标准化改造等工程，都可与世界级的高端装备制造业集群发展形成互动。注重跨区产业协作，打造长江经济带“产业链走廊”，实现经济带重点产业整体发展和各区域特色发展齐头并进的集群格局。

建设具有超前性的长江经济带立体交通走廊。实施黄金水道“桥—坝—航道—船”的系统协调建设工程。如建设三峡综合翻坝转运体系，尽快提高三峡船闸通过能力和翻坝转运能力，发挥多种交通运输方式优势，建设翻坝高速公路和高速铁路。推动建设长江重载铁路工程，支撑亚欧铁路网建设，形成欧亚之间的大运量钢铁通道，使长江经济带向西高效连通丝绸之路经济带。建设以磁悬浮轨道为基础的城市群交通网络与综合交通枢纽。优化客、货运枢纽，建设长江经济带综合交通枢纽，实现枢纽与运输网络的一体化、单体枢纽间的一体化、枢纽内部换乘一体化、枢纽服务一体化，全面实现联程联运。

全面推进长江航运现代化建设。推进上海、浙江、江苏两省一市深水港新一轮规划建设。加快船舶标准化更新和长江沿线港口泊位标准化建设，发展集装箱专业化码头。统筹长江干支线港口泊位建设，合理安排干支线班轮，加强干支线衔接。大力发展现代航运服务体系，增强航运核心资源的配置能力。完善江海联运服务产业链，推动高端航运服务业发展。

以自贸试验区为载体深化东西双向对外开放。全面深化长江经济带自贸试验区建设，以上海自贸试验区临港新片区最高标准最好水平的对外开放为引领，推动各地自贸试验区大力发展新型贸易，促进对外贸易转型升级；深化各地自贸区和口岸的国际贸易单一窗口建设，促进区港一体化与跨区海关监管一体化，全面建立自贸试验区货物状态分类监管制度，促进贸易便利化。抓住东盟10国及中、日、韩、澳、新西兰等15国签署的《区域全面经济伙伴关系协定（RCEP）》契机，发挥各地开放优势，协同推进云南加快建设我国面向南亚东南亚辐射中心，合作开拓南亚东南亚市场，共同搭建开放枢纽平台，合作建设跨境合作园区。

更好发挥长江经济带对“一带一路”的支撑作用。深化推进“新欧亚大通道”建设，逐渐超越原有的“欧亚大陆桥”，建设带状的交通走廊与经济走廊相重合的“新欧亚大通道”。进一步打通长江经济带立体交通走廊与“一带一路”国际大通道之间的链接。如打通中巴伊国际运输通道，破除长江经济带向西开放障碍；推进泛亚铁路建设，通过云南实现长江经济带中国—中南半岛、孟中印缅经济走廊的高效连通。建立健全长江经济带沿线省市与“一带一路”沿线国家共同发展的密切合作机制。

第三节　深化长江经济带区域产业分工与合作

长江经济带上中下游三大区域资源禀赋有较大差异，经济发展水平也呈现出明显的梯度差异。为更好发挥长江经济带对我国经济的压舱石和支撑带作用，加快缩小上中下游三大区域间的发展差距，必须推动建立科学合理、分工协作的产业布局，在产业链上有分工、有合作，并让各地都可分享到分工合作的积极效应。

一、长江经济带的产业分工与合作趋势

一是对外开放呈现平面化趋势。长江经济带的对外开放，起步于20世纪90年代初期的上海浦东开发开放，然后从沿海逐步沿江而上。这些年随着沿海出口导向型工业加速向内地转移，有力推动了中上游地区的对外开放，从出口加工区和保税区建设到自贸试验区建设，从被动开放到主动开放，从加工贸易开放到服务贸易开放，外向型经济程度明显提高，对外开放需求与沿海地区趋于接近，长江经济带各个区域的对外开放呈现出平面化趋势。

二是产业集聚呈现板块化趋势。虽然各地的产业结构存在一定的同构性，但也出现了各种类型的专业化集聚，而且有的产业集聚已经形成较大影响力。如上海的大型装备制造集聚和集成电路集聚、苏州的生物医药集聚、合肥的家

用电器集聚和新型平板显示集聚、杭州的互联网产业集聚和电子商务集聚、重庆的笔记本电脑集聚和新能源汽车集聚、成都的电子信息产业集聚、贵阳的大数据产业集聚等，都已占据全国相当份额。

三是产业结构调整呈现趋同化趋势。各地都在积极消化产能过剩，寻找新的增长动力，但采取的产业结构调整措施，仍有较大的相同性。从各地“十三五”“十四五”规划纲要提出大力发展的战略性新兴产业看，基本都是新一代信息技术、汽车、高端装备、生物医药、新能源、新材料等，以及最近几年最火热的数字经济，都基本对应了国家提出的重点推进目录，这也可能带来新一轮的同构化趋势，甚至新一轮的产能过剩。

四是商务成本呈现梯度化趋势。上海商务成本不断高企，与周边地区已经存在较大落差，而上中下游地区之间、上中游地区省会城市与一般城市之间也都存在明显的梯度性。近些年，一、二线城市房价上扬明显，三、四线城市基本停滞，这将进一步扩大商务成本的梯度差距。同时一、二线城市追求更高水平的小康社会，也助推了人力资源成本的上升，更加加剧了商务成本的梯度性。

二、加强三大产业分工体系建设

共建长江经济带，实现上中游地区间的协调发展，建立科学合理的产业分工体系是必须考虑的战略举措。各地产业同构导致产能过剩和经济增长质量下降，因此需要从产业分工的角度去着力消除产业同构问题。再是产业高度集中于大城市，导致中小城市普遍缺乏发展后劲，加剧了地区间的不平衡性，也需要通过合理的分工促使大城市扩散产业，疏解非核心功能。未来长江经济带要着力建立三大产业分工体系：

一是体现商务成本梯度化特性的产业分工体系。跨国公司都遵循成本比较优势，在全球寻找最具成本比较优势的国家区域空间布局生产基地、研发基地和物流系统。按商务成本梯度化特性布局产业链，形成有效的产业分工空间，这是资源配置的一条规律。在长江经济带上中游地区交通物流条件得到大大改善的状况下，要尊重市场形成的商务成本梯度特性，进一步推动商务成本敏感的产业或产业价值链的中低端环节从长三角地区向上中游地区转移，从大城市向中小城市转移，让各个地区可在不同的价值链区间找到产业分工的有效方位，共享商务成本梯度化效应。但这一产业分工体系必须以长三角地区或大城市不干预商务成本为前提，也就是发达地区不能过度使用财政资源优势，用财政补贴手段降商务成本，这是逆市场而动的政策行为，结果只会严重浪费资源、降低效率。

二是体现同城化效应的产业分工体系。也就是在城市群范围内，依托高铁、城际轨道、高速公路等快捷交通系统和物流系统，进一步释放、疏解中心城市的产业集聚力，与周边城市协同打造同一产业集群，有的是纵向分工，有的是水平分工。特别是长江经济带要打造出若干世界级产业群，就必须立足长三角城市群、长江中游城市群、成渝城市群三大城市群，其中城市群中的中心城市重点布局跨国公司总部、研发机构、高端制造和科技创新孵化基地，周边城市重点布局生产基地，这样既可以发挥各自的资源优势，又可以减少中心城市的人口集聚压力。要积极借鉴京津冀产业协同发展的理念和做法，推动各中心城市积极疏解非中心城市的城市功能，促使产业向周边城市扩散，着力构建城市群产业分工体系。

三是体现特殊资源禀赋的产业分工体系。各个省市都有各自特有的自然资源优势，要以此为基础建立资源型产业分工体系，并以开放、合作的方式提高资源开发的深度和广度。特别是云南、贵州和四川等地有着非常丰富的旅游资源和生态资源，就要着力打造旅游休闲产业优势，并与长三角地区的客源优势、资本优势结合，这样就可带动上中游地区更好发展。未来随着长江经济带立体交通走廊的建成和交通物流条件的大大改善，可以学习欧盟做法，通过共同基金的转移补贴，在农业上建立新的区域分工体系，促使部分地区集中发展农业及农产品加工业，并且可以进一步推进农业经营种类的专业化布局，形成一批面向大市场的地方优质农产品品牌。

三、深入推进四大合作

长江经济带要实现有效的区域分工，加强区域合作是前提。在国家战略的大政方针下，区域合作是为了更好的分工、更多的共享，目的就是要使长江经济带成为充分体现国家综合经济实力、积极参与国际竞争与合作的内河经济带。具体是要深入推进四大合作：

一要加强政府合作。在长江经济带规划上，要根据各地的区位条件、资源禀赋和环境保护要求，提出科学合理的区域功能分工与协同领域，并要共同遵循；在打造世界级城市群中，要借鉴京津冀协同发展的做法，促使首位城市疏解部分产业功能到周边城市，带动整个城市群的共同发展；要共同努力加快建设长江黄金水道现代立体交通系统，实现共建共享；要发挥好政府作用，深化省市政府间、城市间的合作交流，积极设立各类促进长江经济带一体化建设和协同发展的基础设施基金、产业引导基金、生态保护基金、公共服务基金，依托这些基金推动成立各类区域性合作组织。

二要推进创新合作。核心城市要发挥大学、科研院所和高科技企业集中的优势，培育具有巨大原创力和辐射力的创新源；核心城市要着力搭建为大区域提供服务的创新服务平台，让各个中小城市可以共享公共服务；要破除不利于产学研区域合作的体制机制瓶颈，构建长江经济带大区域性的产学研合作体系。特别要以上海建设具有全球影响力的科技创新中心这一国家战略为引领，以上海张江、安徽合肥两个国家综合性科学中心和各个国家级自主创新示范区为发动机，全面提升创新驱动发展的动能，为提升国家竞争力作出更大的贡献。

三要提升园区合作。长江经济带各区域之间已经形成了园区合作的多种积极模式，如上海的张江高新区、江苏的苏州工业园区等国家级高新区已经在浙江、江苏、安徽等地建立了若干高科技分园（也称为创新飞地）。特别是最近几年出现了一批以园区建设、园区服务、园区招商为经营方向、跨地区发展的专业公司，更多体现了市场的调配力量。今后要重点探索和构建总部基地与配套基地的合作模式、孵化基地与产业化基地的合作模式，研究制定共建共享的政策配套体系，发挥产业基金、创投机构、产业联盟在园区合作中的作用。

四要支持企业合作。要消除企业跨地区合作的政策障碍和地方主义障碍，构建更加良好、更具竞争力的创新创业生态系统，促进核心城市的大中型企业在其他地区建立配套企业合作体系，鼓励和支持各类平台企业在各地发展各种类型的加盟企业，让中小城市的更多企业可以共享产业协同效应。要发挥大企业在引领区域合作中的作用，培育一批具有全球、全国影响力的大企业，在长江经济带形成“总部+基地”的区域分布格局。

参考文献：

[1] 成长春，徐长乐，王曼等. 长江经济带世界级产业集群战略研究［M］. 上海：上海人民出版社，2018.

[2] 刘世庆，沈茂英，李晟之，巨栋等. 长江经济带绿色生态廊道战略研究［M］. 上海：上海人民出版社，2018.

[3] 秦尊文. 长江经济带城市群战略研究［M］. 上海：上海人民出版社，2018.

[4] 沈玉良，彭羽等. 自贸试验区建设与长江经济带开放型经济战略研究［M］. 上海：上海人民出版社，2018.

[5] 王晓娟等著. 长江黄金水道功能提升与航运现代化战略研究［M］. 上海：上海人民出版社，2018.

[6] 王振等. 长江经济带创新驱动发展的协同战略研究［M］. 上海：上海人民出版社，2018.

[7] 王振，杨昕. 长江经济带发展蓝皮书 2020—2021［M］. 北京：社会科学文献出版社，2021.

[8] 吴传青，黄磊，万庆等. 黄金水道——长江经济带［M］. 重庆：重庆大学出版社，2018.

[9] 姚锡棠. 长江流域经济发展论［M］. 上海：上海社会科学院出版社，1994.

[10] 易淼，刘斌，李月起等. 新时代长江经济带高质量发展研究［M］. 北京：经济科学出版社，2021.

[11] 张波，马晓艳等. 长江经济带立体交通走廊战略研究［M］. 上海：上海人民出版社，2018.

[12] 张兆安等. 长江经济带与“一带一路”互动研究［M］. 上海：上海人民出版社，2018.

第十一章　京津冀协同发展

京津冀地区同属京畿重地，战略地位十分重要。实施京津冀协同发展战略，是面向未来打造现代化新型首都经济圈、推进区域协调发展体制机制创新的需要，是实现京津冀优势互补、促进环渤海经济区发展、带动北方腹地发展的需要，是我国当前的一项重大国家战略。京津冀协同发展战略的核心是有序疏解北京非首都功能，调整经济结构和空间结构，走出一条内涵式集约发展的新路子，探索出一种人口经济密集地区优化开发模式，促进区域协调发展，增强经济增长极功能。

第一节　京津冀地区的经济社会特征

京津冀地区是我国北方经济规模最大、产业链条最完整、科技水平最发达、人口密度最高的重点区域，在我国经济活动中占据重要地位。京津冀地区土地面积 21.72 万平方公里，占全国总面积的 2.26%，也是我国重要的生态功能区域。

一、经济发展格局

根据 2021 年的统计数据，京津冀两市一省 GDP 总量为 9.64 亿元，占全国的 8.43%；人均 GDP 达到 8.75 万元，超过全国平均水平 19.7%。2021 年经济增速为 7.4%，其中北京增速高于全国，达到 8.5%（见表 11-1）。

表 11-1　2021 年京津冀地区发展概况及全国比较

地　区	土地面积（万平方公里）	常住人口（万人）	GDP（万亿元）	GDP 增速（%）	人均 GDP（万元）
北京	1.64	2 189	4.03	8.5	18.41
天津	1.20	1 373	1.57	6.6	11.43
河北	18.88	7 461	4.04	6.5	5.42
京津冀	21.72	11 023	9.64	7.4	8.75
全国	960	1 390 082	114.37	8.1	7.31
占全国	2.26	7.93	8.43	—	—

资料来源：北京、天津、河北三地 2021 年统计公报。

从 2011 年以来的经济发展情况看（见图 11-1），京津冀地区 GDP 总量从 4.67 亿元增长至 8.64 亿元，扩大了近一倍。北京、天津、河北三省市，2011—2020 年 GDP 总量增幅分别为 125.6%、25.8% 和 69.3%，北京增速明显快于天津和河北；2011—2020 年人均 GDP 增幅分别为 101.9%、19.2% 和 63.9%，北京也遥遥领先。由于天津市相对来说增速较低，影响了京津冀地区的整体增速。

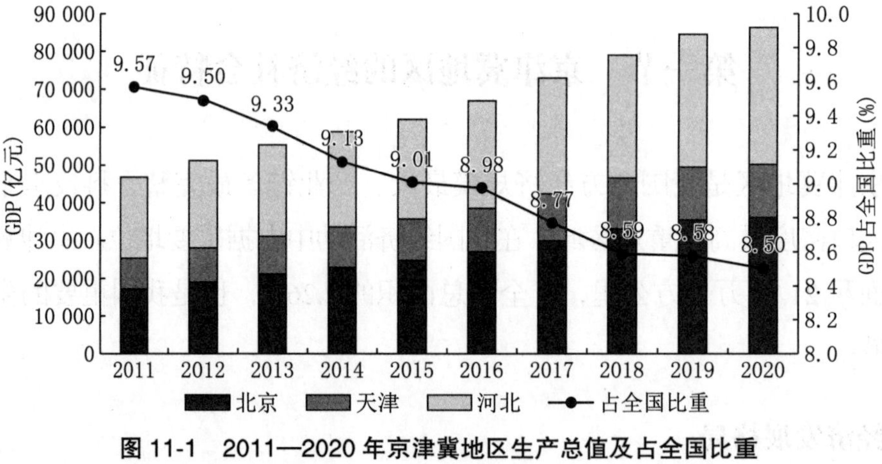

图 11-1　2011—2020 年京津冀地区生产总值及占全国比重

资料来源：根据《中国统计年鉴 2021》《北京统计年鉴 2021》《天津统计年鉴 2021》《河北统计年鉴 2020》数据计算。

从三次产业结构变迁看，三地结构差异性比较明显（见表 11-2）。北京第三产业发展较快，到 2020 年三产占比已达到 83.8%，比天津高出近 20 个百分点。天津市从2015年开始二产占比持续低于50%，在2016年时三产比重超过50%，河北省从2015年开始二产占比低于50%，2019年时三产占比首次超过50%，2020年为51.7%。2015年，天津市与河北省的产业结构有了根本性进步，这与2014年开始启动的京津冀协同发展战略有很大关系。

表11-2　京津冀各省市地区生产总值结构变化（%）

地区	2000年			2010年			2020年		
	一产	二产	三产	一产	二产	三产	一产	二产	三产
北京	3.7	38.0	58.3	0.9	24.1	75.0	0.4	15.8	83.8
天津	4.5	49.5	46.0	1.6	53.1	45.3	1.5	34.1	64.4
河北	16.2	50.3	33.5	12.7	53.0	34.3	10.7	37.6	51.7
全国	15.9	50.0	34.1	10.2	46.8	43.0	7.7	37.8	54.5

资料来源：根据各地和全国历年统计公报整理。

从产业结构看，转型升级加快，分工协作格局形成。近年来，京津冀地区不断推动钢铁、石化、火电等落后产业与落后产能淘汰，推动产业结构转型升级，着力发展电子信息、新能源、新材料等先进制造、高端服务业。2020年，租赁和商务服务业、科学研究和技术服务业、信息传输/软件和信息技术服务业的法人单位占比分别为13.11%、11.23%和4.78%，分别比全国同行业占比高1.56、5.32和0.41个百分点。在《京津冀协同发展规划纲要》等国家战略推动及地方各省市协作下，京津冀地区产业分工格局初步形成：一是北京作为科技创新中心和文化中心的地位愈加稳固，以汽车制造、电子信息、医药制造、装备制造等智能制造、高端制造为主导产业；二是天津以建设全国先进制造研发基地、国家智能制造中心城市等为目标，但重化工业仍占据绝对主导地位，钢铁、汽车、石油化工、金属制品产业规模占据重要地位；三是河北坚持制造业立省，既巩固优势，推动传统产业转型升级，又大力发展新技术、新产品、新业态、新模式，打造具有全球影响力的先进制造业基地，汽车、电子信息、钢铁、石油化工、装备制造占据前列（表11-3）。京津冀区域内产业协同程度不断提高，区域间要素流动更加畅通，2015—2020年，北京与天津、河北的技术合同成交额从111.5亿元增长至347.0亿元，年均增长25.5%，在北京与市外技术合同成交额中的占比从 5.94% 上升至 9.33%。

表 11-3 2020 年京津冀规模以上工业企业营业收入排名前 10 的行业

省市	规模以上工业企业营业收入排名前 10 的行业
北京	①汽车制造业；②计算机、通信和其他电子设备制造业；③医药制造业；④电气机械和器材制造业；⑤专用设备制造业；⑥通用设备制造业；⑦非金属矿物制品业；⑧石油、煤炭及其他燃料加工业；⑨铁路、船舶、航空航天和其他运输设备制造业；⑩农副食品加工业
天津	①黑色金属冶炼和压延加工业；②汽车制造业；③计算机、通信和其他电子设备制造业；④食品制造业；⑤金属制品业；⑥化学原料和化学制品制造业；⑦铁路、船舶、航空航天和其他运输设备制造业；⑧电气机械和器材制造业；⑨通用设备制造业；⑩石油加工、炼焦及核燃料加工业
河北	①汽车制造业；②计算机、通信和其他电子设备制造业；③黑色金属冶炼和压延加工业；④石油和天然气开采业；⑤化学原料和化学制品制造业；⑥电气机械和器材制造业；⑦专用设备制造业；⑧医药制造业；⑨通用设备制造业；⑩金属制品业

注：天津市缺分行业规模以上工业企业营业收入数据，以资产总计为排名依据。

资料来源：《北京统计年鉴 2021》《天津统计年鉴 2021》《河北统计年鉴 2021》。

二、人口特征

京津冀地区是我国北方地区人口分布的密集地带，截至 2020 年，常住人口 1.10 亿人，占全国总人口的 7.82%。从区域分布看，北京、天津人口占比分别为 19.83% 和 12.56%，河北占 67.61%；区域内人口高度集聚在北京、天津、石家庄、唐山等国家级、区域级中心城市。近年来，京津冀人口分布呈现三个特征：一是人口规模保持稳定，2011—2020 年，京津冀地区人口规模总体保持在 1.1 亿左右，占全国的比重略有下降（2014 年为 7.94%，2020 年为 7.82%），主要是北京严控规模总量，天津、河北的人口吸引力不如粤港澳和长三角地区所致（图 11-2）。二是京津人口占比有所下降，河北人口比重提升。《京津冀协同发展规划纲要》实施以来，北京不断推进非首都功能疏解，人口在京津冀地区中所占比重有所降低；而河北人口比重有所回升，2015—2020 年，人口占比从 66.94% 提升至 67.61%；天津自 2015 年人口占比不断下降。三是城市人口加速向郊区迁移。2011—2020 年，北京、天津中心城区人口占比不断下降，郊区人口占比持续提升，十年间郊区人口占比，北京从 40.35% 上升到 49.82%，天津从 67.41% 上升到 70.80%（表 11-4）。

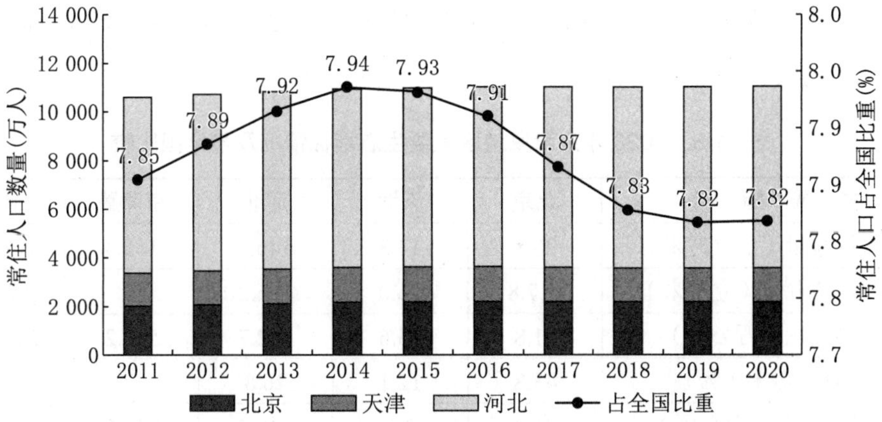

图 11-2　2011—2020 年京津冀地区常住人口数量及占全国比重

资料来源：根据《中国统计年鉴 2021》数据计算。

表 11-4　2011—2020 年京津冀地区常住人口比重变动趋势（%）

	2011	2012	2013	2014	2015	2016	2017	2018	2019	2020
北京	19.10	19.39	19.63	19.88	19.94	19.93	19.92	19.93	19.87	19.83
# 中心城区	59.64	59.50	59.56	59.58	59.30	57.62	55.91	54.29	52.40	50.18
郊区	40.35	40.48	40.46	40.42	40.72	42.40	44.11	45.69	47.60	49.82
天津	12.65	12.86	13.03	13.08	13.12	13.10	12.80	12.57	12.57	12.56
# 中心城区	32.59	31.93	31.35	30.65	29.67	29.52	29.50	29.36	29.24	29.20
郊区	67.41	68.07	68.65	69.35	70.33	70.48	70.50	70.64	70.76	70.80
河北	68.25	67.76	67.34	67.04	66.94	66.97	67.28	67.50	67.56	67.61

注：北京市中心城区统计范围包括东城区、西城区、朝阳区、丰台区、石景山区、海淀区。天津市中心城区统计范围包括和平区、河东区、河西区、南开区、河北区、红桥区。

资料来源：根据《中国统计年鉴 2021》《北京区域统计年鉴 2021》《天津统计年鉴 2021》数据计算。

三、生态环境特征

京津冀地区水资源十分缺乏。2020 年水资源总量为 185.4 亿立方米，仅占全国的 0.58%；人均水资源量不到全国平均水平的 1/10，其中，北京、天津人均水资源量仅为全国平均水平的 4.3% 和 8.8%。

京津冀地区生态环境经过多年努力，得到了较大改善。各地积极推动植树造林和森林资源保护，2020 年京津冀造林总面积、人工造林面积分别为 491.1 万公顷、258.8 万公顷，约占全国的 7.08%、8.62%，远高于其国土面积占比；

同时，京津冀森林面积为588.2万公顷，约占全国2.67%，除天津森林覆盖率较低外，北京、河北森林覆盖率均高于全国平均水平。

表11-5 2020年京津冀地区主要生态指标情况及与全国比较

主 要 指 标	北京	天津	河北	京津冀	全国
水资源总量（亿立方米）	25.8	13.3	146.3	185.4	31 605.2
人均水资源量（立方米）	117.8	96.0	196.2		2 239.8
森林面积（万公顷）	71.8	13.6	502.7	588.2	22 044.6
森林覆盖率（%）	43.8	12.1	26.8		23.0
造林总面积（万公顷）	41.8	2.5	446.7	491.1	6 933.7
当年人工造林面积（万公顷）	14.9	1.9	242.0	258.8	3 000.1

资料来源：《北京统计年鉴2021》《天津统计年鉴2021》《河北统计年鉴2021》。

近年来，京津冀地区积极推进大气污染联防联控，大气环境质量逐步改善。2020年，京津冀三地$PM_{2.5}$平均浓度分别达到38微克/立方米、48微克/立方米和44.8微克/立方米，较2015年分别减少52.85%、31.43%、41.82%，但与我国空气质量标准$PM_{2.5}$年均浓度35微克/立方米仍有一定差距。

京津冀地区钢铁、电力、石化等工业密集，煤炭等化石能源消耗依然巨大。2019年京津冀能源消费总量为4.81亿吨标煤，占全国的9.88%，其中，河北省能源消费总量达到3.25亿吨标煤，仅次于山东省和广东省，且能源消费强度也远高于全国平均水平。

表11-6 2015—2020年京津冀地区$PM_{2.5}$变动趋势

单位：微克/立方米

	北京	天津	河北	京津冀及周边地区	全国
2015年	80.6	70	77	77	50
2016年	73	69	70	71	47
2017年	58	62	65	64	43
2018年	51	52	53	60	39
2019年	42	51	50.2	57	36
2020年	38	48	44.8	51	33

资料来源：中国环境状况公报2015、2016，中国生态环境状况公报2017—2020，《北京统计年鉴2021》，《天津统计年鉴2021》，河北环境状况公报2015、2016，河北省生态环境状况公报2017—2020。

第二节　京津冀协同发展的战略定位

京津冀地区一直是我国重要的战略地区。早在2004年，国家发改委就启动编制《京津冀都市圈区域规划》；2014年，国务院成立京津冀协同发展领导小组，京津冀协同发展上升为国家战略；2015年，中共中央、国务院印发实施《京津冀协同发展规划纲要》(以下简称《规划纲要》)；随后，三省市围绕各自功能定位制定了贯彻落实《规划纲要》的实施意见、实施方案，产业、交通、生态环保等12个领域协同发展专项规划相继出台；2016年,《“十三五”时期京津冀国民经济和社会发展规划》印发实施，成为我国第一个跨省市的区域“十三五”规划；随后，通州北京城市副中心、河北雄安新区的建设相继启动，相关规划于2018年由国务院分别批复实施，形成京津冀“一体两翼”的空间新格局，京津冀协同发展跃升至新高度。根据《规划纲要》，京津冀协同发展的战略核心是有序疏解北京非首都功能，整体功能定位是“以首都为核心的世界级城市群、区域整体协同发展改革引领区、全国创新驱动经济增长新引擎、生态修复环境改善示范区”。

一、有序疏解北京非首都功能

有序疏解北京非首都功能是京津冀协同发展的战略核心。它不仅有助于缓解北京日益严重的“大城市病”，进一步强化首都核心功能，为实现城市高质量发展创造更大空间；同时也是促进京津冀地区协同发展的主要动力条件，有助于资源要素在更大范围内进行优化配置，推动区域优势互补，从而成为协同发展的新动力，提升世界级城市群的整体能级。根据《规划纲要》，近中期优先重点疏解的非首都功能有四个方面：一是不符合首都城市定位的一般性产业，特别是高消耗产业；二是区域性物流基地、区域性专业市场等部分第三产业；三是部分教育、医疗、培训机构等公共服务领域；四是部分行政性、事业性服务机构和企业总部。上述四类重点疏解功能广泛涉及产业、公共服务、行政等多个领域。

为加快疏解非首都功能，北京实施“疏解整治促提升”专项行动，针对四类非首都功能，2017年至2020年累计退出一般制造业企业1 819家（“十三五”期间累计退出2 154家），退出企业主要集中在建材、机械制造与加工、家具和木制品加工等行业；提升区域性市场和物流中心632个；推进天坛医院、北京城市学院等一批教育医疗机构整体搬迁或扩建新院区（新校区）；城市副中心建设扎实推进，第一批市级机关35个部门入驻办公，二期工程加快建设。此外，京津冀三地产业对接加快，曹妃甸协同发展示范区、首钢京唐二期、渤海新区生物医药产业园等产业承接基地有序建设，天津滨海—中关村科技园正式揭牌，并在滨海新区成立了京津冀首个众创联盟（毛汉英，2017）。

二、以首都为核心的世界级城市群

以首都为核心的世界级城市群建设是与强国战略相适应、应对复杂国内外形势的重要举措。从全球视角看，提升京津冀城市群发展能级可以更好地支撑我国国际交往平台建设，为国家参与新形势下的国际治理和全球竞争提供更为坚实的支点；从全国视角看，缩小京津冀城市群与长三角、珠三角城市群发展差距对于实现我国南北经济互补，促进东、中、西经济协作具有关键作用（胡九龙，2019）；从城市群内部视角，京津冀协同发展是疏解北京非首都功能、缩小城市群内部断崖式落差的必要战略路径（李兰冰等，2017）。

基于京津冀三省市各自的发展基础、区域环境承载力以及经济社会发展潜力，北京市定位为“全国政治中心、文化中心、国际交往中心、科技创新中心”，天津市定位为“全国先进制造研发基地、北方国际航运核心区、金融创新运营示范区、改革开放先行区”，河北省定位为“全国现代商贸物流重要基地、产业转型升级试验区、新型城镇化与城乡统筹示范区、京津冀生态环境支撑区”。基于“功能互补、区域联动、轴向集聚、节点支撑”的发展思路，京津冀城市群确立“一核、双城、三轴、四区、多节点”的空间布局，即以北京为核心，天津为副中心，以京津、京保石、京唐秦产业发展带和城镇聚集轴为轴线，以主要产业与生态功能区为载体，以区域中心城市为节点。

为了更好支撑京津冀世界级城市群网络型空间格局建设，交通一体化必须为先行领域之一。2015年，《京津冀协同发展交通一体化规划》明确了“建设高效密集的铁路交通网、完善便捷的公路交通网、现代化的津冀港口群、国际一流的航空枢纽”等发展目标。在铁路方面，《京津冀城际铁路网规划（2016—2030年）》提出新建24条城际铁路。其中，京张铁路崇礼支线、京雄城际铁路已开通运营，京唐城际铁路计划于2022年下半年建成通车，京滨城际、环北京城际铁路（廊坊至平谷段）、北京新建城际铁路联络线等加快建设，“四纵四横一环”的基本骨架初见雏形。在公路方面，京津冀区域高速公路“断头路”全部打通，跨省市衔接省级高速公路实现统一命名，津石高速、京秦高速和唐廊高速部分路段等建成通车，“3小时交通圈”加快形成。在港口方面，天津和河北两地实施资本合作，先后成立津冀渤海港口投资发展有限公司以及津唐、津冀国际集装箱码头有限公司，并完善提升津冀环渤海内支线航线网络规模，合力打造我国北方国际航运中心。在机场方面，《推进京津冀民航协同发展实施意见》发布，北京大兴国际机场、北戴河机场、承德机场、中捷机场等先后投入运营，天津国际航空物流中心能级不断提升，已初步形成“双核心”（首都机场＋大兴机场）＋“双辅助”（天津滨海机场＋石家庄机场）＋“多节点”（支线机场＋通航机场）的世界级机场群（武义青等，2017；柳天恩等，2019）。

三、区域整体协同发展改革引领区

京津冀协同发展战略的实施，开启了我国区域合作进入协同发展的新阶段。协同发展，一方面充分尊重各行政区的地方优势和地方利益，另一方面既发挥好市场的决定性作用，又发挥好政府的引导作用，以共建共享、合作共赢为基本原则，通过改革创新区域合作体制机制，发挥区域比较优势，促进要素畅通流动，深化产业分工合作，加快缩小地区差距，实现区域协同发展。

在促进基本公共服务均等化方面，重点任务在于三个方面：一是增加发展相对薄弱区域的公共服务供给能力；二是促进公共服务资源跨区域流动，提高布局均衡程度；三是通过数字赋能，提升基本公共服务资源运行效率，提高优质公共服务资源共享能力（毛汉英，2017）。随着协同发展的推进，京津冀公共服务一体化程度得到提升。在医疗卫生领域，签署疾病防控、卫生应急、妇幼健康、老年健康、精神卫生、综合监督、食品安全等方面的20余项合作框架协议，不断扩充医疗机构临床检验结果互认、医学影像检查资料共享项目范围和机构数量，推进医疗保险转移接续和异地就医服务试点建设。在教育合作领域，通过跨省域合作办学、教师资格/职称职务互认、数字教育资源开放、跨省市中高职衔接、高等教育课程互选/学分互认/教师互聘等开展合作探索，推进跨区域职教联盟和职教平台建设（柳天恩等，2019）。

在推动要素市场一体化改革方面，主要任务包括金融市场一体化、土地要素市场一体化、技术和信息市场一体化等内容。金融市场一体化的主要目标为建立京津冀现代化国际金融区。由京津冀三省市共同出资设立京津冀协同发展基金，研究建立京津冀开发银行，推动建立区域统一的抵押质押制度，推进京津冀支付清算、异地存储和信用担保等业务同城化等。2021 年 2 月，京津冀协同发展产业投资基金正式注册设立，由天津市牵头，会同北京市、河北省、国家开发银行共同发起设立，基金总规模 500 亿元。此外，京津冀主要金融机构均已建立跨省市合作机制。土地要素市场一体化的主要目标是建立京津冀城乡统一的建设用地市场，深化城镇国有土地有偿使用改革，慎重稳妥推进农村土地制度改革。编制京津冀土地利用总体规划，建立统一的城乡土地市场信息平台，形成各行政单元相互衔接的城乡基准地价体系等（甘文霄等，2016）。2016 年 5 月，《京津冀协同发展土地利用总体规划（2015—2020 年）》印发，但这并非真正意义上的土地管理协同机制，京津冀土地要素市场尚未打通，土地管理一体化推进仍然相对缓慢（刘勇等，2020）。技术和信息市场一体化的主要目标是建设科技成果转化和交易服务共享平台，构建信息共享、标准统一的技术交易服务体系，建设一体化网络基础设施。2015 年 12 月，“京津冀技术转移协同创新联盟”成立，探索开展技术资本化试点，建立需求导向、市场导向的技术转移服务机制。至 2020 年，京津冀区域技术市场成交额达到 7 987.8 亿元，比 2014 年（3 584 亿元）增长 1.2 倍。

在试点示范方面，雄安新区作为我国改革开放“新地标”，旨在为中国深化改革做试点、扩大开放筑高地、高质量发展立标杆（柳天恩，2021）。2019 年 1 月，中共中央、国务院《关于支持河北雄安新区全面深化改革和扩大开放的指导意见》发布，将在下放管理权限、国有企事业单位改革、住房供给体系、人才和财税制度等方面予以重点探索。

四、全国创新驱动经济增长新引擎

京津冀产业协同发展既是化解北京大城市病的客观要求，也是实现京津冀资源禀赋互补、提升区域整体竞争力的战略需要（张亚鹏，2018）；创新则是驱动产业协同发展的核心动力，构建产业协同创新生态系统（网络）是获得持续创新能力的根基。京津冀地区是我国科技创新资源最密集的区域之一，具有建设世界级科技创新中心的基础和优势，将成为引领我国新一轮科技进步和产业革命的引擎（刘雪芹等，2015）。

为构建各具特色的产业优势，北京市重点发展知识经济、服务经济、绿色经济、总部经济，加快构建高精尖产业结构；天津市重点优化发展先进制造业、战略性新兴产业以及航运业与金融等现代服务业，建设全国先进制造业研发基地和金融创新运营示范区；河北省积极承接北京非首都功能转移和京津科技成果转化，重点建设全国现代商贸物流重要基地，新型工业化基地和产业转型升级试验区。

在产业转移方面，2016 年 6 月，工信部会同三地政府发布《京津冀产业转移指南》，提出构建“一个中心、五区五带五链、若干特色基地”（简称“1555N”）的产业发展格局。其中，“一个中心”指将北京打造成为具有全球影响力的科技创新中心和战略性新兴产业策源地，以中关村国家自主创新示范区为主体，重点提升创新能力。“五区”指北京中关村、天津滨海新区、唐山曹妃甸区、沧州沿海地区、张承（张家口、承德）地区，是京津冀产业升级的重要据点；“五带”指京津走廊高新技术及生产性服务业产业带、沿海临港产业带、沿京广线先进制造业产业带、沿京九线特色轻纺产业带、沿张承线绿色生态产业带，是京津冀产业空间布局的基本骨架；“五链”指汽车、新能源装备、智能终端、大数据和现代农业五大产业链，是京津冀拥有基础优势并将重点引导、合理布局、协同发展的关键产业门类。“若干特色基地”是指区域内各级行政区依托现有特色和优势发展完善的特色产业集群，鼓励通过强化产学研用合作、完善综合服务平台、增强龙头企业带动力、建设区域品牌等方式，建成具有全国影响力的行业技术创新中心、产品展示中心、信息集散中心。在此基础上，2017 年 12 月，京津冀三地联合制定并发布《加强京津冀产业转移承接重点平台建设的意见》，明确提出京津冀“2 + 4 + 46”平台，包括北京城市副中心和河北雄安新区两个集中承载地，四大战略合作功能区及 46 个专业化、特色化承接平台。

在协同创新方面，2016 年 7 月，国务院发布《京津冀系统推进全面创新改革试验方案》，要求充分发挥北京全国科技创新中心的辐射带动作用，依托中关村国家自主创新示范区、北京市服务业扩大开放综合试点、天津国家自主创新示范区、中国（天津）自由贸易试验区和石（家庄）保（定）廊（坊）地区的国家级高新技术产业开发区及国家级经济技术开发区发展基础和政策先行先试经验，进一步促进京津冀三地创新链、产业链、资金链、政策链深度融合，建立健全区域创新体系，推动形成京津冀协同创新共同体，打造中国经济发展新的支撑带（甄跃生等，2017）。为此，北京市提出了 16 项加强全国科技创新中心建设任务，天津市提出了 128 项深化自贸试验区改革开放任务，河北省提出了 32 项石保廊全面创新改革试验区改革任务；京津冀三地签署《共同推动京津冀国际科技合作框架协议》《关于共同推进京津冀基础研究合作协议（2018—2020 年）》《京津冀科技创新合作协议》《关于共同推进京津冀协同创新共同体建设合作协议（2018—2020 年）》《京津冀国家技术创新中心共建框架协议》等一系列合作协议。2020 年 12 月，国家首个综合类技术创新中心“京津冀国家技术创新中心”揭牌成立。

五、生态修复环境改善示范区

补齐生态文明短板、提高可持续发展能力是京津冀协同发展的重要任务。在生态文明背景下，生态修复、环境改善的价值不仅在于为京津冀协同发展开拓更广阔的生态空间，以优良的环境质量创造更普惠的民生福祉；同时，提高生态质量和环境容量也可以为创新产业链和价值链的注入创造有利条件，促进“绿水青山就是金山银山”发展理念实践落地（胡九龙，2019）。《规划纲要》明确要求京津冀三地落实最严格的生态保护制度。一方面，把生态环境的联合治理作为共同利益和优先行动来对待，重点推动大气污染的联防联控，共建生态清洁小流域，落实生态补偿机制与政策；另一方面，推进生态空间保护与建设，谋划建设一批环首都国家公园和森林公园，推动能源生产和消费革命，促进循环经济发展，积极应对气候变化。2015年12月，《京津冀协同发展生态环境保护规划》发布，划定京津冀地区生态保护红线、环境质量底线和资源消耗上线，将逐步增加生态空间和改善环境质量作为经济建设和社会发展的刚性约束条件；同时提出实施国土生态整治、清洁水、大气污染防治等一批重点工程，并鼓励在改善生态环境质量的同时培育新的经济增长点。

在生态环境跨区域治理方面，大气污染联防联控仍是京津冀生态环境协同保护的首要任务。在2013年启动的京津冀大气污染防治协作机制的基础上，2016年《京津冀大气污染防治强化措施（2016—2017）》正式发布，并开始逐年实施“京津冀及周边地区秋冬季大气污染综合治理攻坚行动方案”。京津冀三省市政府也相继出台多项大气污染防治专项政策行动，如北京实施大气污染治理“863”行动计划，天津提出“四清一化”行动，河北组织多轮次大气污染防治集中攻坚行动等（李慧茹等，2016）。与此同时，在水污染跨流域治理方面，京津冀一方面推进引滦入津、密云水库上游潮白河等相关流域跨区域横向生态补偿机制建立，推进永定河、白洋淀和衡水湖等的综合治理（柳天恩等，2019）；另一方面，共同完善水污染应急联防联控机制，联合编制跨区域的《凤河—龙河流域突发水环境污染事件应急预案》，并于2017年在龙凤河（廊坊市段）、2018年在潮白河（张家口赤城县段）等跨界水流域轮值开展突发水环境污染事件联合应急演练（郭珉媛等，2019）。

在区域生态空间建设方面，重点支持张承生态功能区修复与保护，建设首都水源涵养功能区和生态环境支撑区，建成北京城市副中心与河北省北三县间生态廊道，打造环首都国家公园体系；同时，推进京津冀生态水源保护林、京津风沙源治理二期、百万亩造林绿化建设等重大生态工程，大幅提高区域生态空间的巩固和保持水土、防风固沙、调节空气、固碳增汇等效能。据统计，近年来北京每年沙尘日数已降至3天左右。

第三节　京津冀协同发展的趋势与展望

《规划纲要》正式实施以来，京津冀三地在交通一体化、产业转移升级、生态协同治理等先行领域取得重要成果，在协同创新、公共服务共建共享等重点方面成效显著（叶振宇等，2020）。进入新发展阶段，随着国内外环境变化，京津冀协同发展面临着一系列新形势、新要求。根据《规划纲要》目标要求，到2030年，首都核心功能将更加优化，京津冀区域一体化格局基本形成，区域经济结构更加合理，生态环境质量总体良好，公共服务水平趋于均衡，成为具有较强国际竞争力和影响力的重要区域，在引领和支撑全国经济社会发展中发挥更大作用。

一、推动北京非首都功能疏解纵深推进

“十四五”时期，北京非首都功能疏解迈入新阶段，疏解对象、疏解逻辑等都将发生很大变化（王利伟，2021）。促进产业和人口迁移需要“推力”和“吸力”共同作用，“推力”就是北京继续深化推进非首都功能疏解，“吸力”则是促进京郊及环京城市圈节点性城市（区）建设，提升区域工作机遇与生活品质（彭文英等，2019）。

第一，高质量推进雄安新区、北京城市副中心等重点功能承接平台建设。“十四五”时期，雄安新区将继续推进城市整体开发建设，一方面有序承接北京非首都功能疏解，2021年起，部分在京部委所属高校、医院和央企总部已启动分期分批向雄安新区搬迁；另一方面，打造体制机制改革创新高地，深入落实中央系列支持政策，在土地、住房、投融资、财税、金融、人才、户籍、医疗、社保等方面先行先试，构建雄安标准体系，形成一批示范全国的改革创新成果。根据国务院印发的《关于支持北京城市副中心高质量发展的意见》，北京城市副中心将与河北雄安新区各有分工、互为促进，有效解决北京“大城市病”问题。至2025年，北京城市副中心将基本完成北京市级党政机关和市属行政事业单位的搬迁承接配套；初步形成现代产业体系，重点支持开展科技应用场景沙盒试点，支持具备条件的中关村国家自主创新示范区核心区新一轮先行先试改革政策在城市副中心落地实施；将城市副中心打造为京津冀金融创新、高端商务发展高地，支持金融标准认定机构及国际金融机构、民营金融机构在城市副中心发展。

第二，加快建设城市微中心。北京市《关于促进平原新城高质量发展　提

升平原新城综合承载能力的实施方案》已于 2021 年 8 月发布。平原新城即北京城市规划“一核一主一副、两轴多点一区”空间布局中的“多点”，亦即北京市位于平原地区的 5 个新城（顺义、大兴、亦庄、昌平、房山），是首都面向区域协同发展的重要战略门户和承接中心城区适宜功能、服务保障首都功能的重点地区。平原新城建设将以公共交通为主导，形成“站城融合”的轨道交通“微中心”；同时，依托中关村“一区十六园”合作共建科技成果转化机制，实现职住平衡发展。

第三，深化推进“疏解整治促提升”专项行动。北京市已接续发布《关于“十四五”时期深化推进“疏解整治促提升”专项行动的实施意见》，明确提出十方面 25 项任务，与非首都功能疏解相关的重点任务包括：（1）推进一般制造业疏解提质，利用腾退空间和土地补齐关键产业链条，推进制造业企业智能化、绿色化、数字化改造。（2）巩固区域性市场和物流中心疏解治理成效，推动大红门等集中疏解区域转型发展，在国家空港物流枢纽、平谷马坊等地规划建设物流基地、冷链仓储设施。（3）加快推进教育、医疗等公共服务设施向中心城区以外布局发展，全面提升城市副中心和平原新城公共服务能力和水平；有序疏解中心城区部分普通高等学校，压缩高等院校中心城区在校学生规模。（4）持续疏解中心城区非首都功能，围绕降低核心区“四个密度”，细化制定核心区疏解清单，稳步降低核心区人口规模；朝阳、海淀、丰台、石景山四区分别制定疏解治理任务清单，有序退出不符合城市战略定位的功能和产业，严控建设规模和人口总量，实现城乡建设用地规模减量，有序推动以面向全国招生为主的一般性培训机构疏解；等等。

二、推进京津冀世界级城市群高质量建设

进入新发展阶段，中心城市和城市群正在成为承载创新发展要素的主要空间形式，对新发展格局的形成具有至关重要的作用。自京津冀协同发展战略实施以来，京津冀世界级城市群建设已经取得显著成效，空间布局雏形凸显，核心城市辐射带动能力强、产业分工布局更为细化（孙久文等，2020）。结合新发展格局，下一阶段京津冀世界级城市群建设将提升整体能级，同步提高区域软、硬设施水平，以信息化基础设施、国际治理平台等建设方向为重点突破领域。

一方面，加快建设信息化基础设施体系，厚植现代化生产生活的“新根基”。推进5G网络、大数据中心、工业互联网、物联网等新一代数字网络基础设施建设，注重同步培植网络安全技术和管理能力。加快实施“宽带中国”战略，推动北京互联网国际出入口优化扩容，增设5G室外基站和室内小站。整合区域信息资源，发挥头部企业技术和资源优势，研究建立区域大数据中心。以此为基础，优先以中关村及其津冀分园等为试点，构建人工智能等一体化融合基础设施为主的新平台建设，赋能现代化产业体系；同时构建区域化的“智能+”公共服务体系，完善社会治理和民生服务“新终端”布局，促进京津冀主要城市向智慧城市管理转型（刘秉镰等，2021）。

另一方面，将京津冀城市群打造成为世界事务和国际区域合作的交流协商平台、中国特色治理模式的宣传窗口。京津冀城市群应坚持“对接东北亚经济圈的中心地带和连接欧亚大陆桥的战略要地”的定位，以实现“一带一路”倡议下对东北亚、中亚以及欧洲等地区的全方位开放为目标。在治理平台方面，推动国际组织入驻北京，培育关注国际事务的公民社会，与政府治理结合互补，增强京津冀乃至全国的国际话语权；培养传统主流媒体与自由新媒体相结合的传播体系，提升国际传播能力。在治理领域方面，充分发挥“一带一路”国际合作高峰论坛、中非合作论坛等国际区域合作机制作用，形成地缘政治新局面；在信息网络普及、多元文化碰撞、环境问题升级的新时代背景下，在网络安全、公共卫生安全等领域积极分享中国特色治理模式。

三、实施立体化生态环境综合治理

进入“十四五”时期，我国绿色低碳循环发展的经济体系正在加速布局，“双碳”政策的国家顶层设计稳步推进。京津冀地区生态环境协同治理任务将在已有成绩之上，结合新发展要求，一方面形成系统更加健康、品质更为优越的生态网络，另一方面依托区域科技、数据资源优势，培植绿色增长点，加快实现双碳目标。

第一，完善区域生态环境保护协作机制。一是对区域内生态环境的监测与监管设施、污染治理设施、环境修复设施等统一规划、统一布局，实现标准统一（张伟等，2017）。二是针对京津冀三地共性污染问题，建立联防联控管制分区，开展环境联合监察执法，完善生态环境预警制度和应急联动机制（公丕明等，2020）。三是引导市场机制发挥效能，以碳排放交易市场建设经验为基础，探索京津冀排污权、用能权、用水权等市场化交易体系。

第二，开发京津冀生态资源大数据。以生态数据要素为切入点，助力京津冀生态环境协同治理，形成区域增长新动力。一是对区域内水、土、气、生等各项环境监测资源和数据进行有效整合，形成统一监测标准、统一技术体系、统一环境信息发布的生态环境质量信息资源共享平台，提高环境协同治理效能。二是探索建立区域自然资源确权定价、环保企业资质和产品认证等绿色市场数据，为绿色金融发展夯实数据基础，为生态补偿核算提供数据支撑。三是整合京津冀绿色专利和绿色科技数据，通过加快绿色专利运营及其产业化市场化转化，促进绿色产业化和产业绿色化发展，推动京津冀城市群创新链、产业链、生态服务链融合（骆沙鸣，2020）。

第三，实施能源革命，提前实现双碳目标。京津冀能源革命的重难点在于河北省，其能源结构“一煤独大”问题突出。下一阶段京津冀区域的能源革命推进，一是做好重点领域节能增效，继续从交通、工业、建筑等主要领域入手，重点考虑农村地区用能问题，对河北和京津远郊住房进行节能改造、建设地源/空气源热泵以及生物质采暖工程等给予适当补贴；二是优化能源供给结构，在继续做好煤炭清洁高效利用的同时，发挥冀北地区可再生能源优势，加强张北地区风电基地建设；三是发展能源技术，应用推广燃煤电厂超低排放、分布式能源等相对成熟的能源新技术，部署支持煤层气开发利用、核燃料循环、可再生能源并网等前沿技术领域；四是探索能源开发利用制度改革，如，健全能源法律体系，规范能源治理，再如，研究设立“京津冀能源发展基金”，用于支持可再生能源研发、项目节能改造等（严晓辉等，2021）。

四、协同创新驱动产业能级提升

国家“十四五”规划提出“坚持创新在我国现代化建设全局中的核心地位”。京津冀作为我国区域治理的重要战略支撑地，应该更加重视创新引领作用，积极助力国家实现产业链供应链自主可控（侯永志等，2021）。

一是促进京津冀区域协同创新，培育区域发展新动能。在新一轮科技革命背景下，在我国经济发展的传统要素红利已经基本“触顶”的情形下，培育创新能力对于区域未来发展十分重要。在创新定位方面，北京要巩固国际科创中心的地位，以北京怀柔综合性国家科学中心、“三城一区”和中关村国家自主创新示范区为创新主阵地，以科技产业带动城市经济发展。天津要巩固天津北方科技产业制造中心的地位，提升科技产业的产值比重。河北要在雄安新区加快构建原始创新能力，同时在石家庄、唐山、保定、邯郸、廊坊等主要城市加快培育具有竞争力的创新主体，与北京、天津形成产学研有效对接（孙铮等，2020）。在协同创新方面，京津冀三省市要在各自科技创新功能定位的基础上，依托“京津冀国家技术创新中心”，加强共性前沿基础科学研究。有效运用总部—生产基地、产业链合作、总部—分支机构、园区共建等多种模式，形成能推广、可复制的创新协同经验（刘秉镰等，2021）。

二是以实体经济为核心完善产业链条，推进京津冀产业链区域集群化发展。京津冀区域已有较为完整的制造业产业链和价值链布局基础，未来应更加重视实体经济发展，继续打通和延长产业链条，培育和支持相关产业的领军型企业做大做强，构建相互配套、协同分工的产业格局，增强区域整体竞争力（侯永志等，2021）。通过自主创新和产品升级，推动一批高端高新产业集群向创新集群升级，推动区域产业基础高级化、产业链现代化（刘秉镰等，2021）。

参考文献：

[1] 甘文霄，霍小龙. 京津冀土地要素市场一体化措施研究——以供给侧结构性改革为视角［J］. 人民论坛，2016，518（14）：215—217.

[2] 公丕明，公丕宏，张汉飞. 京津冀协同发展战略的演化与改革方向［J］. 区域经济评论，2020（6）：63—70.

[3] 郭珉媛，牛桂敏，杨志. 京津冀水环境协同治理的实践与经验［J］. 环境保护，2019，47（19）：51—55.

[4] 侯永志，朱鸿，侯继磊. 新发展阶段的京津冀协同发展［J］. 前线，2021（7）：62—65.

[5] 胡九龙. 深入理解京津冀协同发展战略［J］. 前线，2019（7）：7—11.

[6] 经济与管理编辑部. 加快推进京津冀金融一体化“京津冀金融一体化研

讨会”专家发言摘编［J］. 经济与管理，2015（9）.
［7］李惠茹，杨丽慧 . 京津冀生态环境协同保护：进展、效果与对策［J］. 河北大学学报（哲学社会科学版），2016，41（1）：66—71.
［8］李兰冰，郭琪，吕程 . 雄安新区与京津冀世界级城市群建设［J］. 南开学报（哲学社会科学版），2017（4）：22—31.
［9］刘秉镰，李国平，侯永志，武义青，张贵 . 构建新发展格局　共谋区域协调发展新思路——新发展格局下我国区域协调发展展望暨京津冀协同发展战略七周年高端论坛专家发言摘编［J］. 经济与管理，2021，35（3）：23—30.
［10］刘雪芹，张贵 . 京津冀产业协同创新路径与策略［J］. 中国流通经济，2015，29（9）：59—65.
［11］刘勇，王光辉，刘洋 . 京津冀土地管理一体化的现状、问题与创新机制［J］. 经济体制改革，2020（5）：80—85.
［12］柳天恩，田学斌 . 京津冀协同发展：进展、成效与展望［J］. 中国流通经济，2019，33（11）：116—128.
［13］柳天恩 . 雄安新区规划建设的示范价值、理论创新与未来展望［J］. 区域经济评论，2021（2）：17—24.
［14］毛汉英 . 京津冀协同发展的机制创新与区域政策研究［J］. 地理科学进展，2017，36（1）：2—14.
［15］彭文英，滕怀凯，范玉博 . 北京“城市病”异质性及非首都功能疏解治理研究［J］. 学习与探索，2019（9）：128—134.
［16］孙久文，卢怡贤 . 新发展格局视角下京津冀城市群发展与影响力研究［J］. 城市问题，2020（11）：4—13.
［17］孙铮，孙久文 .“十四五”期间京津冀协同发展的重点任务初探［J］. 河北经贸大学学报，2020，41（6）：57—65.
［18］武义青，田学斌，张云 . 京津冀协同发展三年回顾与展望［J］. 经济与管理，2017，31（2）：1—7.
［19］严晓辉，高丹，李艳杰 . 京津冀地区推进能源革命的思考与对策［J］. 中国工程科学，2021，23（1）：24—31.

[20] 叶振宇，张万春，张天华，张先林 ．“十四五”京津冀协同发展的形势与思路 [J]. 发展研究，2020（11）：40—44.

[21] 张伟，蒋洪强，王金南 . 京津冀协同发展的生态环境保护战略研究 [J]. 中国环境管理，2017，9（3）：41—45.

[22] 张亚鹏 . 京津冀产业协同发展反思：一个整体框架设计 [J]. 区域经济评论，2018（2）：75—80.

[23] 中国农业银行河北省分行课题组，甄跃生，刘新彦 . 金融支持京津冀创新改革试验区的对策及建议——以农业银行河北省分行为例 [J]. 河北金融，2017（7）：5—11.

[24] 中国青年报（王利伟）. 高水平推进非首都功能疏解 [EB/OL]. https://baijiahao.baidu.com/s?id=1697160212001535352&wfr=spider&for=pc. 2021-04-16.

[25] 中国网（骆沙鸣）.“十四五”京津冀协同发展应实现更高质量生态美 [EB/OL]. http://cppcc.china.com.cn/2020-11/20/content_76930076.html. 2020-11-20.

第十二章　粤港澳大湾区发展

随着我国经济发展进入新时代，区域经济发展的新模式、新路径、新动力等处在不断探索形成过程中。粤港澳大湾区作为我国改革开放开拓者、先行者，需要在更高层级面向全球竞争，要进行区域经济发展的全要素、全系统优化升级，以实现区域产业经济能级的整体提升，匹配在全球产业链、价值链环节升级的需求。香港正处在转型关键阶段，新的经济增长动力与结构优化的驱动力来源于粤港澳大湾区整体的优势资源、产业结构、创新资源、市场空间等。在全球第四次工业革命及区域经济新格局逐渐显现的背景下，必须塑造珠三角新的产业竞争力和整体竞争优势，以珠三角的创新经济、香港的开放型经济共同构建代表中国参与全球竞争的湾区经济，在全球新一轮的经济博弈中谋求领先地位和发展利益。

第一节　粤港澳大湾区的经济社会特征

珠三角地区是我国改革开放政策最前沿的实践者、开创者和受益者。在实际发展过程中，珠三角地区探索形成了以深圳模式、东莞模式为代表的蕴含中国特色的区域经济发展道路。粤港澳大湾区是珠三角经济发展的核心承载区域，区域经济发展特色鲜明。

一、大湾区城市群及人口规模发展基础

粤港澳大湾区城市群包括香港、澳门、广州、深圳、珠海、东莞、佛山、

中山、肇庆、江门、惠州等 11 个城市，整体面积约 5.6 万平方公里，人口 6 600 万，GDP 约占全国经济总量的 12%，是中国区域经济增长的重要一极。上世纪 90 年代以来，珠三角城市群城市数量、规模、能级等发生了重大的变化。总体上，1990—2005 年湾区城市群内部城市规模差距呈扩大的趋势，2005 年后有缩小的趋向。2000 年后，城市规模较为集中，高位次城市规模突出，中小城市发育迟滞。人口数量低于 50 万的小城市人口数量锐减，城市人口呈现出向大中型城市集中的特征。2015 年湾区内特大城市有两个（香港、广州），大城市 8 座，中等城市数量增加，人口首位城市由香港转为广州。这一时期，大湾区内地超大城市的人口规模急剧增长，快速工业化成为其中最重要推动因素。

二、大湾区城市群经济发展基础

（一）大湾区城市群内部产业经济差异大

粤港澳大湾区城市群经济整体呈现东重西轻的特点，经济发展的多样性、差异性和复杂性特征明显。湾区城市群 2020 年地区生产总值约为 11 万亿元，其中，香港、广州和深圳的地区生产总值分别为 22 972 亿元、25 019 亿元、27 670 亿元，均占湾区 GDP 的 20% 左右，排在粤港澳大湾区城市群前三位，三个中心城市 GDP 总和超过大湾区 GDP 总额的 62%，见表 12-1。

表 12-1　2020 年粤港澳城市群 GDP 规模及增长率

城　市	GDP（亿元）	较上年增长（%）
深　圳	27 670	2.8
广　州	25 019	5.9
香　港	22 972	–3.0
佛　山	10 817	0.6
东　莞	9 650	1.8
惠　州	4 222	1.1
珠　海	3 482	3.0
澳　门	3 458	–2.0
江　门	3 201	2.2

（续表）

城　市	GDP（亿元）	较上年增长（%）
中　山	3 152	1.5
肇　庆	2 312	2.8
合　计	115 955	—

资料来源：粤港澳大湾区主要城市统计年鉴，香港、澳门政府统计处。

（二）珠三角城市制造业先进，香港服务业全球领先

在大湾区城市群内主导产业发展格局分明，珠三角城市计算机、通信和其他电子设备制造业、电器机械和器材制造业、汽车制造业等在第二产业中的占比较大，批发和零售业、金融业、房地产业等在第三产业中的占比较大，城市群内部产业链体系完整、供应链体系发达。香港和澳门经济主要以服务业为主，香港以货物贸易、旅游、金融及保险、地产、商业服务、运输、仓储、邮政与快递服务等为主要增长点。澳门经济以博彩与旅游等为主要增长点。粤港澳大湾区城市群细分产业结构，见表12-2。从服务业空间结构上看，湾区城市群已经形成了一主两副的服务业中心结构。

表12-2　粤港澳大湾区城市群细分产业结构

城市	细　分　产　业	
	第二产业（前三名）	第三产业（前三名）
广州	汽车制造业、化学原料和化学制品制造业、计算机、通信和其他电子设备制造业	批发和零售业、金融业、房地产业
深圳	计算机、通信和其他电子设备制造业、电器机械和器材制造业	金融业、批发和零售业、房地产业
珠海	电器机械和器材制造业、计算机、通信和其他电子设备制造业	批发和零售业、房地产业、金融业
佛山	电器机械和器材制造业、非金属矿物制品业、金属制品业	房地产业、批发和零售业、金融业
惠州	计算机、通信和其他电子设备制造业、化学原料和化学制品制造业	批发和零售业、房地产业、金融业
东莞	仪器仪表制造业、黑色金属冶炼和压延加工业	批发和零售业、房地产业、租赁和商务服务业、金融业
中山	仪器仪表制造业、食品制造业	批发和零售业、租赁和商务服务业、房地产业、金融业

（续表）

城市	细分产业	
	第二产业（前三名）	第三产业（前三名）
江门	医药制造业、专用设备制造业	批发和零售业、房地产业、金融业
肇庆	专用设备制造业、有色金属冶炼和压延加工业	批发和零售业、公共管理、社会保障和社会组织、教育
珠三角	计算机、通信和其他电子设备制造业、电器机械和器材制造业、汽车制造业	批发和零售业、金融业、房地产业
香港	进出口贸易、批发及零售、金融及保险、公共行政、社会及个人服务	
澳门	博彩业、不动产业、批发及零售业、银行业	

资料来源：粤港澳大湾区主要城市统计年鉴，香港、澳门政府统计处。

（三）粤港澳大湾区一体化发展

1. 产业经济一体化基础

粤港澳湾区内特别行政区、经济特区等行政区划和自由贸易试验区、自由港等功能性经济区叠加，布局了全球金融服务、航运贸易、制造出口、创新经济等多种经济形态和产业结构，是世界产业链、供应链、创新链、价值链的重要环节或节点，以科技创新、金融服务、制造业主导区域发展，成为世界经济的一极。在城市产业经济体系上，形成以香港、广州、深圳和佛山为核心的产业空间布局，城市间经济联系强度高。香港经济在金融、航运、商贸、专业服务等方面极具竞争力，“超级联络人”角色突出。澳门作为世界旅游休闲中心，在与葡语国家商贸合作方面具有独特优势。深圳逐步发展成为世界级的科创中心，广州是大湾区联系内地、辐射内地的桥梁和纽带，佛山、东莞、惠州等地制造业基础深厚。

在产业结构上，粤港澳大湾区拥有全球最完备的产业体系，集聚石油化工、服装鞋帽、玩具加工、食品饮料等中低端产业集群；通信电子信息、新能源汽车、无人机与机器人等高端产业集群；金融服务、航运服务、旅游服务、文化创意服务等现代服务产业集群。多元产业体系混合形成了粤港澳大湾区先进制造业和现代服务业双轮驱动的产业体系，产业一体化融合趋势明显。目前，大湾区内的低端产业加速升级或者向外转移，中高端产业成为地区发展新引擎，现代服务业高速发展，大湾区已成为中国及全球产业经济网络的发展枢纽。城市经济体层级间绝对差异总体上在扩大，同一层级相对差异在缩小，产业向高端环节发展过程中，产业的联动与竞争发展格局同时存在，区域内部的经济一体化在博弈过程中逐步走向新的融合。

2. 交通体系一体化基础

作为中国经济最为发达的经济区域，基础设施建设一直是粤港澳大湾区的优势和重点发展领域。经过近 40 年的发展，粤港澳大湾区现代化交通体系较为完备，高铁、机场、高速公路、港口等构成的综合立体交通体系为区内物流、人流、信息流等要素流通奠定了深厚基础。目前，广东省高铁总里程 1 360 公里，随着广深港等高铁的建成，大湾区核心城市都接入全国高铁网络，并以广珠、广佛肇、莞惠等城际快速铁路连接湾区主要城市，整体形成全国高铁网络、珠三角城际高铁网络、城市地铁网络三个层级的轨道交通系统，粤港澳大湾区基于现代综合轨道交通体系构建的“一小时生活圈”正在加速形成。同时，高速公路通车总里程超过 7 000 公里，港珠澳大桥、深圳东部过境高速公路、中珠澳沿江高速等公路交通系统逐步完工，将湾区交通系统进一步向区域内部延伸，道路交通系统极大地发挥了优化空间布局的作用，促进资源的空间高效配置。航空运输方面，广州、深圳、香港三大机场的航线数量、入驻航空公司数和客货运吞吐量急剧增加，其中，香港机场客运和货运吞吐量占比为 39.36%和 62.70%。大湾区已布局建成世界级的港口群，以深圳、香港、广州为核心的国际化港口群，港口集装箱吞吐量规模居世界第一，集装箱吞吐量和货物吞吐量总份额占粤港澳大湾区的 85.59%与 68.15%。

3. 经济功能区位一体化合作基础

粤港澳湾区经济的外部循环和内部循环“双循环”经济发展格局竞争力和影响力优势明显。粤港澳大湾区作为世界级的湾区经济，在区域空间上具有更为广阔的经济腹地及经济合作功能区位优势。粤港澳大湾区作为中国经济腹地与外部市场经济合作的重点区域，在国家内部，粤港澳大湾区以香港、广州与深圳组成的世界级大都市城市群为核心，东部毗邻海峡西岸经济区，西部接壤北部湾经济区，北边紧邻中部城市群，并纵深延伸至川渝城市群，进行广阔的经济区位合作拓展，战略发展格局与优势集中。对外部，以香港的国际金融、国际航运，深圳、东莞的国际智能制造为核心纽带，连接东盟经济体系及全球市场。同时，在粤港澳湾区内部，以广州为顶点，西线经济发展延伸城市包括佛山、中山、江门、珠海等，东线经济发展延伸城市包括东莞、深圳、香港等构成的“A”型经济区位形成强大的区域经济一体化基础，支撑区域经济发展。

4. 人才和科技创新一体化基础

在区域交通、产业、资讯、资本以及人员等反映粤港澳大湾区合作发展活跃指数的关键指标中，人员的交流是关键，创新合作是首要方向。依据统计数据显示，目前香港居民出入境深圳日均40万人次，深圳居民往来香港日均12万人次，两地来往频繁，且不仅仅是单一的商务往来，更深层次的日常生活出入占据相当大比重。大湾区内跨越制度、体制、文化等障碍的居民就业、就学、就医、安居等方面的交流日趋便利化。随着粤港澳大湾区进一步深化合作，逐步开放就业、教育、医疗、住房等方面的限制性规定，一体化人员流通往来局面将成为常态。

在粤港澳大湾区内集聚了国际或国内知名的173所高等院校，集聚了8个国家级高新园区、1个国家级大学科技园、16个863基地，研发经费支出占GDP比重达2.7%。香港、澳门、深圳等地集聚世界一流的科学家及研发团队，有很强的原始创新能力和配置全球创新资源能力。大湾区内吸引和对接全球创新资源，构建国际化、开放型区域创新体系，建设广州—深圳—香港—澳门—东莞科技创新走廊，促进创新资源共享，推动区域加强科研一体化合作，打造大湾区科技创新中心。

三、粤港澳大湾区经济发展挑战

（一）大湾区“9+2”城市发展战略目标的差异性融合

粤港澳大湾区“9+2”核心城市的发展目标存在一定的差异，决定了发展基本要素市场供给与配置、关键合作对象选择、治理体系与规则的适应性等巨大差异与协调的挑战。以创新驱动发展为例，大湾区内广州、深圳、香港在科技创新中心、创新型城市建设过程中围绕关键创新要素资源展开竞争。深圳发展全球创新经济中心的核心目标市场、要素配置、创新链体系构建等可能超越香港金融、服务及研发供给的能级，东莞、佛山、中山等制造业升级更多着眼于全球生产网络的智能化、绿色化升级与转移的需求，也可能超越香港创新科技产业配套孵化的能级需求。未来广州、深圳、东莞等城市的发展阶段和发展目标更多的定位于全球化竞争力和影响力的形成，超越了过去40年来以香港为中心的经济发展格局。粤港澳大湾区从单极中心向多级中心体系转变，从全球生产网络的低端制造环节向全球经济关键枢纽与创新中心转变，核心城市发展的战略定位调整与协调配合成为主要挑战。

（二）大湾区治理机制与制度的协调难度大

在全球湾区经济发展过程中，粤港澳大湾区是唯一跨越不同法律基础、商事制度、政治制度、监管体系等的区域经济体。在“一国两制”背景下形成的“三个税区—三种法律—三种货币”制度框架作用下，大湾区三个不同的独立关税区在关税水准、资本流通、开放程度、对外经贸等方面存在本质性的差异，大湾区内人员、资金、货物及信息等要素不能完全自由流通，需要跨越管理边界。尽管有类似“一地两检”的创新，但大湾区目前只能在“一国两制”框架下进行有限度的合作，内地在对外关税水准、要素流通开放程度、营商环境和管理制度等方面短期内与港澳难以一致，最终结果取决于内地开放的深度和速度，以及大湾区制度创新与跨境管理模式的突破。此外，大湾区“9 + 2”城市对内外部经济环境变化的反应差异明显，如应对亚洲金融危机、WTO、CEPA、全球金融危机等外部变化，大湾区制度性协调是首要挑战。差异性的政策机制条件下，降低区域制度性成本，加强制度突破与创新直接决定了大湾区一体化发展的成效。

（三）大湾区城市群空间格局失衡，发展能级差异明显

粤港澳大湾区城市群经济空间整体呈现“小分散、大集聚”“枢纽—网络”结构特征，空间格局由港澳两极中心发展为香港、深圳、广州、澳门多极中心，大湾区城市经济发展绝对差异扩大，相对差异缩小。既有空间体系呈现出东西向失衡、南北并进的格局，大湾区东西两岸在经济规模、能级、产业结构等方面存在较大梯度差异，且处于动态变化过程中，不同时期表现出不同的时空演变特征。大湾区城市群地理空间以广州为分界点，东岸包括香港、深圳、东莞、惠州四个城市，2015年城市GDP总值为7 358.1亿美元，西岸城市为3 107.1亿美元，约为东岸城市的一半。在经济能级方面，珠海、中山、江门、

佛山、肇庆等城市核心产业在大湾区的产业链、价值链体系中处于相对落后地位。大湾区人才、资金等生产要素集中于东岸，要素分布和流动趋势单一化，形成集聚不经济局面，阻碍了区域资源承载力和创新能力的进一步提升，制约了区域综合竞争力的发展。

（四）大湾区内部产业结构性差异、发展不平衡

大湾区经济的特点是广阔的经济腹地支撑，特色的发达经济结构引领，高效的要素资源配置，以及强大的经济辐射与外溢。在全球大湾区经济指标中，粤港澳大湾区与纽约湾区、旧金山湾区、东京湾区发展差异较大，直接反映了背后发展阶段和产业结构的特点。在粤港澳大湾区，既有产业基础及产业规划聚焦于现代智能化制造产业、高科技产业、绿色产业，以及金融服务产业、航运贸易产业、高端专业服务产业等若干重点产业领域。但大湾区内产业发展差异巨大，深圳、广州、香港等城市已经具备创新经济和服务经济特征，整体处于后工业化阶段，而东莞、佛山、江门等城市整体由中低端制造业向中高端制造业、高端服务业转型升级，处于快速工业化阶段，转型期特有的低端产业转移和高端制造、服务经济培育混合发展特征明显，表现出各种不确定和复杂的发展格局。特别是产业的结构性差异和地区不平等加剧了大湾区政策制定与实施环境的复杂性，对政策、制度的精准性、战略性与可操作性均提出了巨大挑战。

（五）不同地区大湾区经济发展的资源竞争

按照中国经济改革开放40年发展的经验总结，同一时期不同地区主要的发展模式既有鲜明的区域特色，又有共性的经济发展内在规律支撑。大湾区经济作为下一阶段中国区域经济最具竞争力和代表性的发展模式，必将引领新一轮的中国区域经济发展。目前国内具备发展大湾区经济的条件，且已经形成一定发展格局和趋势的地区包括长三角地区的杭州大湾区、京津冀地区的环渤海大湾区、广西毗邻东盟的北部湾大湾区以及珠三角的粤港澳大湾区。

粤港澳大湾区经济发展面临激烈的内外部资源竞争。其中，杭州大湾区以上海、杭州、苏州等城市为核心支撑，是中国区域经济最具竞争力，且区域均衡发展、合作联动发展格局最优的地区，拥有上海、宁波世界级的港口资源和行业影响力，产业经济具有全球竞争力，多层次的综合交通体系发达，区域创

新体系及创新经济发展特色鲜明，在区域产业结构及资源进一步优化配置后，将进一步展现大湾区经济发展活力与竞争力。环渤海大湾区地域空间及经济规模巨大，是中国北方经济增长极，及东北亚地区最具竞争力的发展区域，拥有完备的工业体系及现代化的交通网络体系，文教资源及创新要素集聚，央企、国企发展规模大、竞争力强，与日本、韩国、俄罗斯等经济体联系紧密，未来在功能区疏解与优化、区域合作加强、区域均衡发展及市场资源要素流通障碍性体制机制改革后，大湾区经济发展格局与优势将进一步显现。北部湾大湾区作为我国与东盟经济体全方位的政治、经济、文化等发展与交流的核心承载区，具有极其重要的战略地位与发展空间。在世界经济发展格局中，作为21世纪初全球经济最具发展活力的地区，中国和东盟经济体的深入合作在北部湾大湾区落地，将全面提升和彻底改变区域经济发展格局。未来，国内四大湾区经济发展在政府资源、市场资源的竞争与合作格局，将直接影响区域经济一体化发展的成效。

第二节　粤港澳大湾区的战略定位

粤港澳大湾区发展是在新的全球经济发展格局中，中国改革开放进入深水区的背景下，国家践行新发展理念与发展道路的重要地区实践。粤港澳大湾区发展战略统筹具有推进国家全面深化改革，探索更高质量的区域转型发展，支持香港更好融入国家经济，面向全球竞争等一系列重要发展内涵与战略目标。

一、粤港澳大湾区发展的背景

（一）中国经济发展全面深化改革

目前，中国经济深度融入全球体系中，引发全球既有产业经济格局的深刻改变。中国经济发展的外部环境发生较大转变。在中国的产业链、价值链、供应链等不同环节深度地融入全球体系，并逐步升级进入发达经济体主流的产业、经济、贸易体系过程中，会引发全球既有产业经济格局的震荡和冲突，激起系列贸易、货币、配额、汇率争端等，造成西方对华全方位的经济发展遏制趋势越来越明显。同时，国内经济发展处于增长速度换挡、产业结构深度调整、政策刺激效益正反交替的“三期叠加”的关键阶段。在区域经济空间系统中，以城市经济体为核心的发展模式逐渐转向区域一体化的发展，在发展关系上由垂直式的产业链分工合作向水平式的创新合作转变，在发展驱动力上由基于资本、技术权力控制下的外部资源导入发展向基于区域本体优势资源价值平衡互补联动发展转型。在跨越外部的“修昔底德陷阱”与内部的“中等收入陷阱”的关键时期，国家全方位的深化改革，以选择大湾区经济作为区域一体化发展的模式，可提升区域经济增长水平。

同时，我国改革开放40多年，国土空间开发经历三个主要阶段：沿海地区优先开放开发，东部率先、西部开发、东北振兴、中部崛起的四大区域性空间均衡推进，以及党的十八大以来长江经济带发展、共建“一带一路”两大流域性战略与京津冀协同发展、长三角一体化发展、粤港澳大湾区建设三大区域性高质量增长战略协同推进。我国区域发展的空间格局呈现出更加遵循客观规律和区域比较优势的趋势，经济、科技与人口资源向沿海沿江地区，特别是向大城市与城市群集聚的趋势更加明显。其中，粤港澳大湾区是我国探索开放条件下，探索制度融合、国际化创新与空间优化升级的重要实践。

（二）珠三角经济发展的现代化转型

以大湾区为核心的珠三角是我国改革开放40年经济发展的缩影，是典型的外向型经济发展代表。区域发展以“三来一补”“东莞模式”“深圳模式”等为核心，是中国承接世界产业经济转移，快速工业化、城市化发展的核心区域。在发展过程中，一方面，以廉价土地、劳动力为核心竞争优势，吸引外部资本、技术，由劳动密集型产业融入全球低端产业体系及市场网络，以规模经济发展成就“世界工厂”奇迹。另一方面，珠三角经济经过40多年的改革发展、三次产业结构明显优化，“世界工厂”的实体经济发展急需创新经济升级发展动力，服务经济提升发展质量。特别是在粤港澳区域，创新经济、服务经济的崛起是新一轮经济发展的核心内涵，要发展高端产业体系，集聚创新要素资源，改革配套制度政策，构建高端产业链体系、高效物流体系，在区域进一步优化资源空间配置，引导全球产业发展，区域整体的经济现代化转型迫在眉睫。

此外，珠三角城市经济发展经历早期的资本与产业积累阶段，形成各具特色的产业体系与产业链分工合作。在新的发展阶段，特别是在外部市场压力与内部结构性优化需求背景下，区域内城市间竞争合作的新内涵、新模式、新路径、新机制等都处在探索形成过程中，需要新的发展驱动力和资源再整合，以实现区域产业经济能级的整体提升，满足在全球产业链、价值链环节升级的需求。

（三）香港经济发展的腹地支撑

香港经济正处在转型发展的停滞徘徊阶段，新的经济增长动力与结构优化的驱动力一方面取决于全球经济及国际贸易环境改变，另一方面更重要的是以粤港澳大湾区整体的优势资源、产业结构、创新资源、市场空间等弥补香港城市经济的局限性，赋予香港经济发展更多的产业空间、创新空间、市场空间及就业空间等，实现香港经济发展腹地拓展与产业结构、要素系统全面优化。同时将香港对全球资源吸引的便捷性导入到大湾区产业体系中，促进湾区经济整体升级发展。

二、粤港澳大湾区的战略定位

按照国家制定的《粤港澳大湾区发展规划纲要》，粤港澳大湾区的战略定位包括五大核心内涵：

（一）充满活力的世界级城市群

依托香港、澳门作为自由开放经济体和广东作为改革开放排头兵的优势，构建经济高质量发展的体制机制，加快制度创新和先行先试，建设现代化经济体系，更好融入全球市场体系，建成世界新兴产业、先进制造业和现代服务业基地，建设世界级城市群。

（二）具有全球影响力的国际科技创新中心

瞄准世界科技和产业发展前沿，大力发展新技术、新产业、新业态、新模式，加快形成以创新为主要动力和支撑的经济体系；充分发挥粤港澳科技研发与产业创新优势，破除影响创新要素自由流动的瓶颈和制约因素，激发各类创新主体活力，建成全球科技创新高地和新兴产业重要策源地。

（三）“一带一路”建设的重要支撑

发挥港澳在国家对外开放中的功能和作用，促进国际国内两个市场、两种资源有效对接，在更高层次参与国际经济合作和竞争，建设具有重要影响力的国际交通物流枢纽和国际文化交流中心。

（四）内地与港澳深度合作示范区

依托粤港澳良好合作基础，发挥深圳前海、广州南沙、珠海横琴等重大合作平台作用，探索协调协同发展新模式，促进人员、物资、资金、信息便捷有序流动，为内地与港澳更紧密合作提供示范。

（五）宜居宜业宜游的优质生活圈

利用现代信息技术，实现城市群智能管理，优先发展民生工程，提高大湾区民众生活便利水平，提升居民生活质量，为港澳居民在内地学习、就业、创业、生活提供更加便利的条件，加强多元文化交流融合，建设生态安全、环境优美、社会安定、文化繁荣的美丽湾区。

第三节　粤港澳大湾区的趋势与展望

一、大湾区产业升级趋势

（一）通过高端服务业合作升级大湾区经济质量与层级

大湾区高端服务业合作，首先是金融服务合作内涵、能级与规模的拓展。金融服务是大湾区合作的重点领域，一方面大湾区主要城市的转型升级、创新驱动需要资本的实际推动，以资本为核心纽带驱动区域全要素的流动与合理配置；另一方面，香港作为金融中心需要大湾区实体经济腹地的支撑，进一步扩大服务能级和规模，真正形成具有全球影响力的金融港。而在传统的证券、私募、离岸人民币、债券等金融服务内涵基础上，未来香港金融中心之于大湾区金融需求主要在于大湾区资产管理、金融科技服务，以及绿色金融创新等方面。

同时，专业服务是未来内地大湾区着力培育，也是需求最大的服务业形态，代表着内地产业结构升级和优化的方向，是香港专业服务走出目前相对固化，突破能级和规模限制的重要机遇。内地广阔的市场与需求有机会促进香港世界级的专业服务产业和标准的实现。香港制度性软环境为世界所接受和认可，在仲裁、会计、测量、法律、咨询、工程等方面拥有全球领先的优秀人才，熟悉相关国际法律、国际商业规则与文化以及专业技能，具备良好的职业操守。大湾区内科创等实体经济快速发展，在“走出去”全面参与全球中高端产业竞争过程中，需要专业服务提升品质，开拓渠道及保障权益。需要以粤港澳大湾区为依托搭建可与国际经济体系沟通的国际化的、标准化的对话体系与平台，尊重规则又善用规则，促进中国经济发展质量提升。

（二）构建粤港澳大湾区科技创新轴线

大湾区经济作为一种特殊的经济承载空间和滨海经济形态，集聚了全球性的经济要素资源、创新要素资源，表现出高度的国际性、创新性、开放性。在创新领域，香港具有吸引国际化的创新智力资源、全球标准的市场信息沟通、世界级的资本市场的核心优势；深圳在新兴产业领域核心研发、创新创业环境塑造、中高端人才集聚等方面逐渐形成世界级影响力；而东莞通过智能化升级改造形成现代制造业体系。依托粤港澳大湾区发展合作，集聚香港、深圳、东莞等地的创新要素资源优势，形成“资本—研发—技术—人才—市场—服务”完整的全要素创新链网络，形成以“香港—深圳—东莞”为核心的创新科技走廊。先试先行推进香港与深圳前海、广州南沙、珠海横琴等区域的创新合作，通过“粤港澳联合创新区”“深港科技园”“粤港澳科技产业园”等空间和功能载体推进区域协同创新合作，培育世界级的创新集群，打造具备全球影响力的世界级科技创新中心、全球金融科技中心和全球资源配置中心。

（三）以供应链优势促进产业资源在大湾区优化配置

粤港澳大湾区佛山、东莞现代制造业集聚，以机器人为代表的智能制造正在重塑区域产业生态系统，极大推动资源的配置效率与品质提升。大湾区通过智能供应链升级，进行精细柔性生产，提供多层级的智能化供应链服务，提升资源产品流通效率，提高行业运营效率，促进产业空间布局优化调整。珠海、江门、中山等中小城市通过提升制造业能级，打造新一代的高智能化的产业中心、服务中心、功能中心等。同时，深圳可以利用智能硬件研发和完整供应链优势，将人工智能算法与硬件大规模结合，开放产业数据源，促进粤港澳大湾区内城市人工智能产业集群发展。大湾区通过构建人工智能应用试验区，大规模应用产业化的人工智能技术，形成领先全球的先发竞争优势，最终实现人工智能在粤港澳地区的全覆盖、全融合、全应用，提升产业发展层次和质量，建设“人工智能大湾区”。

二、大湾区城市空间优化

（一）水平化改造大湾区传统的垂直分工产业合作空间

粤港澳大湾区内部不同城市经济体间经济关系的演化过程先后经历“前店后厂”“厂店融合”“店驻厂迁”等阶段，反映的是全球及地方生产网络基于产业链上下游的垂直生产体系的分工合作，前提是大湾区内不同城市经济体间资源禀赋及竞争要素等级差异决定的区域空间资源配置的差异。而基于劳动力成本上升、国际贸易环境动荡、区域生态承载力饱和、地方政府绩效考核压力以及环境税负增加等多重因素的影响制约，传统的分工合作关系难以维系。

大湾区新的区域合作内涵、要求、方式等正在形成过程中，在合作内涵上突出“创新经济”“服务经济”；在合作要求上，更加突出遵循国际化的市场规则与商业模式；在合作方式上，“资本＋资本”“资本＋创新”“知识＋服务”等占据主导地位。粤港澳大湾区产业经济合作逐步进入“创新合作”“服务经济北上”等新的发展阶段。区域合作最大的特点与趋势即是由传统的垂直式分工合作向新型的水平式合作转变。制造业由“前店后厂”的垂直供应结构发展成为一体化供应链网络。创新经济发展特点要求大湾区内创新经济要素资源的重新配置和经济关系的结构性调整，最直接的就是区域资源禀赋结构的转变，合作关系的重新调整，并最终外化为区域空间格局的转变，要求更加匹配创新经济、服务经济相适应的水平式空间关系。

（二）中心城市疏解非核心功能、都市圈同城化发展

在粤港澳大湾区“9＋2”城市体系中，在深圳、广州等中心城市以高竞争力产业区、高品质功能区继续提升中心城市的人口、经济密度，以产业经济结构调整引导人口结构转变，优化人口空间布局，整体达到全球同类城市中上水平。进一步消除城乡“二元”结构，大力推进完全市民化的城镇化进程，消减对劳动力自由流动的限制，最大程度释放人力资本的溢出效应。

在粤港澳大湾区以功能区划分突破行政区界限，加快港深、广佛、珠澳主要都市圈的同城化发展，逐步实现中心城市与周边城市交通、医疗、社保、教

育的均等化资源配置。以产业链、供应链延伸引导人口合理分布，增大城市群整体的人口吸纳能力、环境承载能力，以高标准的“生活、生产、生态”环境吸引大部分流动人口的本地化发展。在大湾区内推行用地指标、绿色发展指标，民生领域公共服务的跨行政区协调与均等化，形成多核心的分散式空间结构，根本性扭转湾区城市群“东西失衡”格局，同时避免“摊大饼”式的空间扩张，严控新增建设用地规模。

（三）建设面向未来的智慧城市群，提升资源流通与配置效率

粤港澳大湾区公共基础设施建设已经达到国内领先水平，未来发展方向一是展开面向未来的以高科技为核心支撑的智慧城市群建设，以新科技改变基础设施形态、提升服务品质与效率，增大服务容量，核心包括：以5G网络为核心支撑的高速网络全覆盖、无线局域网在热点区域和重点线路全覆盖；加快建设智慧城市、云计算示范城市、物联网重大应用示范工程，统一建设标准，开放数据接口；落实“互联网＋”便捷交通重点示范项目，推动量子通信技术在中心城市、副中心城市率先应用，加强信息基础设施与信息资源安全防护工作；建立统一地理信息公共服务平台，强化城市群交通信息资源整合与共享。二是在既有公共设施基础上进一步拓展细节化、柔性化和精细化管理与建设，提升公共设施的服务品质与效率。大湾区要实现中心城市与周边地区城市功能与服务的均等化、便捷化，要素流动的高效化，以及治理的扁平化，需要构建多元高效的流通渠道：进一步提高城际铁路覆盖率，增强主要高速公路通行能力，形成以轨道交通为骨干、公路交通为基础的城际综合交通网络，加快打造都市轨道交通网；实现中心城市、副中心城市铁路、公路、民航、城市交通“零距离换乘、无缝化衔接”；形成以中心城市为核心、分工协作、与综合交通运输体系深度融合的多层级机场群与港口群。

三、大湾区功能区升级与制度创新

社会主义市场经济秩序是粤港澳地区最大的制度公约数，基于国际标准的商业规则与机制可以实现粤港澳大湾区“一国两制”背景下的制度衔接与融通。在粤港澳大湾区城市群加快构建与国际接轨的经济秩序，以市场规则消减制度性障碍，服务于内部一体化市场的构建，促进区域内部经济要素流通与

交易，加快粤港澳区域整体与国际市场的进一步融合，提升区域经济系统参与全球经济网络的效率和品质。制度创新的核心包括在大湾区范围内探索实行与国际接轨的行政制度、经济制度、金融制度与法律制度等共同构建的制度体系，商业规则与文化等；构建与国际接轨的多元专业服务，在法律、会计、财务等专业领域吸引了解国际市场规则与运作方式的高端人才，以市场制度建设来最大限度地促进区域人流、物流、资讯流、资金流、知识流等的高效流通与配置。

参考文献：

[1] 曹小曙．粤港澳大湾区区域经济一体化的理论与实践进展［J］．上海交通大学学报（哲学社会科学版），2019（5）：120—130.

[2] 陈广汉，刘洋．从“前店后厂”到粤港澳大湾区［J］．国际贸易探索，2018（8）：19—24.

[3] 辜胜阻，曹冬梅，杨嵋．构建粤港澳大湾区创新生态系统的战略思考［J］．中国软科学，2018（4）：1—9.

[4] 毛艳华，杨思维．粤港澳大湾区建设的理论基础与制度创新［J］．中山大学学报（哲学社会科学版），2019，59（2）：168—177.

[5] 倪外，周诗画，魏祉瑜．大湾区经济一体化发展研究——基于粤港澳大湾区的解析［J］．上海经济研究，2020（6）：33—40.

[6] 孙久文，夏添，胡安俊．粤港澳大湾区产业集聚的空间尺度研究［J］．中山大学学报（哲学社会科学版），2019，59（2）：178—186.

[7] 覃成林，潘丹丹．粤港澳大湾区产业结构升级及经济绩效分析［J］．经济与管理评论，2020（1）：137—147.

[8] 王晓红．关于建设粤港澳大湾区创新设计圈的建议［J］．开放导报，2017（4）：29—31.

[9] 张峰，宋晓娜，董会忠．粤港澳大湾区制造业绿色竞争力指数测度与时空格局演化特征分析［J］．中国软科学，2019（10）：70—89.

[10] 张国俊，邓鸿鹄．珠江三角洲地区服务业与城镇化协调关系的时空演变［J］．地理学报，2018，38（7）：1118—1128.

[11] 赵晓斌，强卫，黄伟豪等 . 粤港澳大湾区发展的理论框架与发展战略探究［J］. 地理科学进展，2018，37（12）：1597—1608.
[12] 钟韵，胡晓华 . 粤港澳大湾区的构建与制度创新：理论基础与实施机制［J］. 经济学家，2017（12）：50—57.
[13] 周春山，罗利佳，史晨怡等 . 粤港澳大湾区经济发展时空演变特征及其影响因素［J］. 热带地理，2017，37（6）：802—813.

第十三章　长三角地区一体化发展

实施长三角一体化发展战略，是习总书记亲自谋划，亲自部署，亲自推动的重大战略举措。2018 年 11 月 5 日，习近平总书记在首届中国国际进口博览会上宣布，支持长江三角洲区域一体化发展，并上升为国家战略，着力落实新发展理念，构建现代化经济体系，推进更高起点的深化改革和更高层次的对外开放，同“一带一路”建设、京津冀协同发展、长江经济带发展、粤港澳大湾区建设相互配合，完善中国改革开放空间布局。自此，长三角地区一体化发展，从以往的地方自发探索推进，进入了国家推进的新阶段。

第一节　长三角地区一体化发展的经济社会基础

长江三角洲（以下简称长三角）地区是我国经济发展最活跃、开放程度最高、创新能力最强的区域之一，在国家现代化建设大局和全方位开放格局中具有举足轻重的战略地位。《长江三角洲地区一体化发展规划纲要》提出，改革开放特别是党的十八大以来，长三角一体化发展取得明显成效，经济社会发展走在全国前列，具备从更高起点上推动更高质量一体化发展的良好条件。

一、长三角地区的地理空间与概况

长三角地区的空间概念最早是在 20 世纪 80 年代初提出的，当时的空间边界仅包括 15 个城市，即上海、南京、杭州、苏州、无锡、常州、镇江、南通、扬州、泰州、宁波、嘉兴、绍兴、湖州、舟山，后又加入了台州。我们现在较多把这一空间称为长三角核心区，呈现出“一体两翼”的空间特征，“一体”即为太湖流域城市，上海也在其中，“两翼”即为南翼的宁波、舟山、台州，拥有宁波舟山世界级大港，北翼包括了南通、泰州，拥有海港、江港。

2008 年，国务院发布了《关于进一步推进长江三角洲地区改革开放和经济社会发展的指导意见》(国发〔2008〕30 号)，确立了新的空间边界，把长三角地区的空间拓展到江苏、浙江两省的全域，同时首次邀请安徽出席每年召开的长三角主要领导座谈会[①]。2014 年，国务院发布了《关于依托黄金水道推动长江经济带发展的指导意见》，在国家层面正式把安徽全域纳入长三角地区空间版图。

为此，长三角地区就有三个空间概念，即大长三角地区、长三角城市群、长三角核心区。之所以分为三个空间概念，也是基于三省一市的大长三角地区区域空间达到 36 万平方公里，接近日本的国土面积，空间很大，总共有 41 个城市，一体化发展不可能同时在全域推进，所以需要在空间上分层分类推进。

（一）大长三角地区

根据 2020 年统计数据，大长三角地区区域面积有 35.92 万平方公里，占全国的 3.7%；拥有常住人口 2.25 亿，占全国的 16.1%；GDP 总量 24.5 万亿元，占全国的 24.1%；人均 GDP 水平为 10.87 万元，比全国平均水平高出 48.7%。详见表 13-1。

表 13-1　2020 年长三角地区发展概况及全国比较

地区	土地面积（万平方公里）	常住人口（万人）	GDP（万亿元）	GDP 增速（%）	人均 GDP（万元）
上海	0.63	2 424	3.87	1.7	15.96
江苏	10.72	8 051	10.27	3.7	12.76
浙江	10.55	5 737	6.46	3.6	11.26
安徽	14.01	6 324	3.87	3.9	6.12
长三角	35.92	22 536	24.5	3.2	10.87
全国	960	1 390 082	101.60	2.3	7.31
占全国	3.7	16.1	24.1	139.1	148.7

资料来源：三省一市 2020 年统计公报。

① 2009 年，安徽作为正式成员出席长三角地区主要领导座谈会。2010 年，长三角城市经济协调会，合肥和马鞍山首次加入。2013 年，长三角经济协调会首次在合肥举行，其中芜湖、滁州和淮南正式加入。

（二）长三角城市群

2016年6月，国家发展改革委、住房和城乡建设部联合颁发《长江三角洲城市群发展规划》，首次对长三角城市群的空间规划范围作出明确界定。长三角城市群规划范围包括：上海市，江苏省的南京、无锡、常州、苏州、南通、盐城、扬州、镇江、泰州9市，浙江省的杭州、宁波、嘉兴、湖州、绍兴、金华、舟山、台州8市，安徽省的合肥、芜湖、马鞍山、铜陵、安庆、滁州、池州、宣城8市。此后加入温州市，现共计27城市，简称“1 + 26”，“1”即为上海。

根据2016年的《长江三角洲城市群发展规划》文本，在城市群中又划出五大都市圈，即南京都市圈，包括南京、镇江、扬州三市；杭州都市圈，包括杭州、嘉兴、湖州、绍兴四市；合肥都市圈，包括合肥、芜湖、马鞍山三市；苏锡常都市圈，包括苏州、无锡、常州三市；宁波都市圈，包括宁波、舟山、台州三市。

随着长三角一体化发展上升为国家战略，对各个都市圈进行跨域省级行政区的扩容、重组，提出了四大都市圈。上海都市圈，覆盖了上海、苏州、无锡、常州、南通、宁波、舟山、嘉兴、湖州等9市全域；南京都市圈，覆盖了南京、镇江、扬州、淮安、芜湖、马鞍山、滁州、宣城等8市全域及常州市金坛区和溧阳市；杭州都市圈，覆盖了杭州、绍兴、嘉兴、湖州、衢州、黄山等6市全域；合肥都市圈，覆盖了合肥、芜湖、蚌埠、淮南、滁州、六安、马鞍山、桐城等8个城市。根据2020年统计数据，长三角城市群区域面积21.1万平方公里，常住人口1.5亿人，地区生产总值20.58万亿元，占长三角地区的84%，占全国的1/5。

（三）长三角核心区

长三角核心区覆盖了16个城市，根据2020年统计数据，区域面积11.3万平方公里，常住人口1.12亿人，2020年GDP 16.57万亿，占长三角城市群的84%。2020年全国23个GDP超万亿城市中，长三角核心区共有6个城市入围，包括了上海、苏州、南京、杭州、宁波、南通。

二、长三角地区一体化发展的经济社会基础

在国家的重大区域战略中，京津冀地区强调的是区域协同发展，粤港澳大湾区强调的是“一国两制”框架下的湾区建设，长三角地区强调的是一体化发

展。区域合作模式主要有协同模式与一体化模式。一般来说，只要地区间存在较大差距，更多采取的是区域协同模式，比如京津冀三地间的合作、长江经济带上中下游地区间的合作。只有地区间经济社会发展差距不断缩小、趋于接近，才有可能进一步提升区域合作的能级，向一体化方向迈进。国家对长三角地区明确提出一体化高质量发展的战略定位，这是基于这一地区已经具备先行实践、先行迈向区域一体化的经济社会基础。

（一）经济发展进入后工业化阶段，部分地区已步入现代化阶段

在经过较长时期的高速增长后，现阶段的长三角地区三省一市都已进入增速趋缓、经济转型升级的新阶段（详见图 13-1 和表 13-2）。从表 13-2 可以看

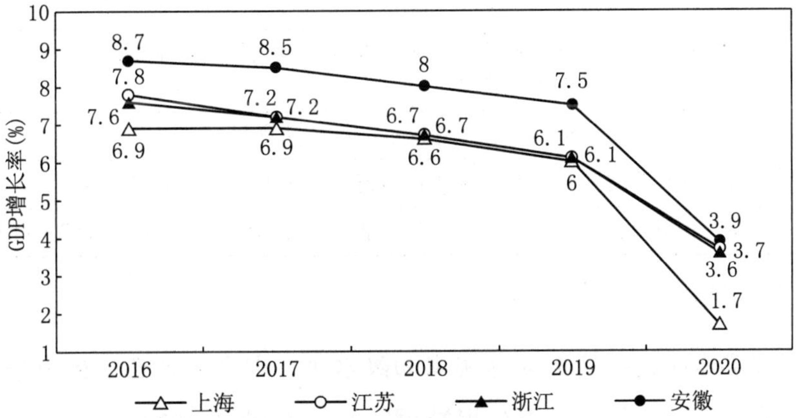

图 13-1　长三角三省一市经济增速（2016—2020 年）

注：2020 年因全球疫情严重影响，各地增速明显下落。

资料来源：根据各地历年统计公报。

表 13-2　长三角各省市地区生产总值结构变化（%）

地区	2000 年			2010 年			2020 年		
	一产	二产	三产	一产	二产	三产	一产	二产	三产
上海	1.8	48.1	50.1	0.7	42.3	57.0	0.3	26.6	73.9
江苏	12.0	51.7	36.3	6.2	53.2	40.6	4.4	43.1	52.5
浙江	10.8	53.0	36.2	5.0	51.9	43.1	3.3	40.9	55.8
安徽	24.2	42.8	33.0	14.1	52.1	33.8	8.2	40.5	51.3
长三角	11.2	50.1	38.7	5.9	50.8	43.3	4.1	39.5	56.4
全国	15.9	50.0	34.1	10.2	46.8	43.0	7.7	37.8	54.5

资料来源：根据各地和全国历年统计公报。

出，即使是安徽省，2020年第一产业比重也已下降到8.2%，第三产业比重也已超过50%，达到51.3%，第三产业持续快速增长，产业结构已经发生根本性变迁。对照钱纳里工业化阶段划分（参见表13-3），长三角地区整体呈现后工业化发展阶段的基本特征，一些地区如上海、南京、杭州、合肥及苏南、浙东南，都已展现出快速向现代化全面迈进的新特征。

表13-3 钱纳里工业化阶段划分

阶 段	特 征
不发达经济	农业为主，极少有现代工业，生产力低
工业化初期	农业为主转向现代化工业为主，工业以初级产品生产为主，产业以劳动密集型为主
工业化中期	制造业由轻型工业转向重型工业，非农劳动力开始占主体，第三产业开始迅速发展，产业属于资本密集型
工业化后期	第一、二产业协调发展，第三产业持续高速增长
后工业化	高档耐用品被推广普及，制造业由资本密集型转向技术密集型
现代化	第三产业开始分化，知识密集型产业占主导地位，消费观呈现多样性和多边性

资料来源：钱纳里和塞尔奎因（1988）。

（二）经济水平总体达到发达国家初级水平，部分地区已达到中等水平

根据全国第七次人口普查公报数据，长三角地区2020年常住人口为2.35亿人，比2010年增加1 961万人。其中上海24 87万人，江苏8 475万人，浙江6 457万人，安徽6 103万人。[①]2021年长三角GDP总量达到27.61万亿元，其中上海为4.32万亿元，江苏为11.64万亿元，浙江为7.35万亿元，安徽为4.30万亿元。2021年长三角地区人均GDP为11.75万元，高出全国平均水平45.06%。按照2021年人民币对美元的平均汇率6.44计算，长三角地区2021年人均GDP水平达到1.82万美元。一般认为人均GDP达到1万美元，即可认为已达到发达经济体的初级水平，而人均GDP超过2万美元，则可认为已跨上发达经济体的中级台阶。也就是说长三角地区整体上已接近发达经济体的中级台阶，特别是上海、江苏，已超过2万美元（详见表13-4）。从城市看，长

① 《长三角常住人口总量达2.35亿人 人口密度为全国平均水平的4.5倍》，人民网浙江频道2021年9月30日。

三角地区人均 GDP 水平最高的是无锡市，已达到 2.91 万美元；其次是苏州市，2.77 万美元；第三是南京，2.76 万美元。

表 13-4　长三角各省市人均 GDP（2021 年）

地　区	GDP（万亿元）	人均 GDP（万人民币）	人均 GDP（万美元）
上海	4.32	17.37	2.70
江苏	11.64	13.73	2.13
浙江	7.35	12.04	1.87
安徽	4.30	7.05	1.10
长三角	26.61	11.75	1.82
全国	114.37	8.10	1.26

资料来源：根据各地政府工作报告数据计算。人民币对美元汇率为 6.44，为 2021 年平均汇率。

（三）同城化、市场化、信息化不断深化，区域发展进入深度城市化阶段

进入 21 世纪初，长三角地区进入同城化时代，也就是以高速公路网、跨江跨海大桥和高铁网建设为标志，越来越多的城市与上海的交通时空距离大大缩短，要素流动越来越频繁，城市化差距加快缩小。比如上海到合肥，没有高铁前，需要 6 个小时的铁路里程时间，现在的高铁只需要 2 个多小时就可到达；又如上海到南通，没有长江大桥时，需要轮渡，时间需要半天以上，现在 2 个小时不到就可到南通。特别是各地工业化、城市化水平趋于接近后，城市之间差距加快缩小，如无锡、苏州的人均 GDP 水平超过了上海，常州、宁波、南通的人均 GDP 也都超过了 2 万美元，推动这些城市之间的同城化不断深化。

特别是最近几年，随着高铁网的密织、信息网络的发达、产业链空间分布的扩散、跨地区就业养老的普遍化，以及各地对共享中心城市优质公共服务的更强期盼，长三角地区的同城化发展也开始迈入新阶段，我们将其称为深度同城化阶段。传统同城化其着力点在于交通时空的同城化和缩小城市间工业化、城市化发展差距，其典型特征就是各地纷纷提出并付诸接轨上海、融入上海。而深度同城化，其着力点在于破除城市之间的行政壁垒，在更多的领域实现共建共享。特别值得关注的是跨三大省级行政区的“1 + 8”上海大都市圈，经过

改革开放40多年的发展，苏州、无锡、常州、南通、宁波、舟山、嘉兴、湖州等8个城市，从依托上海、融入上海，到全面接轨上海，不仅在基础设施、经济发展、城市建设、民生保障上与上海基本达到了同城水平，而且在国家战略的指引下，对互联互通、生态共治、要素流动、分工合作、“一网通办”等，都提出了积极的共同愿景和相互衔接的行动方案。

（四）但地区城乡之间仍然存在较大差距，不均衡不协调问题仍较突出

根据前面的表13-4，2021年安徽全省人均GDP为7.05万元，与江苏全省水平有近一倍之差。从表13-5可以更加清晰地看到，长三角地区41个城市中，有13个城市的人均GDP已超过2万美元，但有8个城市的人均GDP低于1万美元，都集中在安徽省，阜阳、亳州与无锡、苏州相差3倍以上。

表13-5　长三角地区41个城市人均GDP水平（2021年）

单位：万美元

>2.0	1.5—2.0	1.0—1.5	0.5—1.0
无锡（2.91） 苏州（2.76） 南京（2.72） 上海（2.70） 常州（2.59） 宁波（2.41） 杭州（2.36） 镇江（2.30） 舟山（2.29） 扬州（2.28） 南通（2.21） 泰州（2.07） 绍兴（2.00）	合肥（1.89） 芜湖（1.83） 嘉兴（1.82） 湖州（1.68） 马鞍山（1.75） 淮安（1.55） 盐城（1.53）	徐州（1.40） 铜陵（1.38） 台州（1.36） 温州（1.23） 滁州（1.31） 衢州（1.28） 连云港（1.25） 金华（1.18） 池州（1.16） 宣城（1.14） 宿迁（1.12） 黄山（1.12） 丽水（1.06）	安庆（0.99） 淮北（0.96） 蚌埠（0.94） 淮南（0.75） 六安（0.68） 宿州（0.63） 亳州（0.61） 阜阳（0.58）

各地城乡之间的差距也客观存在。根据图13-2，多数城市的城乡居民可支配收入比都在2:1以上。浙江的嘉兴、宁波、杭州、舟山、湖州和江苏的无锡、常州等，城乡可支配收入比都在2:1以下，这是因为这些城市县域经济或镇域经济比较发达，对缩小城乡差距发挥了积极作用。

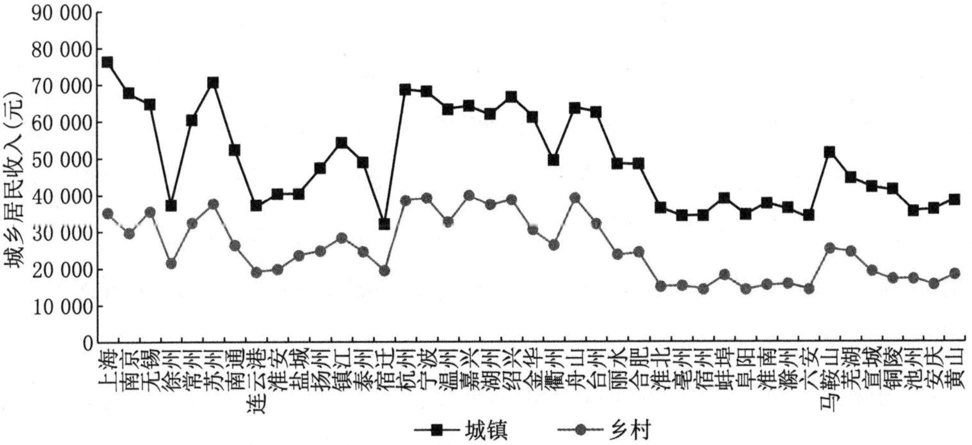

图 13-2　长三角地区 41 城市城乡居民收入差距（2020 年）

第二节　新时代长三角地区一体化发展的新内涵

新时代赋予长三角区域一体化发展新的内涵，这就是更高质量的一体化发展。之所以要在一体化发展上要有更高质量，就是要在多年探索实践的基础上，进一步把握新发展阶段、践行新发展理念、构建新发展格局，按照更高的战略要求，推动改革开放再出发，让长三角地区凝聚起一体化发展的强大合力，在中华民族伟大复兴战略全局和世界百年未有之大变局“两个大局”中，发挥主力军、先锋队作用。具体体现在三个方面：

一、更高坐标的战略定位

《长三角一体化发展规划纲要》为长三角地区一体化发展提出了“一极三区一高地”的战略定位，即全国发展强劲活跃增长极、高质量发展样板区、率先基本实现现代化引领区、区域一体化发展示范区、新时代改革开放新高地。从长三角地区实际看，我们认为最重要的是两大战略坐标，就是率先实现现代化和加快建成世界级城市群。

（一）率先实现现代化

党的十九大报告提出，统筹推进经济、政治、文化、社会、生态文明各项建设，到本世纪中叶建成富强民主文明和谐美丽的社会主义现代化强国。按照国家统一部署，长三角地区要率先实践、率先建成现代化区域，为国家现代化建设提供引领示范和坚实基础。为此必须在区域一体化推进上有更多、更快的突破。因为区域一体化是长三角地区建设现代化建设的基础，是不可跳过的必由之路。现代化建设，有些可在各个行政区内推进，如基层政治、地方文化、公共服务等，有些必须跨行政区一体化推进，如现代化经济体系、生态建设、基础设施等。如果没有完成跨行政区的一体化推进，我们就难以达成现代化的建设目标。

比如在现代化经济体系建设方面，关键和基础是市场体系一体化，让要素自由流动，市场决定资源配置。习近平总书记在 2021 年 8 月 20 日于合肥召开的扎实推进长三角一体化发展座谈会上特别强调，以一体化的思路和举措打破行政壁垒、提高政策协同，让要素在更大范围畅通流动，有利于发挥各地区比较优势。市场体系一体化建设是长三角一体化发展的重要领域和关键任务，我们可以梳理出六个一体化要求，即一体化的市场准入、一体化的政府监管、一体化的资质认定、一体化的市场平台、一体化的信用体系、一体化的财税政策，其改革要点，就是要破行政壁垒，实现行政区之间的标准统一、规则一致、平台衔接、数据共享、一网通办，构建统一大市场基础上的国内大循环。

又如人与自然和谐共生现代化建设，必须实现生态环境流域性、系统性治理。由于水、空气乃至土壤，其污染物都是跨地区漂流的，所以更需要跨区域联防联治、紧密合作，建立健全一体化的治理体系。我们可梳理出四个一体化要求，即一体化的生态功能分区、一体化的生态廊道建设与保护、一体化的环境污染治理、一体化的生态补偿机制。要实现上述四个一体化，很重要的是要解决好区域利益协调问题，为环境保护作出贡献的地区应该得到更多的补偿和生态价值实现，得到环境保护红利的地区应该承担相应的治理成本，这样才能真正形成生态保护的区域共同体。长三角地区建设现代化生态体系的任务是迫切的，但依靠国家资源完成生态治理和保护，也是不现实的，所以必须动员各方力量，特别是主要得益方力量，建立健全跨地区的利益协调机制。

但在当下的现实中，省级行政区之间、市级行政区之间，甚至一个市域内的区县之间，在诸多的公共领域，仍然存在比较明显的诸如标准不统一、规则不一致、数据不共享、平台不衔接等问题，而且这些问题还比较普遍地存在。

我们也可以把这些问题归结为行政区之间的“断头路”问题，造成这一问题的根源，是多年来的行政区经济模式，导致各地之间都形成了自己的地方性政策和运行体系，形成了比较突出的地方利益格局和不平衡性。走向现代化，必须转变行政区经济模式，消除行政分割、地方壁垒。这无疑将是一场更高起点的深化改革。

（二）加快建成世界级城市群

《长三角城市群规划纲要》提出，到 2030 年建成世界一流品质的城市群。从美国、日本、英国、欧盟等主要发达国家看，他们都因拥有世界级城市群而有力支撑了国家的国际竞争力和全球影响力。中国已发展成为全球第二大经济体，要进一步提升国际竞争力和全球影响力，也必须拥有世界级城市群。这一建设重任就落在了京津冀、长三角与粤港澳三大城市群身上。其中作为世界规模第六大的城市群，长三角城市群更要在加快提升世界级城市群的核心功能上有更多的布局与行动。我们这里需要特别强调，推进区域一体化是长三角地区建设世界级城市群不可替代的巨大动能。长三角地区只有聚合力量、合作共建，才能加快形成世界级城市群的核心功能。

表 13-6　长三角城市群与五大世界级城市群发展规模比较（2017 年）

城市群	土地面积（万平方公里）	常住人口（万人）	GDP（万亿美元）	人均 GDP（万美元）
美国东北部城市群	13.8	6 500	4.03	6.20
北美五大湖城市群	24.5	5 900	3.36	6.72
欧洲西北部城市群	14.5	4 600	3.38	4.83
英国中南部城市群	4.5	3 650	2.10	4.57
日本太平洋沿岸城市群	10	7 000	2.12	5.53
长三角城市群	21.1	15 170	2.07	1.37

资料来源：美国东北部城市群、日本太平洋沿岸城市群数据来自：宁越敏（2013），北美五大湖城市群、欧洲西北部城市群、英国中南部城市群数据来自：屠烜（2015），长三角城市群数据根据各市 2017 年统计年鉴、2017 年国民经济和社会发展统计公报、人口变动抽样调查等数据整理。

从世界公认的五大世界级城市群看，它们除了拥有便捷高效的立体交通、充分的人口流动性、均等化的优质公共服务、高品质的生活环境等基础性优势外，还都拥有配置全球资源的能力和科技创新策源的能力。正因为这两大能力具有世界级功能，这些城市群才被称为世界级城市群。长三角城市群与世界五大世界级城市相比，差距还比较大，其中最大的差距或短板，在于全球资源配置能力与科技创新策源能力。比如全球资源配置能力，简单讲就是对于金融、技术、产权、信息、人才、大宗原材料，以及贸易资源、航运资源、科技资源等，要拥有配全球、全球配的能力。这个能力是由三大要素决定的，即总部集聚、功能平台和专业服务能力。总部集聚，包括跨国公司总部、区域性总部及我国本土企业的总部等。功能平台建设，包括世界级的交易市场主体、展示平台、全球网络、平台规则、制度性开放等。专业服务能力建设，包括国际化、专业化的信息服务、数据服务、金融服务、咨询服务、法律服务等。

习近平总书记2019年在上海调研时对上海提出了增强四大城市核心功能的建设任务，即全球资源配置功能、科技创新策源功能、高端产业引领功能、国际开放枢纽功能，其中全球资源配置功能、科技创新策源功能排在了第一和第二位，这是上海所要承担的国家使命。但我们也要看到现实，仅仅靠上海自己，是难以在近中期实现这个目标的。因为在世界级这一战略坐标下，上海的资源是有限的，动能也是有限的。世界级功能的建成，需要有世界级的需求才能撑起世界级的供给。如科技创新，上海集聚了很多创新平台，但离开了长三角众多产业、企业和研发机构的创新需求，上海的这些平台是长不大、走不远的。

长三角各地要秉持共筑世界级功能的一体化导向，树立上海强则长三角强的发展理念，积极为上海提供世界级的功能需求，包括金融、航运、创新等，为上海加快形成强劲的世界级功能提供巨大动能；同时上海要把世界级功能的承载空间更加有效地布局到上海大都市圈、长三角城市群的空间腹地，发挥区域比较优势，深化区域紧密合作，实现功能共建共享，加快造就具有全球影响力的集聚能级、平台能级和服务能级。

（三）更加紧密的区域合作

就是要推动区域合作从项目协同向更加紧密的现代一体化模式升级，而且更多要在公共领域全面推进一体化建设，包括基础设施、科技创新、生态治理、市场体系、公共服务等。只有公共领域实现了区域一体化，才能更加有力地支撑和保障经济领域的区域一体化。

区域一体化发展，一般有两层含义：一是指发达的大城市，为加快提升周边城市和乡村的发展水平，通过构建以大带小、以城带乡的一体化体制机制和特殊政策，把大城市高度集聚的功能优势、资源优势、产业优势、人才优势等，辐射扩散到周边城市和乡村，带动其工业化、城市化、现代化进程，加快缩小地区差距和城乡差距。长三角地区以往多年来的一体化发展思路和实践，基本属于这一概念范畴。我们称其为传统的一体化模式，周边地区为此更多使用接轨、融入概念来加入一体化序列。二是指城市群中的各个城市，特别是都市圈中的各个城市，为提升城市群的同城化水平和国际竞争力，实现“1 + 1 > 2”效应，在一些领域开展紧密合作，通过建立一体化建设和运营的体制机制和平台载体，消除行政分割，激发规模效应，实现更高层次的共生共建共享。我们称其为现代一体化模式。在当下高铁、互联网、同城化和成熟市场经济的牵引下，这一概念范畴的区域一体化正在成为主流。

国家战略推动下的长三角地区一体化发展，就是要探索实践紧密合作的现代一体化模式，也就是更加强调整体推进、共同行动，更加强调共建共享、紧密合作，更加强调载体一体、平台统一，更加强调制度保障、强化机制。要在区域合作体制机制方面推进四个一体化：

一是整体推进的一体化。围绕国家战略部署，特别是围绕率先建设社会主义现代化引领区和加快建成世界级城市群，全面树立区域一盘棋理念，深入贯彻落实习近平总书记关于长三角一体化高质量发展的重要讲话精神和长江三角洲一体化发展规划纲要的总体部署，加强规划统筹、规划引领，构建区域整体推进、联动发展的新格局。

二是共建共享的一体化。以共建为抓手，共享为目标，实施更多跨行政区的公共合作项目，让广大中小城市共享一体化成果。共建共享项目不仅包括基础设施、生态环境治理、创新服务平台等硬性项目，还包括要素流动、数据共享、公共服务、社会治理等软性项目。推进落实跨行政区的共建共享项目，关键在于构建能够有效推进共建项目实施的一体化体制机制，其中既有资金筹措、项目执行方面的，也有标准、规则、平台等衔接方面的。

三是建设载体的一体化。跨行政区共建共享项目的实施，尤其是一些覆盖面大、常态化影响的项目，更要搭建一体化建设与运营的载体机构，这样才能真正保障重大项目的有效运转。长三角地区之所以在高铁、机场、电信、能源等重大基础设施领域有较高的统筹性、协调性，是因为作为这些重大基础设施建设运营主体的央企，在建设载体上高度一体化。同样，要在诸多公共领域推进一体化项目，也必须搭建更多跨三省一市、实施一体化运营的实体机构，其模式可以是公司，也可以是基金会，这样才能夯实一体化发展的项目承载体和平台基础。

四是制度保障的一体化。就是要在制度、政策上改革创新，建立统一规范的制度体系，形成要素自由流动的统一开放市场，为更高质量一体化发展提供强劲内生动力。特别要通过区域协同立法，共同制定行为准则，促进要素市场一体化，保障各类合作项目落地，保障各类载体机构顺利运营。

（四）更加协调的区域发展

从一个整体、一个共同体的全局角度去考虑长三角地区的区域协调发展，并且为整个长江经济带的协调发展以及我国东中西地区间的协调发展提供实践样本。更加协调，不仅体现在合理分工、优势互补，还体现在功能分区、合理承载，最根本的则要体现在共享发展、共同繁荣。

一是区域联动、融合发展。三省一市要共享资源、共享发展机遇、共享功能优势，在工业化、数字化、城市化、现代化等领域实现更加紧密的联动发展。特别要促进区域空间的融合发展，包括生态功能保护区与人口产业承载区的空间融合，实现一盘棋合理布局；向中小城市扩散的产业链与越来越向大城市集聚的创新链之间的空间融合，不断增强世界级产业集群的创新力和竞争力；乡村振兴中的产业兴旺与大中城市需求升级的空间融合，为乡村振兴注入源源不断的动能。

二是合理分工、错位发展。要坚持发挥各地比较优势，推进区域分工、优势互补，让各个地方都有更好的发展机遇。大城市适当做减法，中小城市积极做加法，中小城市围绕大城市功能平台和产业集群，形成分工体系。基于长三角地区多中心的空间格局，要推动上海、南京、杭州、合肥、苏州、宁波、无锡等经济中心城市的城市功能空间分工，推动中心城市与中小城市以及中小城市间的产业空间分工，特别要推动产业链在中心城市与中小城市间的空间分工，高端集聚中心城市、中低端向中小城市扩散。

三是缩小差距、共享发展。缩小地区差距、城乡差距，是长三角地区一体化高质量发展的重要任务之一。一方面中心城市高质量的基础设施、公共服务、创新资源要向中小城市、广大乡村开放、辐射，在共享中提升中小城市与乡村的发展动能。另一方面，区域一体化高质量发展累积的社会财富要通过公共服务、社会福祉的均等化，以及社会再分配机制，促进区域共同富裕。

第三节　长三角地区一体化发展的趋势与展望

按照"一极三区一高地"①的战略定位，"十四五"时期将是长三角地区全面构建一体化发展体制机制，并在科创产业、基础设施、生态环境、公共服务、市场体系等领域实现更高质量一体化发展的关键时期。在国家战略的推动下，长三角地区的一体化发展将在区域联动发展、区域分工合作和区域利益协调机制三大方面取得积极突破和重大进展。

一、区域联动发展呈现新格局

这个新格局主要表现为，在共筑强劲活跃增长极战略布局和一体化体制机制改革创新的推动下，"十四五"时期区域联动发展全面进入活跃期。特别在几大重点区域，包括上海大都市圈②、南京都市圈、杭州都市圈、合肥都市圈等，各中心城市的引擎功能，在更高层次对外开放和科技创新资源高强度集聚的有力推动下，将得到进一步增强；各中心城市的辐射带动功能，在率先建立一体化发展体制机制的强力推动下，将得到充分释放，带动圈内城市紧密合作，并对圈外城市形成积极的溢出效应。最需要关注的是三个方面的区域联动：

---

① "一极三区一高地"：全国发展强劲活跃增长极、高质量发展样板区、率先基本实现现代化引领区、区域一体化发展示范区、新时代改革开放新高地。

② 上海大都市圈包括了上海、苏州、无锡、常州、南通、嘉兴、湖州、宁波、舟山。

（一）都市圈内的联动发展进入深度同城化阶段，并向更高质量的一体化全面迈进

习近平总书记要求长三角地区实现更高质量的一体化发展。这个更高质量，是基于国家对长三角地区提出了更高坐标的战略定位，特别是共筑强劲活跃增长极和率先实践实现现代化的战略要求；基于在建设现代化经济体系和现代生态治理体系中不可回避、必须突破的各种行政区壁垒或各类“断头路”，构建现代区域一体化体制机制，积极推进更加紧密的区域合作；基于长三角地区仍然存在比较明显的地区差距、城乡差距，要通过地区间的融合发展、分工发展和共享发展，加快缩小地区差距，努力实现更加协调的区域发展。

深度同城化，是长三角地区走向更高质量一体化发展的经济社会基础，同时也是动力之源。所谓深度同城化，就是在时间空间同城距离、经济发展同城水平的同城化基础上，城市之间的关系进一步向基础设施同城、要素流动同城、核心功能同城、就业通勤同城、社会治理同城、公共服务同城等更高层级迈进。深度同城化其着力点在于构建区域一体化体制机制，包括通过建设区域高标准要素市场，促进资源要素畅通流动；通过流域性、系统性治理，建设高质量生态环境；通过公共资源相互开放、流动，推动优质公共服务便利共享。当然在长三角整个区域，毕竟空间很大，像江苏苏北、安徽皖北等城市与上海、南京、杭州、苏州等城市比，差距仍然比较明显，因此深度同城化将在各个都市圈内部展开。特别是上海大都市圈，将在公共领域的规划、建设、管理及政策制度方面，构建“标准统一、规则一致、平台链接、数据共享、一网通办”的框架体系和体制机制，推动上海与苏州、无锡、常州、南通、宁波、嘉兴、湖州、舟山等城市深度融合。长三角生态绿色一体化发展示范区、虹桥国际开放枢纽建设两大国家级示范平台的建设，以及沪苏（州）同城化探索，已为推进都市圈的深度同城化发展提供了更加积极的动能。

（二）跨省界地区的联动发展将在生态一体化优先布局下，走向以机制建设为重点的新阶段

长三角地区的生态建设具有显著的跨省界、流域性特征。只有全面建立健全生态共治的体制机制，才能加快建成高品质的生态环境，实现高质量的绿色发展。长三角地区作为“绿水青山就是金山银山”的先行实践者，各地既有生

态治理保护的共同要求，更有提升区域生态品牌的共同诉求，这就为率先在生态绿色领域构建一体化体制机制提供了积极的内在动力和区域性基础。

生态绿色联动发展的跨省界重点区域，包括了宁杭生态经济带、淮河生态经济带、大运河文化带、环太湖生态文化旅游带、新安江生态示范区等。最值得关注的是《国家规划纲要》用一个单章篇幅进行重点部署的“长三角地区生态绿色一体化发展示范区”，这个区域空间不大，只有2 300平方公里，但覆盖上海市的青浦区、苏州市的吴江区和嘉兴市的嘉善县，横跨沪苏浙三个省界，在全面构建区域一体化发展体制机制上具有先行先试、引领示范的典型性。聚焦生态绿色，各个跨省界联动发展区域将在三个环节上率先实践一体化发展体制机制。

1. 构建一体化的规划共编机制

在省级层面建立共同编制专项规划的工作机制，并对地区间存在的不衔接、不匹配、不一致的方方面面提出梳理清单，在规划中予以统一或统筹，并提出相应的机制保障措施。其中最关键也是必须攻克难关的，是对各地现行政策制度中的地方标准和规则对标国际先进标准进行统一，如污染防治标准统一、垃圾分类处置标准统一、生态景观建设标准统一、高标准农田建设标准统一等。

2. 构建一体化的生态共治机制

对于跨省界的流域性污染治理，特别是太湖流域治理、皖北地区煤发电治理，将是建立健全生态共治机制的重要抓手，并将在生态共治专项行动计划的部署下，从根本上解决多年来未能攻克的顽症。其中重点是建立资金筹措机制和生态补偿机制，有关分析在第三部分展开。

3. 构建一体化的生态联保机制

生态共保主要涉及生态廊道或生态功能区的共建和生态环境的联合监管。即使是省域内的生态功能区建设，周边省市也将从中受益，因此更要有一盘棋思想，推动受益各方积极参与到各地的生态廊道和生态功能区建设中去，其关键路径，是设立专项资金或基金会，建立资金保障机制。在跨省界的联合监管方面，深化数据共享平台和联合执法机制建设，对企业排污、生活排污、农药化肥使用、废弃物处置等，实行最严格的监控和统一标准的处置。

（三）苏浙皖通过全面接轨上海，协同提升上海的城市服务功能

多年来都是上海辐射带动苏浙皖联动发展，但在一体化发展的新形势下，上海与苏浙皖的联动发展，将呈现出双向联动的趋势，既有上海的对外辐射带动，也有苏浙皖对上海的协同共建。最近，习近平总书记对上海城市发展特别提出了“增强四大功能”的新要求，即全球资源配置功能、科技创新策源功能、高端产业引领功能和开放枢纽门户功能。上海聚焦“四大功能”建设离不开苏浙皖三省的协同共建。这是因为，一方面，现在的“四大功能”，对标的是全球性功能，是引领长三角地区走向全球最强劲活跃区域的战略定位，是长三角三省一市共同的战略坐标；另一方面，上海在长三角城市群中的首位度不够充分，而且近些年多数周边城市的经济增速都一直高于上海，上海的首位度呈下降趋势[①]，因此上海只有在更大的区域空间内集聚资源要素和实现功能共建，才能补首位度不足之短板，才能聚更大的建设动能。苏浙皖三省将从三个方面协同提升上海的“四大功能”。

1. 协同提供需求动能

没有世界级的需求动能，就形不成世界级的供给能力。没有来自苏浙皖三省积极而又巨大的需求动能，上海就难以形成有成长力、竞争力的服务供给大平台和综合配套体系。上海已经在资源集聚、科技创新、高端产业、对外开放上形成比较显著的区域比较优势，这也是各地纷纷全面接轨上海、依托上海“四大长板”的动因所在。在“一带一路”建设和世界百年未有之大变局的宏观背景下，一方面国家通过“三大任务一大平台”[②]，积极为上海的“四大功能”赋能，让“四大长板”更长；另一方面苏浙皖三省为加快自身的转型升级和更加有效地走出去引进来，将更多地依托上海的优势和长板，由此也对上海形成更加强劲的服务需求。

2. 协同提供长板优势

所谓长板，是指各地在长三角区域内最具区域比较优势的服务功能、产业

---

① 2018年长三角城市群的GDP总量为17.78万亿元，上海占18.3%，远低于东京在日本太平洋沿岸城市群中近40%的经济首位度。

② “三大任务”即自贸区新片区、科创板、长三角一体化发展示范区；“一大平台”即国际进口博览会。

集群与科技创新领域。其长板优势的形成，既有特定资源禀赋的因素，如港口条件、区位条件等；也有多年来建设和发展的因素，如国际化功能平台的建设、产业的专业化集群、科技创新的高端资源集聚等；还有区域商务成本变化下形成的梯度优势，如距离中心城市较远一些的地区具有用工、用地成本相对较低的优势。在服务功能、产业集群和科技创新的一些专业领域，长三角各地，尤其是各个中心城市，都已形成各具比较优势的长板，如合肥在前沿科技创新上的长板、杭州在网络平台上的长板、南京在科技人才培养上的长板、苏州和无锡在战略性新兴产业集群上的长板，以及宁波、舟山在航运上的长板等。各地既可以向上海直接注入长板资源，参与上海“四大功能”的共建共享，也可以加入上海的大平台网络，助推上海的枢纽功能建设。

3. 协同提供建设空间

把上海“四大功能”建设的空间布局，放置到整个长三角地区，特别是上海大都市圈地区和南京、杭州、合肥三大省会城市。一方面在苏浙皖地区具有长板优势的领域及其区域空间，与上海的世界级功能建设形成服务链、创新链的空间分工和协同共建；另一方面在苏浙皖合适的区域空间，承接上海部分服务功能或功能环节的疏解，依托这些地区的建设用地优势、商务成本优势及制造业集聚优势，打造新型飞地经济，协同提升上海的全球竞争力。

二、区域分工合作形成基本架构

站在新的高度，面向新的坐标，长三角地区将在区域分工合作上开展新一轮的探索实践。围绕现代化经济体系和世界级增长极建设，将构建新的分工合作框架。分工，基于各个城市的比较优势和各扬所长，基于要素的自由流动和有效配置。合作，基于各个城市间的取长补短、优势互补，基于地区一盘棋，以建设全球影响力的服务功能体系、创新链体系、产业链体系为导向，在长三角地区这个大共同体中形成完整布局和功能整合。目前来看，要达成这样的分工合作架构，需要一个中长期过程，“十四五”时期在国家战略部署和各地的积极响应下，长三角地区将在三个重点领域深化区域分工和合作。

（一）全球资源配置功能建设的分工合作

这是针对各个中心城市而言的，特别是上海与南京、杭州、合肥、苏州、宁波等中心城市之间的服务功能分工。按照世界级城市群的战略定位以及长三角地区在提升中国国际影响力和竞争力中承担的战略使命，以上海为核心引领的全球资源配置功能建设，不仅要服务长三角、服务长江经济带、服务全国，更要服务于“一带一路”建设和中国的全球化战略。资源配置包括了金融、技术、人才、产权、信息、大宗原材料，以及贸易资源、航运资源等。资源配置功能建设，重点在于功能大平台建设和专业服务能力建设。前者包括了世界级的交易市场主体、网络平台、展示平台、全球网络、平台规则等；后者包括了专业化的信息服务、数据服务、金融服务、咨询服务、法律服务等。长三角地区各中心城市要在功能平台建设和专业服务能力建设上加强分工与合作。

在分工方面，上海将全面对标纽约、东京等全球城市，在战略性资源配置领域，重点承担枢纽型功能大平台建设与国际一流专业服务能力建设，其中也包括了加快接轨国际最高标准的开放规则和服务规则。各个中心城市则立足自身优势和发展定位，一方面依托上海的枢纽功能和桥头堡功能，厚植区域性功能平台和专业化服务能力，加快拓展海外网络，增强和发挥支点作用；另一方面补上海之不足，在一些专业性的资源配置领域，积极建设全球性功能平台，如杭州的数字贸易平台、舟山的成品油交易平台等。

在合作方面，在上海的牵头组织下，围绕功能大平台建设，通过资产纽带、区域性联网、管理输出等方式，把各地的区域性功能平台更加紧密地连接起来，形成一体化的运营构架；围绕专业服务能力建设，通过收购兼并、合作共建、人才输出、行业联盟等方式，推动各地专业服务机构接轨上海，向国际一流迈进。同时对于其他中心城市主打的全球性功能大平台，上海将通过疏解非核心功能、协同共建特色平台、提供高水平专业服务等方式，构建双向合作格局。

（二）科技创新策源力建设的分工合作

从纵向区分，科技创新策源力可分解为支撑基础科学研究原始创新的基础科学策源力、支撑产业技术研发原始创新的关键技术策源力和产业技术转化应用孕育出新产业、新产品、新业态的产业创新策源力。三个策源力组合起来才能形成完整的科技创新策源力。三个策源力建设，都需要以持续性的大量研发投入、多领域的一流科研院所集群、多样化的高端人才集聚和丰富的社会风险投资等四大资源要素供给为基础和前提。从长三角地区三大策源力现状和四大资源要素供给能力看，以上海的集聚度和供给能力为最强，且在建设全球影响力科技创新中心的战略部署下，呈现出强劲的发展趋势；同时在苏浙皖三省，对应上海的战略部署，江苏提出建设具有全球影响力产业科技创新中心，浙江提出建设“互联网＋”世界科技创新高地，安徽提出建设有重要影响力综合性国家科学中心和产业创新中心，这些战略部署的空间落地，基本都落在了各个中心城市，特别是南京、杭州、合肥三个省会城市，呈现出省域内中心城市资源配置更集中，比较优势更突出，且与上海并行奔跑的发展趋势。因此，整个长三角地区的科技创新策源力建设，更要做好上海与各个中心城市之间深化分工合作的这篇大文章。

1. 科技创新策源力建设分工

在分工方面，立足区域创新比较优势，在信息、生物、材料、海洋、能源等重要科技创新领域，推动形成三大分工：一是大平台建设分工。重点在大科学装置配置和国家级实验室建设上，依托中国科学院在各中心城市的科研院所布局，同时对应国家科技创新2030年重大专项，深化区域分工。如上海的X射线未来网络试验设施、航空发动机与燃气轮机设施、脑科学与类脑研究设施；合肥的量子通信与量子计算机设施、核聚变与物质材料设施；杭州的大数据设施；南京的天体一体化信息网络设施等。二是一流学科建设分工。可依据教育部的一流学科建设布局和优势学科评估结果（A＋评级），在高端人才培养和基础性原创研究上形成分工，让优势学科更优，引领力更强。如上海的生物学、船舶与海洋学、化学、数学、医学、药学、环境学等，南京的天文学、大气科学、地质地理学、建筑学、农学、水利学等，杭州的计算机科学与技术、光学、园艺学等，合肥的计算机科学与技术、物理学、化学、核科学，无锡的食品科学等①。三是创新成果转化分工。围绕各地的大平台优势和学科优势，依托各地的国家级开发区和科学城建设，增强创新成果孵化产业化基地的综合配套和双创活力，培育壮大产业创新策源功能。依托周边城市的产业领域集聚优势和产业化用地优势，建设一批飞地型创新成果转化基地。

---

① 依据全国第四轮学科评价。

2. 科技创新策源力建设合作

在合作方面，围绕资源共享、扩大溢出，在科技创新公共服务领域探索更加积极有效的合作机制。一是深化各类科技创新公共服务平台的共建共享机制建设。以大平台建设为抓手，以基金会模式、公司化模式为探索实践，促进大型科学仪器设备共享平台、技术交易市场、技术转移服务平台等跨区域共建共享。二是发挥各自优势合作共建高水平新型研究机构。在区域上有分工，同时进一步深化相互赋能，如合肥的量子通信优势与上海的需求优势、资源优势紧密结合，在上海共建国家级量子通信实验室；上海的核物理优势与合肥的核聚变优势紧密结合，在合肥共建大装置，推进大研究，实现大转化。三是各大平台机构与各个产业集聚地共建高水平技术创新中心。跳开传统合作机制框架，以更加市场化的模式创办一批更有活力的技术创新中心。

（三）世界级产业集群建设的分工合作

《规划纲要》提出，要在电子信息、生物医药、航空航天、高端装备、新材料、节能环保、汽车、绿色化工、纺织服装、智能家电等十大领域，形成若干个世界级产业群。长三角地区在这些产业领域不仅有产能规模优势，而且还有市场需求优势、供应链配套优势、发达物流优势和科技创新优势。从这些产业领域的区域分工合作看，“十四五”期间将聚焦在两大方面：

1. 深化产业链空间分工

发挥各地比较优势形成更有竞争力的产业链空间分工。一方面，商务成本比较优势在空间上正在发生较大变化，各中心城市因房价和用工成本居高不下，原先的商务成本优势快速弱化，而位处相对内陆的中小城市，这一优势明显放大，必然带来产业链布局的空间洗牌；另一方面，一体化的立体交通建设和公共服务一网通等安排，正迅速改善内陆中小城市的区位条件，有利于这些地区加入产业链分工体系。将要推出的财税分享试点政策，以及各种区域合作新举措，将对促进中心城市疏解部分产业、支持中小城市承接产业转移、深度参与产业链分工提供积极的推动力。有很多的大企业已经实施两个总部和多个生产基地的空间布局，即第一总部在中心城市，第二总部在产业集聚核心区。

2. 构建创新链与产业链深度融合的合作体系

在产业链与创新链趋于空间分离的趋势下，构建两者深度融合的区域合作体系。产业链向中小城市转移，创新链更加集聚中心城市，这种区域分工趋势已非常明显。而在共建创新共同体框架下，产业链与创新链的合作正在不断深化，除了多年来上海、南京、杭州、合肥的科研院所、大学到各地共建产业创新中心外，最近几年各地企业反向在各中心城市建立研发机构，把中心城市的人才、平台和综合配套优势，与本企业的成果中试、转化优势有机结合起来，取得了很好的效果。各中心城市采取的开放政策，如对符合条件的外来研发机构提供与本地研发机构同等待遇，包括申办户口、申请资助、分享公共服务等，促进了产业链与创新链的深度融合。各地政府也反向在各中心城市建立创新中心，把本地产业链升级的创新驱动力、公共服务平台直接配置到中心城市，构建起产业链与创新链深度融合的区域一体化模式。

三、区域利益协调机制逐渐成熟

《规划纲要》提出，到 2025 年全面建立一体化发展的体制机制。这个体制机制，其中最核心、最关键的就是要建立区域利益协调机制，即建立区域间成本共担利益共享机制，这是长三角地区一体化发展的重要动力和基础保障。“十四五”时期，长三角地区将在三个区域利益协调机制方面取得积极突破。

（一）流域性生态建设的区域利益协调机制

生态绿色是长三角地区一体化发展的基底。在新安江生态补偿机制试点的基础上，围绕流域性生态建设，将在更多跨行政区的空间区域实践生态补偿机制。全国人大常委会正在审议的《长江保护法》，将为长三角地区先行先试生态补偿机制提供积极的制度供给①。高水平建设长三角生态绿色一体化发展示范区，把实践生态补偿机制摆上了重要议事日程。其中将建立两种类型的生态补偿机制。

1. 流域性共同治理的生态补偿机制

关键是设立由生态共治受益各方共同出资的专项资金或基金会，解决整治地区关停或迁移或改造污染项目中的资金问题、区域性排污纳管和集中处理中的资金问题，以及人口迁移或就业安置中的资金问题。同时加快探索区域

① 2019 年 12 月 23 日，《长江保护法草案》首次提请全国人大常委会会议审议。

协同立法，对各地资金如何出、各地治理如何做、统筹资金如何用、治理效果如何评等关键性举措作出制度性安排，确保生态共治常态化、制度化。重点围绕太湖流域的水治理、安徽皖北的煤发电污染治理两大流域性共治项目进行实践。《规划纲要》也明确提出在太湖流域建立生态补偿机制，预见“十四五”时期将在越来越强的地方共识下，在区域生态补偿机制上安排更多的创新和实践，包括各方共同出资设立太湖流域生态建设基金会、三省一市共同推进太湖流域生态治理协同立法、对承担治理和保护责任的沿湖地区乡镇建立补偿标准和机制等。关于安徽皖北的煤发电污染治理，涉及安徽皖北、江苏苏南与上海，上海、苏南虽然通过特高压线享受了清洁电力供应，但同时也受到空气流动带来的植入式雾霾影响。这也是一个亟待治理的重大生态项目，需要上海、苏南共同出资出力，建立生态补偿机制，帮助安徽皖北从根子上治理发电污染。

2. 生态功能区建设的生态补偿机制

各地都已经划定了生态廊道和生态经济功能区，也在各自的行政区域内安排了相应的保障性资金。长三角地区将在生态廊道共建上有更积极的部署，其中也需要有一个相应的生态补偿安排，即要有省内资金的安排，还要有得益地区的资金支持，并通过专项资金或基金会来落实生态补偿机制。长三角地区还将在生态功能区生态价值实现上有积极的机制创新，其中既有绿色农产品、绿色休闲的市场对接机制，还有跨地区合作共建配套设施、提供公共服务上的政府对接机制。

（二）跨地区经济合作的区域利益协调机制

至今为止在飞地经济、合作园区建设中的区域合作，较多是以开发区之间的土地开发收益和政府资金补助为利益协调的，但这种合作方式对输出方的经济增长和税收并没有积极效应。在经济下行趋势下，作为产业转移输出方的地方政府，对能确保GDP和税收的项目，经常会用政府之手干预转移，特别是现在很多高科技项目，都是经过前期资助补贴和公共服务孵化培育出来的，如果没有相应的利益协调机制安排，很可能引发地方之间新一轮优惠政策比拼，导致不该留在中心城市的留在了中心城市，有区域比较优势但缺乏政策优惠实力的中小城市却承接不到好项目。区域经济有效合作的前提是兼顾双方的利益，实现合作共赢。要消除当前长三角地区普遍存在的政府之手过度干预现象，很重要的一个创新实践，就是构建区域间的财税分享机制，用国家层面的经济政策手段协调区域利益。《规划纲要》对这项改革已作了积极部署，特别是在生态绿色一体化发展示范区内，将其列为制度创新的重点领域。在这个跨越三个省级行政区的示范区，需要从制度上解决"注册在青浦，生产在吴江和嘉善，以及创新基地在青浦，产业化基地在吴江和嘉善"的区域利益协调问题。建立财税分享机制是一项新的改革实践，对于深化区域分工合作、促进中心城市辐射带动周边中小城市更好发展，具有非常积极的现实意义。

（三）共享中心城市优质公共服务的区域利益协调机制

公共服务的均等化、一体化是长三角地区一体化发展的重要领域，特别是共享中心城市的优质公共服务，包括科技创新、基础设施、医疗养老、教育文化等，是其他地区的共同期盼。随着跨地区就业、养老、休闲越来越普遍，跨地区共享优质公共服务将成为"十四五"期间长三角地区一体化发展的重要突破口和标志性绩效。但共享的前提是成本共担，其中既有扩大优质公共服务供给所需的建设成本共担，还有各类公共服务机构对各地开放中的服务成本共担。只有建立健全这样两个共担机制，才能有效调动中心城市的积极性，促进各领域的优质公共服务向各地开放。探索建立成本共担机制，是长三角地区一体化体制机制改革创新的重点之一，也是最大难点之一。

参考文献：

[1] 陈建军. 长江三角洲区域经济一体化的三次浪潮［J］. 中国经济史研究，2005（3）.

[2] 陈雯，孙伟，袁丰. 长江三角洲区域一体化空间合作、分工与差异［M］，商务印书馆，2018.

[3] 范剑勇. 长三角一体化、地区专业化与制造业空间转移［J］. 管理世界，2004（11）.

[4] 洪银兴. 对长三角全域一体推进现代化的思考［N］. 经济日报，2021-9-15.

[5] 洪银兴，王振，曾刚，滕堂伟，李湛，王晓娟，郁鸿胜，李娜，张

彦 . 长三角一体化新趋势［J］. 上海经济，2018（3）.
［6］刘志彪，陈柳 . 长三角区域一体化发展的示范价值与动力机制［J］. 改革，2018（12）.
［7］刘志彪等 . 长三角区域经济一体化［M］. 北京：中国人民大学出版社，2009.
［8］刘志彪，孔令池 . 长三角区域一体化发展特征、问题及基本策略［J］. 安徽大学学报（哲学社会科学版），2019（3）.
［9］宁越敏 . 世界城市群的发展趋势［J］. 地理教育，2013（4）：1.
［10］唐亚林，于迎 . 主动对接式区域合作：长三角区域治理新模式的复合动力与机制创新［J］. 理论探索，2018（1）.
［11］屠烜 . 长三角城市群与国际城市群的比较与启示［J］. 上海经济，2015（4）：8—14.
［12］王振 . 长三角地区共建世界级产业集群的推进路径研究［J］. 安徽大学学报（哲学社会科学版），2020（3）.
［13］王振 . 长三角协同发展战略研究［M］. 上海：上海社会科学院出版社，2018.
［14］王振，刘亮 .《长三角地区经济发展报告（2020—2021）》［M］. 北京：社会科学文献出版社，2021.
［15］王振 ."十四五"时期长三角一体化的趋势与突破路径——基于建设现代化国家战略背景的思考［J］. 江海学刊，2020（2）.
［16］曾刚，王丰龙 . 长三角区域城市一体化发展能力评价及其提升策略［J］. 改革，2018（12）.
［17］张学良，李丽霞 . 长三角区域产业一体化发展的困境摆脱［J］. 改革，2018（12）.
［18］张学良，林永然，孟美侠 . 长三角区域一体化发展机制演进：经验总结与发展趋向［J］. 安徽大学学报（哲学社会科学版），2019（1）.
［19］朱金海 . 论长江三角洲区域经济一体化［J］. 社会科学，1995（2）.

第十四章　黄河流域生态保护和高质量发展

黄河流域是我国重要的生态屏障和经济地带，在中国经济社会发展和生态安全中具有重要的地位。2019 年 9 月 18 日，习近平总书记在黄河流域生态保护和高质量发展座谈会上强调，保护黄河是事关中华民族伟大复兴和永续发展的千秋大计。黄河流域生态保护和高质量发展成为继京津冀协同发展、长江经济带发展、粤港澳大湾区建设、长三角一体化发展之后的又一重大国家战略。这一重要谋划不仅为黄河流域发展提供了新的历史机遇，也为从根本上解决黄河流域自然生态保护与经济社会发展的结构性矛盾指明了方向，对于推动我国经济实现高质量发展具有重要意义。

第一节　黄河流域的经济社会特征

黄河流域横跨我国北方东、中、西三大地理阶梯，是我国重要的生态屏障密集区和“一带一路”陆路的重要地带，自然环境条件复杂，区域差异巨大，经济社会发展整体滞后，贫困地区面广、量大、程度深，是我国生态安全保障和经济社会发展的重点和难点地区。

一、黄河流域地理概况

黄河流域地势西高东低，高差悬殊，形成自西向东、由高到低的三级阶梯。黄河干流全长 5 464 平方公里，流经青海、四川、甘肃、宁夏、内蒙古、山西、陕西、河南和山东 9 个省份，涉及 71 个地级行政区和 1 个省辖县级市。

黄河流域总面积79.5万平方公里（含内流区面积4.2万平方公里），上游、中游、下游流域面积分别为42.8万平方公里、34.4万平方公里、2.3万平方公里，其中上游地区包括青海、甘肃、宁夏及内蒙古的7个地级市（盟）和四川2个自治州，中游地区包括山西、陕西，下游地区包括河南、山东。《黄河流域生态保护和高质量发展规划纲要》(以下简称《纲要》) 中的“黄河流域”涉及黄河干支流流经的青海、四川、甘肃、宁夏、内蒙古、山西、陕西、河南、山东9省区相关县级行政区，陆地面积约130万平方公里①。

黄河流域幅员辽阔、地形地貌复杂，处于中纬度地区，流域内各地区气候差异显著，东部、中部为温带季风气候，夏季高温多雨，冬季寒冷干燥，全年光照充足、雨热同期，西部为大陆性气候和高寒气候。流域内气温随地形三级阶梯自西向东由冷变暖，气温东西梯度差异明显。流域内大部分地区年降水量在200—600毫米，年内分配极不均匀，冬干春旱，夏秋多雨，6—9月降水量约占全年的70%；全年蒸发强烈，水资源先天不足（李晓宇等，2012；夏军，2019）。黄河流域水文特点为水少沙多、水沙异源，年平均径流量592亿立方米，仅占全国河流径流总量的2%，近年来呈现下降趋势（石伟等，2002）。人均水资源量不足600立方米，仅为全国人均水资源量的1/4。

黄河流域土地、能源、矿藏、生物等资源较为丰富，空间上呈现明显的地域分异。黄河流域中下游地区耕地资源丰富，上游地区可耕种土地主要分布在河谷地带、山间盆地。黄河流域煤炭、天然气、石油、太阳能、水能、风能等能源资源富集，上游地区的水能资源、中游地区的煤炭和天然气资源、下游的石油和天然气资源十分丰富，太阳能和风能主要分布在内蒙古、甘肃、青海、宁夏等地。黄河流域稀土、钾盐、铝土矿、铝、石膏、耐火黏土等矿藏资源丰富，且分布相对集中，为综合开发利用提供了便利条件。黄河流域生物资源丰富，拥有我国大部分生物物种，种类较多，地域特色鲜明。

---

① 考虑到数据连续性和可获取性，本章中的黄河流域指青海、甘肃、宁夏、内蒙古、陕西、山西、河南、山东8省区全域，由于四川仅2个自治州位于黄河流域，其经济总量份额较低，故未将其纳入。

二、黄河流域经济社会发展现状

黄河流域在我国经济社会发展中占据重要地位，2020 年 GDP 总量、常住人口、地方财政收入分别占全国的 20.20%、24.15%、21.57%，占据北方经济的“半壁江山”，具有“平衡南北方，协同东中西”的作用。

表 14-1　2020 年黄河流域各省市主要经济指标情况

主要经济指标	黄河流域	黄河流域占比
GDP（亿元）	205 262.83	20.20%
地方财政收入（亿元）	21 113.22	21.57%
进出口总额（万美元）	4 770.03	10.58%
常住人口（万人）	33 805	24.15%
工业增加值（亿元）	67 499.15	21.29%
专利申请受理量（项）	594 193	13.56%
发明专利授权量（项）	44 784	9.89%

资料来源：2020 年各省区统计年鉴。

（一）人口和城镇密集

黄河流域是我国重要的人口与城镇密集区域，2020 年，黄河流域人口总量 3.24 亿人，占全国人口总量的 22.95%。其中，下游地区人口占黄河流域总量的 60.62%，中游地区占 23.39%，上游地区占 15.99%，上中下游人口密度分别为 612.6 人 / 平方公里、209.53% 人 / 平方公里、26.62 人 / 平方公里。全流域人口城镇化率低于全国平均水平，各省区之间差异巨大，城镇化率最高的山东省达到 61.51%，其余省区均低于全国平均水平，城镇化率最低的甘肃仅 48.49%。从空间分布看，黄河流域人口经济活动主要分布在下游地区及中上游的汾渭谷地、河套平原、河西走廊和湟水谷地，初步形成以济南、青岛为中心的山东半岛城市群，以郑州、洛阳、开封为中心的中原城市群，以西安、宝鸡、天水为节点的关中—天水经济区，以太原为中心的太原城市群，以呼和浩特、包头、鄂尔多斯、榆林为中心的呼包鄂榆城市群，以及兰州—西宁、河西走廊经济区等城市群或国家级重点开发区域。

（二）我国重要的经济带

黄河流域是我国重要的经济带，2020年，黄河流域8省区国内生产总值为20.53亿元，约占全国的20.21%。黄河流域经济增长总体上可分为两个阶段：在2000—2012年，黄河流域经济快速增长，增速明显快于全国其他地区，在全国比重从20.13%上升至24.61%；在2013—2020年，黄河流域经济增速放缓，2020年在全国GDP中的比重下降至20.20%，重新回落至20年前的水平。总体上看，黄河流域经济增速在近20年呈现出倒“U”形曲线。从区域经济空间格局看，黄河流域区域内经济呈现显著的区域发展水平差距。2020年，黄河流域下游、中游、上游省区GDP比重分别为62.42%、21.36%、16.22%，2000年以来，总体呈现出下游GDP占比下降、中上游GDP占比上升的特征。其中，山东、河南GDP占比最高，分别为35.63%、26.79%；陕西、山西、内蒙古其次，分别为12.76%、8.46%；甘肃、宁夏、青海位居末位，下游、中游和上游省区呈现明显的梯次分布。从发展速度上看，近年来黄河流域上中下游地区呈现不同特征，上游地区GDP总量小，发展速度稳定；而上游的内蒙古及中游和下游地区呈现明显的“衰落”和“分化”格局，其中，山西、内蒙古经历了经济发展高点后出现经济迅速回落，GDP在黄河流域的份额分别从高点的9.93%和11.98%下降至2020年的8.60%和8.46%；陕西近年来出现强势增长，从2000年的8.93%增长至12.76%；下游地区的河南GDP占比总体保持稳定，而山东

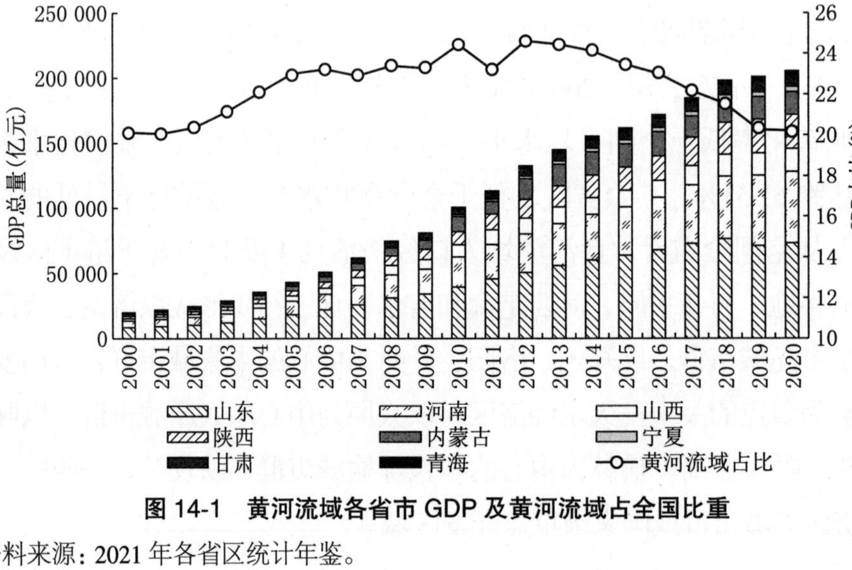

图14-1 黄河流域各省市GDP及黄河流域占全国比重

资料来源：2021年各省区统计年鉴。

由于近年来经济增速放缓和 GDP 重新修订，GDP 比重呈现大幅回落。

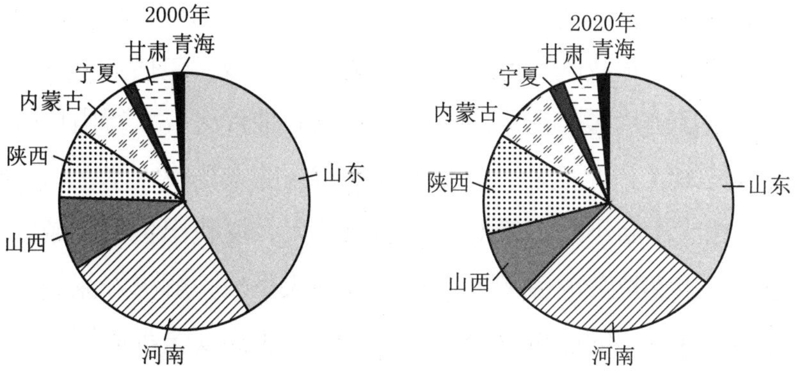

图 14-2　2000、2020 年黄河流域各省区 GDP 占比

资料来源：2021 年各省区统计年鉴。

表 14-2　2000—2020 年黄河流域各省区 GDP 占比

单位：%

年份	山东	河南	山西	陕西	内蒙古	宁夏	甘肃	青海
2000	41.29	25.03	9.14	8.93	7.62	1.46	5.21	1.31
2005	42.91	23.76	9.46	8.86	8.17	1.35	4.33	1.16
2010	39.30	22.93	9.14	10.05	11.59	1.56	4.09	1.34
2015	39.52	22.90	7.90	11.15	11.03	1.80	4.20	1.50
2020	35.63	26.79	8.60	12.76	8.46	1.91	4.39	1.46

资料来源：2021 年各省区统计年鉴。

黄淮海平原、汾渭平原、河套灌区是农产品主产区，粮食、油料作物、水果和肉类产量占全国三分之一左右。黄河流域是我国工业重地，2019 年黄河流域工业增加值达 6.75 万亿元，约占全国的 21.29%。黄河流域是我国的能源、化工、原材料和基础工业基地，又被称为“能源流域”，采矿、煤炭、钢铁、石油化工、装备制造等在全国占举足轻重的地位，原煤产量占全国近 80%，焦炭、纯碱、天然气、原盐、塑料等产品在全国占 30%—50%。黄河流域产业结构明显偏“重”，且多以原料型工业、重化工业为主。而高技术产业则主要分布在青岛、西安、郑州、兰州等中心城市。

（三）打赢脱贫攻坚战的重要区域

黄河流域是我国多民族聚居地区，主要有汉、回、藏、蒙古、东乡、土、撒拉、保安等民族，其中少数民族占10%左右。由于历史、自然条件等原因，黄河流域经济发展相对滞后，特别是上中游地区和下游滩区存在面广、量大、程度深的贫困地区，是我国贫困人口相对集中的区域，包括青东南—川西北藏族聚居片区、六盘山片区、吕梁山片区、秦巴山地片区、太行山片区和大别山片区等国家级贫困区。近年来，黄河流域各省区的人均收入水平与全国的人均收入平均水平相比不断下降，绝对差距逐渐拉大，反映出黄河流域城镇经济活力相对欠缺。积极支持黄河流域省区打赢脱贫攻坚战，解决好流域人民群众特别是少数民族群众关心的防洪安全、饮水安全、生态安全等问题，对于维护社会稳定、促进民族团结具有重要意义。

表14-3　黄河流域各省区农村贫困人口情况

省　区	2010年	2013年	2016年	2019年
山东（万人）	544	264	140	—
河南（万人）	1461	639	371	51
山西（万人）	574	299	186	16
陕西（万人）	756	410	226	17
内蒙古（万人）	258	114	53	—
宁夏（万人）	77	51	30	4
甘肃（万人）	862	496	262	46
四川（万人）	1 409	602	306	52
青海（万人）	118	63	31	5
黄河流域（万人）	6 059	2 938	1 605	191
黄河流域占全国比例（%）	36.57	35.62	37.02	34.66

资料来源：国家统计局住户调查办公室（2020）。

（四）多元文化的汇聚区域

黄河是中华民族的母亲河，黄河文化是中华文明的重要组成部分，是中华民族的根和魂。早在上古时期，黄河流域就是华夏先民繁衍生息的重要家园，形成了马家窑文化、仰韶文化、大汶口文化，后来孕育了河湟文化、河洛文化、关中文化、齐鲁文化、丝绸之路文化等，在长达3 000多年的时间里，黄河流域一直是全国政治、经济和文化中心，黄河流域是我国多元文化的叠加区，分布有西安、洛阳、安阳、开封等古都。在当今，多民族、多宗教文化也汇聚黄河流域。可以说，黄河流域是中华民族精神的重要标志，保护、传承、弘扬黄河文化，是延续历史文脉，坚定文化自信，为实现中华民族伟大复兴的中国梦凝聚精神力量的战略要求。

三、黄河流域的关键问题与发展机遇

黄河一直环境脆弱，水患频繁，当前黄河流域仍存在一些突出困难和问题。习近平总书记在黄河流域生态环境保护与高质量发展座谈会上指出，当前黄河流域仍存在一些突出困难和问题，主要包括：

（一）黄河流域的关键问题

1. 洪水风险依然是流域的最大威胁

长期以来，黄河流域受洪水威胁巨大，当前小浪底水库调水调沙后续动力不足，水沙调控系统整体合力无法充分发挥。下游防洪短板突出，洪水预见期短、威胁大，“地上悬河”形势严峻，下游地上悬河长达800公里，上游宁蒙河段淤积成新悬河，有上百万人生活在洪水威胁中。

2. 流域生态环境脆弱

长期以来的粗放型经济发展方式使得黄河流域存在着生态系统脆弱、环境压力大、资源环境效率低等问题，这对黄河流域的生态环境和资源环境承载能力提出了严峻的挑战。具体表现为：一是水土流失严重，黄河上游局部地区生态系统退化、水源涵养功能降低；中游水土流失严重，汾河等支流污染问题突出；下游生态流量偏低，一些地方河口湿地萎缩。黄河中上游地区属于黄土高原，土质疏松，2018年中上游六省区水土流失面积为108.5万平方公里，占土地总面积的39.0%，是我国水土流失最严重的地区。二是环境污染严重，黄河流域是我国大气污染、水污染较为严重的地区。水污染方面，受工业、城镇生活和农业面源等综合污染，加之尾矿库污染等，使得黄河流域水质遭受严重威胁，2020年，黄河流域水质总体良好，黄河流域监测的137个水质断面中，Ⅰ—Ⅲ类水质断面占84.7%，低于全国平均水平；2020年国家地表水考核断面水环境质量排名后30位城市中，黄河流域占15个。大气污染方面，2020年168个重点监测空气质量城市中，有52个城市属于黄河流域[①]；2020年山西、陕西、河南、山东的$PM_{2.5}$年平均浓度明显高于国家标准，除青海外其余各省区PM_{10}年均浓度值均高于国家标准，在2020年168个重点城市空气质量排名后20位城市名单中，黄河流域占16个。三是生态系统退化，受气候变化和人类活动加强等因素影响，青海三江源地区出现湖泊水位下降、草场退化、土壤侵蚀等问题，严重削弱了黄河源头的生态功能。

3. 水资源保障形势严峻

黄河流域是我国主要的缺水地区，上中游大部分地区位于400毫米等降水量线以西，气候干旱少雨，多年平均降水量446毫米。黄河流域占全国河流径流总量仅为2%，多年平均水资源总量647亿立方米，不到长江的7%。人均水资源量不足600立方米，仅为全国人均水资源量的1/4。同时，黄河流域作为中国重要的粮食主产区，耗水量较大，水资源利用较为粗放，农业用水效率较低，水资源开发利用率高达80%，远超过一般流域40%的生态警戒线，这对黄河流域工农业生产方式和管理模式的根本性转变提出了现实要求。

4. 发展质量有待提高

黄河流域经济发展水平总体滞后，尤其是上中游省市发展依然不充分，同东部地区和长江流域地区相比仍存在明显差距，传统产业转型升级步伐缓慢，内生动力依然不足，且缺少带动能力强劲的中心城市和城市群，“落后病”问题突出。黄河流域区域内经济发展水平差距大，各省区发展不平衡，山东GDP总量是最低的青海的24.3倍，人均GDP是最低的甘肃的2.1倍，山东、河南经济条件相对较好，地区生产总值位列全国前5位，而青海、宁夏、甘肃位列全国地区生产总值的后5位。黄河流域对外开放水平偏低，2019年，黄河流域进出口总额仅占全国的10.58%和9.32%。黄河流域产业转型升级面临较大压力，产业结构偏重、资源环境承载力有限是黄河流域中下游省区面临的迫切问题，产业发展亟须转型升级。如山东省尽管经济总量较大，但产业结构老化，企业创新活力不足；山西、内蒙古发展严重依赖资源采掘加工，产业结构单

① 其中，青海1个、甘肃1个、宁夏1个、内蒙古2个、陕西5个、山西11个、河南17个、山东14个。

一。黄河流域创新活力不足，规模以上工业企业 R&D 人员全时当量和规模以上工业企业 R&D 经费分别仅占全国的 18.1% 和 21.9%。黄河流域对外开放程度低，9 省区货物进出口总额仅占全国的 12.3%。

5. 民生发展水平不足

受经济发展水平滞后、社会事业投入不足等的影响，黄河流域民生发展较为滞后。黄河流域各省区公共服务、基础设施等历史欠账较多，医疗卫生设施不足。2019 年，黄河流域 8 省区的每万人拥有卫生技术人员数远落后于全国平均水平，部分初高中师生比也处于相对较低水平，在文化设施方面也相对不足，人均拥有公共图书馆藏量总体落后于全国平均水平。同时，重要商品和物资储备规模、品种、布局亟须完善，保障市场供应和调控市场价格能力偏弱。城乡居民收入方面，仅山东略高于全国平均水平，其余省区均低于全国平均水平，甘肃、青海、河南、山西位列全国末 10 位。

表 14-4　2019 年黄河流域省区主要公共服务指标与全国的对比

省　区	每万人拥有卫生技术人员数（人）	初中师生比	普通高中师生比	人均拥有公共图书馆藏量（册 / 人）
山东	78	12.32	11.70	0.66
河南	68	14.32	15.61	0.35
山西	69	10.45	10.29	0.54
陕西	91	11.24	11.90	0.54
内蒙古	77	11.14	10.99	0.79
宁夏	80	14.46	13.55	1.08
甘肃	68	10.88	11.49	0.64
青海	78	13.49	12.64	0.81
全国	111	12.88	12.99	0.79

资料来源：中国统计年鉴（2020）、2020 年各省区统计年鉴。

（二）黄河流域的发展机遇

近年来，中国经济发展阶段和空间治理战略逐渐转型，黄河流域在新一轮发展中的定位、地位发生改变，尤其是习近平总书记在黄河流域生态保护和高质量发展座谈会上，提到黄河流域发展将要面临的新的外部机遇。主要表现

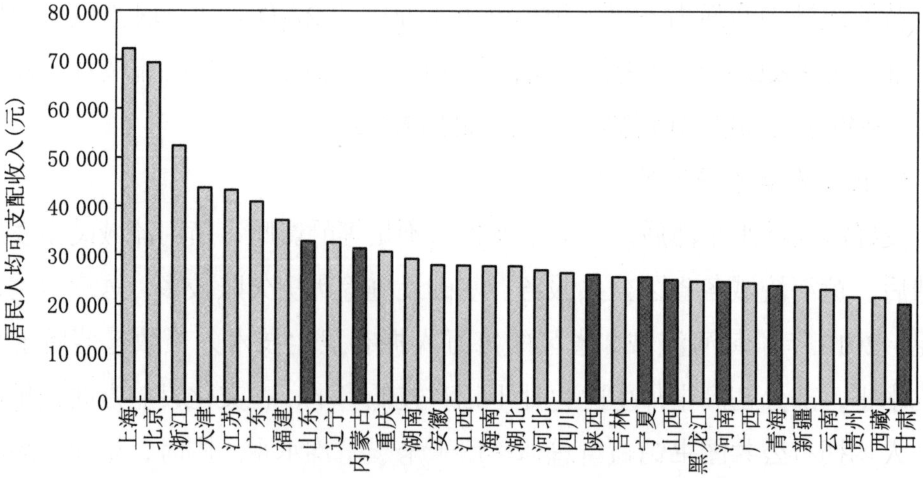

图 14-3　2020 年黄河流域省区居民人均可支配收入及在全国位次

资料来源：根据国家统计局数据库（https://data.stats.gov.cn/）整理。

为：一是黄河流域生态保护和高质量发展上升为国家战略，并在全国发展格局中的地位得到明确；《黄河流域生态保护和高质量发展规划纲要》也即将出台，将为黄河流域未来功能定位、发展目标、主要任务进行中长期谋划部署。二是随着中央关于加强生态文明建设等重大战略的推进落实，尤其是习近平新时代生态文明思想的形成，将为洪水威胁、生态环境问题、水资源问题等当前发展关键问题得到统筹解决提供强大思想基础。三是黄河流域是丝绸之路经济带的重要组成部分，随着“一带一路”倡议不断深化推进，“一带一路”倡议将为黄河流域的崛起带来新的契机，为黄河流域高质量发展提供内联外通动力，黄河流域将能充分发挥自身优势，搭乘“一带一路”倡议的快车，提高对外开放与经济发展的水平，加快实现脱贫攻坚与“两个一百年”奋斗目标。

第二节　黄河流域生态保护和高质量发展的战略定位

一、黄河流域生态保护与开发建设的战略演变

黄河流域是我国重要的生态安全屏障和资源能源富集地区，也是我国人口和生产活动的高度密集地区。新中国成立以来，我国一直致力于黄河流域的生态保护和空间开发与治理，总体可分为三个阶段：

（一）开发性治理阶段（从新中国成立到20世纪90年代）

新中国成立后，毛泽东同志于1952年发出“要把黄河的事情办好”的伟大号召，党和国家把这项工作作为治国兴邦的大事来抓，开启了人民治黄的新阶段，随后黄河流域治理防洪减灾体系不断完善，主要表现为：一是流域防灾减灾治理，新中国成立后，我国先后建成三门峡、小浪底等控制性工程，多次加高培厚黄河下游大堤，制定了“八七”分水方案，开展标准化堤防工程建设，基本形成了“上拦下排、两岸分滞”的防洪工程体系，充分发挥防洪减灾、调蓄水量等功能。二是黄河流域也积极开展水利水电开发，并利用黄河湿地、沙滩、植被等为主进行旅游业开发，大力以水灌溉发展农业生产，大力发展工业活动，但也造成废水、废气等大量排放、生态环境系统持续退化等问题。为此，我国出台相关法规开展黄河流域保护，包括《国务院办公厅转发关于加强黄河中游地区水土保持工作报告的通知》《国务院办公厅转发国家计委和水电部关于黄河可供水量分配方案报告的通知》等。总体上，该时期的黄河流域保护主要是社会经济开发和流域治理并举阶段，缺乏黄河流域生态保护的系统性顶层设计。

（二）综合治理与保护阶段（20世纪90年代至党的十八大以前）

20世纪90年代至党的十八大以前，我国经济高速增长，黄河流域也呈现粗放式增长特征，城市化进程加快，工业污染和生态破坏总体加剧，流域性、区域性生态退化和环境污染日益严重，黄河流域资源及生态环境压力增大。为此，我国对黄河流域生态保护更加重视，黄河流域先后被纳入全国重点流域水污染防治和水土流失治理等规划，2002年发布《黄河近期重点治理开发规划》，2008年国家发布《黄河中上游流域水污染防治规划（2006—2010年）》，随后相继对规划进行更新；2009年11月国家正式批准《黄河三角洲高效生态经济区发展规划》；2007年启动《黄河流域综合规划》修编。总体上，该时期我国对黄河流域保护从分散治理开始转向集中治理和规模治理，污染防治从工业领域转向流域污染综合治理，流域治理与生态建设逐步从保障和改善农村生产生活条件上升到维护黄河流域健康和国家生态安全。

（三）生态保护和高质量发展阶段（党的十八大以来）

党的十八大以来，党中央着眼于生态文明建设全局，统筹推进山水林田湖草沙综合治理，明确了“节水优先、空间均衡、系统治理、两手发力”的治水思路，不断提升黄河流域生态治理要求。2013 年 3 月国务院正式批复《黄河流域综合规划（2012—2030 年）》，2014 年，习近平总书记赴黄河兰考东坝头段考察，对黄河防汛、改善群众生产生活条件提出要求。2016 年，习近平总书记在宁夏考察时强调，要加强黄河保护，坚决杜绝污染黄河行为，让母亲河永远健康。2019 年 9 月 18 日，习近平总书记在黄河流域生态保护和高质量发展座谈会上发表重要讲话，将黄河流域生态保护和高质量发展上升为重大国家战略。2019 年 11 月，国务院启动编制《黄河流域生态保护和高质量发展规划纲要》。2019 年 12 月，黄河水利委员会编制启动《黄河流域生态保护和高质量发展水利专项规划》。2021 年 10 月 8 日，中共中央、国务院印发《黄河流域生态保护和高质量发展规划纲要》，成为指导当前和今后一个时期黄河流域生态保护和高质量发展的纲领性文件，以及制定实施相关规划方案、政策措施和建设相关工程项目的重要依据。经过一代接一代的艰辛探索和不懈努力，黄河治理和黄河流域经济社会发展都取得了巨大成就，实现了黄河治理从被动到主动的历史性转变。随着黄河流域生态保护和高质量发展成为国家战略，黄河流域迎来了区域经济发展和产业振兴的新的发展机遇，也为解决当前发展面临的主要问题、实现生态保护和高质量发展指明了方向。

二、新时期黄河流域生态保护和高质量发展的思路与定位

我国经济已由经济高速增长阶段转向高质量发展阶段。立足新时代，推进黄河流域高质量发展，必须坚持绿水青山就是金山银山的理念，坚持生态优先、绿色发展，从流域整体层面入手，统筹经济发展与生态保护，着力加强生态保护治理，保障黄河长治久安，促进全流域高质量发展，改善人民群众生活，保护传承黄河文化，让黄河成为造福人民的幸福河。《黄河流域生态保护和高质量发展规划纲要》明确提出“着力保障黄河长治久安，着力改善黄河流域生态环境，着力优化水资源配置，着力促进全流域高质量发展，着力改善人民群众生活，着力保护传承弘扬黄河文化，让黄河成为造福人民的幸福河”的总体思路，并指出新时期黄河流域生态保护和高质量发展需要坚持生态优先、绿色发展，坚持量水而行、节水优先，坚持因地制宜、分类施策，坚持统筹谋划、协同推进，这为当前和今后一个时期黄河流域生态保护和高质量发展提供

了思想指引和施策纲领。

长期以来，我国对黄河流域开发利用与保护战略不断演变。2009 年，围绕黄河三角洲高效生态经济区提出“全国重要的高效生态经济示范区，全国重要的特色产业基地，全国重要的后备土地资源开发区，环渤海地区重要的增长区域”的战略定位。2014 年，《晋陕豫黄河金三角区域合作规划》提出“全国省际交界地区协调发展试验区，中西部地区特色农产品生产加工、能源原材料及装备制造业基地，内陆地区重要的区域物流中心，华夏历史文化旅游目的地”的战略定位。但这都是区域性、专题性的战略规划定位，黄河流域长期缺乏战略性、全局性的战略定位。2021 年 10 月 8 日，中共中央、国务院印发《黄河流域生态保护和高质量发展规划纲要》，对黄河流域生态保护和高质量发展的战略定位做了明确部署，即大江大河治理的重要标杆、国家生态安全的重要屏障、高质量发展的重要实验区、中华文化保护传承弘扬的重要承载区。

表 14-5　黄河流域主要区域规划中的战略定位

序号	规划名称	战　略　定　位	发布时间
1	黄河三角洲高效生态经济区发展规划	全国重要的高效生态经济示范区，全国重要的特色产业基地，全国重要的后备土地资源开发区，环渤海地区重要的增长区域	2009.12.02
2	晋陕豫黄河金三角区域合作规划	全国省际交界地区协调发展试验区，中西部地区特色农产品生产加工、能源原材料及装备制造业基地，内陆地区重要的区域物流中心，华夏历史文化旅游目的地	2014.04.18
3	黄河流域生态保护和高质量发展规划纲要	大江大河治理的重要标杆，国家生态安全的重要屏障，高质量发展的重要实验区，中华文化保护传承弘扬的重要承载区	2021.10.08

资料来源：笔者整理。

第三节　黄河流域生态保护和高质量发展的趋势与展望

习近平总书记强调黄河流域生态保护和高质量发展是重大国家战略，中共中央、国务院高度重视并积极推进黄河流域生态保护和高质量发展工作。按照

《纲要》确定的发展目标，到 2035 年，黄河流域生态保护和高质量发展将取得重大战略成果。在此背景下，黄河流域生态保护和高质量发展将迎来前所未有的发展机遇，特别是加强生态文明建设、加强环境治理已经成为新形势下经济高质量发展的重要推动力。在今后一个时期，黄河流域生态保护和高质量发展将呈现出以下五大特征：

一、人水关系将进一步改善

《纲要》提出要加强全流域水资源节约集约利用，全力保障黄河长治久安；黄河流域各省区均把水资源节约集约利用、节水行动等写入国民经济与社会发展“十四五”规划中。在中央和地方的共同推动下，黄河流域人水关系将进一步改善，流域治理水平明显提高，水资源节约集约利用水平也将显著提升。

黄河水少沙多、水沙关系不协调，是黄河复杂难治的症结所在。国家层面和黄河流域各省区将紧紧抓住水沙关系调节这个“牛鼻子”，围绕以疏为主、疏堵结合、增水减沙、调水调沙，健全水沙调控体系，健全“上拦下排、两岸分滞”防洪格局，完善水沙调控体系，优化水沙调控调度机制，创新调水调沙方式，持续提升水沙调控体系整体合力。黄河流域将积极开展河道和滩区综合治理，统筹干支流防洪体系建设，加强黄淮海流域防洪体系协同，优化沿黄蓄滞洪区、防洪水库、排涝泵站等的建设布局等，有效提升防洪能力。同时，黄河流域将强化综合性防洪减灾体系建设以及灾害应对体系与能力建设，构筑沿黄人民生命财产安全的稳固防线。

黄河水资源总量有限，需要统筹协调好生产生活用水。在《纲要》和各省区相关规划指导下，黄河流域将进一步强化水资源刚性约束，将坚持节水优先，细化实化以水定城、以水定地、以水定人、以水定产举措，实施水资源消耗总量和强度双控，建立覆盖全流域的取用水总量控制体系。黄河流域将实施最严格的水资源保护利用制度，科学配置全流域水资源，留足生态用水，合理分配生活、生产用水，优化水资源配置格局，提升配置效率。黄河流域将全面实施深度节水控水行动，加大工农业节水力度，实现用水方式由粗放低效向节约集约的根本转变，以节约用水扩大发展空间。

二、生态环境质量将全面改善

放眼全球，保护好生态环境已成为全球共识。党的十八大把生态文明建设纳入中国特色社会主义事业“五位一体”总体布局，各地也持续推动生态文明建设和生态环境保护。近年来，黄河流域各省区在生态文明建设的指引下，积极推进生态环境保护修复与环境治理，生态环境质量总体向好。2010—2019年间，黄河流域8省区森林面积从4 836万公顷增长至5 486万公顷，水土流失治理面积从4 509万公顷增长至5 131万公顷。2010—2017年，黄河流域8省区废水排放量起先不断增长，但2015年后开始快速下降，从154.0亿吨下降至2017年的131.2亿吨；主要环境污染物排放情况也逐渐改善。

面向未来，按照生态优先、绿色发展的要求，结合黄河流域生态环境的特点，黄河流域生态环境保护与治理将取得更大的突破。《纲要》提出要加强上游水源涵养能力建设，加强中游水土保持，推进下游湿地保护和生态治理，强化环境污染系统治理。在加强上游水源涵养能力建设方面，黄河流域将通过自然恢复和实施重大生态保护修复工程，筑牢“中华水塔”，保护重要水源补给地，加强重点区域荒漠化治理，降低人为活动过度影响，遏制生态退化趋势，恢复重要生态系统。在加强中游水土保持方面，黄河流域将突出抓好黄土高原水土保持，大力实施林草保护，增强水土保持能力，发展高效旱作农业，稳步提升城镇化水平，改善中游地区生态面貌。在推进下游湿地保护和生态治理方面，黄河流域将推进保护修复黄河三角洲湿地，建设黄河下游绿色生态走廊，推进滩区生态综合整治，促进生态保护与人口经济协调发展。在强化环境污染系统治理方面，黄河流域将强化农业面源污染综合治理，加大工业污染协同治理力度，统筹推进城乡生活污染治理，开展矿区生态环境综合整治。可以预见的是，未来黄河流域生态共治、环境共保格局将逐步形成，生态环境全面改善，生态系统健康稳定。

三、现代化经济体系基本建成

黄河流域最大的短板是高质量发展不充分，沿黄各省区产业结构倚能倚重、低质低效问题突出，缺乏有较强竞争力的新兴产业集群。然而，黄河流域在建设现代化经济体系上也有一定基础，农业科技创新基础较好，拥有一批重大科技基础设施、科技创新平台等。《纲要》指出要建设特色优势现代产业体系，未来黄河流域将依托强大的国内市场，加快供给侧结构性改革，加大科技创新投入力度，提升科技创新支撑能力。黄河流域将进一步做优农牧业，巩固黄河流域对保障粮食安全的重要作用，提升农产品质量，打造一批黄河地理标志产品。黄河流域将优化能源开发布局，推进煤炭产业绿色化、智能化发展，统筹煤炭、油气资源、水能资源、风能、太阳能等开发利用，推动能源基地、能源产业高质量发展，积极建设全国重要能源基地。黄河流域将根据各地区资源、要素禀赋和发展基础做强特色产业，加快新旧动能转换，推动制造业高质量发展和资源型产业转型，建设特色优势现代产业体系。

四、人民生活水平将显著提升

黄河流域最大的弱项是民生发展的不充分，党中央和黄河流域各省区也高度重视黄河流域民生发展，着力提升公共服务水平，改善流域人民群众生活水平。《纲要》提出要补齐民生短板和弱项，将以上中游欠发达地区为重点，多渠道促进就业创业，加强普惠性、基础性、兜底性民生事业建设，提高公共服务供给能力和水平，进一步保障和改善民生。黄河流域将进一步提高重大公共卫生事件应对能力，加快教育医疗事业发展，增强基本民生保障能力，提升特殊类型地区发展能力。各省区在“十四五”规划中也将改善民生、促进高质量就业、提升居民收入、提高基本公共服务均等化水平、改善人民生活品质等放在重要位置，并提出民生福祉发展目标。在党中央、国务院以及各省区的共同推动下，黄河流域基本公共服务水平将明显提升，流域人民群众生活将更为富裕，获得感、幸福感、安全感将显著增强。

五、黄河文化将大发展大繁荣

黄河文化是中华文明的重要组成部分，习近平总书记在黄河流域生态保护和高质量发展座谈会上指出，要保护、传承、弘扬黄河文化。要推进黄河文化遗产的系统性保护，深入挖掘黄河文化蕴含的时代价值，讲好“黄河故事”，延续历史文脉，坚定文化自信。《纲要》也指出要保护传承弘扬黄河文化。黄河流域将在《纲要》要求下，系统保护黄河文化遗产，深入传承黄河文化基因，讲好新时代黄河故事，打造具有国际影响力的黄河文化旅游带，并为实现中华民族伟大复兴的中国梦凝聚精神力量。同时，黄河流域还将加强公共文化产品和服务供给，更好满足人民群众精神文化生活需要。未来，黄河文化影响力将显著扩大，并朝着黄河文化大发展大繁荣的目标持续迈进。

参考文献：

[1] 李晓宇，李焯，袁华等．气候变化情景下黄河天然径流预测研究 [J]. 人民黄河，2012，34（3）：27—29.

[2] 石伟，王光谦．黄河下游生态需水量及其估算 [J]. 地理学报，2002，57（5）：595—602.

[3] 夏军．黄河流域综合治理与高质量发展的机遇与挑战 [J]. 人民黄河，2019，41（10）：164—165.

图书在版编目(CIP)数据

中国区域经济学/王振等著. —上海:上海人民
出版社,2022
ISBN 978 - 7 - 208 - 17805 - 2

Ⅰ. ①中… Ⅱ. ①王… Ⅲ. ①区域经济学-研究-中
国 Ⅳ. ①F127

中国版本图书馆 CIP 数据核字(2022)第 128525 号

责任编辑 钱 敏
封面设计 谢定莹

中国区域经济学
王 振 等著

出 版 上海人民出版社
(201101 上海市闵行区号景路 159 弄 C 座)
发 行 上海人民出版社发行中心
印 刷 上海商务联西印刷有限公司
开 本 787×1092 1/16
印 张 22.25
插 页 2
字 数 344,000
版 次 2022 年 10 月第 1 版
印 次 2022 年 10 月第 1 次印刷
ISBN 978 - 7 - 208 - 17805 - 2/F・2754
定 价 88.00 元